国家新型城镇化报告 2017

主　编：何立峰
副主编：胡祖才

国家发展和改革委员会

图书在版编目（CIP）数据

国家新型城镇化报告. 2017 / 何立峰主编. -- 北京：中国计划出版社，2018.6
ISBN 978-7-5182-0849-4

Ⅰ. ①国… Ⅱ. ①何… Ⅲ. ①城市化－研究报告－中国－2017 Ⅳ. ①F299.21

中国版本图书馆CIP数据核字(2018)第090349号

国家新型城镇化报告2017
主　编：何立峰
副主编：胡祖才

中国计划出版社出版
网址：www.jhpress.com
地址：北京市西城区木樨地北里甲 11 号国宏大厦 C 座 3 层
邮政编码：100038　电话：(010) 63906433（发行部）
新华书店经销
北京汇瑞嘉合文化发展有限公司印刷

889mm×1194mm　1/16　23 印张　399 千字
2018 年 6 月第 1 版　2018 年 6 月第 1 次印刷

ISBN 978-7-5182-0849-4
审图号：GS（2018）3246 号
定价：118.00 元

参编单位和人员名单

主　　编：何立峰

副 主 编：胡祖才

主编单位：国家发展和改革委员会

编写人员：

发展规划司

陈亚军　周　南　张建民　陈　雷　刘春雨　相　伟
韩　云　陈迪宇　王大伟　黄　跃　叶　欠　缪乃强
王　政　邓浪舟　邹杏仪

城市和小城镇中心

徐　林　李　铁　邱爱军　沈　迟　乔润令　窦　红
魏劭琨　胡天新　徐勤贤　张惠强　孔翠芳　张晓婧
连　昕　黄　欢　张力康

制　图

沈　雪　孙　雯　石　磊

序言

党的十八大以来，党中央国务院高度重视城镇化工作，2013年召开了改革开放以来第一次中央城镇化工作会议，2014年党中央国务院印发了《国家新型城镇化规划》，2015年召开了中央城市工作会议，2016年国务院印发了《关于深入推进新型城镇化建设的若干意见》，对新型城镇化工作作出了全面部署。各地区各部门认真贯彻落实中央决策部署，坚持稳中求进工作总基调，贯彻落实新发展理念，深入实施以促进人的城镇化为核心、提高质量为导向的新型城镇化战略，积极探索、开拓创新、因地制宜，出台了一系列重要政策举措。2014年起，国家发展改革委每年召开新型城镇化工作部际联席会议，对年度重点任务进行研究部署。刚刚对国家新型城镇化规划实施情况开展了中期评估，结果显示，涉及十几亿人的新型城镇化已经取得了重大进展，呈现出良好发展势头。在过去5年里，新型城镇化建设取得了5大成效。

第一，新型城镇化体制机制取得突破性进展。围绕“人往哪里去”“地从何处来”“钱从哪里出”的大逻辑，打基础、立支柱、定架构，统筹推进人口、土地、投融资等领域改革。一是市民化制度性通道不断拓宽。国务院先后印发《关于进一步推进户籍制度改革的意见》《居住证暂行条例》《关于支持农业转移人口市民化若干财政政策的意见》，有关部门印发《关于建立城镇建设用地增加规模同吸纳农业转移人口落户数量挂钩机制的实施意见》，人口管理向自愿落户和自由流动迈出了一大步。二是土地制度改革持续推进。创造性开展农村土地所有权、承包权、经营权分置，从制度上促进了农村土地的流转和规模经营。农村土地征收、集体经营性建设用地入市和宅基地制度改革三项试点工作有序推进。城乡建设用地增减挂钩规模和范围有序扩大。三是城镇化投融资机制逐步完善。投融资渠道不断拓宽，政府和社会资本合作（PPP）模式加快推进，开发性金融积极参与新型城镇化建设，地方政府债务风险防范意识逐步增强。

第二，八千多万农业转移人口成为城镇居民。一是户籍制度改革全面落地，户籍和常住人口城镇化率分别从2012年的35.3%、52.6%提高到2017年的42.35%、58.52%，户籍和常住人口城镇化率差距缩小1.1个百分点；聚焦重点区域和重点人群的户改取得新突破，武汉、成都、西安、郑州等特大城市大学生落户实现零门槛。为1000多万无户籍人口无条件补登户口。二是居住证制度加快建立，所有城市和县均已发放居住证，已发放5400多万张，以居住证为载体，加快义务教育、职业技能培训、基本养老、基本医疗、保障性住房等覆盖常住人口，随迁子女在流入地公办学校就读率达到80%左右，大病保险覆盖10亿城乡居民，每年培训农民工2000万人次以上。

第三，以城市群为主体的城镇化格局持续完善。一是“19+2”的城市群格局基本建立，国务院先后批复了长三角、长江中游、成渝、哈长、中原、北部湾、关中平原、呼包鄂榆、兰州—西宁城市群规划，省域内城市群规划也已基本完成编制工作，京津冀、长三角、珠三角、长江中游、成渝五大城市群，以10.4%的国土面积集聚了38.9%的人口，创造了45.5%的国内生产总值。二是城市规模结构不合理状况有所改善，中心城市建设有序推进，中小城市数量稳步增加，2017年经国务院批准6地撤县设市、1地撤地设市，城市总数达到661个，特色小镇建设在规范中有序推进。

第四，城市功能和宜居性稳步提升。一是城市产业就业支撑能力不断增强，多数城市形成了以服务业为主导的产业结构，城市创新能力持续提升，众创空间数量达到4300家左右，创造就业岗位超过180万个。二是城市治理水平逐步改善，绿色化智慧化紧凑化发展势头良好，295个地级及以上城市建成区黑臭水体整治开工率达到90%、完工率过半，2/3左右的地级市整合形成数字化城市管理平台。三是市政设施水平提高，公交都市创建有序推进，开工建设地下综合管廊超过4000公里。四是居住水平大幅改善，城镇棚户区改造5年累计开工2645万套，通过城中村改造推动1200多万农民就地转为市民。五是人文城市建设取得进展，历史文化传承与保护得到加强。

第五，新型城镇化综合试点成效明显。分三批将2个省和246个城市（镇）列为国家新型城镇化综合试点地区，并叠加农村土地制度改革三项试点、农村集体产权制度改革试点等，充分释放改革协同共振效应，积累了一批典型经验和做法，通过政策性文件在全国推开，有力推动了新型城镇化体制机制创新。此外，推动人口净流入的大中城市探索优化住房租赁市场，广州、深圳等12个城市开展住房租赁试点，北京、上海等13个城市开展集体建设用地建设租赁住房试点。

5年来，这些成就的取得，是以习近平同志为核心的党中央坚强领导的结果，是习近平新时代中国特色社会主义思想科学指引的结果，是各地区各部门贯彻落实中央决策部署、勇于担当、协同推进的结果。这些成就，为下一步推动新型城镇化高质量发展奠定了坚实基础。

2017年10月，党的十九大胜利召开，随后又召开了中央经济工作会议，对新时代的城镇化工作提出了新要求。新时代必须把高质量发展作为确定发展思路、制定经济政策、实施宏观调控的根本要求，总结借鉴国内外城镇化实践成果、结合我国城镇化阶段性特征、紧扣社会主要矛盾变化，贯彻落实新发展理念，推动新型城镇化高质量发展，重点把握5个坚持。

第一，坚持以人的城镇化为核心，加快农业转移人口市民化。要把以人民为中心的发展思想贯穿到城镇化中，按照尊重意愿、自主选择的原则，积极有序推进农业转移人口市民化，促进人口在城乡区域间更加自由迁移和自主选择落户，促进新市民全面融入城市社会，更好推动人的全面发展、社会全面进步、人民共同富裕，使新老市民的生活更方便、更舒心、更美好。围绕2亿多在城镇常住的农民工和其他人员，统筹推动进城落户和城镇基本公共服务均等化，提升人口市民化质量。

第二，坚持以城市群为主体形态，推动大中小城市协调发展。城市群是我国城镇化格局的主体形态，是人口和经济的主要集聚地。要尊重人多地少的基本国情、遵循大国城镇化的客观规律，优化提升东部地区城市群，加快培育发展中西部地区城市群，构建“两横三纵”的城镇化战略格局。发挥城市群规划导向作用，以城市群为主体促进大中小城市和小城镇协调发展，打造协同效应明显、一体化程度高的城市群和都市圈，促进创新资源高效配置、产业分工错位互补、基础设施互联互通、社会事业共建共享，使大中小城市发展更趋协调协同、更加集约高效。

第三，坚持产城融合，促进城市集约紧凑发展。城市是经济社会发展的“火车头”和城镇化主要载体。要推动城市高质量发展，建设现代化经济体系，统筹城市发展与产业支撑、人口集聚与宜居宜业，向创新要效率效益、要增长空间、要就业岗位，以产立城、以市兴城，提升城市的产业层级和吸纳就业规模；提高城市空间治理水平，促进职住平衡和产城融合，推动城市生产空间集约高效、生活空间宜居适度、生态空间山清水秀。

第四，坚持城乡融合发展，统筹实施新型城镇化战略与乡村振兴战略。我国城镇化仍处于较快发展阶段，农民进城还是大趋势，但即使城镇化率达到70%，也还有4亿左右人口生活在乡村，不可以丢掉乡村、仅顾城市。要深刻剖析城乡关系这个伴随城镇化全过程的重大命题，破解城乡发展不平衡这个最大的不平衡、农村发展不充分这个最大的不充分，打破城乡二元体制和二元结构，协同推进新型城镇化和乡村振兴，促进城乡生产要素自由流动、公共资源均衡配置、产业协同联动发展，让广大农民平等参与城镇化进程、合理分享城镇化成果。

第五，坚持深化改革，破除新型城镇化体制机制障碍。要推动思想再解放、改革再深入，突出重点、攻坚克难，补齐城镇化高质量发展的关键制度短板，统筹推动人口、土地、投融资、住房、生态环境等关键制度改革，逐步消除城乡区域间户籍壁垒，合理保障城镇化用地需求，构建多元化可持续的城镇化资金保障机制，防范化解政府债务风险，健全城镇住房供给体系。通过改革，发挥市场在资源配置中的决定性作用，更好发挥政府作用，不断提高新型城镇化质量。

2018年是贯彻党的十九大精神的开局之年，是改革开放40周年，是决胜全面建成小康社会、实施“十三五”规划承上启下的关键一年。我们要深入学习贯彻习近平新时代中国特色社会主义思想和党的十九大精神，全面贯彻落实中央经济工作会议、中央农村工作会议和政府工作报告的部署，坚持稳中求进工作总基调，坚持新发展理念，紧扣社会主要矛盾变化，推动新型城镇化高质量发展，努力实现在新起点上取得新突破。做好2018年新型城镇化工作，必须聚焦农业转移人口市民化、推动城镇基本公共服务均等化，聚焦增强整体协同性、提高城市群发展质量，聚焦补好弱项短板、提升城市发展质量，聚焦完善体制机制、推动城乡融合发展，聚焦激发市场活力、深化城镇化关键制度改革，努力开创新型城镇化高质量发展的新局面。

2016年以来，我们连续组织编制《国家新型城镇化报告2015》《国家新型城镇化报告2016》。今年，我们再次编写了《国家新型城镇化报告2017》，既对党的十八大以来新型城镇化工作进行了系统回溯总结，也深刻剖析了新时代对新型城镇化的新要求；既有全国层面上情况的梳理，也有典型案例的提炼；既有政府部门的监测评估结论，也有第三方机构的独立评估观点。同时，我们引入了大数据分析、空间信息处理等新技术，力求做到立足历史、前瞻未来，数据翔实、视角多维。需要指出的是，中国特色社会主义进入了新时代，社会主要矛盾发生了变化，决定了新型城镇化的理论研究仍需在实践中不断完善，各方面的思想认识也需要继续深化。希望《国家新型城镇化报告 2017》能够成为各界沟通交流的平台和深化研究的文献基础，也欢迎各位有识之士积极参与新型城镇化工作，提供各方意见和各地经验，共同推动新型城镇化高质量发展。

胡祖才

国家发展和改革委员会副主任

2018 年 4 月

目录

第四篇　特色小镇篇

第五篇　综合试点篇

第一篇

总　论

第1章 2017年推进新型城镇化建设进展分析

2017年是新型城镇化建设向纵深推进、综合政策效应加快显现的重要一年。各地区各部门深入学习贯彻习近平新时代中国特色社会主义思想和党的十九大精神，坚持以人民为中心，坚持新发展理念，以人的城镇化为核心，以提高城镇化质量为关键，围绕国务院批复同意的2017年《加快推进新型城镇化建设行动方案》，统一思想、提高认识、明确分工，突出改革创新，狠抓政策落地，切实凝聚合力，推动新型城镇化站在新起点上取得新进展，为实施乡村振兴战略和区域协调发展战略提供有力支撑。现将有关情况报告如下：

一、2017年工作进展及成效

各地区各部门认真落实党中央国务院决策部署，围绕《行动方案》5个方面25项重点任务，持续提升城镇化质量，城镇化红利惠及更多城乡居民。

（一）农业转移人口市民化更加便利，户籍人口城镇化率提高1个百分点

1.户改红利进一步释放。户籍制度改革在重点区域重点人群取得新突破，中西部地区除省会城市外基本实现零门槛或低门槛落户，东部地区落户门槛普遍降低，2017年落户1600万人。武汉、成都、西安等多个二线城市实行大学生落户零门槛，成都市自2017年7月实施户籍新政以来，落户大学生9.5万人。“人地钱挂钩”配套政策框架基本建立，2017年中央财政下达市民化奖励资金200亿元，比2016年增加100亿元；将农业转移人口落户数量作为安排2017年全国土地利用计划的重要依据，18个省（区、市）已出台“人地挂钩”实施方案。

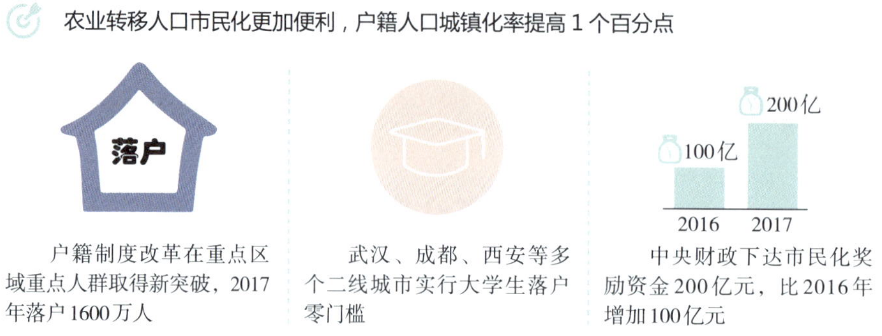

图 1-1 农业转移人口市民化措施及成果

2. **居住证制度全面落地**。以居住证为载体向未落户常住人口提供城镇基本公共服务，31个省（区、市）均已出台居住证制度具体实施办法，居住证制度覆盖所有市县，截至2017年11月，全国已发放居住证5021万张。部分地区在6项城镇基本公共服务和7项办事便利的全国基准线上，进一步增加居住证附着的城镇基本公共服务项目，有些地区已多达30余项，居住证含金量不断提高。

3. **常住人口公共服务保障更加健全**。农业转移人口重点关心的基本公共服务供给不断扩面提质。国务院印发实施《"十三五"推进基本公共服务均等化规划》，建立国家基本公共服务清单和标准。大多数公办学校已向随迁子女开放，在公办学校就读随迁子女比例提高到80%以上，超过15万名随迁子女在流入地参加高考。所有省份出台城乡居民基本医保制度整合方案，大病保险项目覆盖10亿城乡居民，所有省份和统筹地区全部接入国家异地就医结算系统并联网运行，7801家定点医疗机构接入结算系统，北京等8省区开展远程医疗政策试点。按照常住人口拨付国家基本公共卫生服务项目补助资金，2017年人均补助标准提高到50元。推进中国公共招聘网与省市两级公共就业服务机构联网，开展政府补贴农民工培训700万人次以上。住房保障加快覆盖全部常住人口，2017年1—10月全国公租房新增分配168万套。

图 1-2 常住人口公共服务保障

（二）城市群规划基本编制完成，以城市群为主体的城镇格局持续优化

1. **城市群培育发展加速**。经国务院同意印发实施中原、北部湾、关中平原、呼包鄂榆、兰州—西宁城市群规划，省内城市群规划编制进展顺利，“十三五”规划纲要确定的城市群已经基本完成规划编制工作。城市群规划实施成效明显，集聚人口经济的能力持续提升，城市群内要素自由流动通道加快畅通，长三角等城市群部分城市基本公共服务共享初步实现，长江中游、北部湾等城市群部分区域居民户籍跨城通迁取得突破。城市群内外综合运输通道不断完善，骨干通道加密、通道布局优化。

2. **城镇体系不断完善**。重庆、成都、武汉、郑州等国家中心城市建设有序推进，城市发展潜力加快释放、辐射带动功能进一步提升。城市市辖区持续调整优化，经国务院批准7地撤县（市）设区。新生中小城市培育稳步推进，经国务院批准6地撤县设市、1地撤地设市。经济发达镇行政管理体制改革不断深化，一些特大镇扩权赋能取得进展。

3. **特色小镇建设规范推进**。国家发展改革委会同有关部门赴17省100多个特色小镇和小城镇调研督导，联合印发实施《关于规范推进特色小镇和特色小城镇建设的若干意见》，对各地区特色小镇建设进行规范纠偏。引导国家开发银行、农业发

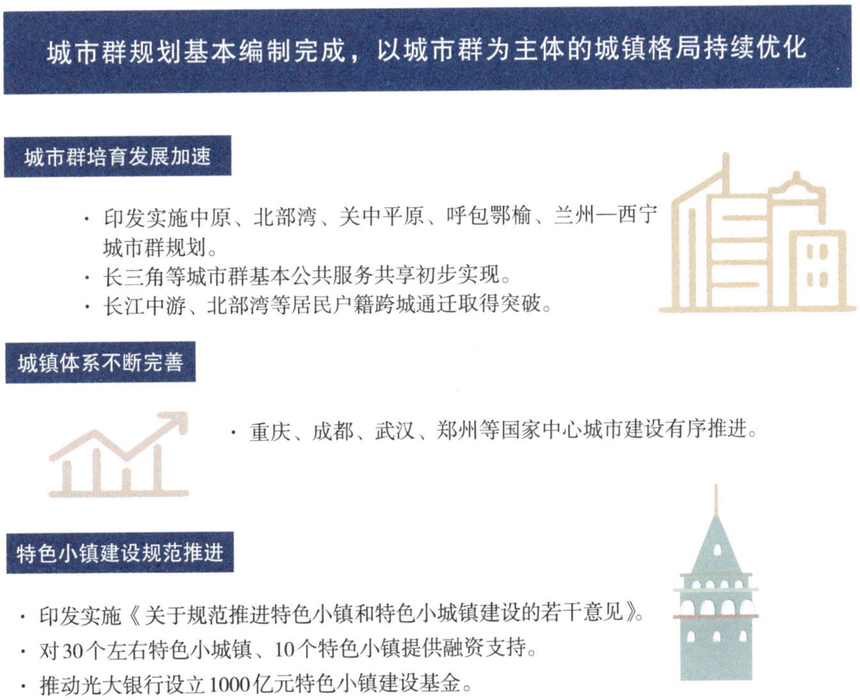

图 1-3　以城市群为主体的城镇格局持续优化

展银行和光大银行运用市场化运作方式，对有望产生典型经验的30个左右特色小城镇、10个特色小镇提供融资支持，推动光大银行设立1000亿元特色小镇建设基金。

（三）新型城市建设质量提高，城市基础设施和生态环境短板加快补齐

1. 绿色智慧紧凑城市加快建设。城市绿色化发展步伐加快，开展3批58个生态修复城市修补试点，海绵城市建设面积增至600多平方公里，地级及以上城市2100个黑臭水体已整治完成过半，天津、石家庄等12个城市列入中央财政支持北方地区清洁取暖首批试点城市，完成京津冀及周边省份以电代煤、以气代煤600多万户。城市智慧化发展加速，研究制定《关于分级分类推进新型智慧城市建设的指导意见》，68%的地级市、36%的县和县级市整合形成数字化城市管理平台，首次组织大规模新型智慧城市评价，220个城市参与。大城市发展更加紧凑，北京和上海制定减量发展的城市总体规划，2017年106个重点城市中11个城市无新增建设用地，完成首批14个城市开发边界划定，在城市周边划定永久基本农田9740万亩。

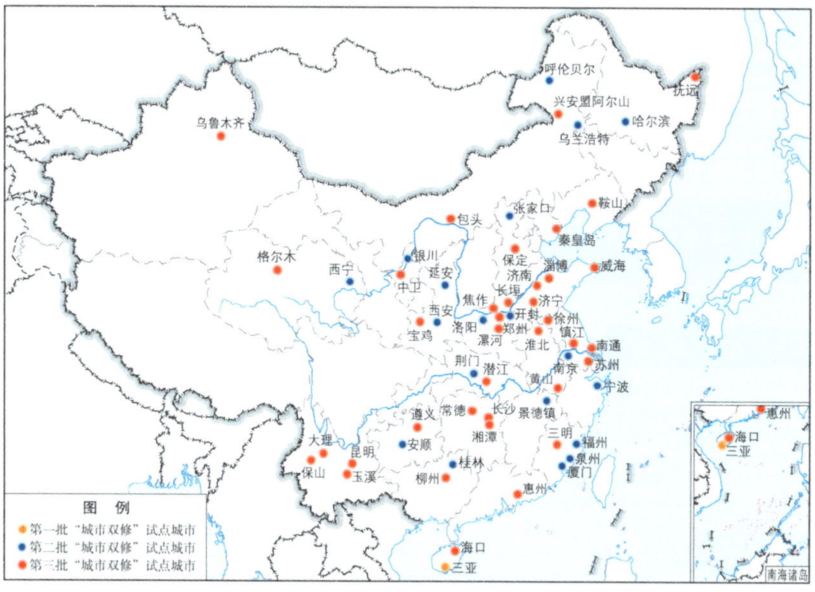

图 1-4 生态修复城市修补试点城市图

2. 棚户区改造和去库存联动推进。2017年，开工棚户区改造609万套，下达中央补助资金2243亿元。国家开发银行和农业发展银行全年分别发放棚改贷款8800亿元、3705亿元。房地产去库存有序推进，截至2017年11月底，全国商品房待售面积5.96亿平方米，比去年同期下降0.95亿平方米，其中商品住宅待售面积3.08亿平方米，比去年同期减少0.96亿平方米，大多数城市商品住房库存回落至合理水平。

3.城市基础设施水平不断提高。印发实施《关于促进市域（郊）铁路发展的指导意见》，推动大中小城市、新城新区等轨道交通的有效衔接。截至2017年底，城市轨道交通规划总里程约9900公里，其中70%以上里程集中在500万人口以上大城市，新增城市轨道交通运营里程约500公里。市政设施建设有序推进，新开工建设城市地下综合管廊2004公里；城市生活垃圾无害化处理率提高到97.5%；截至2017年9月，在城市和县城建成污水处理厂4099座。重大水资源配置工程加快建设，截至2017年底，南水北调东中线一期工程累计向受水区供水超过130亿立方米，京津冀地区重要城市用水紧张局面得到有效缓解；引江济淮、滇中引水等工程开工建设。

（四）城镇化体制机制改革协同推进，重点领域有所突破

1.城镇化综合试点取得新进展。以国家新型城镇化综合试点地区为改革平台，叠加农村土地制度改革三项试点、农村集体产权制度改革试点等，充分释放改革协同共振效应，在市民化、投融资、行政管理体制改革等方面取得新进展。全面总结梳理第一批国家新型城镇化综合试点成果，提炼形成一批可复制、可推广、利修法的典型经验，在全国范围内有序推开。

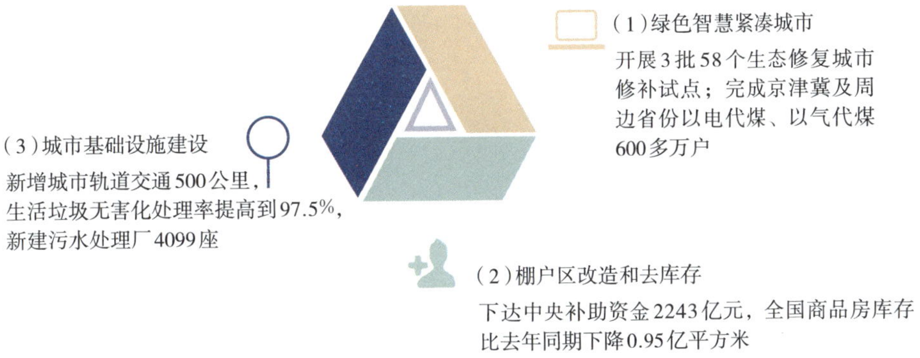

图 1-5　城市基础设施和生态短板加快补齐

2.城乡土地制度改革稳步推进。城乡建设用地增减挂钩节余指标适用范围扩大，允许省级扶贫开发工作重点县节余指标在省域内流转，允许深度贫困地区节余指标在东西部扶贫协作和对口支援框架内跨省域流转。农村土地制度改革三项试点取得新成效，截至2017年11月，农村集体经营性建设用地入市地块540宗、面积9400亩，退出宅基地7.6万户、6万亩；一些试点成功经验被纳入《土地管理法》（修正案草案）；经中央深改组同意、全国人大常委会授权，试点期限延至2018年。

3. **农村产权制度改革加速**。承包地“三权分置”办法加快落地，13个省出台具体实施方案。29个农村集体资产股份权能改革试点如期完成，赋予农民对集体资产股份占有、收益、有偿退出及抵押、担保、继承权。农村承包土地的经营权和农民住房财产权抵押贷款试点稳妥推进，形成以当地农商行为主体、其他金融机构广泛参与的农村金融服务格局，试点开展以来至2017年9月，试点地区累计发放“两权”抵押贷款709亿元。

4. **城镇化投融资机制不断健全**。出台《关于规范地方政府举债融资行为的通知》，地方政府融资结构持续调整，防范化解风险意识增强。社会资本更多参与新型城镇化建设，基本公共服务领域入库项目投资额同比增长30%。开发性、政策性、商业性金融和保险资金持续扩大支持规模，截至2017年10月，开发银行和农业发展银行涉及新型城镇化贷款余额超过1.1万亿元，保险资金以债权股权形式投入超过1万亿元。

5. **城市住房制度不断完善**。推动人口净流入的大中城市加快发展住房租赁市场，在广州、深圳等12个城市开展住房租赁试点，在北京、上海等13个城市开展集体建设用地建设租赁住房试点，一些城市探索共有产权住房和“租购同权”，一些城市探索允许租赁房屋的常住人口在公共户口落户。全国住房公积金转移接续平台正式上线，全国房地产库存和交易监测平台基本建成。

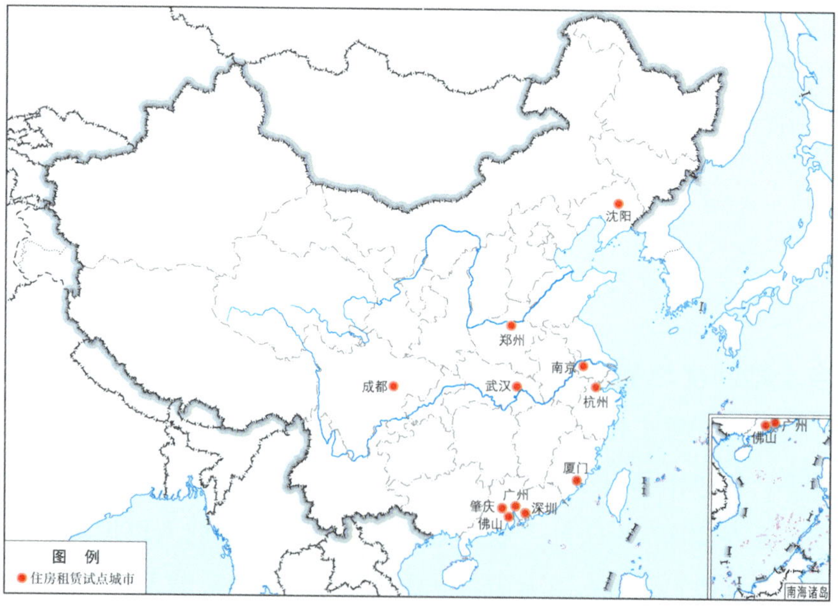

图 1-6 住房租赁试点城市分布

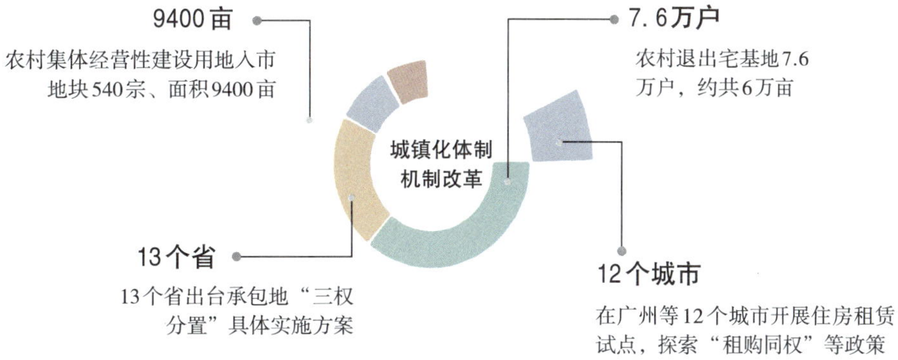

图 1-7 城镇化部分体制机制改革进展

二、存在的主要问题

当前城镇化领域一些体制机制尚不完善、相关配套政策尚未完全落地，部分长期存在的问题没有得到根本化解，一些新问题也有所显现。

（一）市民化激励机制还不健全

在户籍制度改革稳步推进、进城落户门槛持续降低的背景下，不少城市政府吸纳农业转移人口落户的积极性不高，不少农业转移人口在城市落户的积极性也不高。原因在于，农村土地承包权、宅基地使用权、集体收益分配权等合法权益资本化和退出通道不畅，据调查因担心失去农村土地权益而不愿进城落户的农民占比高达58%；“人地钱挂钩”配套政策尚未落地生根，资金和土地激励措施尚未完全到位。这不仅使潜在消费需求难以释放、城乡双重占地问题难以解决，还可能带来社会矛盾风险。

（二）城镇格局构建仍存短板

城市群发展协同性不足，城市数量不足、分工不合理，一些大城市交通拥堵和环境污染突出、包容性不强，一些地区在建设特色小镇时概念不清、急于求成、盲目发展、市场化不足。原因在于，城市群内一些地方政府局限于本地利益和短期利益“各自为政”，非县级政府驻地特大镇设市机制不完善，城市治理能力和治理体系也不健全。这不利于充分发挥城市群代表国家参与国际竞争的作用，也不利于以城市群为主体构建大中小城市和小城镇协调发展的城镇格局。

（三）部分城市经济质量不高

部分城市尤其是老工业基地城市和资源型城市发展衰退、产业弱化、人口外流、税收减少。原因在于，这些城市面临生产成本上升和产业增速放缓等挑战，旧动能快速衰减、新动能尚未形成，经济循环不畅问题十分突出，创新能力不够强，民间投资和制造业投资增势疲弱，实际利用外资放缓。这可能导致城市可持续发展能力和竞争力下降，进而放大区域性经济下行风险。

（四）城乡融合发展推进缓慢

城乡基础设施互联互通程度不高，农村教文卫体等公共服务整体薄弱，集体经济缺乏活力。原因在于，城乡生产要素流动不顺畅、公共资源配置不均衡，人才、科技、资金等要素下乡存在各种障碍，农村土地等资源资产难以激活，涉农制度改革试点力度不大、突破不快。这可能导致城乡发展差距消弭步伐缓慢，乡村振兴进程受到影响。

（五）城镇化建设资金保障不足

城镇化建设资金需求量大面广，既有当期投入，又有远期代际投资，需要政府、金融机构和社会资本多方力量给予成本合理、期限匹配的资金投入。当前建设资金以政府财政资金和举债投入为主，以社会资本通过PPP等模式投入为辅。但部分地方政府债务率超过风险预警线，偿债压力使财政资金投入和继续举债空间收窄，迫切需要在去杠杆的同时开拓新的资金来源。

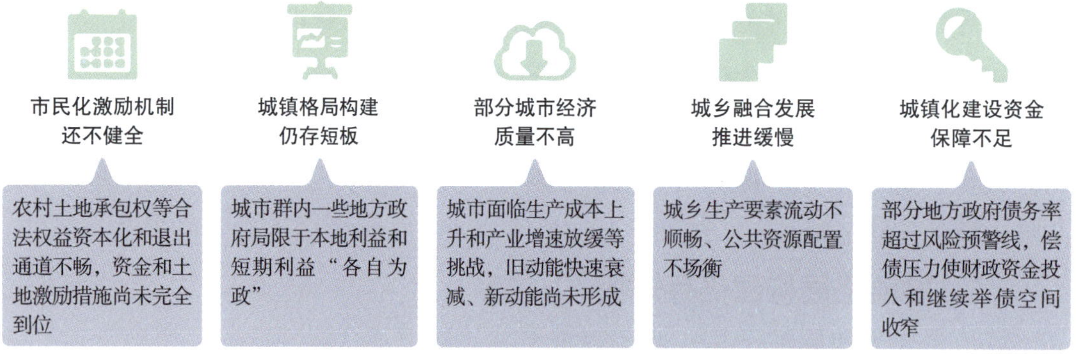

图 1–8　城镇化领域存在的主要问题

三、下一步工作

2018年是贯彻党的十九大精神的开局之年，是改革开放40周年，是决胜全面建成小康社会、实施“十三五”规划承上启下的关键一年，也是实施新型城镇化规划关键之年。必须深入学习贯彻习近平新时代中国特色社会主义思想和党的十九大精神，加强党对经济工作的领导，坚持稳中求进工作总基调，坚持新发展理念，紧扣我国社会主要矛盾变化，按照高质量发展的要求，努力推动2018年新型城镇化建设取得新进展新突破。

（一）加快农业转移人口市民化

1. 全面放宽城市落户条件。继续落实1亿外来人口在城市落户方案，加快户籍制度改革落地步伐，促进有能力在城镇稳定就业生活的新生代农民工、在城镇就业居住5年以上和举家迁徙的农业转移人口、农村学生升学和参军进入城镇人口在城市举家落户，鼓励对高校和职业院校毕业生、留学归国人员及技术工人实行零门槛落户。中小城市和建制镇要全面放开落户限制。大城市对参加城镇社保年限的要求不得超过5年，其中Ⅱ型大城市不得实行积分落户，有条件城市要进一步降低社保年限要求；Ⅰ型大城市要大幅提高社保和居住年限在积分落户中的权重，不得限制年度落户数量。超大城市和特大城市要区分城区、新区和所辖市县，制定差别化落户条件，搭建区域间转积分和转户籍通道。探索租赁房屋的常住人口在城市公共户口落户。落实地方政府主体责任，2018年实现进城落户1300万人以上。

图1-9 持续推动农业人口市民化主要举措

2. 强化常住人口基本公共服务。实现居住证制度覆盖城镇全部未落户常住人口，显著提高居住证发放量。以居住证为载体向未落户人口提供城镇基本公共服务及办事便利，鼓励有条件城市提高居住证含金量，鼓励城市群及都市圈内居住证互认。落实“两为主、两纳入”要求，实现公办学校全部向随迁子女开放，放宽随迁子女在流入地参加高考限制。整合完成城乡居民基本医保制度，深入推进城乡居民异地就医直接结算，发展远程医疗服务，强化基本医保、大病保险和医疗救助等制度的衔接。将符合条件的常住人口纳入公租房保障范围和住房公积金制度覆盖范围，鼓励有条件城市对自愿退出宅基地并进城居住的新市民提供“房票”等住房保障，鼓励常住人口在库存较多的部分三、四线城市和县城购房租房。

3.深化“人地钱挂钩”配套政策。深化“人钱挂钩、钱随人走”，在安排中央和省级财政转移支付时更多考虑农业转移人口落户数量，逐年增加对落户较多地区的中央财政资金奖励规模。深化“人地挂钩、以人定地”，在制定各地区土地利用计划和安排城镇新增建设用地规模时，进一步增加上年度农业转移人口落户数量指标的权重。

4.不断提升新市民融入城市能力。推进中国公共招聘网与各地区公共就业服务机构联网，更好为农民工等新市民提供求职招聘服务。实施全民技能培训年行动，落实农民工职业技能提升计划、农民工等人员返乡创业培训5年行动计划，制定推行终身职业技能培训政策。实施“求学圆梦行动”，重点依托职业院校广泛支持农民工接受学历继续教育。

（二）提高城市群建设质量

1.全面实施城市群规划。加快实施长三角、长江中游、成渝、中原、哈长、北部湾、关中平原、呼包鄂榆、兰州—西宁等城市群规划，指导省级行政区内城市群规划编制实施。以基础设施互联互通、生态共建环境共治等为突破口，加快建立城市群协同发展机制，促进城市群内大中小城市和小城镇网络化发展。

2.稳步开展都市圈建设。在城市群内选择若干具备条件的中心城市及周边中小城市，提高中心城市公共服务水平，增强对人口的吸引力和承载力。引导创新资源等生产要素高效配置，有效疏解中心城市非核心功能和产业。加快布局建设市域（郊）铁路，完善交通网络体系，推动基础设施联通和公共服务共享，打造同城效应明显、一体化程度高的都市圈。

3.加快培育新生中小城市。稳妥有序增设一批中小城市，继续开展撤县设市、撤地设市，推动城市群及国家新型城镇化综合试点地区范围内符合条件的县和非县级政府驻地特大镇优先设市。优化城市市辖区规模结构，制定《市辖区设置标准》《市辖区设置审核办法》，稳步推进撤县（市）设区，增强设区市辐射带动作用。

4.引导特色小镇健康发展。落实《关于规范推进特色小镇和特色小城镇建设的若干意见》，强化监督检查评估和规范纠偏，利用特色小镇建设基金支持一批特色小镇高质量发展。对已公布的两批403个全国特色小城镇和96个全国运动休闲特色小镇，开展定期测评和优胜劣汰。省级人民政府要强化主体责任，调整优化特色小镇实施方案、创建数量和配套政策。

图 1-10　提高城市群建设质量

（三）提高新型城市发展质量

1.提升城市经济质量。发挥城市产业载体和创新高地作用，建设实体经济、科技创新、现代金融、人力资源协同发展的城市产业体系。构建城市间横向错位发展、纵向分工协作的产业布局，探索建立投资和财税等利益分享机制。超大城市和特大城市要发挥在产业选择和人才吸引上的优势，有所为有所不为地集中发展高端产业和产业高端。

2.优化城市空间布局。加快划定生态保护红线、永久基本农田、城镇开发边界3条控制线，以及生态、农业、城镇空间，作为城市空间布局基本框架。促进城市产城融合、职住平衡，实现住宅、办公、商业、休闲等功能区相互交织，2018年改造各类棚户区580万套，加快建立多主体供应、多渠道保障、租购并举的住房制度。推进城市生态修复和景观塑造，深入创建森林城市，鼓励有条件地区打造特色山城水城。

3.建设绿色人文城市。推进城市绿色化发展，开展城市水生态修复治理，实施国家节水行动，稳步建设海绵城市，整治长江经济带地级及以上城市黑臭水体，启动城市污水处理提质增效3年行动计划；有序推进北方地区冬季清洁取暖；推进绿色建筑评价标识；出台资源循环利用基地建设实施方案，推进生活垃圾分类立法。厚植城市人文底蕴，提炼文化经典元素和标志性符号，合理应用于城市建设运营及公共空间。高标准建设城市基础设施，加强城市地下综合管廊和排水防涝能力建设，建设一批综合客运枢纽和货运枢纽，深入创建公交都市。

4. 推进城市治理现代化。提升城市开放度和包容性，吸纳多元化人群参与城市治理，强化市民主人翁意识。分级分类推进新型智慧城市建设，以新型智慧城市评价工作为抓手，引导各地区利用互联网、大数据、人工智能推进城市治理和公共服务智慧化，建设城市空间基础地理信息数据库，力争所有市县整合形成数字化城市管理平台。

图 1-11　提高新型城市发展质量的四大举措

（四）加快推动城乡融合发展

1. 做好城乡融合发展顶层设计。顺应城乡融合发展大趋势，坚持以工补农、以城带乡，以完善产权制度和要素市场化配置为重点，制定出台建立健全城乡融合发展体制机制和政策体系的意见措施，推动城乡要素配置合理化、产业发展融合化、公共服务均等化、基础设施联通化、居民收入均衡化，加快形成工农互促、城乡互补、全面融合、共同繁荣的新型工农城乡关系。

2. 推动公共资源向农村延伸。把公共基础设施建设的重点放在农村，加快农村公路、供水、供气、环保、电网、物流信息、广播电视建设，进一步提高农村饮水安全保障水平，解决好农村厕所问题。优先发展农村教育事业，加强农村社会保障体系建设，推进健康乡村建设。统筹山水林田湖草系统治理，加强农村突出环境问题综合治理，实施农村人居环境整治3年行动方案。引导社会资本参与农村基础设施和公共服务设施建设。

3. 清除要素下乡各种障碍。完善农村承包地“三权分置”制度，完善农民闲置宅基地和闲置农房政策，深化农村承包土地的经营权和农民住房财产权抵押贷款试点，激活乡村沉睡资产。全面建立职业农民制度，建设农村专业人才队伍，发挥科研人才支撑作用，鼓励社会各界人士投身乡村建设。建立健全财政投入保障机制，健全农村金融体系，鼓励引导工商资本下乡，推广市民农庄等模式。引导乡村“开门借力”，善用城市新技术、新商业模式及庞大消费需求。加强农村产权流转交易平台建设。

4. 推进城乡产业融合发展。构建农村一二三产业融合发展体系，实施产业兴村强县行动，发展农产品加工流通、农村休闲旅游养老、“互联网+现代农业”和设施农业，预留一定新增建设用地指标，推动村庄整治和宅基地整理等节约的建设用地入股或联营。建立适应市场经济要求的集体经济组织运行机制，全面开展农村集体资产清产核资，壮大集体经济。启动新型农业经营主体培育工程，鼓励支持农民就业创业，促进小农户和现代农业发展有机衔接。

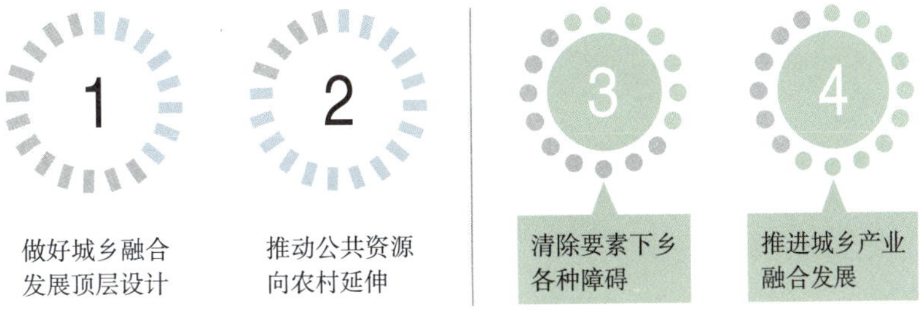

图 1-12 加快推动城乡融合发展的四大举措

（五）深化城镇化领域制度改革

1. 深化城乡土地制度改革。改进耕地占补平衡管理办法，建立补充耕地指标在国家统筹下跨省调剂机制。扩大城乡建设用地增减挂钩节余指标在省域内和跨省域的适用范围。深入推进城镇低效用地再开发，探索开展闲置土地处置试点。总结农村土地制度改革三项试点成果，修订《土地管理法》。推进“房地一体”的农村宅基地和集体建设用地确权登记颁证。加快推进集体建设用地上建设租赁住房。允许地方多渠道筹集资金，用于村集体对进城落户农民自愿退出承包地和宅基地的补偿。

2. 健全城镇化投融资机制。引导地方政府在新型城镇化建设中量力而行，防范化解隐性债务风险，确保风险可控。强化财政资金引导，鼓励发挥财政资金撬动作用，设立城镇化领域政府引导基金。推动地方政府融资平台公司实体化转型，组建信用评级高的国有投融资集团。推动地方国企提高收益上缴比例，用于新型城镇化建设。规范开发性、政策性、商业性金融和保险资金投入机制，审慎合规经营，加强风险评估，鼓励金融机构加强与城镇化项目规划和运营机构的合作。推动设立国家新型城镇化建设基金。深化重大市政工程领域PPP创新工作。

3. **推进行政管理体制改革**。探索市辖经济功能区和行政区合署办公。推动省级人民政府制定设镇设街道标准，顺应人口流动趋势精简乡镇街道。深入推进经济发达镇行政管理体制改革，推动特大镇扩权赋能。清理精简行政审批事项，推动行政审批集成化服务和综合行政执法。

4. **放大试点地区改革平台作用**。全面总结第一批国家新型城镇化综合试点成果，提炼可复制可推广的典型经验，在全国范围内有序推开。推动第二批、第三批试点地区加快改革步伐，发挥好引领作用。试点地区要将建立健全城乡融合发展体制机制和政策体系作为重要任务，积极探索创新。

图 1-13　深化城镇化领域制度改革的四大举措

第2章
《国家新型城镇化规划》中期进展分析

2013年12月，党中央召开改革开放以来第一次城镇化工作会议，习近平总书记发表重要讲话，为新时代城镇化发展指明了方向，李克强总理在讲话中对推进城镇化作了具体部署。2014年3月，党中央、国务院印发实施《国家新型城镇化规划（2014—2020年）》（以下简称《规划》），明确未来城镇化的发展路径、主要目标和战略任务。《规划》实施过程中，党中央又召开了城市工作会议，国务院印发了《关于深入推进新型城镇化建设的若干意见》，进一步完善了新型城镇化顶层设计。各地区各部门认真贯彻落实党中央、国务院决策部署，遵循城镇化发展规律，贯彻新发展理念，坚持以人的城镇化为核心，以提高质量为关键，健全机制、纵横联动，突出重点、统筹推进，推动新型城镇化在新的历史起点上不断取得新进展。回顾《规划》实施的四年，新型城镇化理念得到广泛传播，城镇化发展方式总体出现深层次、根本性的变革，城镇化红利开始惠及城乡全体居民，涉及十几亿人的城镇化驶上了科学、健康、正确的轨道。

一、《规划》实施扎实有序，进展情况符合社会预期

《规划》提出的主要目标实现情况良好，确立的战略任务成效显著，新型城镇化对调结构、惠民生、促改革发挥了巨大的促进作用，对转向高质量发展、促进供给侧结构性改革起到了重要的积极影响。城镇化带动经济结构持续优化，2014—2017年，服务业比重由48.2%提高到51.6%，消费对经济增长的贡献率由51.2%提高到58.8%。城镇化带动城乡居民就业改善和收入增长，城镇新增就业年均超过1300万人，全国非农就业比重由70.5%提高到73.0%，城乡居民收入分别增长26.2%、28.1%。城乡要素配置效率大幅提升，全社会劳动生产率由7.24万元/人提高到10.12万元/人。城镇化还释放了对房地产的有效需求，8000多万农业转移人

口成为城镇居民，多数城市房地产库存恢复至合理水平。

（一）主要目标实现情况良好，多数指标进展顺利或提前完成

《规划》确定的5大目标进展良好。一是城镇化水平和质量稳步提升，2017年底常住人口城镇化率达到58.52%，户籍人口城镇化率达到42.35%，两者差距相比2012年底缩小1.1个百分点。二是“两横三纵”为主体的城镇化战略格局基本形成，“19+2”的城市群总体布局得以确立，城市群规划编制工作基本完成。三是城市发展模式更加科学合理，城市功能不断提升，城镇绿色建筑占新建建筑比重超过29%。四是城镇基本公共服务加快向常住人口覆盖，到2017年底，基本养老、基本医疗保险等参保人数达到9.15亿人、11.7亿人，社会保障实现全民覆盖。五是新型城镇化制度体系更加健全，部分重点领域、关键环节改革取得突破性进展。

（二）人口市民化稳步有序推进，八千多万农业转移人口成为城镇居民

农业转移人口市民化制度性通道全面打通，配套性政策体系不断完善，落户更加便利、预期更加稳定，人口管理向自愿落户、自由流动迈出坚实步伐。

1. 户籍制度改革全面落地。2014年，国务院印发实施《关于进一步推进户籍制度改革的意见》，并相应调整了城市规模划分标准，推动实施差别化落户政策。31个省（区、市）及新疆生产建设兵团已全部出台户籍制度改革方案或意见，建立了城乡统一的户口登记制度。除人口流入较多的少数城市外，大多数城市已经放开放宽落户限制，许多中小城市基本实现落户零门槛。武汉、成都、郑州、西安等特大省会城市全面放宽对重点人群落户限制。北京、上海、广州、深圳等一线超大城市建立了公开透明的积分落户制度。党的十八大以来，8000多万农业转移人口成为城镇居民，户籍人口城镇化率由2012年的35.3%提高到2017年的42.35%，户改效应正在加快显现和释放。

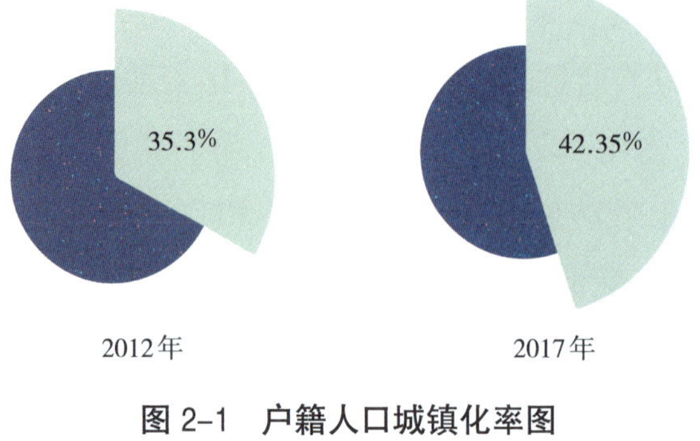

图 2-1 户籍人口城镇化率图

2.居住证制度加快建立。2015年底，国务院颁布《居住证暂行条例》，明确居住证持有人在居住地可依法享有6项基本公共服务和7项办事便利，居住证制度已于2016年1月1日起全面实行。所有省份全部出台居住证实施办法，所有城市和县均已发放居住证，基本建立以居住证为载体的城镇基本公共服务提供机制。2016—2017年，全国共发放居住证5400余万张。在《居住证暂行条例》明确的公共服务和办事便利基础上，部分有条件地区进一步增加居住证持有人可以享受的公共服务种类，一些地区居住证附带的公共服务项目超过30项。

3.城镇基本公共服务加快覆盖常住人口。农业转移人口重点关注的基本公共服务供给不断扩面提质。随迁子女在流入地公办学校就读的达到80%左右，享受政府购买民办学校学位服务的为6%，实现城乡义务教育学校生均公用经费基准定额可携带，2017年，30个省份15万名符合条件的随迁子女在流入地参加高考。实施农民工职业技能提升计划，每年培训农民工2000万人次以上。建立“四统一”（指制度名称、政策标准、经办服务、信息系统统一）城乡居民基本养老保险制度，企业职工基本养老保险省级统筹制度全面建立，城乡居民基本医疗保险实现“六统一”（指覆盖范围、筹资政策、保障待遇、医保目录、定点管理、基金管理统一），跨省异地就医住院费用直接结算加快推进，社会保险关系转移接续工作顺利开展。绝大多数市县将进城落户农民和稳定就业农民工纳入公租房保障。

4.配套政策体系加快形成。围绕“人地钱”挂钩，出台《关于支持农业转移人口市民化若干财政政策的意见》《关于建立城镇建设用地增加规模同吸纳农业转移人口落户数量挂钩机制的实施意见》等关键性配套政策，部分地区出台相关实施细则和配套方案。农村“三权”维护和退出机制加快建立，出台《关于完善农村土地所有权承包权经营权分置办法的意见》《关于稳步推进农村集体产权制度改革的意见》等，各地都明确现阶段不得以退出农村“三权”作为农民进城落户的条件。

（三）城镇化空间格局持续优化，培育形成了一批新的增长点、增长极和增长带

“十三五”规划《纲要》明确了“19+2”城市群格局，城市群建设加快，集聚带动效应日益凸显，以城市群为主体的大中小城市和小城镇协调发展格局逐步构建。

1.城市群建设持续推进。京津冀协同发展规划纲要印发实施，国务院批复同意长三角、长江中游、成渝、哈长、中原、北部湾、关中平原、呼包鄂榆、兰

州—西宁等跨省区城市群规划，粤港澳大湾区发展规划纲要编制完成，省内城市群规划陆续编制出台。城市群一体化进程加快，对人口和经济的集聚能力显著增强，2016年，京津冀、长三角、珠三角、长江中游、成渝五大城市群，以10.4％的国土面积集聚了38.9％的人口，创造了54.5％的国内生产总值。

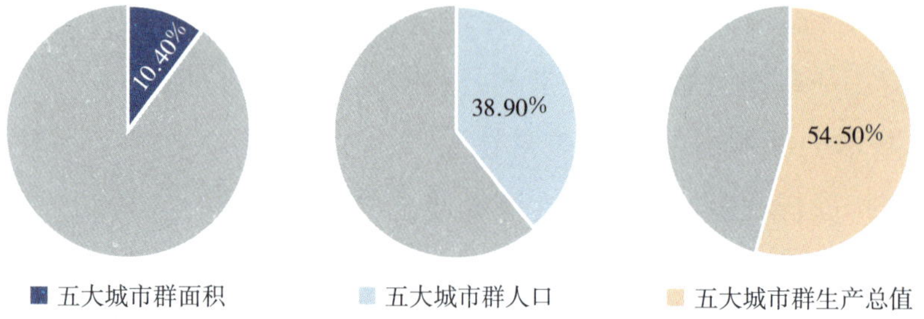

图 2-2　五大城市群面积、人口、生产总值占全国比重图

2.**城市规模结构不断完善**。广州、重庆、成都、武汉、郑州、西安等国家中心城市建设积极推进，城市发展活力和潜力大幅提升。2016年国务院批准实施《设立县级市标准》《设立县级市申报审核程序》，重新启动设市工作，中小城市数量有所增加，城市总数达到661个，城市规模结构不合理状况开始改善。以下放事权、扩大财权、改革人事权及强化用地指标保障等为重点，深入推进经济发达镇行政管理体制改革，为特大镇扩权赋能提供了制度保障。特色小镇和小城镇密集涌现，并逐步走上规范有序发展轨道。

3.**综合交通运输网络的支撑和引领作用不断增强**。综合交通运输通道和区际交通骨干网络加快建设，推动人口流动格局和经济布局发生重大变化，有力支撑引领了城镇化格局拓展和优化。2017年底，全国铁路运营里程12.7万公里，基本覆盖20万以上人口城市，“八纵八横”的高铁骨架网络加快构建，高速铁路营业里程2.5万公里，覆盖大部分50万以上人口城市；高速公路达到13.7万公里，覆盖97%的20万以上人口城市及其他地级城市，二级及以上公路通达96.7%的县；民用运输机场达229个，覆盖全国88.5%的地市。主要城市群间快速交通通道基本形成。城市群内部交通运输网络不断完善，城际铁路开通运营里程超过2000公里，城市轨道交通运营里程超过4000公里。

图 2-3 “八纵八横”高铁骨架示意图

（四）城市功能不断提升，服务业、棚户区和市政设施等多块短板加快补齐

遵循城市发展规律，瞄准防治“城市病”，聚焦补齐短板，加快转变城市发展方式，城市综合承载能力持续增强。

1. 城市产业就业支撑能力不断增强。以服务业为主导的产业结构已经形成，产业结构由2012年的9.4∶45.3∶45.3调整到2017年的7.9∶40.5∶51.6，第三产业从业人员比重从36%增加到44.9%。实施创新驱动发展战略，创新型城市试点稳步开展，大众创业、万众创新持续推进，以创业带动就业成效显著，截至2017年底，全国共有众创空间5739家，科技企业孵化器4069家，形成创业就业岗位超过250万个。

2. 城镇棚户区、城中村改造持续推进。实施棚户区改造行动计划，2014—2017年，累计开工2322万套。将全国重点镇纳入棚户区改造政策支持范围，城中村改造稳步推进，推动1200多万农民就地转化为市民。

3. 城市基础设施建设水平稳步提升。“公交都市”创建持续开展，2016年，全国轨道交通年客运量达到161.51亿人次，较2012年增长85.0%。网约车、分时租赁、共享单车等新交通出行方式蓬勃发展。各类公用设施建设持续提升，2016年底，城市和县城公共供水普及率分别为93.9%、86.0%，燃气覆盖率分别为95.75%、78.19%，城市污水处理率为93.4%、生活垃圾无害化处理率为96.6%。因地制宜推进地下综合管廊建设，截至2017年底，开工建设超过4000公里，形成廊体超过2000公里。

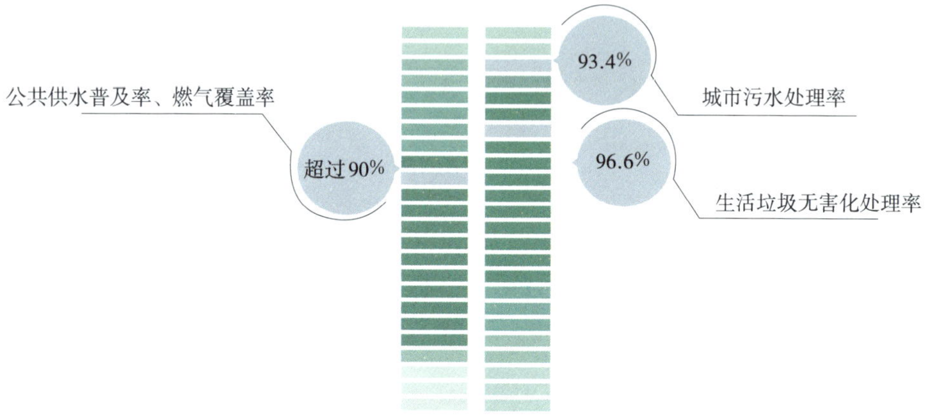

图 2-4　城市和县城部分基础设施覆盖率

4. **城市规划建设水平不断提升**。统一衔接、功能互补、相互协调的空间规划体系加快建立，省级空间规划试点有序开展，28 个市县“多规合一”试点初步完成。城市周边永久基本农田全面划定，生态红线划定工作加快推进，北京、上海等 14 个城市开发边界划定试点工作顺利完成。开展工程质量治理两年行动和质量安全提升行动，建筑质量管理能力和水平稳步提升。

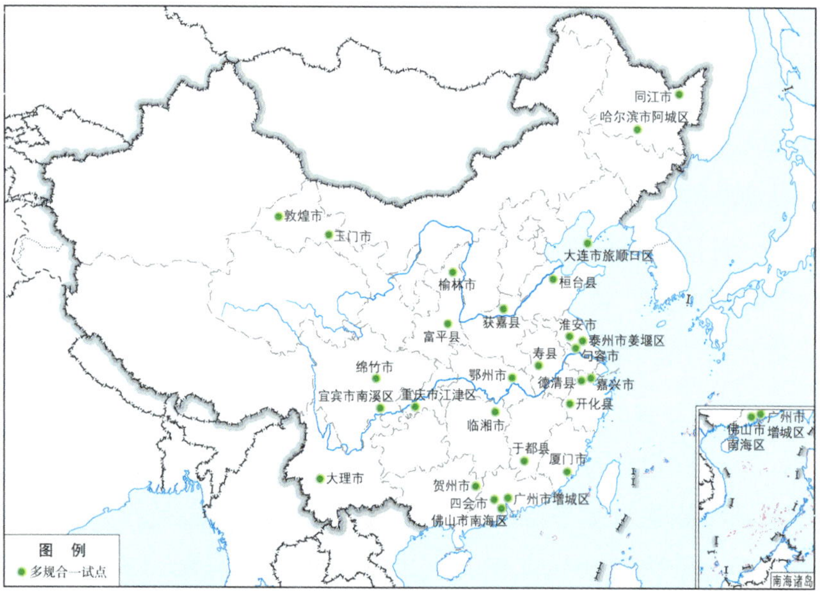

图 2-5　28 个“多规合一”试点分布图

5. **新型城市建设持续推进**。绿色、智慧、人文等新型城市建设成效显现。城市环境综合整治全面推进，“大气十条”实施成效显著，积极推进北方地区清洁取暖，全国空气质量总体改善，2017年，京津冀、长三角、珠三角等重点区域细颗粒物年均浓度较2013年分别下降39.6%、34.3%、27.7%，地级及以上城市建成区黑臭水体整治开工率达到90%、完工率过半。新型智慧城市建设取得新进展，大数据、云计算、“互联网+”等与城市建设管理融合，地级以上城市全部建成光网城市。城市历史文化魅力不断彰显，截至2017年底，公布国家历史文化名城133个、名镇252个。

（五）城乡发展一体化迈出新步伐，新型城镇化对新农村辐射带动作用增强

新型城镇化和新农村建设协调推进，城乡统筹发展力度进一步加大，城乡融合发展取得新进展。

1.城乡发展一体化体制机制逐步建立。城乡二元结构体制机制障碍加快消除，农村集体经营性建设用地与国有建设用地同等入市、同权同价加快探索，截至2017年11月，试点地区共入市集体经营性建设用地1.6万亩。更多人才、技术、资金等要素投向农业农村，科技特派员总数达到84.56万人，支持选派中西部地区科技人员7.06万名。

2.农村一二三产业加快融合发展。农业供给侧结构性改革持续推进。农业科技进步贡献率、农作物耕种收综合机械化率分别达到57.5%和66%，粮食生产能力达到12000亿斤。多种形式规模经营竞相发展，家庭农场、农民合作社、农业产业化龙头企业等新型经营主体超过300万个，新型职业农民规模超过1400万人。农村新产业、新业态不断涌现，农村电商服务点超过40万个，乡镇快递服务覆盖率达87.3%。

图2-6 农村发展呈现新面貌

3.农民幸福美好生活家园加快建设。农村自来水普及率达到76%，全国行政村通光纤比例达到95%，建制村公路通畅率达到98.3%。教育卫生资源持续向农村地

区倾斜，基本实现每个乡镇建好1所卫生院、80%的居民15分钟能够到达最近医疗点。2014—2017年完成贫困农户危房改造1203万套，完成易地扶贫搬迁772万人。4153个村落列入中国传统村落。

图 2-7　农村基础设施建设情况

（六）城镇化体制机制逐步完善，具有“四梁八柱”性质的主体框架基本确立

统筹推进人口、土地、投融资、住房、生态环境等领域改革，一些重点领域、关键环节改革实现突破性进展，新型城镇化制度框架基本形成。

1. 新型城镇化综合试点引领突破。围绕新型城镇化重点难点问题，11部门分三批将2个省246个城市（镇）列为国家新型城镇化综合试点地区。试点地区在外来人口落户、城镇公共服务均等化、城镇化投融资、城乡土地资源优化配置等方面形成了数十条政策经验，通过政策文件或部门推介典型经验等方式推向全国。经济发达镇经济社会管理权限得到扩大。

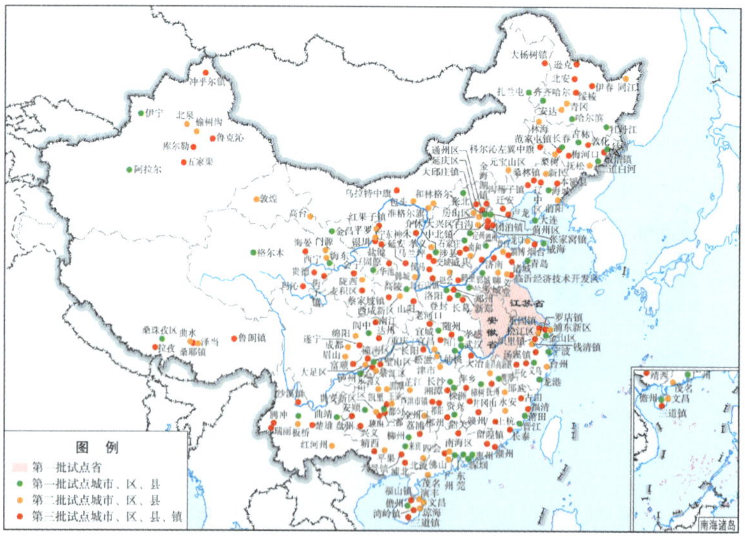

图 2-8　国家新型城镇化综合试点地区分布图

2. **土地管理制度改革持续推进。**创造性开展农村土地所有权承包权经营权分置，从制度上促进了农村土地的流转和规模经营。农村土地确权登记颁证工作加快推进，2016年底，全国集体土地所有权、集体建设用地使用权、宅基地使用权发证率分别达到95.9%、77.2%、83.2%。农村土地征收、集体经营性建设用地入市和宅基地制度改革三项试点工作有序推进。城乡建设用地增减挂钩规模和范围有序扩大，增减挂钩指标向贫困地区倾斜，并允许扶贫开发重点县增减挂钩指标在省域范围内流转。

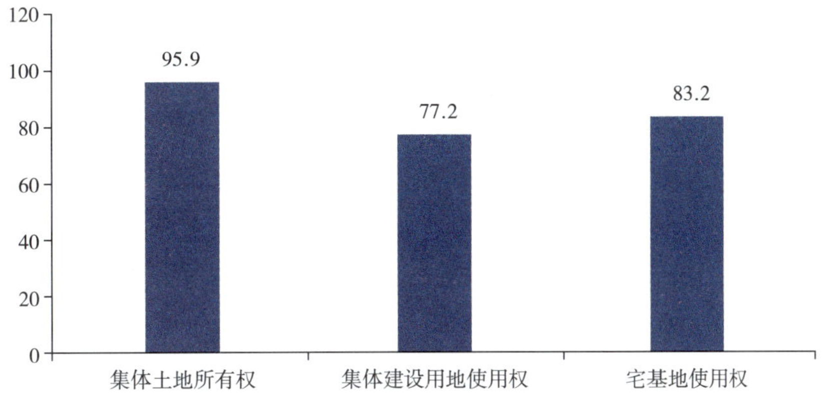

图 2-9 集体土地权证发证率（%）

3. **城镇化资金保障机制加快创新。**政府和社会资本合作（PPP）模式加快推进，2017年末，全国PPP综合信息平台收录管理库和储备清单PPP项目共14424个，总投资额18.2万亿元。开发性金融积极参与新型城镇化建设，截至2017年6月，国开行在棚改及城市基础设施建设领域贷款余额3.18万亿元。支持涉及新型城镇化业务的企业发行债务融资工具，创新推出绿色债务融资工具、扶贫票据等。地方政府债务风险防范意识和手段逐步增强，稳步推进存量债务置换，将地方政府债务纳入预算管理。

4. **城镇住房制度不断健全。**以市场为主满足多层次需求、以政府为主提供基本保障的住房供应体系基本建立。公租房和廉租房并轨运行，实物配租和租赁补贴政策体系基本形成。加快培育和发展住房租赁市场。全国房地产市场监测平台建立，以土地为基础的不动产统一登记制度、机构、信息平台建成落地。

5. **生态环境保护制度全面强化。**生态文明目标考核机制和生态环境损害党政同责、终身追责的责任追究机制逐步建立。生态环境监测网络加快完善，全国生态环境监测信息逐步实现集成共享。主体功能区制度持续健全，主体功能区战略格局在市县层面加快精准落地，规范化、常态化、制度化的资源环境承载能力监测预警机制正在建立。

二、新型城镇化建设任务艰巨，难点和问题依然较多

尽管《规划》着力解决的突出矛盾和问题多数得到了缓解，但一些深层次和长期性的问题还没有从根本上解决，难点依然较多，任务仍然艰巨。

（一）农业转移人口市民化质量相对不高

城镇户籍人口近年来增长较快，但其中进城农民工转为城镇居民的数量相对不多，部分地区通过乡改镇、村改居等区划调整方式，增加了城镇户籍人口数量，却有部分新居民依然不能与老居民同等享受基本公共服务。一些外来人口比重较高且落户意愿较强的重点地区，对外来人口和普通劳动者落户设置的隐性门槛仍没有完全消除。一些地区在表面上降低落户门槛的同时，却将高门槛放在了进城落户人口的子女入学、社会保障等基本公共服务上，导致农业转移人口市民化质量不够高。

农业转移人口市民化质量不高，制约了消费潜力的释放和劳动生产率的提高，也不利于从根本上消除社会风险隐患。其原因仍然在于地方政府和农业转移人口“两个积极性不高”。一是部分地方政府过于关注农业转移人口市民化的短期成本，把外来人口当成负担而不是责任，甚至以成本分担机制没有完全建立为借口，阻止或延沓为外来人口提供基本公共服务。二是由于农村资产资本化和退出通道不畅，很多农民担心落户会失去农村土地相关权益，国家发展改革委和全国总工会联合开展的问卷调查显示，此因素导致不愿落户的比例高达58.4%。

（二）“城市病”严重与中小城市活力不足共存

部分大城市环境污染、交通拥堵、房价高企，公共安全事件频发，“城市病”问题依然突出。2017年，全国338个地级及以上城市中有239个环境空气质量不达标，占70.7%。根据高德地图大数据分析，2017年45个主要城市高峰拥堵延时指数超过1.7，部分城市拥堵正从中心城区向外围扩散。中小城市数量不足、质量不高，人口20万以下的城市仅占城市数量的18%左右，广大中小城市基础设施建设相对滞后，2016年，县城供水和燃气普及率分别低于城市8个和17个百分点。

图 2-10 “城市病”影响不容忽视

“城市病”直接影响到城镇居民的获得感、幸福感和安全感，中小城市活力不足影响到城镇体系优化和发展潜力释放。“城市病”的根源在于城市规划建设、公共服务、管理水平跟不上人口快速集聚，同时，城市群和都市圈发育相对不足，也难以切实分担中心城市人口过快增长。中小城市发展活力不足，既有设市步伐不快，也有设市模式创新不足的因素，镇区常住人口超过10万的322个镇、超过5万的1125个镇，大都已经具备城市规模和体量，但在传统设市模式下难以直接设市。

（三）城镇化资金保障机制仍不健全

新型城镇化资金需求量大，既有当期消费投入，也有跨世代的大规模、长周期投资，需要成本合理、期限匹配的资金投入，需要政府、金融机构、社会资本等多方力量参与。但目前我国城镇化融资渠道仍然比较单一，主要靠政府投入，主要靠土地出让收入、举债担保等方式。一些地方政府融资举债机制仍不完善，仍以各类“明股实债”和购买服务等方式加杠杆。一些地方把PPP模式简单理解为政府的投融资手段，存在风险分配不合理、政府变相兜底，重建设轻运营、绩效考核不完善等问题。

多元化可持续的资金保障机制还未建立，导致部分城市政府仍然重建设轻服务、重发展轻保护，影响到推进农业转移人口市民化的意愿，也影响到城镇化总体质量的提高。这还与周期性因素、结构性因素和体制性因素叠加共振，进一步加剧了地方政府性债务风险，2016年，全国有90多个设区市本级和336个县级政府债务超过风险预警线。迫切需要在防范化解金融风险的攻坚战中，拓宽城镇化资金来源，创新城镇化资金保障机制。

（四）城乡融合发展体制机制有待建立

城乡间二元结构体制机制障碍仍然存在，户籍管理仅在形式上实现了城乡统一，但户籍附着的社会保障和公共服务仍有城乡区域差异，城乡统一的建设用地市场尚在探索推进过程中，城乡要素平等交换和公共资源均衡配置机制还不完善，城市资本等要素下乡还面临诸多限制。农村集体产权制度改革刚刚起步，一些法律法规还未调整到位。农村土地制度改革进展不快，宅基地使用权确权颁证等基础性工作尚未完成。

城乡分割的体制机制，影响到城镇化辐射带动作用的发挥，影响到城乡融合发展格局的形成。我国城乡发展差距依然较大，2017年，城乡居民收入倍差仍然达到2.71，城乡间基础设施和公共服务差距依然较大，对生活污水进行处理的行政村比例只有约20%、集中供水率低于70%。城乡教育质量差距明显，农村办学条件相对较差，薄弱环节依然较多。

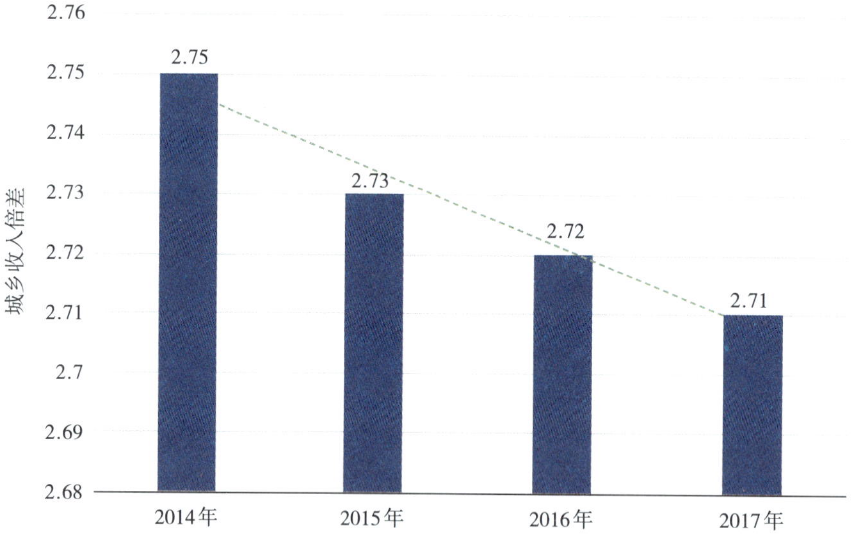

图 2-11　2014—2017 年城乡收入差距变化

图 2-12　城乡二元结构仍然存在

三、聚焦高质量发展，确保《规划》目标任务如期完成

推进新型城镇化建设，必须以习近平新时代中国特色社会主义思想为指导，深入贯彻落实党的十九大精神，坚持以人民为中心的发展思想，贯彻新发展理念，按照高质量发展要求，紧紧围绕供给侧结构性改革这条主线、人的城镇化这个核心、提高质量这个关键，把注意力和工作重点进一步集中到满足城乡居民日益增长的美好生活需要上来，加快农业转移人口市民化，加快以城市群为主体构建大中小城市和小城镇协调发展格局，加快补齐城市功能短板，加快城乡融合协调发展，努力实现更高质量、更有效率、更加公平、更可持续的发展，确保如期全面完成《规划》确定的各项目标任务。

（一）坚持以人民为中心，着力推进农业转移人口市民化取得实效

1. 确保户籍制度改革和居住证制度全面落地。持续强化对各地户改的监督检查，确保农业转移人口落户渠道畅通、更加便利，落户居民同等享有城镇基本公共服务。加快居住证覆盖全部未落户城镇常住人口，确保各地区居住证申领门槛不高于国家标准、享受的基本公共服务和办事便利不低于国家标准。积极推进人口基础信息库建设，加快跨部门、跨地区人口信息整合和共享，在此基础上建设

覆盖全国、安全可靠的国家人口综合信息库和信息交换平台。

2.压实省级政府责任。进一步强化省级政府在推动1亿非户籍人口在城市落户工作中的主体责任。推动省级及以下政府加快农业转移人口市民化配套政策细化，切实加大对吸纳农业转移人口较多市县的财政支持力度。加快细化落实“人地”挂钩政策，确保农业转移人口在城镇落户的合理用地需求。

3.加强统计监测和跟踪评估。完善户籍人口城镇化率统计办法，将享有城镇基本公共服务情况作为确定城镇户籍人口的重要依据，准确反映落户进程。加强政策跟踪评估，及时总结经验，不断完善政策体系。加大宣传解读力度，下移宣传重心，提高精准度，确保农业转移人口在真实了解落户政策、充分享有落户自由的基础上，形成稳定的落户预期。

（二）以城市群为主体形态，着力构建大中小城市和小城镇协调发展格局

1.全面实施城市群规划。围绕提升城市群发展质量，强化中心城市辐射带动作用，加快培育城市群内中小城市，促进大中小城市和小城镇网络化发展，加快行政区经济向城市群经济转型。

2.强化都市圈建设。将都市圈作为城市群建设的突破口，强化中心城市和周边中小城市的交通设施互联互通、公共服务共建共享、创新资源高效配置，密切中心城市和中小城市的功能联系，打造同城效应明显的通勤圈、都市圈。

3.加快培育新生中小城市。优化行政区划设置，加快把具备行政区划调整条件的县有序改市，把有条件的县城和重点镇发展成为中小城市，增加中小城市数量，对新设市加大支持力度。推进市辖区结构和规模调整。深入推进经济发达镇行政管理体制改革，推动经济发达镇扩大经济社会管理权限。规范推进特色小镇沿着正确轨道健康有序发展。

（三）以防治“城市病”为重点，着力提高城市可持续发展能力

1.加快补齐城镇基础设施和公共服务短板。实施新的三年棚改攻坚计划，力争到2020年再改造各类棚户区1500万套。有针对性地提高城市供排水、供热、燃气普及率和公共交通出行分担率。持续提升公共服务水平，让城乡居民享有更好的教育、更高水平的医疗卫生服务、更稳定的工作、更可靠的社会保障。推动公共服务从按行政等级配置向按常住人口规模配置转变。提高城市绿色、智慧、人文发展水平。

2.利用现代技术手段提高城市治理水平。建立健全大数据辅助科学决策和社会治理的机制，推进政府管理和社会治理模式创新。以推进电子政务、建设智慧城市

等为抓手，以数据集中和共享为途径，推动技术融合、业务融合、数据融合，打破信息壁垒，实现对城市运行状态的全面感知、态势预测、事件预警，提高协同指挥与智能决策能力，实现政府决策科学化、社会治理精准化、公共服务高效化。

（四）以实施乡村振兴战略为牵引，着力健全城乡融合发展体制机制

1. 加快编制实施乡村振兴战略规划。 坚持农业农村优先发展，围绕产业兴旺、生态宜居、乡风文明、治理有效、生活富裕的总要求，瞄准农业农村现代化中的短板和瓶颈因素，着力发挥好新型城镇化支撑乡村振兴战略的作用，抓紧组织编制乡村振兴战略规划，科学确定乡村振兴的时间表和路线图。

2. 加快建立健全城乡融合发展机制和政策体系。 深化农村集体产权制度改革，提高农村各类资源要素的配置和利用效率。推动农村土地“三项制度”改革尽快取得实效，形成可复制可推广经验。强化金融对“三农”服务支持作用，深入推进农村“两权”抵押贷款试点。深化落实城乡劳动者平等就业、同工同酬制度。

（五）以重点领域、关键环节、瓶颈因素为着力点，着力完善新型城镇化制度体系

1. 加快建立多元可持续的城镇化资金保障机制。 平衡好城镇化项目融资规模与地方债务承受能力之间的关系，提高新型城镇化建设资金使用效率和水平。加快建立权责清晰、财力协调、区域均衡的中央和地方财政关系。健全地方政府债务管理制度，建立健全规范的地方政府举债融资机制。深化税收制度改革，健全地方税体系。发挥好政府资金的撬动作用，推进政银企社结合，提高资金使用效率。加快推进PPP领域统一立法，鼓励规范有序采用PPP模式，撬动社会资本参与城市公共服务领域和基础设施领域建设运营。

2. 进一步健全城镇住房制度体系。 坚持房子是用来住的，不是用来炒的，加快建立多主体供给、多渠道保障、租购并举的住房制度，实现住有所居。加快发展住房租赁市场特别是长期租赁，保护租赁利益相关方合法权益。扩大保障性住房有效供给，完善政府保障性住房准入退出机制。健全房地产调控长效机制，建立符合国情、适应市场规律的城镇住房基础性制度。

3. 推进新型城镇化综合试点取得新突破。 尽快总结第一批新型城镇化综合试点地区可复制可推广的经验和模式。次第推进、压茬拓展，强力推动第二、三批综合试点地区试点工作取得更大突破，确保顺利完成各项试点任务。完善新型城镇化综合试点协同推进机制，持续做好试点跟踪评估、督导指导。

第3章
新型城镇化建设系列典型案例

各地在新型城镇化建设中，立足发展阶段和地域特点，抓紧行动、改革探索，走出了各具特色的新型城镇化发展路子。为了解各地因地制宜推进新型城镇化的经验做法，国家发展改革委调研组赴山东、广西、四川、贵州等四省区开展调研，有关情况如下，供各地和有关方面参考。

山东省推进新型城镇化建设案例

山东省城镇化基础扎实、发展均衡、特色鲜明，其中，本地城镇化和就地就近城镇化是最大的特点。国家发展改革委赴山东调研，实地考察相关县市在小城市培育、特色镇发展、产城融合、人口市民化等方面的主要做法。有关情况如下。

一、主要做法

近年来，山东省从本地实际出发，因地制宜、突出特色，以培育发展小城市、特色镇、农村新型社区为抓手，以产城融合为支撑，努力补齐城镇体系、基础设施和公共服务短板，促进人口集聚和产业集中，取得了较好成效。

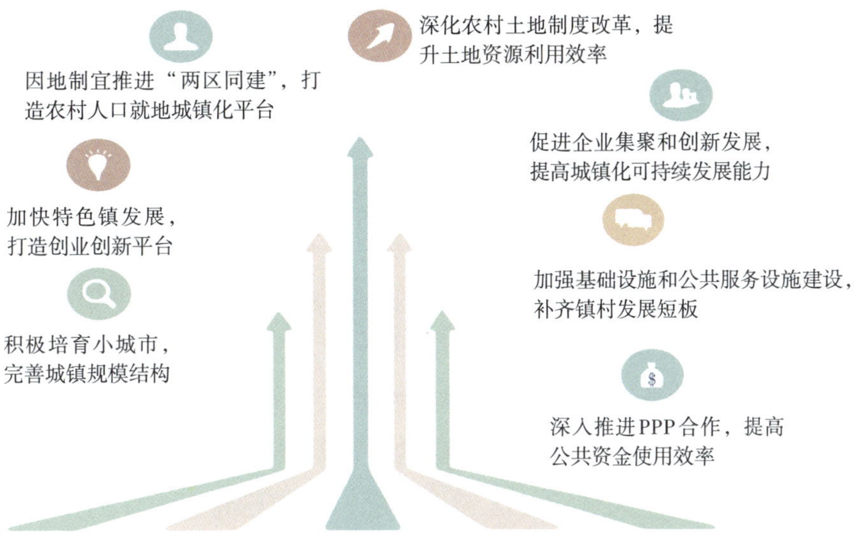

图 3-1　山东省近年来的城镇化主要做法

（一）**积极培育小城市，完善城镇规模结构**。青岛市选定胶州市李哥庄镇等5个产业基础和人口集中度较好的镇开展小城市培育试点，通过扩权强镇改革，承接市县级下放审批权限180多项；通过财政奖补和返还、土地指标切块下达等举措，强化试点镇要素保障。5个试点镇平均建成区面积达到19.8平方公里，建成区人口达8.7万人，初步具备了小城市的经济规模和形态。

（二）**加快特色镇发展，打造创业创新平台**。借鉴浙江发展特色小镇的经验，青岛市从自身地域文化与资源特色出发，打破镇域边界，在西海岸规划建设了12个特色小镇。海青镇以“江北绿茶古镇、美丽幸福海青”为定位，大力发展特色茶业及相关的旅游业，撬动社会资本投资近20亿元。张家楼镇以“油画名镇、蓝莓之乡”为主题，推进生态旅游和文化项目建设，实现文化旅游产业的快速发展。

（三）**因地制宜推进“两区同建”，打造农村人口就地城镇化平台**。德州市以新型农村社区建设为抓手，因地制宜地采取政府主导、小城镇自建、企业社区联建、整村迁建、自拆自建滚动发展等模式，同步推进农村新型社区建设和产业园区建设，目前已建成或在建社区420个，35万农户搬入新居，45万农民实现在家门口就业。

（四）**深化农村土地制度改革，提升土地资源利用效率**。2014年以来，武城县农村综合产权交易中心创新“交易—鉴证—抵押”为一体的农地融资模式，实现农村承包土地经营权、林权等四类产权规范交易，累计交易土地243宗、2.3万亩，合同金额2.1亿元，惠及农户5000余户。武城县选取11个村庄开展自愿有偿退出宅基地试点，有效盘活了村庄闲置宅基地，支持了城镇建设和发展。

（五）**促进企业集聚和创新发展，提高城镇化可持续发展能力。**东营市引导支持山东科瑞集团在全球范围内整合资源、集聚人才，鼓励其发展成为集装备制造、技术服务、工程承包“三位一体”的综合性国际化企业集团，该企业年销售收入超过100亿元，进出口总额超过10亿美元，从业人员由创业之初的不足100人增加到8000余人。武城县鲁权屯镇以当地民营企业为龙头，集聚玻璃钢、中央空调生产企业1126家，吸引8万余人就业，极大地增强了城镇人口集聚能力。

（六）**加强基础设施和公共服务设施建设，补齐镇村发展短板。**德州市在新型农村社区建设过程中引入城市社区建设理念，目前已建成入住的315个社区中，80%实现“五化八通八有”（硬化、绿化、亮化、美化、净化；通水、通电、通暖、通气、通油路、通电话、通宽带网、通有线电视；有幼儿园、有小学、有敬老院、有卫生室、有警务室、有超市、有中心广场、有社区服务中心）。武城县着力补齐城镇优质中小学校资源，开工建设两所可容纳6000余名学生的寄宿制学校，为促进农民就近城镇化和化解房地产多余库存创造条件。

（七）**深入推进PPP合作，提高公共资金使用效率。**东营港疏港铁路全长124公里，投资总额62亿元，在规划建设过程中，东营市创新中央资金支持项目的建设投资模式，由东营市地方铁路有限公司与投资人按3：7的股权比例合资成立项目公司，采取“投资、建设施工、运营维护管理一体化+用户付费和财政可行性缺口补助”的运作方式建设运营，项目公司享有特许经营期30年。该项目的实施运营对深化交通投融资体制改革，形成多渠道、多层次、多元化的协同发展格局具有借鉴意义。

二、有益启示

（一）**统筹规划农业转移人口市民化的空间载体是前提。**山东省人口基数大、农民数量多，科学编制基于人口流向的城镇体系规划、平衡好城镇人口在大中小城市和小城镇的合理分布，显得尤为重要。山东强调就地就近城镇化，是基于对本地城镇化发展现状和传统文化因素等做出的判断，但农业转移人口无论是在本区域的城镇，还是在新建的农村新型社区就业和落户定居，都必须充分考虑人口流动趋势和演变规律，算清人口分布的大账，避免若干年后出现“空心城”“空心镇”“空心社区”。

（二）**促进城镇发展和产业支撑、就业转移和人口集聚相统一是关键。**山东省坚持以产促城、依城兴产、产城融合、城乡一体，推进产业、城镇和人口良性互动、协调发展的做法，“人口跟随就业走、就业跟随产业走”，符合推进新型城镇化建设的方向，重点是要进一步调整优化城镇产业布局和结构，加快培育新经济、推动形成新动能，避免传统产能过剩淘汰影响城镇就业容量。当前尤其要注重营造良好就业创业环境，激发市场活力和企业创新能力，特别是激发民间投资的活力。

（三）**推进体制机制创新是保障。**当前，涉及“人”“地”“钱”“房”等领域的体制改革不到位，不仅影响着全要素生产率的提升，更影响着新型城镇化巨大内需潜力的释放。山东武城农村综合产权交易中心在农地融资模式上的突破、李家户镇在农村宅基地有偿退出模式上的探索、东营市PPP建设投资模式上的创新等，为新型城镇化体制机制创新积累了经验。下一步，新型城镇化试点地区还要在建立人口市民化成本分担机制、建立多元化可持续城镇化投融资机制、改革完善农村宅基地制度、创新设市设区模式等制约新型城镇化整体突破的关键问题上加大探索力度，力争尽快实现突破。

三、政策建议

（一）**深化体制机制创新，加快推进特大镇撤镇设市。**加快启动设市工作，将具备条件的县和特大镇有序设置为市，弥补城镇体系的短板。在全国范围内，赋予镇区人口10万以上的特大镇部分县级管理权限，同步推进户籍制度、财税体制、投融资体制、土地制度等配套改革。

（二）**创新城镇管理模式，切实提高行政效率。**探索城市新型管理模式，降低行政成本。创新城镇公共服务供给机制和服务方式，充分利用社会力量，增强多层次供给能力，满足多样化需求。推广“互联网+”政务服务，积极打造行政审批、公共资源交易、便民服务等综合服务平台，切实提高城镇政府行政效率。

（三）**建设美丽宜居小城镇，努力提升城镇发展品质。**因地制宜、突出特色、创新机制，充分发挥市场主体作用，以打造具有特色鲜明的产业形态、和谐宜居的美丽环境、彰显特色的地域文化、便捷完善的设施服务、充满活力的体制机制为目标，采取“创建制”的方式，开展第三批国家新型城镇化综合试点，并出台建设美丽宜居小城镇的指导意见。

（四）**打造产业升级平台，夯实城镇发展基础**。统筹城镇生产区、办公区、生活区、商业区等功能区规划建设，推进功能混合和产城融合，在集聚产业的同时集聚人口，防止新城新区“空心化”。围绕城市居住区、小城镇、新型创新空间，推进多层次的产城融合，创造宜居宜业的条件，为城市、社区或者其他空间注入更多产业活力、发展动力。

（五）**补齐基础设施和公共服务短板，提升城镇综合承载能力**。围绕城镇建设短板，加快完善市政基础设施，大力推进棚户区、城中村和危房改造；加快综合交通网络建设和换乘枢纽、停车场等建设，推广多式联运，推进交通物流融合发展；加快推进城镇基本公共服务常住人口全覆盖。同时，要加强城镇雾霾、污水、垃圾治理，实施生态廊道建设和生态系统修复工程。

（六）**充分激发市场活力，推动城镇管理模式转变**。持续推进简政放权、放管结合、优化服务，为各类创新主体“松绑减负”“清障搭台”。加快建立公平竞争保障机制，完善市场规则，实行统一的市场准入，让生产要素向优势企业集中。进一步优化企业发展环境，激发企业家精神，减少对市场行为和微观市场主体的干预，依法保护企业家财产权和创新收益。

广西壮族自治区推进边境口岸地区
新型城镇化建设案例

《国家新型城镇化规划2014—2020年》提出，要培育壮大陆路边境口岸城镇。为进一步促进边境口岸城镇的新型城镇化发展，国家发展改革委赴广西壮族自治区调研，先后考察了凭祥市、大新县、靖西市等地的口岸和边境城镇建设以及百色市田阳县、平果县新型城镇化发展情况，并就特色城镇发展、农民工返乡创业、易地扶贫搬迁等问题与当地同志进行了座谈交流。

一、做法及成效

近年来，广西依托区位优势，以强产业、扩就业为核心，通过发展具有口岸经济特色的加工贸易产业、大力吸引农民工返乡创业、培育休闲旅游经济，有力促进了新型城镇化，带动了边境口岸发展。

（一）**抓住加工贸易产业转移机遇，为边境口岸城镇发展提供产业支撑**。加工贸易对增加就业、促进边境地区城镇化意义重大。广西从2014年起实施“加工贸易倍增计划”，争取用3年时间实现全区加工贸易额突破100亿美元、实现工业产值1000亿元；争取用5年时间实现全区加工贸易占外贸进出口比重达到30%。通过建立健全承接加工贸易产业转移的政策支撑体系、完善加工贸易产业发展布局、注入低碳绿色节能新理念等举措，原定的3年加工贸易倍增计划提前实现。一是加工贸易发展势头迅猛。广西加工贸易年均增长率达40%以上，高于同期全区外贸年均增长率20个百分点左右。2015年，广西加工贸易进出口首次突破100亿美元。二是电子信息工业产值在短短5年时间内由100多亿元发展到突破2000亿元，并形成了南宁、北海、桂林3个区域性电子信息产业集聚发展区。三是大量农民工实现本地就业。据不完全统计，加工贸易产业带动广西就业人口超过50万人，从业人员人均年收入达3万元左右，间接带动了餐饮住宿、文化教育、家政服务等行业的发展。四是全区海、陆、空物流综合水平大幅提高。广西凭借毗邻东盟国家的区位优势和便捷的陆运体系，吸引包括泰国等东盟国家的零配件通过陆运进入广西，加工成品则经广西返销东盟国家或通过欧亚铁路、渝新欧铁路运抵欧洲市场，广西的物流枢纽作用大大增强。

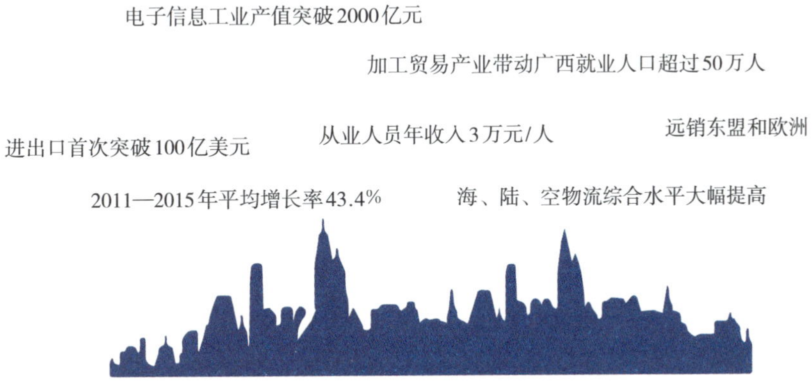

图 3-2 广西壮族自治区“加工贸易倍增计划”成果

（二）**完善边境贸易基础设施，支持边境口岸城镇商贸发展。**广西有3个地级市、8个边境县市与越南4省17个县交界。中越边境上分布口岸12个，其中国家一类口岸7个，国家二类口岸5个；边民互市贸易点26个。2015年以来，广西安排“兴边富民”口岸建设资金7400万元，用于口岸、边民互市点及边境农贸市场基础设施建设。在边境口岸，广西还积极引导农民发展互助合作社，参与边民互市贸易。边境口岸城镇的发展，为稳边戍边提供了良好的群众基础。

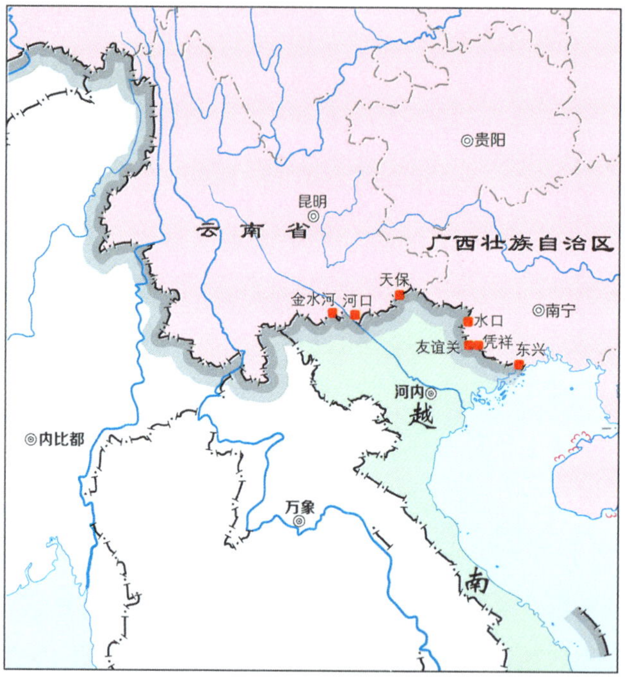

图 3-3　中越边境部分口岸分布示意图

（三）**积极引导农民工返乡创业，带动就近城镇化。**广西是一个人口净外流省份，近年来，外出农民工经过在区内外城市的多年发展，积累了资本、学到了技能、搞懂了市场，也有返乡创业的意愿。为促进农民工返乡创业，广西在全区54个贫困县中择优创建14个示范性贫困县农民工创业园，给予每个创业园500万元的补助资金和10～20公顷的用地指标，并整合财政资金1.5亿元专项用于农民工创业担保贷款贴息，为农民工提供最高额度10万元贷款。靖西市以发展面向越南和东盟市场的出口商品加工产业为核心，积极吸引农民工返乡创业。目前一期已有8家电子、五金类企业入驻；二期已有9家农产品深加工和食品药材加工项目入园。平果县在县城轻工业园区内规划建设了农民工创业园，目前已建成标准厂房16栋，在建11栋，已引进29家企业入驻。田阳县共有外出农民工7.16万人，近几年有2652人返乡创业就业，其中创业规模在10万～50万元的有192人，50万～200万元的有3人，200万元以上的有2人。

（四）**依托自然人文资源，大力发展休闲旅游特色镇。**大新县堪圩乡一位投资商依托当地自然景观，打造以静谧休闲和美景观光为主题的明仕田园农庄，不仅成功地吸引了大量国际国内游客，还通过培训农户开设农家乐，带动了周边群众共同发展、共同富裕。大新县硕龙镇引进专业旅游开发公司，依托德天跨国瀑布资源和口岸、边贸资源，打造中越风情小镇。田阳县田州古城引入专业开发运营商，建设具有壮族文化风情的开放式休闲古镇，市场反应火爆，年接待游客超过200万人，酒吧、客栈时常紧俏。休闲旅游带动消费，拉动就业，发展前景广阔。

（五）**推进异地扶贫与城镇化发展相结合**。田阳县依托城东农民工创业园区和古鼎香物流中心，修建老乡家园易地扶贫安置区，打造“产城一体化”扶贫移民模式，已安置8000户3.2万人。大新县依托边贸口岸，规划建设硕龙镇扶贫移民小区，计划安置4000人，给予贫困户每人每天20～50元不等的边民证贸易指标，实现群众“回迁边境+边贸扶贫”。

二、主要困难

（一）**边境口岸基础设施较落后**。广西口岸开放建设起步晚、基础设施薄弱，配套功能不完善。一些边境口岸和边贸互市点的道路、口岸联检楼、验货场等设施简陋，相关生活区配套不足，这与出入口岸的人流、物流、货流的急剧增长形成强烈反差。譬如大新县岩应口岸设施非常落后，出入通道狭窄，没有能力兼容旅客与货物同时进出境。

（二）**城镇发展的资金来源短缺**。广西属于欠发达、后发展地区，集老、少、边、穷为一体，每年可用财力极为有限，大批边境口岸、贸易物流中心、农民工返乡创业园区、中越跨境经济合作区的设施建设，需要大量的前期投入，一些项目因缺乏资金而迟迟不能落地。

（三）**城镇布局亟须科学规划**。部分边境口岸城镇发展较快，但在城镇空间布局方面却缺乏科学合理的长期规划，容易出现来什么就建什么甚至私搭乱建的问题，影响城市的整体形象和发展。

主要困难	政策建议
☐ 边境口岸基础设施较落后	✓ 设立中越跨境贸易合作加工区，形成一批边境口岸特色城镇。
☐ 城镇发展的资金来源短缺	✓ 对于发展势头好、成长潜力大的边境口岸城镇和项目给予资金支持。
☐ 城镇布局亟须科学规划	✓ 从促进国内区域合作和国际开放的角度，制定更有利于边境城镇发展的配套政策。

图 3-4　边境口岸城镇发展面临的主要困难及政策建议

三、政策建议

（一）**设立中越跨境贸易合作加工区，形成一批边境口岸特色城镇。**选择一批区位优势强、发展基础好、合作前景广阔的中越边境口岸和城镇，设立中越跨境合作贸易加工区，利用越南TPP成员地位，享受更好的出口优惠待遇。促进新型城镇化与加工贸易产业转移、开放合作、农民工返乡创业、异地扶贫搬迁等重要内容有机结合，形成适合边境口岸城镇特点的新型城镇化发展模式。

（二）**对于发展势头好、成长潜力大的边境口岸城镇和项目给予资金支持。**利用专项债券，重点支持边境口岸、加工贸易产业园区、农民工返乡创业园区的基础设施和公共服务设施建设。支持边境城镇打通断头路和骨干通道，努力构建形成出海出边的交通干道，推进形成东盟贸易物流大通道和网络。

（三）**从促进国内区域合作和国际开放的角度，制定更有利于边境城镇发展的配套政策。**一是支持中西部地区和东部地区共建税收共享、互利共赢的加工贸易产业园区。二是制定有利于边境地区人员往来的政策，降低边境地区产业发展用工成本。譬如，为东盟等国家的劳动力进入中国提供方便快捷的签证服务。三是降低边境地区企业的社会保险（尤其是养老金）缴费比例，降低企业向中西部转移的用工成本。四是加大对加工贸易企业的金融支持。允许加工贸易企业以自有设备抵押融资，适当提高土地抵押额度。

四川省推进新型城镇化建设案例

为深入了解四川省新型城镇化建设和特色小城镇培育情况，国家发展改革委组成调研组赴四川成都、遂宁等地，实地考察了遂宁市绿色城镇化、成都市金堂县淮口镇行政管理体制改革、郫县德源镇“菁蓉小镇”创业创新、双流区蛟龙工业港产城融合推进情况。总体感到，近几年来，成都、遂宁等地围绕绿色引领、创新驱动、改革突破和产城融合，着力提高城镇化发展质量，取得了积极进展，积累了有益经验。有关情况如下。

一、主要做法

图 3-5 四川省新型城镇化主要做法

（一）**坚持创新驱动，打造城镇化新平台和创业新载体。**成都市郫县依托县内19所高校资源，整体改造原富士康生活配套区近120万平方米闲置空间，健全交通、医疗、商业、休闲运动等功能，集聚创新人才、新技术、风险投资、创业孵化器等创新要素，强化金融、培训、知识产权申报等配套服务，激发高校、科研院所和企业的创业创新意愿与能力，打造形成区域创业创新示范基地"菁蓉小镇"。小镇已引入32个新型孵化器，19家社会投资机构，培育中科百川科技、微型智能光谱仪等创业创新项目1206个，不仅针对本地传统工业项目通过技术攻关提质转型，还着力发展大数据、无人机、VR等创新项目，积极培育新经济新动能。累计有13家企业获得风险投资1.1亿元，348项创新成果实现转化，部分产品如无屏电视、防水电插座等已投入市场。成都市双流区蛟龙（工业）港创新产业园区运营体制，将工业园区整体交由民营企业蛟龙公司市场化管理运作，政府在经济、社会、安全等方面提出要求，但对园区内部的规划、建设和运营不作具体规定，企业在完成指标的同时不断创新商业模式获取收益。经过多年发展，蛟龙港成功走出了一条企业自主办园区和建城市的新路子，实现了政府与企业的双赢。园区入驻企业1160家，实现年产值190亿元，年上缴税收近6亿元，常住人口超过10万人，人口密度由每平方公里不到500人上升为2.3万人，蛟龙港已成为一个主要基于市场力量自发成长起来的民营城市。

图 3-6　成都市双流区蛟龙（工业）港

（二）**坚持绿色引领，践行绿水青山就是金山银山的新理念。**遂宁市自2007年以来，以绿色发展引领经济转型升级，大力发展绿色经济，着力打造绿色产业，走出了一条生态、低碳、循环、高效绿色发展之路。在城市建设方面，科学预测城市人口、用地、资源情况，充分考虑城市发展对环境可能带来的影响，确定了城市发展边界，划定了生态保护红线。充分发挥本地丰富的山、河、湖、岛资源优势，突破行政区划限制，发展城市功能组团，实现了城市“拥湖”发展，放大了生态优势。对城市滨河两岸道路，放弃修建水泥堤墙的生硬做法，构建低、中、高多层次河道生态植被空间，并对原有防洪堤岸线进行柔化、绿化、美化、文化处理，有力提升了城市景观的层次感。在发展绿色经济方面，首先是加快改造提升传统产业，高金食品、华润锦华、沱牌舍得等相继实施战略重组，沱牌改制成为全省酒类企业混合所有制改革的第一宗成功案例。其次是大力发展新兴产业，江淮集团轻卡、中卡、工程车三类整车生产资质落户遂宁，实现万辆整车下线。中德合资生产的第一台全液压深井智能钻机在遂宁成功下线。在保护绿色生态方面，依托原有自然景观顺势建成9处湿地公园，17个郊野公园，100多公里城市绿道，不仅为市民和游客提供了人与自然和谐相处的亲水平台，也修复了水体生态系统，保护了生物多样性，调节了城市小气候。遂宁还充分发挥原始地貌、植被、土壤、湿地、水体的自然积存渗透、净化作用，通过建设多级生态调节池、植草沟、生态荷花塘、下沉式绿地、植被缓冲带，有效收集雨水，削减、净化面源污染，缓解城市内涝，改善滨江水环境，海绵城市建设取得新进展。

（三）**坚持改革突破，释放小城镇体制机制活力。**四川省金堂县淮口镇总面积109平方公里，常住总人口10.8万，2015年经济总量82.21亿元，城镇人口已达8.6万人，城镇化率达80%，已初步具备小城市特征。2012年以来，金堂县在淮口镇积极探索行政管理体制改革，通过赋能核权、按需放权、高效行权、明责监权等有力举措，大幅增强淮口镇的要素吸引力和经济发展活力。对淮口镇有能力实施的12个县级部门609项行政权力“一放到底”；对淮口镇确实需要，但受当前人员、技术和相关配套等条件制约无法承接的5个县级部门69项行政权力，则由部门延伸至淮口镇组织实施。为方便群众办事，修建了集公共服务、综合文化站、群众文化广场等6大功能于一体的公共服务中心。金堂县在放权赋能过程中，最重要的内容是把涉及15个县级部门的城镇规划、建设、管理的相关权力，比如核发《用地规划许可证》《建设工程施工许可证》以及行政监管和行政执法权等，彻底交由淮口镇行使。淮口镇据此组建城市综合执法队，下设工业区、环保、交通、规划建设和综合等7个中队，实行集中综合执法，每年执法1500余件。通过扩权强镇改革，淮口镇强化了与城镇发展相匹配的政府管理职能，健全了与群众需求相适应的公共服务职能，建立了与新型城镇化相适应的规划建设体制，逐步实现由重农村建设向城市管理转变、重农业发展向工业服务转变、重自身建设向周边辐射转变。

图 3-7　四川省金堂县淮口镇探索行政管理体制改革

（四）**坚持产城融合，着力构建宜业宜居的发展环境。**遂宁市在充分发挥中心城区首位引领作用的同时，特别注重协调产业与城市的空间关系，在功能定位和产业布局上强调产城融合，规划建设了位于中心城区外围的桂回组团、吉祥组团、龙凤新城组团、金桥组团、西眉组团5个产城一体单元，初步建成了国家级遂宁经济技术开发区、中国西部现代物流港等重点园区，有效防止了城市“空心化”，促进“产、城、人”融合发展。蛟龙港在最初是一个普通的工业开发区，基础设施、公共服务以及各类生活配套设施明显不足。为避免“有产无城”，蛟龙港将办公及生活服务用地实行整体规划和统一使用，在园区内修建2幢20多层的住宅楼，有效解决入园所有企业职工的住宿问题；自主投资建设了购物中心、污水处理厂、公共汽车站、菜市场、电影院、娱乐厅等配套生活设施，增加了园区内的人气、商气；为了让留守儿童能与在园区工作的父母生活在一起，蛟龙港投资建设了一所可容纳2200名学生、设施现代化的九年制义务教育学校，有效解决了园区企业职工子女教育问题。2015年1月，蛟龙港又进一步创新商业模式，在园区内推出集办公、旅游、体育、美食、休闲、购物、娱乐等多功能融于一体的海滨城综合商业中心，有力激发了产业工人和周边市民的消费需求。现在的蛟龙港，具有浓厚的生活气息和舒适的工作环境，已经成为一座“产城一体”的小城市。

（五）**坚持模式创新，广泛吸引社会资本参与基础设施投资建设和管理运营。**遂宁中国西部现代物流港积极创新理念，探索由民营企业出资建设、管理运营综合物流园，园区内铁路专用线（货场）、公铁联运区、大宗物资加工区和仓储配送区等基础设施均由民营企业投资修建，有效缓解了铁路总公司建设项目资本金不足、利息负担重等问题。为进一步提高管理运营效率，园区又以“自营+代管”的方式，积极与铁路局开展合作，其中专用线货运组织、货装设备、汽车运输组织（接取送达）等业务由民营企业自营，铁路行车组织、铁路设备管理等则委托成都铁路局车务段代管。园区还创新海关投资模式，由民营企业出资修建海关监管区、保税仓并配套与海关互通的电子信息管理系统，成都海关、遂宁商检等机关派驻人员监管和维护，民营企业负责场站管理、具体作业、监管运输等工作，形成了非常好的社会和经济效益。

二、几点启示

中国经济正处于经济结构转型升级的关键时期，成都市和遂宁市按照新的理念努力提高城镇化发展质量的做法，正是面对经济下行压力，实现发展路径转换的必然选择，尽管这个过程很漫长，但只要保持定力长期坚持，就可以源源不断地激发出发展的新动能、增加有效供给。

（一）**美丽环境已经变为财富，可以创造经济收益。**遂宁市多年来坚持发展绿色城镇的实践表明，在经济新常态下，面对越来越强的资源环境约束，坚持走绿色、生态、低碳的发展道路，完全可以实现又快又好的发展。遂宁的经验也表明，绿色引领是更具有长远战略意义的发展理念，强调绿色发展、保护生态环境，短期内可能束缚工业发展，但随着城镇化发展和人民收入水平提升，美丽环境已经逐渐演变为供不应求的产品，也会带来经济流量、产生经济价值，那些过于关注眼前、不顾长远的地区，现在反而陷入了发展困境，迫切希望通过花钱来恢复良好的生态环境。

（二）**完善城镇功能有助于吸引发展要素，实现城镇化与工业化互动。**遂宁市的经验表明，通过营造良好的城市生态环境，打造美丽宜居城市，可以增强城市对更多中高端发展要素比如人才、资本的吸引力，从而为其拓展中高端物流、汽车研发等产业链条，增加有效供给创造条件。双流区蛟龙港在实践过程中，自己投资4200万元建设了学校，并且每年花费1000多万元负担学校运转，解决了产业工人的子女教育问题。从单方面看，蛟龙港在教育方面净支出了一笔钱，加大了经济负担，但从园区整体发展看，蛟龙港内的数万产业工人因为减少了后顾之忧，更倾向于在此地扎根长期发展，这样企业的用工成本就可以降下来，园区内的产量和税收就可以升上去；更重要的是，大量产业工人因为形成了稳定就业生活预期，其潜在的消费需求也可以通过发展服务业就近就地释放出来，总体算大账，蛟龙港的总收益其实是大大增加了的，这充分体现了工业化带动人口集聚、城镇化助力工业发展、服务业也在此过程中借势爆发的发展规律。

（三）**通过为传统业态注入新功能，可以极大地刺激消费需求。**蛟龙港创新购物中心商业模式的发展历程表明，在网络电商的强势冲击下，传统的仅具有购物、餐饮、电影院等功能的商场将日渐式微，而通过整合新的业态、注入新的功能，完全可以再次激发人的消费欲望，实现购物中心的转型升级。比如，蛟龙港海滨城积极创新发展理念和思路，将海洋馆、真冰场、波音737仿真飞行体验、室内恐龙乐园、亲子乐园、4DMX影院等新业态整合融入购物中心，为传统商业中心增添了观光休闲体验的旅游功能，有效释放了潜在消费需求。海滨城年客流量突破2000万人次，引进商家358家，解决就业约4500人。浩海立方海洋馆的案例最为成功，游客在进入商场第一层以后，首先就被一个长8.3米、高4米的海洋池观景窗所吸引，这里不仅有全球最大的鱼类——鲸鲨，还有超过400种、33000只来自世界各地的珍稀海洋生物，海洋馆内定时开展的“美人鱼”水下芭蕾表演更是吸引了游客的目光。在商场一层免费观赏体验后，有兴趣的游客还可以付费体验潜水、乘坐半潜艇、露营海底隧道、参加科普课堂等多姿多彩的互动项目，实现在城市中与大海的亲密接触。

（四）**通过创新基础设施领域投资运营模式，有助于激发交通物流行业新供给**。遂宁中国西部现代物流港在基础设施领域创新投资运营模式的经验表明，通过引入民营企业参与多式联运物流园主要基础设施的建设并负责管理运营，不仅有助于缓解地方财政投入压力，减少政府机构编制，实现盈利和持续运转，还能够充分发挥民营企业灵活的市场经营优势，以及国有铁路运输企业的基础网络和专业管理优势，实现区域性关键基础设施功能配套的快速完善。在新的管理运营模式下，城市交通区位优势得以迅速转化为经济优势和发展优势，各类物流企业、制造企业和地方政府也实现了多方共赢。遂宁中国西部现代物流港的探索和实践，为推进基础设施领域投融资体制改革，激活民间资本、增加有效供给，提供了值得借鉴的经验。

三、相关建议

（一）**加大对特色小城镇发展支持力度**。一是从规划建设方案编制、制度建设、市场化投入机制、人员培训等方面，加强对各地开展特色小城镇建设的指导。二是着力改善特色小城镇基础设施，提升公共服务，强化城镇治理，提高居民生活、投资贸易、创业创新的便利化程度。三是加大对特色小城镇金融、财政、税收、土地、人才引进等方面的政策支持。

（二）**加大改革力度释放市场发展空间**。一是加快政府部门内部相关信息的互联互通，加大对公众开放力度，为大数据产业发展提供基础信息，释放大数据产业发展活力。二是加大对国有垄断部门如电力、铁路行业的监管，督促其公开信息、公平竞争，避免其采取不正当手段扼制民营企业发展。三是修改行政管理体制相关法律，避免因委托授权或延伸管理造成的权责不统一问题，明确赋予经济大镇行政执法权力，使其具备独立开展工作的权利与责任。四是推广厂房出租、分层租赁等产业空间使用方式，降低中小企业用地成本。

（三）**美丽宜居要和便民利民相结合**。在营造良好生态环境的同时，还要更多从人的需求出发，更加注重构建便捷的“生活圈”、完善的“服务圈”、繁荣的

“商业圈”。一是在滨河景观或城市小区内部大幅增加大众化体育设施和运动空间，满足老百姓开展健身活动的需求，培养市民开展有氧运动的习惯，这样做不仅有益于增强市民的体能素质，长远看也有助于培育健康产业的潜在消费群体和市场。二是促进城市景观与商业设施有机融合，比如在滨河景观带增加零售商业设施，让市民和旅游者活动更加便利。

（四）积极发挥市场专业投资力量的作用促进创新创业。在推进创业创新过程中，一是要加大引入市场化投资机构力度，充分利用专业投资机构对市场前景判断的卓越能力和承担风险的灵活机制，帮助、筛选、提升各类创新企业或项目，促进创新活动与市场需求有效对接。二是政府在建立创业引导支持基金过程中，也要积极吸纳市场化专业力量，着力提升政府资金使用效率，避免盲目投资、造成浪费。

（五）探索引入社会资本，试点工业园区整体交由企业市场化运营，鼓励民营企业发展物流园区。一是推广遂宁市中西部现代物流港和成都市双流区蛟龙港经验，鼓励各地试行“政府规划、企业建设、市场运作”产业园区投资运营模式，激发民营企业创新创业热情。二是在推动交通物流融合发展工作中，以铁路多式联运为重点，结合全国铁路物流基地规划建设，推进铁路总公司面向市场，与社会资本开展多种形式的合作，加快向现代物流企业转型。三是支持以物流园带动特色小城镇产业发展和要素集聚，充分发挥仓储物流、流通加工、专线铁路、第四方物流、商务区、住宅区等功能互补优势，打造形成物流商业综合体，促进“园、产、城”融合发展。

贵州省推进山地特色新型城镇化建设案例

贵州省是我国西部地区多民族聚居省份和长江、珠江上游重要生态安全屏障，全省92.5%的国土面积为山地和丘陵，承载产业和人口的平地极为稀缺，但生态环境和气候条件优良；全省少数民族人口占总人口的36.1%，历史和民族文化悠久。基于贵州的独特条件，2015年10月国家发展改革委批准设立贵州山地特色新型城镇化示范区，推动贵州形成符合西部地区特点的新型城镇化发展模式。国家发展改革委调研组考察了赤水市、遵义县雷山县、三都水族自治县、从江县、黎平县以及贵阳市、贵安新区等地的特色城镇建设和新型城镇化发展情况。有关情况如下。

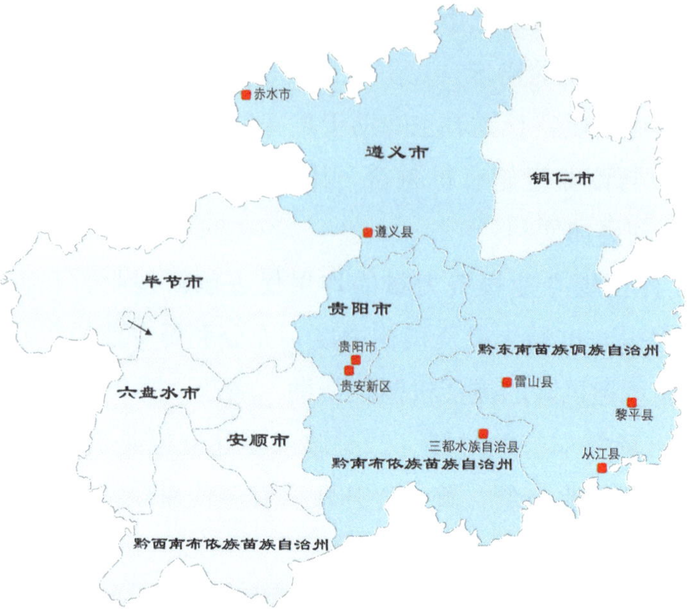

图 3–8 贵州省调研地点分布图

一、主要做法

贵州省城镇化水平呈加速提升态势。调研中感受到，由于可用于建设的平地较少，贵州省的山地特色城镇化不得不更好地利用山势地貌，在城镇建设融入自然、保护历史记忆和传承文化脉络、因地制宜发展具有比较优势的产业等方面多下功夫。

（一）**城镇建设依山依景，在不破坏地域风貌的前提下实现了城景相融。**在城镇发展过程中，贵州省赤水市、遵义县等地注重以自然融入而不是改变自然、开山造地的方式开发建设城镇。比如，赤水市城区沿赤水河布局，城镇建筑形态依山傍水、错落有致，与河道的承接顺其自然，既丰富了城市的立体空间，又彰显了山水特色。在河谷旁边，赤水市还投资6000万元对河岸土地进行整理，新增步行道、自行车道、旅游车道以及绿地、广场等休闲空间，为市民和旅客提供了非常好的观景和徒步运动环境。在赤水大瀑布，方便行人观赏的100米高电梯隧道在不破坏周围山体面貌的前提下实现了山体内部通行。遵义县枫香镇则在不破坏耕地耕作层的前提下，依托周边自然田园景色发展观光休闲体验农业基地、开放式花卉基地或林果木基地等，让田园成为“乡愁”的记忆和归宿。从沿途观感看，不管是城镇还是农村，总体环境都保护得比较好，河水清澈、山地秀绿，即便是人流量较大的农家乐也较为整洁干净。这一做法，已经基本成为了各地城镇建设的重要理念。

（二）**注重保护历史记忆和传承文化脉络。**一是很好地融入了红色文化。贵州是红军长征经过之地，红色故事和传奇较多，值得挖掘和开发的红色资源比较丰富。遵义县枫香镇依托苟坝会议会址等红色文化资源，建成枫元餐饮文化品尝园、土坝农耕文化观光园、花茂土陶乡愁文化体验园，既有味蕾绽放的饮食体验，又有非同寻常的住宿体验；既有根植大地的农耕体验，又有温暖深厚的农情体验。丙安古镇则以红军长征“四渡赤水”的历史背景为依托，结合古城门、古渡口、依山而建的木质吊脚楼，积极发展红色旅游。二是紧扣“少数”民族特色做文章。雷山县依托少数民族文化建设安静悠闲的慢城，其中西江镇的千户苗寨最为成熟。苗寨内银饰、刺绣、拦门酒、游方、长桌宴等民族文化逐一展现，让世人更深刻地领会西江的苗族文化。目前，千户苗寨品牌效应初步显现，苗寨客源市场不断扩大，省外游客由原来的15%上升至50%，入境游客由原来的3%上升到11%。黎平县肇兴镇依托当地少数民族村落建设的侗族原生态文化旅游区，系统展现了侗族的历史民族文化，吸引了不少重庆、广东游客前去写生和游览，目前基础条件已经具备，品牌影响正在逐步扩大。三是注重传承本地的特色工匠手艺。比如纯手工的苗绣和马尾绣，制作精致、保留了原汁原味的传统风格，很容易激起城市人群的消费欲望，很有市场。这类产品的价值相对较高，有助于帮助农民增收。

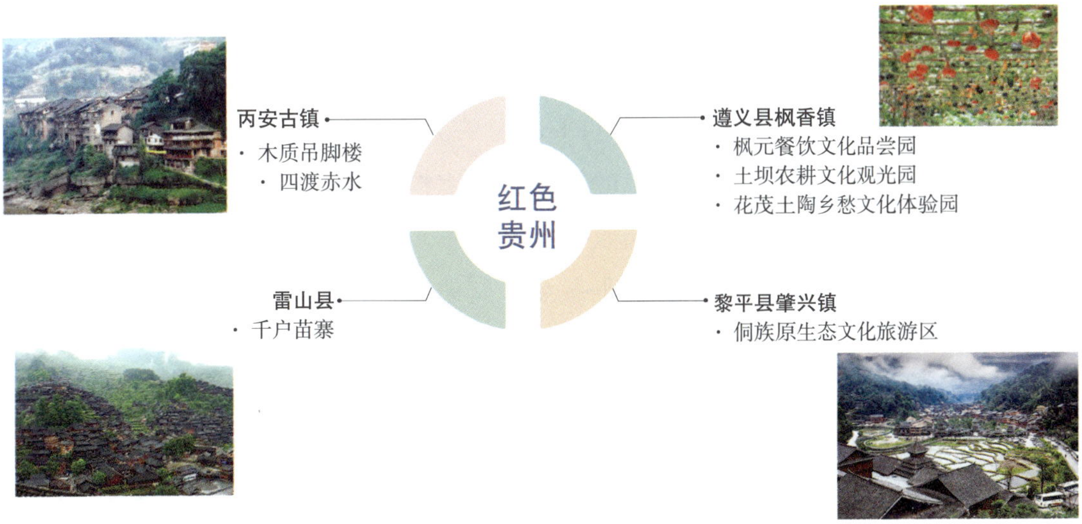

图 3-9 贵州省红色旅游资源概况

（三）**因地制宜发展具有比较优势的产业**。一方面，贵州省所独具的山水自然优势，特别适合发展旅游业及相关的服务业。比如，赤水市以瀑布、森林氧吧、世界自然遗产丹霞等为代表发展生态旅游，雷山县以苗族聚居地为特色的西江镇千户苗寨，都较为成功地获得了市场好评，带动解决了大量就业。在西江镇的千户苗寨，目前已有宾馆酒店、农家乐326户，床位7216张，解决就业人口近3000人。另一方面，贵州还根据市场需求和本地的资源禀赋大力发展山地经济。比如以金钗石斛为代表的中药材，以竹制品加工为代表的特色轻工，以香猪、油茶为代表的特色种养殖产业。赤水市把竹产业作为主导产业，依托竹原料为主体，向后延伸到加工业和观光旅游业，实现竹产业加工业总产值40亿元左右。赤水市还拥有金钗石斛商品生产基地7.1万亩，占国内金钗石斛人工种植面积的90%以上，是中国最大的国家级金钗石斛生产基地，目前投产面积3万亩，年产金钗石斛鲜品2000吨。从江县则依托本地自然条件大力发展香猪特色产业，共有香猪企业11家，12个香猪专业合作社及68家养殖微型企业，并已成功在广州、珠海、深圳、东莞、重庆、长沙、贵阳、凯里建立了香猪产品销售网点，对农户的脱贫和致富效应正在不断扩大。

二、存在的困难和问题

（一）**山地特色旅游基础较好，但消费人群尚不成规模，服务、管理和市场开拓水平较低**。贵州发展旅游的底子好，有不少值得投资开发的好项目，但目前看还处于市场起步的阶段。究其原因：一是贵州省的城镇化水平仍然很低。贵州常住人口城镇化率在全国排倒数第2位，户籍人口城镇化率排全国最后1位。贵州常住人口城镇化率相当于2003年全国的平均水平，城镇化水平落后全国12年左右。二是周边尚没有大城市、特大城市的消费人群支撑，贵阳、遵义等中心城市尚处于聚集为主的城镇化发展阶段，高收入人群也不多，辐射效应不明显。三是贵州省的基础设施、旅游管理和服务水平落后，交通成本较高，难以吸引大规模的成渝城市群、珠三角地区游客前来消费。

（二）**部分地区的城市建设和产业发展特色不明显**。有的少数民族地区也像东部沿海城市一样，热衷于修建宽广场、大马路，重人造景观建设、轻历史文化遗产保护，重现代风貌塑造、轻特色风貌提升，甚至使少数历史建筑还受到一定程度的破坏。部分地区在产业发展上仍按传统思路搞大工业，铺大摊子，浪费了资源、破坏了生态。有的农村地区生硬地用城市元素和风格取代传统民居和田园风光，乡土特色和民俗文化流失。

（三）**产业对城镇发展的支撑不够**。在城镇整治改造中，有的地方虽然规划了相应的迁入人口，但对产业发展和就业配套考虑不足，农村人口进城入镇后的生计难有保障，容易出现基础设施建设负担过重和重复搬迁等新问题。贵州的山地特征决定了大工业的布局难以在土地资源紧缺的山区城镇展开，这使得小城镇的产业支撑必须符合当地特色和优势，只能依靠发展特色产业，多从服务业入手做文章。但从贵州目前的产业类型看，就业吸纳能力强的服务业比重仍较低，不足以支撑城镇化快速发展。

（四）**债务规模扩张明显，偿债压力日益增大**。贵州省在发展山地特色的城镇化过程中，需要建设大批文化旅游、特色农业项目并弥补大量基础设施的“欠账”，前期投入大，回报周期长，如果不能形成有效投资，产生不了足够的现金流，债务的偿还就会出问题。近年来，贵州省固定资产投资增长迅速，相应的债务扩张也十分明显。调研的一些县市，债务率甚至高达300%以上。

三、对策建议

贵州大多数城镇与瑞士地理和自然条件相似，可以借鉴瑞士的成功经验，做好山地特色城镇化这篇文章，促进贵州走出一条富有特色的新型城镇化道路。为此，还需要在如下几个方面取得突破。

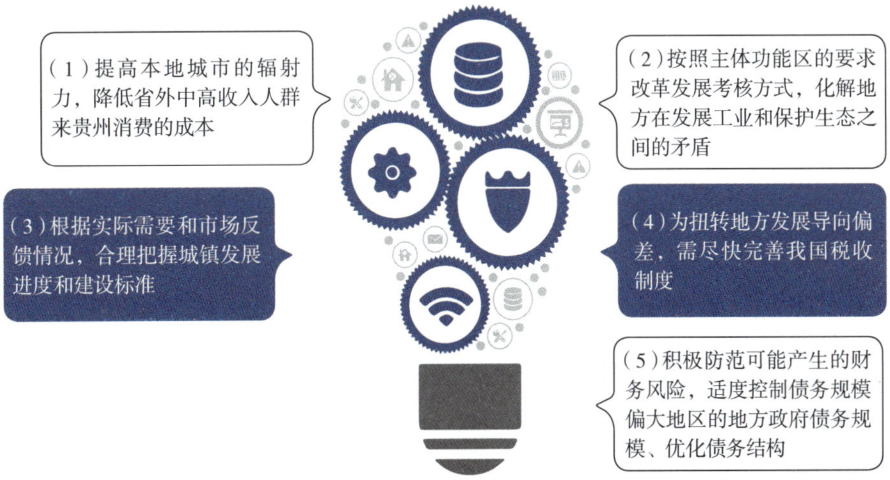

图 3-10　进一步推进山地城镇化的建议

（一）**提高本地城市的辐射力，降低省外中高收入人群来贵州消费的成本**。一是强化贵阳中心城市的集聚辐射力，增强对黔中地区的引领带动，形成本地消费人群；二是提升对省外的开放水平，加快基础设施网络建设，降低成渝城市群、珠三角地区的中高收入人群来贵州消费的成本；三是改善旅游服务管理水平，在产品设计上要把传统文化与现代时尚的东西有机结合，满足游客日益提高的品质要求和更加多样化的品位要求。

（二）按照主体功能区的要求改革发展考核方式，化解地方在发展工业和保护生态之间的矛盾。不恰当的考核方式增加了地方在保护生态和发展工业方面的选择困难，比如赤水市的工业不发达，近年来政府打造环境发展旅游，但旅游富民，却增加不了太多财政收入，政府依然很穷。如果政府为了税收多发展工业，又会破坏生态，矛盾凸显。雷山县在前几年为了完成工业考核任务，甚至每年拿出1000万元补贴两家经营亏损的铁合金企业。为扭转上述发展中的矛盾，一要落实主体功能区制度，根据主体功能定位改革考核方式、优化考核内容，对于以生态保护为主的地区不再考核工业和GDP；二要加快建立跨区域的自然资源补偿、交易机制，提高生态地区保护生态的积极性。

（三）根据实际需要和市场反馈情况，合理把握城镇发展进度和建设标准。贵州的基础设施状况在过去几年改善明显，实现了县县通高速，高铁通车里程也明显增加，贵阳已经成为高铁交叉的枢纽城市，这毫无疑问大大改善了贵州内通外达的条件。但在调研中也发现，各地对基础设施投资、景区设施建设的投入需求巨大，一些地区虽然债务率已经高达300%以上，内生财力十分薄弱，但举债建设的倾向依然十分明显，有些项目过于超前，建设标准也偏高。例如，一些县市虽然有较好的生态和旅游资源，但谋划的项目投入过大，受游客数量总体较少的影响，建成后利用效率短时期内不会太高，难以产生现金流支撑还债，这是目前比较普遍的现象。从财务可持续角度看，如果各地不能根据实际需要和市场可能，合理把握项目建设规模、进度和标准，今后政府性债务将持续攀升，杠杆率进一步上升将难以避免。

（四）为扭转地方发展导向偏差，需尽快完善我国税收制度。一些地方反映，在现行税制下，旅游资源丰富的地区发展旅游业，富民但不富政府，政府举债从事基础设施建设形成的土地和房产增值收益，难以成为政府收入持续增加的支撑，导致很多地方的债务偿还没有保障；政府为了寻求税收来源，还会背离地方特色和优势在发展工业上做文章。从国际经验看，加快房地产税立法，开征房地产税并将其作为属地税，有助于使基础设施投入形成的房地产增值收益，以房产税的形式变为政府收入，从而为地方政府偿还债务提供稳定的来源，促进财务良性循环。同时，这对于扭转各地的发展导向偏差，也具有十分积极的意义。

（五）积极防范可能产生的财务风险，适度控制债务规模偏大地区的地方政府债务规模、优化债务结构。贵州省级及市县债务偏大的现象在全国具有一定的普遍性，而且还在继续累积，风险不容小视。考虑到地方政府债务主要用于基础设施建设，有对应的资产做支撑，有些项目建成后对地方经济和政府收入有外溢性，主要风险表现在现金流的长期性和债务期限不匹配、融资成本偏高等方面。化解这类债务风险，一方面要采取有效措施，控制高负债地区的新增债务规模，从源头上控制新增政府性投资项目；另一方面，要通过地方政府债务置换优化债务结构，以低成本债务替换高成本存量债务，以长期债替换短期债。

第二篇

市民化篇

第4章
农业转移人口市民化年度进展分析

2017年以来，围绕农业转移人口市民化这一新型城镇化建设重要任务，按照《推动1亿非户籍人口在城市落户方案》，统筹推进户籍制度改革、“人地钱挂钩”配套政策、向未落户常住人口提供城镇基本公共服务等措施，取得一定成效。

一、户籍制度改革

2014年《国家新型城镇化规划（2014—2020年）》和《关于进一步推进户籍制度改革的意见》印发以来，各地区、各部门相继出台了一系列配套落实政策，户籍制度改革不断深化，户籍人口城镇化率稳步提升，2017年户籍人口城镇化率达到42.35%。与此同时，还存在一些制约改革的典型问题，出现市民化进展相对较慢的现象。新时代，户籍制度改革的全局性、系统性、关键性进一步增强，需要统筹区域和城乡发展大局，协同推动户籍与土地、财政、教育、就业、医疗、养老、住房保障等一揽子改革。

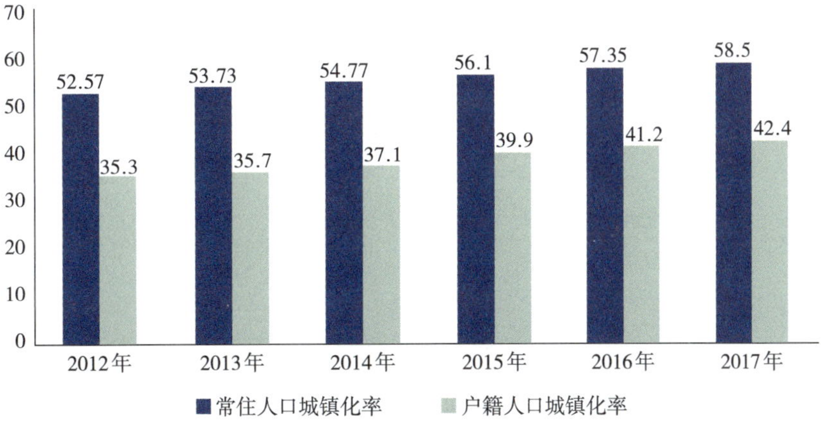

图 4-1　2012—2017 年我国城镇化率的变化（%）

（一）做法和成效

1.户籍制度改革顶层设计和政策框架基本完成。2014年7月全面启动户籍制度改革，按照城市主城区人口规模分类推进和实施户籍制度改革。2016年出台“1亿人落户方案”，从拓宽落户渠道、制定配套政策、加强监测检查三个方面提出推进1亿非户籍人口在城镇落户的具体措施。所有省（区、市）均已出台户籍改革意见，已经初步形成重庆、合肥、晋江等户籍制度改革的典型经验。“人地挂钩”“人钱挂钩”及农村产权制度改革等部门配套政策相继推出。

表4-1　全国31个省（区、市）户籍制度改革办法汇总

序号	地区	时间	主要内容
1	北京市	2016年9月8日	北京市印发并实施《关于进一步推进户籍制度改革的实施意见》，改进现行落户政策，进一步完善各类落户渠道的统筹机制，实施积分落户制度
2	天津市	2016年4月20日	《天津市人民政府关于进一步推进户籍制度改革的意见》（津政发〔2016〕11号），优化居住证制度，完善积分落户和人才引进制度，稳步推进基本公共服务覆盖全部常住人口
3	河北省	2014年11月20日	河北省政府发布《关于深化户籍制度改革的实施意见》，全面放开城区人口100万以下的设区市市区以及全面放开小城市和建制镇落户限制
4	山西省	2015年2月6日	山西省发布《关于进一步推进户籍制度改革的实施意见》，太原市区要求具有合法稳定住所和一年社保，除此以外其他城市全面放开落户限制
5	内蒙古自治区	2015年9月8日	《内蒙古自治区人民政府关于进一步推进户籍制度改革的实施意见》（内政发〔2015〕104号），除呼和浩特市、包头市市区外，在全区其他城市、建制镇放开落户限制
6	辽宁省	2015年7月10日	《辽宁省人民政府关于进一步推进户籍制度改革的意见》（辽政发〔2015〕18号），除沈阳、大连两市以外的其他城市城区放开落户限制
7	吉林省	2015年1月21日	《吉林省人民政府关于进一步推进户籍制度改革的意见》（吉政发〔2015〕4号），长春市、吉林市对稳定住所、就业和社保满足条件方准予落户
8	黑龙江省	2014年10月31日	《黑龙江省人民政府关于进一步推进户籍制度改革工作的通知》，全面放开牡丹江市等9个城市的落户限制，大庆市和齐齐哈尔市2个市的市区适度放宽落户条件，哈尔滨市实行“双轨制”落户政策

续表4-1

序号	地区	时间	主要内容
9	上海市	2016年4月15日	《上海市人民政府关于进一步推进本市户籍制度改革的若干意见》（沪府发〔2016〕27号），严格控制人口规模，进一步完善人才落户政策
10	江苏省	2014年12月29日	《江苏省政府关于进一步推进户籍制度改革的意见》（苏政发〔2014〕138号），实施差别化落户政策，全面实行省辖市范围内本地居民户口通迁制度，城区人口300万以上的地方积极推行居住证制度
11	浙江省	2015年12月10日	《浙江省人民政府关于进一步推进户籍制度改革的实施意见》（浙政发〔2015〕42号），实行省内户口自由迁移，杭州市、宁波市、温州市城区建立积分落户制度
12	安徽省	2015年5月8日	《安徽省人民政府关于进一步推进户籍制度改革的意见》（皖政〔2015〕53号），积极引导人口向中小城市、重点开发区域转移，探索建立皖北向皖江的跨区域人口迁移机制
13	福建省	2015年2月11日	《福建省人民政府关于进一步推进户籍制度改革的意见》（闽政〔2015〕6号），除福州市辖区、平潭综合实验区和厦门市外，全部放开落户限制
14	江西省	2014年12月21日	《江西省人民政府关于进一步推进户籍制度改革的实施意见》（赣府发〔2014〕45号），有序放开南昌市中心城区落户限制，积极放开其他设区市中心城区落户限制，全面放开县级城市和建制镇落户限制
15	山东省	2014年11月19日	《山东省人民政府关于贯彻国发〔2014〕25号文件进一步推进户籍制度改革的意见》（鲁政发〔2014〕18号），实行县域突破、市区放开，济南市、青岛市放开对普通高校毕业生的落户限制
16	河南省	2014年11月4日	《河南省人民政府关于深化户籍制度改革的实施意见》（豫政〔2014〕83号），大城市有序放开，省会城市实行积分落户
17	湖北省	2015年9月6日	《湖北省人民政府关于进一步推进户籍制度改革的实施意见》（鄂政发〔2015〕57号），大中城市有序放开，科学控制武汉人口
18	湖南省	2015年5月11日	《湖南省人民政府关于进一步推进户籍制度改革的实施意见》（湘政发〔2015〕16号），全面放开中等及以下城市落户限制，有序放开大城市落户，放宽长株潭三市间的迁移落户条件

续表4-1

序号	地区	时间	主要内容
19	广东省	2015年7月6日	《广东省人民政府关于进一步推进户籍制度改革的实施意见》（粤府〔2015〕63号），除广州、深圳、珠海、佛山、东莞、中山市外，在县级市市区、县人民政府驻地镇和其他建制镇全面放开，有序放开部分地级市落户限制，珠海适当控制，广州市、深圳市重点吸纳专业技术人才
20	广西壮族自治区	2015年2月25日	《广西壮族自治区人民政府关于进一步推进全区户籍制度改革的指导意见》（桂政发〔2015〕8号），合理确定南宁、柳州市落户条件，有序放开桂林、玉林市落户限制，全面放开其他设区市、县级市、县城和建制镇的落户限制
21	海南省	2015年12月24日	《海南省人民政府关于进一步推进户籍制度改革的实施意见》（琼府〔2015〕113号），全面放开建制镇和小城市落户限制，海口市、三亚市居住、就业满5年可申请落户，实行省外来琼务工经商人员积分落户
22	重庆市	2015年8月25日	《重庆市人民政府关于进一步推进户籍制度改革的实施意见》（渝府发〔2015〕54号），调整优化都市功能核心区与都市功能拓展区落户条件，有序放开城市发展新区城区落户限制，积极推动渝东北生态涵养发展区和渝东南生态保护发展区人口梯度转移，放开小城镇落户
23	四川省	2014年11月22日	《四川省人民政府关于印发四川省进一步推进户籍制度改革实施方案的通知》（川府发〔2014〕70号），全面放开大中小城市和建制镇落户限制，严格控制成都人口规模
24	贵州省	2015年5月4日	《贵州省人民政府关于进一步推进户籍制度改革的实施意见》（黔府发〔2015〕16号），全面放开中、小城市和建制镇落户限制，贵阳市分区合理设定落户条件
25	云南省	2015年5月29日	《云南省人民政府关于进一步推进户籍制度改革的实施意见》（云政发〔2015〕35号），除昆明市主城区（含五华区、盘龙区、西山区、官渡区、呈贡区）和绿春县、彝良县、东川区等特定城市以外的建制镇和小城市全面放开落户，中等城市要稳定居住和参加社保一年，昆明主城区分类施策，合理确定人口规模
26	西藏自治区	2016年5月19日	《西藏自治区人民政府关于进一步推进户籍制度改革的实施意见》（藏政发〔2016〕54号），县城和建制镇放开落户限制，七地（市）主城区按不同类型人群有不超过三年的限制，边境一线人口保持稳定
27	陕西省	2015年3月19日	《陕西省人民政府关于进一步推进户籍制度改革的意见》（陕政发〔2015〕12号），全面放开建制镇和小城市落户限制，放宽市辖区落户条件，西安市建立积分落户制度

续表4-1

序号	地区	时间	主要内容
28	甘肃省	2014年 11月21日	《关于进一步推进户籍制度改革的实施意见》（甘政发〔2014〕110号）
29	青海省	2015年 1月27日	《青海省人民政府关于进一步深化户籍制度改革的实施意见》（青政〔2015〕14号），进一步放开西宁落户条件，全面放开建制镇和小城镇落户限制，全面放宽大中专院校毕业生和人才引进落户限制
30	宁夏回族自治区	2015年 2月8日	《关于进一步推进户籍制度改革的实施意见的通知》（宁党办〔2015〕8号）
31	新疆维吾尔自治区	2014年 9月30日	《新疆维吾尔自治区人民政府关于进一步推进我区户籍管理制度改革的实施意见》，控制乌鲁木齐市和适度控制克拉玛依市的人口规模，全面放开县级市市区、县级人民政府驻地镇和其他建制镇的落户限制

2. **城乡一体化的户口登记制度全面建立。**各地取消了农业户口与非农业户口性质区分和由此衍生的蓝印户口类型，统一登记为居民户口；居民身份证异地办理全面实施；人口管理信息整合和共享稳步推进；历史遗留的1300余万无户口人员落户问题基本解决。比如，河北省以派出所为单位，在归属居委会的实体地址上设立社区公共户口，保证无法在实际居住地址落户的迁入人员在社区公共户口可以落户。

专栏 4-1

河北省和四川省泸州市：创设公共户口制度

2014年11月，河北省政府发布《关于深化户籍制度改革的实施意见》，明确提出创立社区公共户口。具体做法为：在城镇以派出所为单位，在具有归属居委会的实体地址上，设立社区公共户口。对在本辖区内租用的保障性住房、其他租赁房屋及尚未确定归属居委会、门牌号的固定住所居住，但无法在实际居住地址落户的迁入人员，可以在社区公共户口落户。在社区公共户口落户的人员与其他城镇户籍人口享有同等权益。已有近2000个派出所设立公共户口，已有20余万人实现在公共户口落户。

四川省泸州市2012年以来在全国率先探索公共户口落户政策，对有合法稳定住所（含租赁）、合法稳定职业、生活有保障但无房屋产权人员（含征地区域安置过渡人员），允许其在以镇（街道）为单位设立的公共户口簿落户，解决相关人员在城镇落户的难题。泸州市进一步规定，以公共户口簿管理的职能取代集体户的管理，不再批准新设立集体户，逐步以公共户口簿取代集体户口。

3.**推动实施差别化落户，落户通道进一步畅通。**北京、上海等超大城市探索建立完善公开透明的积分落户制度，引导人口有序流入，比如北京市2015年推出积分落户指标体系，出于人口向城市中心区以外疏解的压力，还提出了积分落户的区域导向，对申请人就业地和居住地进行了加减分区别对待。重庆市区分不同区域设置落户条件。武汉、成都、西安等特大城市、大城市普遍放宽落户条件，转移人口速度明显加快。比如，合肥市放宽主城区落户条件为有合法稳定就业连续满2年、合法稳定住所（含租赁）、参加城镇社保满1年。中小城市全面放开落户条件。随着户口迁移政策的推进，落户限制逐步放宽，各地农业转移人口和其他常住人口落户城镇数量明显增加，人口空间布局进一步优化。

专栏 4-2

重庆市：设置差别化落户条件

2015年，重庆市区常住人口超过1500万，属超大城市。近年来，重庆市推进农业转移人口市民化和户籍制度改革坚持“产业跟着功能走、人口跟着产业走、建设用地等要素跟着产业和人口走、公共服务跟着功能和人口走”的思路，立足五大功能区域定位，差别化设置落户条件。都市功能核心区着力疏解人口，以务工经商5年和合法稳定住所为基本落户条件；都市功能拓展区按照“新增城市人口宜居区”定位，将务工经商年限放宽到3年；城市发展新区按照“集聚人口重要区域”定位，将务工经商年限放宽到2年；渝东北生态涵养发展区和渝东南生态保护发展区着力推动人口合理减载。

4. 部分城市探索大学生落户零门槛。2017年以来，十几个二线城市出台政策，吸引高校毕业生和优秀人才落户。例如，2017年5月8日，西安市出台23条力度空前的人才新政，提出“未来五年，预计投入38亿元，引才育才100万名”。武汉市的“落户新政”自2017年5月22日起实施，包括18项户口迁移政策调整；留在武汉市创业就业的大学生，毕业3年内无须买房即可申请落户，博士、硕士可直接落户；一个月后又提出了“支持百万大学生留汉创业就业”。长沙市则在6月29日发布“人才新政22条”，未来5年将投入百亿以上资金，吸引储备100万名人才。成都市放宽人才落户限制，推行“先落户后就业”的落户政策，具有普通全日制大学本科及以上学历的青年人才，凭毕业证来蓉即可申请办理落户手续。成都市“人才新政12条”实施4个月即取得显著效果，共吸引本科及以上学历人才9.5万余人落户成都。

图4-2 成都人才新政吸引人口的结构

专栏 4-3

成都市人才新政吸引近十万“蓉漂”落户

2017年7月19日，成都市人民政府发布《实施人才优先发展战略行动计划》（以下简称《行动计划》），提出了优化人才落户制度、实施人才安居工程、建立蓉城人才绿卡制度、开展全民技术技能免费培训等12条具体措施。主要做法：

第一，设计更加灵活的落户方式。根据“人才新政”办理落户成都的方式有四种：本人拥有合法稳定住所的；本人无合法稳定住所，但直系亲属拥有合法稳定住所的，可在其直系亲属的合法稳定住所地申请办理落户；无合法稳定住所但有工作单位的，可在单位集体户或单位所在区（市）县人才交流中心集体户申请办理落户；无合法稳定住所且无工作单位的，可在区（市）县人才交流中心集体户申请办理落户。

第二，多策并举，人才落户“一站式”办理。通过优化服务流程、增设办证窗口、推行延时和延伸服务等方式，开辟持证直接落户“绿色通道”。一方面与市人才办、房管、人社、教育等多部门建立人才落户协作机制，将相关部门的材料审核流程整合前置到公安办证中心，实现了人才落户“一站式”办理、“一条龙”服务；另一方面，充分利用“成都公安微户政”，开展预约、材料预审、政策咨询、业务解读等工作，依托“成都公安一站式服务办证点”，分流群众办理简易户政业务，既为人才落户提供多种服务渠道，又减少排队等候时间。

第三，人才驿站7天免费入住。来成都市求职的应届毕业生，可入住7日免费的青年人才驿站，安心求职。成都全市22个区（市）县均建立了青年人才驿站，实现了“中心城区＋郊区新城”全覆盖。青年应聘者只需在网上提供毕业证、身份证、应聘通知单和相关证明材料便可申请入住。据了解，成都市青年人才驿站可提供床位736个，预计每年可服务2.5万余人次。截至目前，累计收到入住申请2030人、审核入住1873人次。

第四，实施人才安居行动。成都市正在建立“售租结合”的住房制度，提供人才公寓、产业新城配套租赁住房和用人单位自建租赁住房，计划五年建设人才公寓和产业新城配套住房共35万套。目前，已清理出可用于人才安居的存量房源7384套，受理人才安居申请3051名。

第五，后续服务持续跟进。成都市不仅仅是让青年人才在公安局登个记、落个户，还对未就业的青年人才提供招聘信息和职业培训，帮助他们在成都扎根。

第六，建立“蓉城人才绿卡”。成都市统筹优质公共服务资源，建立“蓉城人才绿卡”制度，着力于解决人才服务碎片化问题，打造一张“蓉漂”专属的“荣誉卡”“服务卡”，提供住房落户、配偶就业、子女入学、创业扶持等共24项服务保障，通过差异化、精准化的增值服务，提高人才的获得感和荣誉感。目前，已发放第一批“蓉城人才绿卡”296张。

5. 居住证制度全面实施，非户籍常住人口权益得到有效保障。全面落实《居住证暂行条例》规定的6大基本公共服务和7项便利，两年来共发放居住证5400万余张，以居住证为载体的基本公共服务提供机制基本建立。各地政府积极探索扩展居住证基本公共服务范围，天津、河北、山西、黑龙江、江苏、江西、山东、湖北、重庆、陕西等部分地区居住证持有人的子女可以按规定参加当地的中考、高考。比如，晋江市2011年就率先在福建省实施流动人口居住证管理制度，此后不断优化完善居住证制度，拓展居住证服务内涵。只要年满16周岁、拟在晋江市居住1个月以上，就可以就地在“市、镇、村、企”四级62个流动人口服务管理站（所）申领办理居住证，享受社会保险、医疗互助、义务教育等30项市民化待遇。

专栏 4-4

晋江市：促进落户与实施居住证制度“双管齐下”

近年来，晋江市在户籍制度改革方面，“双管齐下”解决外来人口的户籍落户、户籍福利问题，让人“进得来、落得下”。

一是放开人口落户限制，让外来人口成为晋江“新市民”。出台《流动人口落户管理实施意见》，实行“无房也可落户”“先落户后管理”政策，在村（社区）、规模以上企业设立集体户，并实施计生、综治单列管理，开辟绿色通道，摒弃村（社区）证明等不必要的中间环节，“零阻碍”接受流动人口落户申请、“最直接”办理流动人口落户业务，同时将原需10个工作日的办理时限压缩至5个工作日，让外来人口“落户无门槛，转入无障碍”。

二是率先实行“居住证”制度，让外来人口成为“新晋江人”。2011年就率先在福建省实施流动人口居住证管理制度，并在此后根据外来人口的实际需求，不断优化完善居住证制度，拓展居住证服务内涵。只要年满16周岁、拟在晋江市居住1个月以上，就可以就地在“市、镇、村、企”四级62个流动人口服务管理站（所）申领办理居住证，享受社会保险、医疗互助、义务教育等30项市民化待遇。

晋江市自2011年试行居住证和落户管理制度以来，常住人口逐年增长，2016年常住人口比2011年增长了20.9万，常住人口城镇化率由2011年的59.96%提升至2016年的64.9%。2016年以来，晋江市新增近万名流动人口办理落户，新办理居住证50余万张。四年来累计已有超过3万人转入落户，办理居住证250多万张。

（二）存在的问题

1．**“进不来”和“不想落”**。一些外来人口比重较高且落户意愿较强的大城市、重点地区，对外来人口和普通劳动者落户设置“隐性门槛”和“玻璃门”，甚至采取行政手段“赶人”，影响人口市民化进程。一般的地级市、县级市、建制镇等虽然放开了落户限制，但由于就业机会少，城乡公共服务差距小，户籍吸引力相对较弱，农业转移人口不愿意落户。

2．**“重人才”而“轻农民”**。部分地区在政策设计上对不同落户群体存在非常明显的区别对待，一些大城市先后出台高校毕业生、大专毕业生和优秀人才零门槛落户政策，而相较于受地方政府关注的人才引进，农业转移人口市民化“玻璃门”“暗门槛”现象仍然存在。违背了户籍制度改革“优先解决存量，有序引导增量”的基本原则。

3．**“被市民化”现象普遍存在**。尽管全国户籍人口城镇化率提高较快，但含有一定“水分”。部分地区通过乡改镇、村改居等区划调整方式，改变农村地区的统计属性和农村人口的户籍属性，将一些并没有真正均等享受城镇基本公共服务的农民在统计上“划转进城”，少数省份增加的城镇户籍人口甚至有一半来源于此。依靠简单的行政手段划转带来的城镇户籍人口增加，可能在一些地区也带来了城市基础设施的延伸，但是城市的公共服务没有能够覆盖相应人群，违背了通过户籍制度改革实现基本公共服务均等化的初衷。

4. 地方政府和农业转移人口“两个不积极”。一方面是部分地方政府不积极，过于关注农业转移人口市民化带来的短期成本，把外来人口当成负担而不是责任，甚至以成本分担机制没有完全建立为借口，阻止或延沓外来人口落户。另一方面是农民进城落户不积极，由于农村资产资本化和退出通道不畅，很多农民担心落户会失去农村土地相关权益。

（三）对策和建议

1. 推动不同地区户籍制度改革的精准施策。细化超大特大城市户籍改革政策，按照中心城区、外围新城（卫星城）分区域制定户籍迁移政策，注重优化存量人口结构。对于超过可承载人口规模上限的地区，要制定人口疏解年度目标，引导超载人口向重点开发区域有序迁出；对于户籍人口比重低的地区，要进一步放宽外来人口落户指标控制，加快提高户籍人口城镇化率。

2. 通过居住证实现基本公共服务全覆盖。积极扩大居住证覆盖人群，加快实现基本公共服务常住人口全覆盖；加快开展居住证和户籍并轨试点工作，探索建立居住证与基本公共服务供给衔接机制；鼓励地方各级政府根据本地实际不断扩大对居住证持有人的公共服务范围并提高服务标准，建立与居住年限、社保缴纳年限等相挂钩的常住外来人口权益保障机制，向常住人口提供住房、教育、社会保障等服务和福利。推动户籍去福利化，形成不以户籍为依据的基本公共服务供给机制，使户籍回归登记功能，实现户籍制度与居住证制度并轨，提高户籍人口城镇化率。

3. 激活农村土地要素解决农业转移人口的“后顾之忧”。探索建立农村“三权”维护和自愿有偿退出机制。进一步扩大和拓宽农村土地制度改革各项试点工作的范围和内容，尽快搭建农业转移人口建设用地（宅基地及房屋）、农村集体产权流转、退出的统一平台，让农业转移人口的农村土地资产和农村权益能够自由交易，并转化为进城资本。

4. 完善农业转移人口市民化成本分担机制。国家层面要加强“人地钱挂钩”政策的督导落实，地方各级政府要勇于承担本级政府应承担的责任与义务，抓紧出台“人地挂钩”“人钱挂钩”配套实施意见。

5. 强化人口数据支撑和分析。改革完善人口统计体系，积极利用移动端大数据等分析人口流动情况，提高人口数据的准确性、科学性，更好地支撑政府决策。

二、居住证制度

居住证制度最早出现在北京、上海、广东等东部发达地区，出于人才引进目的，东部发达地区的居住证又称为“人才居住证”。近几年推行的居住证制度是户籍制度改革的重要内容之一，主要针对农民工群体。2010年5月国务院转发了国家发展改革委《关于2010年深化经济体制改革重点工作的意见》，首次提出要在全国范围内实行居住证制度。2015年底，国务院颁布《居住证暂行条例》，明确居住证持有人在居住地可依法享有6项基本公共服务和7项办事便利，并已于2016年1月1日起正式实施。

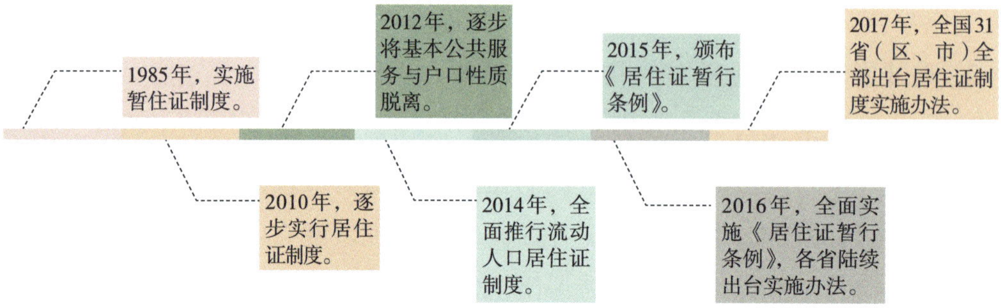

图 4-3　居住证制度发展进程

（一）主要做法和成效

1．**31省（区、市）出台了居住证实施方案。**总体来看，各地居住证制度强调实有人口管理，形成了“临时居住证+长期居住证”，或者“居住登记（不办证）+居住证”的登记体系。截至2017年11月，31个省（区、市）全部出台居住证实施办法，基本建立以居住证为载体的城镇基本公共服务提供机制。全国已发放居住证5021万张。

表4-2　全国31个省（区、市）最新出台的居住证管理办法汇总表

北京市	2016年8月11日，《居住证暂行条例》正式发布，意味着“暂住证”将升级为“居住证”。从“暂住证”到“居住证”的转变，意味着北京对非京籍常住人口将从“管理”转为多方位服务
天津市	2017年9月出台了《天津市居住证管理办法》，持证者享有11项待遇

续表4-2

河北省	2016年1月出台了《河北省居住证实施办法（试行）》，持证者享受5项权利、8项基本公共服务和8项便利
山西省	2013年4月出台了《山西省流动人口服务管理办法》，持证者享受7项权利、8项基本公共服务
内蒙古自治区	2016年5月出台了《关于全面做好居住证制度实施工作的意见》，持证者享受7项权利、8项基本公共服务
辽宁省	2016年11月公布了《关于修改〈辽宁省实有人口服务管理办法〉的决定》，其中明确了居住证持证人享有的12项权益和6项健康公共服务
吉林省	2016年3月发布了《吉林省居住证管理办法》，持证人享有6项基本公共服务和9项便利
黑龙江省	2016年9月发布了《关于切实做好全省居住证制度实施工作的通知》，采用了国家的“6+7”公共服务和便利政策 2017年1月出台了《关于全省实施电子居住证的通知》，在全省全面实施居住证制度的基础上，推出“电子居住证”业务，为群众提供更加便利的服务
上海市	2013年出台了《上海市居住证管理办法》，2017年底出台了新版《上海市居住证管理办法》（沪府令58号），新版管理办法采用了国家的“6+7”公共服务和便利政策
江苏省	2011年6月出台了《江苏省海外高层次人才居住证制度暂行办法》，持证人可享受14项优惠政策 2013年10月出台了《江苏省流动人口居住管理办法（试行）》，居住证持有人根据国家有关法律、政策规定，在居住地享有接受教育、社会救助、法律援助、就业、社会保障、文化、基本医疗卫生、计划生育等公共服务的权利，与居住证持有人共同居住生活的子女，可按有关规定参加居住地中考和有关学校招生录取，在居住地报名参加省内高考和普通高校招生录取。居住证持有人按照国家有关规定，享有在居住地参与社会事务的权利
浙江省	2016年3月出台了《浙江省流动人口居住登记条例》，7月实施。采用了国家的“6+7”公共服务和便利政策
安徽省	2016年11月出台了《安徽省流动人口居住登记办法》，采用了国家的“6+7”公共服务和便利政策
福建省	2016年8月出台了《福建省实施〈居住证暂行条例〉办法》，自2016年12月1日起实施，持证人享有11项基本公共服务和7项便利
江西省	2016年3月出台了《江西省居住证制度实施细则》，持证者享受6项权利，7项公共服务和8项便利

续表4-2

山东省	2016年11月出台了《山东省流动人口服务管理暂行办法》，持证者享受9项权益和公共服务，4项便利
河南省	2016年12月出台了《河南省居住证实施办法》，持证者享受6项公共服务和9项便利
湖北省	2016年11月出台了《湖北省居住证服务与管理办法》，持证者享受9项基本公共服务和7项便利
湖南省	2016年3月出台了《湖南省实际居住人口登记和服务规定》，10月出台了《湖南省居住证申领发放办法》，持证人享有“6+7”公共服务和便利政策
广东省	2017年7月出台了《广东省流动人口服务管理条例》，持证人享有“6+7”公共服务和便利政策
广西壮族自治区	2016年10月公布了修订后的《广西壮族自治区流动人口服务管理办法》，持证人可享受8项基本公共服务和7项便利
海南省	2016年10月出台了《海南省居住证实施办法（试行）》，持证人享有“6+7”公共服务和便利政策
重庆市	2016年9月出台了《重庆市居住证实施办法》，11月1日起实施，持证者享受10项基本公共服务和9项便利
四川省	2016年3月出台了《关于认真做好〈居住证暂行条例〉贯彻实施工作的通知》，持证人享有“6+7”公共服务和便利政策
贵州省	2016年7月出台了《关于贯彻落实〈居住证暂行条例〉的意见》，居住证持有人在居住地享有义务教育、基本公共就业服务、基本公共卫生服务和计划生育服务、公共文化体育服务、法律援助和法律服务以及国家规定的其他基本公共服务，享有按照国家有关规定办理出入境证件、换领补领居民身份证、机动车登记、申领机动车驾驶证、报名参加职业资格考试和申请授予职业资格以及其他便利
云南省	2016年12月修正通过了《云南省流动人口服务管理条例》，《条例》对人民政府及其职能部门开展流动人口服务和管理工作进行了规定，也对流动人口应当履行的义务和享有的权利进行了规定。持证人享有12项公共服务及便利
西藏自治区	2016年11月修订通过了《西藏自治区流动人口服务管理条例》，持证人享有11项权益保障与基本公共服务
陕西省	2017年2月出台了《陕西省居住证及流动人口服务管理办法》，持证人享有“6+7”公共服务和便利政策
甘肃省	2016年4月出台了《甘肃省实施〈居住证暂行条例〉办法》，持证人享有“6+7”公共服务和便利政策

续表4-2

青海省	2017年1月出台了《青海省居住证实施办法》，持证者享受5项权利，13项公共服务和7项便利
宁夏回族自治区	2017年3月出台了《宁夏回族自治区居住证管理办法》，持居住证可享户籍人口12项同等待遇
新疆维吾尔自治区	2017年7月出台了《关于贯彻落实国务院〈居住证暂行条例〉的实施意见》，其中明确了要健全权益服务共享机制，积极为居住证持有人提供基本公共服务和便利，包括享受3项权利，8项基本公共服务和便利

2.**实施新的居住证管理办法，居住证发放量稳步增加。**各地都积极按照国务院的规定，尽快出台了地方居住证实施办法或条例。其中，有些地区的居住证申领门槛比过去有了明显的降低。例如福建省公布的《福建省实施〈居住证暂行条例〉办法》，将申领“居住登记”时间由之前的1年减少到半年。广西壮族自治区公布《广西壮族自治区流动人口服务管理办法》修正案，规定“流动人口离开常住户口所在地，到其他城市居住半年以上，符合有合法稳定就业、合法稳定住所、连续就读条件之一的，就可以申领居住证”，申请居住证的条件明显放宽。居住证门槛降低以后，申请居住证的外来人口明显增加。

3.**各省提供的公共服务和便利范围均逐步扩大。**全国共有14个省（区、市）落地实施了《居住证暂行条例》规定的6大基本公共服务和7项便利。

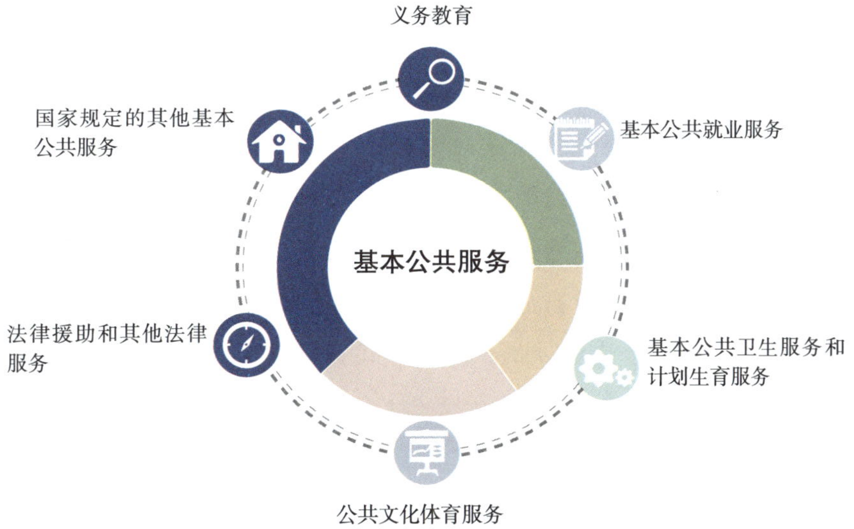

图4-4 国家规定的居住证持有人应享受的6项基本公共服务

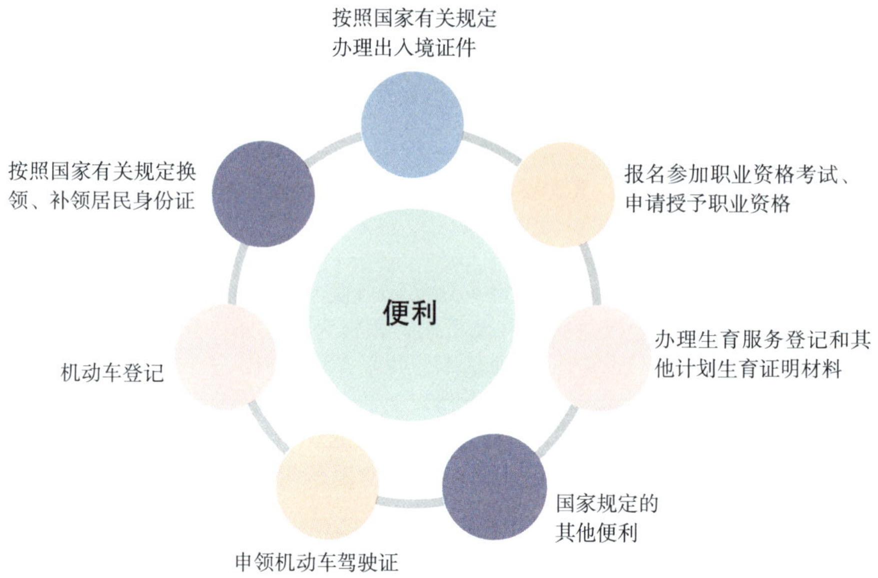

图 4–5 国家规定的居住证持有人在居住地享受的 7 项便利

大多数地区的居住证政策都在国家规定的基础上积极探索扩展基本公共服务范围，提升服务标准。例如河北、山西、内蒙古、上海等7个地区都增加居住证持有人可以享受居住地政府规定的住房保障政策。黑龙江省推出了“电子居住证”业务，为群众提供更加便利的服务。江苏省面向海外高端人才，出台了《海外高层次人才居住证制度暂行办法》，为外籍来华工作的人才提供了社会基本公共服务保障，持证人可享受14项优惠政策。

多地在居住证的待遇清单中增加了子女可在当地参加中高考的便利，并明确了相关条件和要求。重庆市规定，共同居住生活的子女可以按照规定在居住地接受义务教育后参加中考，可以接受义务教育和按规定就读普通高中、职业中学、民办中学，在居住地具有高中阶段连续就读三年学籍的，可以参加高考；吉林省规定，与居住证持有人共同居住生活的适龄子女符合本省招生考试规定的，可以在居住地参加普通高级中学和普通高等学校的招生考试；江西省规定，子女可以按照规定在居住地接受义务教育后参加中考，在居住地接受高中阶段教育并取得学籍、毕业时具有2年以上连续就学记录的，可以参加高考。

表4-3 全国17个地区与国家规定的居住证福利对比

地区	出台的居住证管理办法	与国家规定的“6+7”项待遇的对比
天津市	2017年9月出台了《天津市居住证管理办法》，持证者享有11项待遇	多享受以下3项政策便利： 1.享受相关的住房保障政策； 2.居住证持有人可以向本市有关部门申报科技成果并获认定、奖励及资助； 3.居住证持有人可以参加本市有关评选表彰，并享受相应待遇
河北省	2016年1月出台了《河北省居住证实施办法（试行）》，持证者享受5项权利、8项基本公共服务和8项便利	多享受以下2项政策便利： 1.提供住房保障服务； 2.子女可以按照规定在居住地接受义务教育后参加中考，在居住地接受高中段教育并在毕业时具有两年以上连续就学记录的，可以参加高考
山西省	2013年4月出台了《山西省流动人口服务管理办法》，持证者享受7项权利、8项基本公共服务	可享受居住地人民政府规定的住房保障
内蒙古自治区	2016年5月出台了《关于全面做好居住证制度实施工作的意见》，持证者享受7项权利、8项基本公共服务	可依法参加社会保险，缴存、提取和使用住房公积金
辽宁省	2016年11月公布了《关于修改〈辽宁省实有人口服务管理办法〉的决定》，其中明确了居住证持证人享有的12项权益和6项健康公共服务	多享受以下2项政策便利： 1.与其共同居住的子女按规定参加辽宁省义务教育、高中阶段教育和中考、高考； 2.按规定申请政府公租房
吉林省	2016年3月发布了《吉林省居住证管理办法》，持证人享有6项基本公共服务和9项便利	多享受以下2项政策便利： 1.与居住证持有人共同居住生活的适龄子女符合本省招生考试规定的，可以在居住地参加普通高级中学和普通高等学校的招生考试； 2.依法办理工商登记注册的，享受规定的优惠待遇
江苏省	2011年6月出台了《江苏省海外高层次人才居住证制度暂行办法》，持证人可享受14项优惠政策。 2013年10月出台了《江苏省流动人口居住管理办法（试行）》，居住证持有人根据国家有关法律、政策规定，在居住地享有接受教育、社会救助、法律援助、就业、社会保障、文化、基本医疗卫生、计划生育等公共服务的权利	多享受以下2项政策便利： 1.与居住证持有人共同居住生活的子女，可按有关规定参加居住地中考和有关学校招生录取，在居住地报名参加省内高考和普通高校招生录取； 2.居住证持有人按照国家有关规定，享有在居住地参与社会事务的权利

续表4-3

地区	出台的居住证管理办法	与国家规定的“6+7”项待遇的对比
福建省	2016年8月出台了《福建省实施〈居住证暂行条例〉办法》，自2016年12月1日起实施，持证人享有11项基本公共服务和7项便利	多享受以下4项政策便利： 1.社会保险服务，可依法参加各项社会保险待遇，并可在异地转移接续； 2.住房保障服务； 3.人才优待服务； 4.老年人、残疾人优待
江西省	2016年3月出台了《江西省居住证制度实施细则》，持证者享受6项权利，7项公共服务和8项便利	多享受以下2项政策便利： 1.子女可以按照规定在居住地接受义务教育后参加中考，在居住地接受高中阶段教育并取得学籍、毕业时具有2年以上连续就学记录的，可以参加高考； 2.公共图书馆、博物馆、文化馆、纪念馆、美术馆以及非遗展示传习场所免费开放等公共文化体育服务
山东省	2016年11月出台了《山东省流动人口服务管理暂行办法》，持证者享受9项权益和公共服务，4项便利	可享受居住地人民政府规定的住房保障政策
河南省	2016年12月出台了《河南省居住证实施办法》，持证者享受6项公共服务和9项便利	多享受以下2项政策便利： 1.60岁以上老人享受免费乘坐公交的优惠政策，办理老年人免费乘车卡； 2.享受上级政府规定的不受户籍限制的跨区域补贴政策
湖北省	2016年11月出台了《湖北省居住证服务与管理办法》，持证者享受9项基本公共服务和7项便利	可享受住房保障服务，居住证持有人享有在居住地缴存、提取和使用住房公积金，以及按照居住地住房保障有关规定，申请保障性住房的权利
重庆市	2016年9月出台了《重庆市居住证实施办法》，11月1日起实施，持证者享受10项基本公共服务和9项便利	多享受以下5项政策便利： 1.公共租赁住房保障； 2.临时救助、疾病应急救助服务； 3.乘坐市内公共交通工具的优惠服务； 4.共同居住生活的子女可以接受义务教育和按规定就读普通高中、职业中学、民办中学，在居住地具有高中阶段连续就读三年学籍的，可以参加高考； 5.向本市有关部门申报科技成果并获认定、奖励及资助

续表4-3

地区	出台的居住证管理办法	与国家规定的“6+7”项待遇的对比
云南省	2016年12月修正通过了《云南省流动人口服务管理条例》，持证人享有12项公共服务及便利	可按照居住地人民政府规定申请保障性住房
青海省	2017年1月出台了《青海省居住证实施办法》，持证者享受5项权利，13项公共服务和7项便利	多享受以下7项政策便利： 1.住房保障服务； 2.依法参加基本社会保险； 3.按照规定享受居住地政府和社会提供给老年人的各种形式的经济补贴、优先优惠和便利服务； 4.按照规定参加当地各种荣誉称号的评选并享受相应待遇； 5.办理居住证3年以上的老年人，可享受购买意外伤害保险政府补贴； 6.对基本生活暂时出现严重困难或遭遇其他特殊困难的家庭，给予临时救助； 7.按照规定符合条件的申请免除基本殡葬服务费用
宁夏回族自治区	2017年3月出台了《宁夏回族自治区居住证管理办法》，持居住证可享户籍人口十二项同等待遇	居住证持有人符合保障性住房申请条件的，可以在居住地申请保障性住房
新疆维吾尔自治区	2017年7月出台了《关于贯彻落实国务院〈居住证暂行条例〉的实施意见》，其中明确了要健全权益服务共享机制，积极为居住证持有人提供基本公共服务和便利，包括享受3项权利，8项基本公共服务和便利	随迁子女享有在当地参加中考的资格，根据实际情况逐步享有参加高考的资格

在各省出台居住证实施办法的同时，全国大部分地市也根据本地情况，相继出台了居住证政策。比如，长春市全面实行了居住证制度，赋予居住证持有人6项权利和9项便利。户改以来，长春市共发放新版居住证51.1万张，办理落户9.67万人。

专栏 4-5

浙江义乌实施居住证与入学挂钩的义务教育政策

试点三年期间全市公办小学和初中累计招收25619名农业转移人口随迁子女，其中非本市户籍人数达19816人。引进北外附属苏州湾外国语学校、上海交大教育小镇、复旦实验学校、宋庆龄幼儿园、杭州新世纪外国语学校、大连枫叶国际学校等优质民办教育资源。在浙江省内首创教师雇员制改革，建立“优师优聘”专项基金，累计招收雇员制教师200多名。大力推进教育国际化，实施“千校结好”行动计划，37所中小学与69所国外学校结成姐妹学校，28所学校具备招收外国学生资格。

山东德州市健全与居住证年限相挂钩的基本公共服务供给机制，切实保障城镇务工经商流动人口在技能培训、劳动就业、医疗卫生、义务教育、社会保险等方面的公共权益和服务，目前，全市共登记流动人口34万余人，颁发居住证8万个，为8000多名外来务工子女解决了就地入学受教育问题。

洛阳市出台《洛阳市居住证管理暂行办法》，明确了居住证持有人居民享有就业服务、社会保险、基本公共卫生服务、子女入学及住房保障等12项基本权益和机动车驾驶证、出入境证件办理等6项便利，推进居住证与医疗、教育、住房、社会保险、就业指导、便民服务等民生问题的衔接，全力保障居住证持有人市民待遇。

观察各地的居住证具体实施办法，其“含金量”各异，但与国家层面的规定相比，其提供的公共服务和便利的范围均有不同程度扩大。其中，青海省居住证持有人可享受13项基本公共服务和7项便利；福建省居住证持有人可享受11项基本公共服务和7项便利；重庆市居住证持有人可享受10项基本公共服务和9项便利。

（二）存在的问题

1.未能从根本上解决公共服务均等化问题。居住证制度的实施旨在实现一个城市在公共服务方面的均等化，从而保证更多的外来人口享受与本地人口同等的权利。但是由于经济发展水平等各方面条件的限制，居住证制度未能从根本上完全解决公共服务均等化问题。

2. **部分地区居住证与暂住证衔接不畅**。很多地方已经出台了居住证实施办法，但没有出台居住证与暂住证的衔接办法，一方面增加了外来人口办理居住证的成本，另一方面之前与暂住证绑定的一些公共服务和福利未能及时实现转移，给外来人口的生活和工作带来不便。

（三）政策建议

现阶段我国实行的居住证制度是户籍制度改革的重要措施，居住证制度的实行是对户籍制度改革过程的一个过渡，但在我国二元社会结构没有完全消除的情况下，居住证制度会在较长一段时间内成为我国户籍制度的缓冲机制，要避免其成为“第二代”暂住证，因此提出以下建议：

1. **完善人口管理配套法律法规制度**。立法中树立服务意识，通过立法为流动人口创造出一个公平、公正、平等的社会氛围，让大部分流动人口能够享受应有的权利，早日实现常住人口基本公共服务均等化目标。

2. **转变思想，将“管理”转化为“服务”**。居住证的关键在于服务，政府要转变思路，将自身定位逐步从“管理者”向“服务者”转变。通过对流动人口提供居住证办理、劳动就业、子女上学等服务，采集流动人口信息，达到在服务中实现管理的目的。要进一步简化居住证办理条件和流程，提高办理居住证的便利性，实现居住证对外来人口的全覆盖。

3. **各地结合实际，建立合理的权利和权益保障机制**。不同地区所处社会环境不同，希望享受的公共服务和权益也各不相同。在实施居住证制度的过程中，要积极回应流动人口在就业服务、医疗卫生、子女上学等方面的需求，尽量为流动人口提供保障和便利，逐步实现居住证持证人和户籍人口同待遇。

4. **不断拓展居住证的功能，提高“含金量”**。居住证制度应紧密围绕流动人口最关注的劳动就业、社会保障、住房租购、子女上学、医疗卫生等公共服务领域内容，不断拓展居住证的使用功能，加快推动流动人口融入本地社会，为户籍制度改革奠定基础。

三、基本公共服务

农业转移人口市民化的核心是让在城镇就业和长期居住的农业转移人口能够享受到与城镇居民同等的基本公共服务。近年来，在户籍制度改革和居住证制度积极推进的同时，全国各地在农业转移人口的基本公共服务享受方面也开展了切实而有效的工作，农业转移人口在城镇享受的基本公共服务无论是在范围还是在水平上都得到了很大的提高。

《国家新型城镇化规划（2014—2020年）》提出，“稳步推进义务教育、就业服务、基本养老、基本医疗卫生、保障性住房等城镇基本公共服务覆盖全部常住人口”，并提出到2020年基本公共服务的发展目标。

表4-4 《国家新型城镇化规划（2014—2020年）》提出的发展目标

指　　标	2012年	2020年
城镇化水平		
常住人口城镇化率（%）	52.6	60左右
户籍人口城镇化率（%）	35.3	45左右
基本公共服务		
农民工随迁子女接受义务教育比例（%）		≥99
城镇失业人员、农民工、新成长劳动力免费接受基本职业技能培训覆盖率（%）		≥95
城镇常住人口基本养老保险覆盖率（%）	66.9	≥90
城镇常住人口基本医疗保险覆盖率（%）	95	98
城镇常住人口保障性住房覆盖率（%）	12.5	≥23

“十三五”规划中提出“人民生活水平和质量普遍提高。就业、教育、文化体育、社保、医疗、住房等公共服务体系更加健全，基本公共服务均等化水平稳步提高”。

2017年1月23日，国务院印发《“十三五”推进基本公共服务均等化规划的通知》（国发〔2017〕9号），明确提出“到2020年，基本公共服务体系更加完善，体制机制更加健全，在学有所教、劳有所得、病有所医、老有所养、住有所居等方面持续取得新进展，基本公共服务均等化总体实现”。

图 4-6　国家基本公共服务清单

（一）义务教育

随迁子女的义务教育是农民工最关注的头等大事，也是当前各级地方政府最关心也最头疼的事情。从整体情况来看，随着国家各项相关政策的出台和各部门、各地方的努力，农业转移人口随迁子女义务教育问题已经得到极大的改善，全国随迁子女在流入地公办学校就读的比例达到80%。

在国家层面，一方面，国家不断加大农民工随迁子女义务教育投入；另一方面，国家对随迁子女义务教育政策不断完善，目前已经实现了约1300万城镇非户籍人口随迁子女生均公用经费基本定额可携带，极大地提高了人口流入地解决农民工子女教育问题的积极性。

在地方层面：

1. **各地不断加大教育的投入力度，着力解决教育承载力不足的问题。**随着城镇化水平的提高，城镇人口增加，各级城镇的教育资源均呈现不足的状态。因此，无论是大城市，还是中小城市，为解决教育资源承载力不足的问题，各级政府均加大学校建设力度，通过多种方式进行新建、改建、扩建。例如，重庆沙坪坝区自2016年以来在三个新城片区相继新建、改扩建中小学16所。樟树市近3年先后投入10多亿元，用于城区学校的改扩建工程，让“大班额”现象有所缓解，现在市区1万名小学生中有接近3000人是农村子女。

2. **各地认真贯彻落实中央关于随迁子女教育问题的政策。**例如，合肥市提出符合条件的农民工随迁子女义务教育阶段“五个百分之百”政策。固原市全力保障随迁子女就学权益，出台《关于进一步做好进城务工人员子女接受义务教育工作的意见》等配套政策措施，依法保障进城务工人员子女、留守儿童接受义务教育的权利。

3. **推进教育改革，统筹教育资源。**例如，伊宁市采取义务教育联合联盟和合并式集团化相结合的办学模式，市直义务教育阶段82所学校成立了35个学区，学区内所有学校实行八个一体化的统筹管理机制。

4. **部分地区通过民办教育很好地解决了一批随迁子女的教育问题。**例如，樟树市广来学校是一所民办寄宿制教育，学校收费采取市场化方式，政府将入学学生的生均义务教育经费（小学600元/学期、中学800元/学期）补助给学校，现在该学校已经有小学生2000多人，初中生2000多人。

图 4-7　为农民工随迁子女提供公平的义务教育

专栏 4-6

广西来宾市“学城结合”助推城镇化发展

近年来，来宾市抓住城区、县城距离大部分乡镇不远，顺应大量农村学生进城求学的大趋势，以学校建设为主要抓手，强力推进市城区、城镇学校建设，促进农民进城。

第一，发挥平台公司融资主体作用，采用城市建设发展基金、融资租赁、政府购买服务、发债业务等多元化城镇融资模式。2014年以来，市本级共完成融资筹措506.81亿元，有效缓解城镇化建设资金不足问题。

第二，统筹规划全市城镇中小学校布局，无偿划拨公办学校教育用地，投入学校基础设施建设资金44.26亿元，推进城区32所学校改扩建工程，开展6个县45所学校义务教育标准化建设，完成新建学校（幼儿园）52所，加强城镇学校建设。

第三，推进民办教育和集团办学，实施“穷市优教”战略，以“龙头学校+新建学校（薄弱学校）”模式扩大优质教育资源覆盖面，成立了12个教育集团，带动新学校、薄弱学校优质发展，提高了中小学教育质量。成为广西第一个因全市义务教育均衡发展而通过省级评估验收的设区市，提前4年完成了国家预定的目标。全市农民工随迁子女90%安排在公办学校就读。

第四，打造生态宜居城市。以集约、低碳、绿色、智慧、人文、宜居新理念高标准规划城市，提升城市品质和形象。加强城镇基础设施建设，建成区面积从建市初的18平方公里提高到2016年的43.1平方公里。引水入城打造了水系渠道建设51公里、四湖十三渠山水园林景观的“桂中水城”。以获“国家公共文化服务体系示范区、全国全民健身示范城市、全国文明城市、全国双拥模范城、国家森林城市、广西园林城市”等称号为契机，开展现代生态宜居城市建设，城区生态宜居水平的大幅提升，有力吸引农民进城居住。

2015年以来，全市累计301666人进城落户，受理居住证及居住证明83906张。2016年全市总人口268.56万人，常住人口220.05万人，仅兴宾区一个城区近年来外出务工人员就减少了10万人，常住人口城镇化率42.9%、户籍人口城镇化率23.11%，户籍人口城镇化率增幅高于全区4.28个百分点，增长率排全区第三位。

从工作成效来看，随着市民化工作的推进，农业转移人口子女入学比率不断提高。从小学入学数量来看，2010年以来，全国小学生入学人数呈现下降趋势，而随迁子女小学入学数量则呈现上升趋势，随迁子女小学入学比例从8.7%提高到10.5%。同时，随迁子女初中入学情况也呈现总量和占比的双增长。

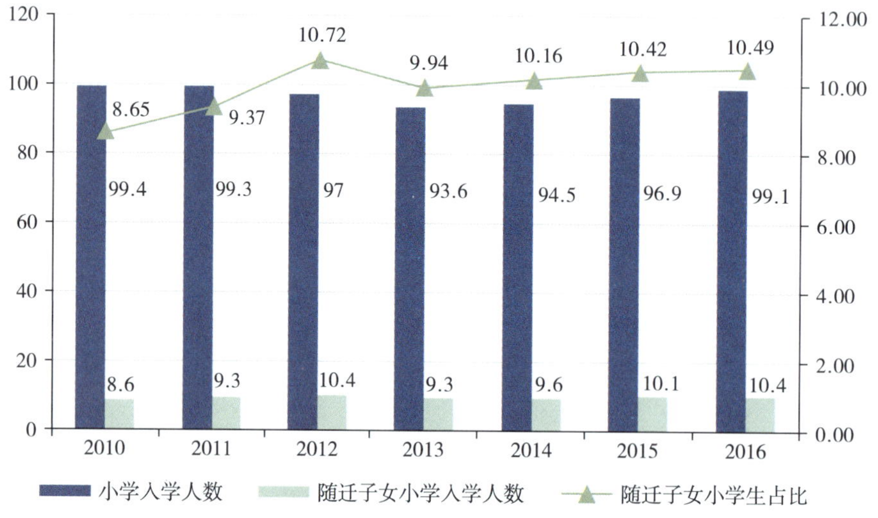

图 4-8 随迁子女小学入学数量（万人）及占比（%）

图 4-9 随迁子女初中入学数量（万人）及占比（%）

数据来源：《全国教育事业发展统计公报》。

（二）社会保障

农业转移人口能否享受与城镇居民同等的社会保障，是市民化工作取得实质性进展的关键。2014年以来，中央先后出台多项政策，统一城乡社会保障，各地也积极贯彻落实，并有计划地根据各地实际情况进行探索实验。总体来看，基本养老、基本医疗等社会保障制度对于农业转移人口的覆盖力度不断加大，覆盖范围不断扩展，目前，全国已经建立"四统一"城乡居民基本养老保险制度，职工基本养老保险基础养老金实现省级统筹，跨省转移接续制度逐步建立。具体来看：

1.各地积极推动农民工参加城镇社会保险。例如，重庆市沙坪坝区全面实施全民参保计划，持续完善养老保险转移接续政策，有稳定就业的农业转移人口城镇职工养老保险实现全覆盖，无稳定就业的农业转移人口以灵活就业人员身份参加城镇职工养老保险。全国农民工参加城镇职工养老保险、基本医疗保险、失业保险、工伤保险的人数分别增加到5825万人、4825万人、4659万人、7510万人。农民工参加城镇职工养老保险、基本医疗保险、失业保险、工伤保险的比率分别达到20.67%、17.12%、26.65%、16.53%。

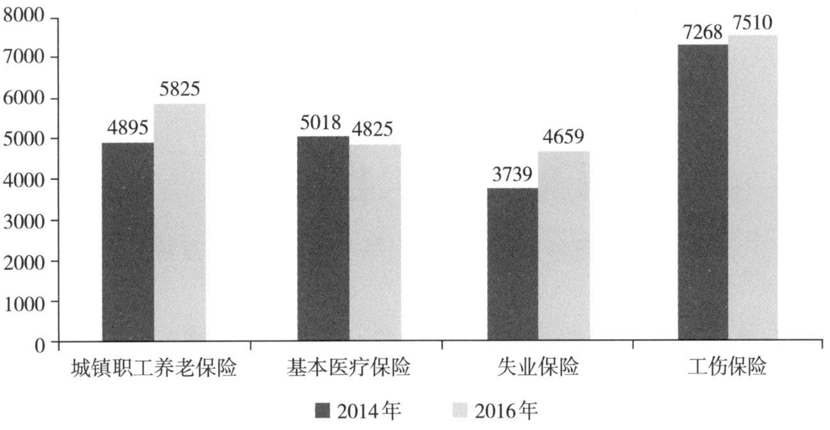

图4-10 农民工参加社保情况（万人）

2.加快推进跨地区养老保险关系转移接续。2016年，人社部印发《妥善解决城镇企业职工基本养老保险关系转移接续若干问题的通知》（人社部规〔2016〕5号），从制度上解决了参保人员跨地区流动就业养老保险权益转移接续问题。目前，城镇职工基本养老保险基础养老金省级统筹全面实现。

3.逐步实现城乡养老保险制度统一。2014年，人社部会同财政部出台了《城乡养老保险制度衔接暂行办法》（人社部发〔2014〕17号），目前，所有县级行政区基本实现城乡居民养老保险制度名称、政策标准、管理服务、信息系统“四统一”。例如，西安市高陵区统一了城乡居民养老保险的参保标准，居民可以自愿选择，目前参加城乡居民社会养老保险的农民已经达到13.8万人，覆盖面达到98%。樟树市推行统一的城乡居民基本养老保险制度，城乡居民在樟树市域范围内实现了“5统一、3不变、3完善”。

图 4-11 逐步实现城乡居民基本养老保险制度统一

4. **城乡居民基本医疗保险制度完成整合，跨省异地就医住院费用直接结算加快推进。**2015年，人社部印发《关于做好进城落户农民参加基本医疗保险和关系转移接续工作的办法》（人社发〔2015〕80号）。自2010年7月起，全国累计办理医保关系转移接续752万人次。基本医保跨省异地就医住院费用直接结算加快推进。2016年，人社部会同财政部印发了《关于做好基本医疗保险跨省异地就医住院医疗费用直接结算工作的通知》（人社部发〔2016〕120号）以及一系列配套文件。2016年12月，国家异地就医结算系统建设顺利完成并上线运行。截至2017年8月底，全国已基本实现参保人员统筹区域内医疗费用直接结算和省内异地就医住院费用直接结算。顺利开展跨省异地就医住院医疗费用直接结算联网接入工作，全国所有省份（含新疆生产建设兵团）、所有统筹地区已全部接入国家基本医疗保险异地就医结算系统，截至2017年8月底，开通6616家跨省异地就医住院医疗费用直接结算定点医疗机构。

（三）就业培训和创业扶持

随着新型城镇化工作的深入，各地区、各部门以强化公共就业服务为重点，着力稳定和扩大农民工就业创业，进一步建立健全城乡平等的就业制度，消除对农村劳动力转移就业的政策障碍，取消了对农村进城务工人员失业登记的限制，农村转移劳动力进城务工环境得到进一步改善。

从国家层面来看，2015年国务院印发了《关于支持农民工等人员返乡创业的意见》（国办发〔2015〕47号），鼓励农村就地就近转移就业创业。劳动保障部门每年开展专项活动，在全国范围内组织以农村进城务工人员为主要服务对象的“春风行动”，促进农村劳动力转移就业。从2014年起，国务院农民工办协调发改、教育、财政、人社等部门（单位）编制了年度农民工职业技能培训综合计划，年均完成农民工职业技能培训2000万人次以上。2014年开始在全国范围内开展农民工职业技能提升计划——“春潮行动”，2016年农村劳动者参加政府补贴性职业培训913万人次，其中：就业技能培训605万人次，就业率达到70%以上；岗位技能提升培训229万人次；创业培训79万人次，创业成功率达到50%以上。

从地方具体工作来看，重点开展以下工作：

首先，在就业培训方面，重庆市沙坪坝区针对产业特点和用工需求，开展定制化技能培训，每年培训8000以上人次；并且依托“沙坪坝区·奉节县对口帮扶”工作，定期组织区内优质企业赴奉节参加招聘会，每年转移新生代劳动力1000余人次。来宾市实施新型职业农民培训、青年农场主培训、农民合作社带头人培训等，提升新型农民技能，2017年全市面向农民工共举办招聘会203场，入场企业共计2661家次，提供就业岗位13.06万余个。固原市通过政府购买服务方式招标职业培训机构，开展到户、到人、到业的“订单式”精准培训，农村劳动力转移就业年均30万人次以上。

其次，在扶持创业方面，云南省曲靖市开展特色化、订单式、定向式就业技能和创业培训，对返乡创业的转移人口给予政策优惠、资金支持、延长贷款期限、政府贴息等帮扶措施，以金融优惠扶持创业。阆中市发放创业担保贷款7000多万元，吸引1万多名返乡和外来人口就业创业。曲靖市大力实施“贷免扶补”政策，对农民工返乡就业创业给予政策优惠、资金支持、延长贷款期限、政府贴息等帮扶措施。累计发放创业贷款41亿元，扶持44189人创业，带动106424人就业。洛阳市发展创业担保贷款，不断拓宽扶持范围、提升贷款额度、创新反担保举措，引导并扶持农民工返乡创业，2015年至今，全市共发放创业担保贷款3.45万笔、44.33亿元，直接扶持3.45万人成功创业，间接带动12.06万人实现就业。

图 4-12　对农民工返乡创业提供政策支持

专栏 4-7

湖南省资兴市推动农民技能提升，确保农业转移人口“能就业”

近年来，湖南省资兴市结合本地实际，重点做好、做实农业转移人口就业培训工作，以帮助就业、提升技能为抓手，有效推动了当地产业发展和农民转移进城就业。

具体来看，主要有以下两个方面内容：

1.全面实施“一户一产业工人”培养工程，确保农业转移人口有技能。2012年，我市在全国率先实施“一户一产业工人”培养工程，将全市15家单位的职业培训业务全部整合到市职业教育中心。先后投入3200万元改善了市职业教育中心的教学条件，每年安排5000多万元专项经费用于职业培训，实行"免学费、免生活费、免住宿费、给误工补贴"政策。目前，培养工程立足创新创业助推产业发展，立足科技培训，助推精准扶贫，立足产城融合助推新型城镇化，共培训5.42万人次，实现新增就业2.23万人，带动3.2万多个家庭增收致富。不仅有效缓解了农业转移人口就业难、企业招工难、矿工和移民安置难问题，而且大大提升了农业人口就业技能，为园区提供了近万名产业工人，为城区也提供了大量劳动力。

2.资兴市打造了创新创业基地、"三湘四水"创业城、东江湾电商产业园等平台，为农业转移人口提供就业平台。出台了"六免六补两优先"("六免"是指：免费创业指导，免费职业培训，免费物业管理，创业贷款免息2年，税费减免，国资门面三年免房租。"六补"是指：创业补贴，房租个人补贴，水电补贴，社保补贴，岗位补贴，就业见习补贴。"两优先"是指：优先入住公租房，优先创业落户、子女入学)等创新创业扶持政策，明确了创新创业的市场准入、证照办理、税费减免、融资信贷等扶持政策措施，建立了完善的政策支持体系。吸引大批成长型企业和创客入驻，新增市场主体1.04万户，为农业转移人口提供就业创业平台。

(四)住房保障

农业转移人口的住房保障问题，也是关系到农业转移人口在城镇能够长期稳定居住的一个重要内容。各地积极通过加大资金投入、创新保障方式等形式给予农业转移人口更多的关注和支持。目前，全国80%的市县将进城落户居民和稳定就业农民工纳入公租房保障范围，住房公积金异地转移接续工作稳步推进。

2017年，住建部等9部门近日联合印发《关于在人口净流入的大中城市加快发展住房租赁市场的通知》，要求人口净流入的大中城市要支持相关国有企业转型为住房租赁企业，鼓励民营的机构化、规模化住房租赁企业发展，通过立法，明确租赁当事人的权利义务，保障当事人的合法权益，建立稳定租期和租金等方面的制度，逐步使租房居民在基本公共服务方面与买房居民享有同等待遇。广州市已经率先提出"租购同权"，赋予符合条件的承租人子女享有就近入学等公共服务权益。

在具体工作层面，各地均根据当地实际情况，有针对性地开展了相关的保障工作。具体如下：

1.将农业转移人口纳入住房保障范围。例如，安徽省在住房保障方面，将有稳定就业且符合条件的农业转移人口纳入住房保障范围，全省40%左右的公租房配套给农民工等住房困难人员。重庆沙坪坝区将农业转移人口与其他常住人口统筹纳入住房保障体系，农业转移人口（含未落户人口）公租房配租比达40%以上；截至2017年10月，全区已建成公租房460多万平方米、6.9万套，服务人口达10万余人。兰考县农业转移人口已纳入城镇住房保障体系，目前农业转移人口自购房比例占70%、租房占15%、保障房占10%、工厂宿舍占5%。2015年以来，已为5300名在城务工人员提供公租房2010套。

2. **鼓励农业转移人口使用住房公积金。**芜湖市在全国率先成立住房金融公司，进城务工农民连续缴存住房公积金6个月以上即可在住房金融公司申请公积金贷款。洛阳市规定，居住证持有人被纳入公共住房保障范围，并可办理住房公积金登记开户和贷款业务。

图 4-13　鼓励农业转移人口使用住房公积金

3. **加强保障性住房的统一规划建设管理。**例如，重庆市综合系统部署公租房规划、建设和管理工作，构建完备的公租房建设管理体系；公租房项目与公共服务设施及配套同步规划、建设和使用，与商品房“无差别混建”，强化公租房质量监督检查，严控公租房质量；创新公租房“软环境”营造模式，建设服务型基层组织，营造和谐文化，建设互助平安社区，高品质创建城市新型活力社区。

4. **给予农业转移人口购房补助和支持。**例如，四川省阆中市对农业转移人口在城镇购房给予减税费、发补贴、贴息贷款等优惠，降低城镇生活成本。固原市对首次购买90平方米以下新建商品住房和二手房的进城人员给予政策优惠支持，采取即征即返方式返还购房所交房屋交易契税和印花税。资兴市出台了《资兴市农村户籍人口进城购买商品住房补贴实施办法》，购房者可享受市财政发放的购房补贴，补贴标准为步梯房最高不超过2.52万元/套、电梯房最高不超过3.08万元/套。

5. **创新住房保障方式。**来宾市围绕解决大批中低收入农业转移人口住房安置问题，采取“以购代建”模式，打通棚户区改造和商品房转换通道，加大住房保障货币化安置，根据城区房价不高的情况，将符合条件的商品房作为棚户区改造安置房，整体购买在建房地产项目用于棚户区改造安置。目前已有近8万棚改居民受益，城镇住房保障覆盖面达22.13%。

四、“人地钱挂钩”政策有序推进

促进城镇化水平和质量稳步提升、体制机制不断完善是国家新型城镇化规划提出的核心目标。当前，阻碍城镇化健康发展的关键在于，土地、资金等资源要素配置的体制机制与人口流动趋势不匹配，人口流入较多的地方针对外来人口的公共服务供给不足，人口流出较多的地方则出现大量的粗放用地和资源浪费。从微观主体看，由于农村产权制度改革进展缓慢，土地房屋等资产的确权流转相对滞后，农业转移人口落户的积极性不高；与此同时，人口流入地的城镇政府更愿意促进本地农民转为城镇居民，对外来务工经商人员的落户积极性也不高。

针对“两头不积极”的现实困境，中央及各部门出台了财政资金、建设资金、用地指标与农业转移人口落户数量挂钩的“三挂钩”政策，试图扭转激励扭曲问题。近两年，一些地方根据中央政策精神也出台了相关配套措施，但与顶层设计的目标尚有差距，需要进一步深化改革，破除要素市场化配置的各种障碍。

（一）“人钱挂钩”的进展情况

2016年8月5日，国务院印发《关于实施支持农业转移人口市民化若干财政政策的通知》（国发〔2016〕44号），一方面，要求建立健全支持农业转移人口市民化的财政政策体系，将持有居住证人口纳入基本公共服务保障范围，创造条件加快实现基本公共服务常住人口全覆盖。另一方面，中央加大对吸纳农业转移人口地区尤其是中西部地区中小城镇的支持力度，维护进城落户农民土地承包权、宅基地使用权、集体收益分配权，支持引导其依法自愿有偿转让上述权益，促进有能力在城镇稳定就业和生活的常住人口有序实现市民化，并与城镇居民享有同等权利。

图 4-14　支持农业转移人口市民化若干财政政策

2016年11月18日，财政部印发《中央财政农业转移人口市民化奖励资金管理办法》（财预〔2016〕162号），明确提出，中央财政在均衡性转移支付资金中安排农业转移人口市民化奖励资金。奖励资金分配根据农业转移人口实际进城落户以及地方提供基本公共服务情况，并适当考虑农业转移人口流动、城市规模等因素进行测算分配，向吸纳跨省（区、市）流动农业转移人口较多地区和中西部中小城镇倾斜。

图 4-15　农业转移人口市民化同城同待遇示意图

专栏 4-8

中央财政农业转移人口市民化奖励资金分配办法

奖励资金采取因素法分配，主要考虑因素和测算依据如下：

一是农业转移人口实际进城落户人数。主要以公安部门审核汇总的数据，区分跨省区市落户人数、省内跨地市落户人数和市内落户人数，采取不同权重，体现各地在吸纳不同流入地农业转移人口的差异。

二是地方提供基本公共服务成本。主要是参照各地人均财政支出水平，人均财政支出水平越高的地区，奖励越多，加大对公共服务成本较高的落户地的支持。

三是各地财政困难程序。参考各省财政困难程度系数，对中西部财政困难地区的奖励力度更大，有利于推进公共服务均等化。

四是工作努力程度和绩效。对户籍制度改革工作推进、相关配套政策出台等方面进展较快、成效明显的省份给予一次性定额奖励。

2017年，中央财政下达农业转移人口市民化奖励资金200亿元，比2016年增加100亿元。与此同时，各地根据实际情况出台了政策，并落实了奖励资金。广东省2016年中央及本省农业转移人口市民化奖励资金规模为12.2亿元，分配对象是20个地级以上市及所有财政省直管县。2017年，福建省安排了农业转移人口市民化奖励资金6.3亿元，比2016年增加2.46亿元，增长64.4%，资金主要用于农业转移人口基本公共服务、增强社区保障能力以及支持城市基础设施运行维护等方面。

（二）人地挂钩的进展情况

土地城镇化快于人口城镇化，导致人口净流入地区基础设施和公共服务设施用地供给不足，人口净流出地区土地利用浪费严重。2016年9月，国土资源部等五部委联合发布《关于建立城镇建设用地增加规模同吸纳农业转移人口落户数量挂钩机制的实施意见》（国土资发〔2016〕123号），提出制定实施人地挂钩政策，根据吸纳农业转移进城落户人口数量，合理确定城镇新增建设用地规模，为如期实现1亿左右农业转移人口和其他常住人口在城镇落户提供用地保障。据此，国土资源部提出，将农业转移人口落户数量作为安排2017年全国土地利用计划和城市建设用地指标分配的重要依据。按照中央统一的部署，18个省区已出台人地挂钩实施方案。

图 4-16　人地挂钩的空间效果图

在交通基础设施日益完善的条件下，人口流动速度不断加快，实施严格的“人地挂钩”在操作技术上讲具有一定的难度。事实上，人口流动与建设空间配置的扭曲现象早就存在，解决方案也早有部署，即“城乡建设用地增减挂钩”（简称“增减挂钩”）。近年来开展的增减挂钩，与易地搬迁脱贫攻坚相结合，将贫困地区的农村异地搬迁节约出来的建设用地指标漂移到城镇地区，后者以市场化方式购买指标支持前者的开发建设。这套做法的出发点并不是“人地挂钩”，但也具有同样的政策效果。

专栏 4-9

利用增减挂钩支持异地扶贫搬迁的政策演变

充分发挥国土资源超常规政策特别是城乡建设用地增减挂钩政策对扶贫开发及易地扶贫搬迁的支持促进作用，是中央打赢脱贫攻坚战的重要战略部署之一。

2015 年 11 月 29 日，中共中央、国务院联合印发《关于打赢脱贫攻坚战的决定》明确提出，利用城乡建设用地增减挂钩政策支持易地扶贫搬迁。

为贯彻落实中央精神，2016 年 2 月 17 日，国土资源部印发《关于用好用活增减挂钩政策积极支持扶贫开发及易地扶贫搬迁工作的通知》（国土资规

〔2016〕2号)，提出按照应保尽保的要求，加大对扶贫开发及易地扶贫搬迁地区增减挂钩指标支持；集中连片特困地区、国家扶贫开发工作重点县和开展易地扶贫搬迁的贫困老区开展增减挂钩的，可将增减挂钩节余指标在省域范围内流转使用。

将增减挂钩节余指标的流转范围从县域扩大到省域，一下子就释放出极大的级差租金，起到很好的效果。2017年，国土资源部进一步拓展增减挂钩政策，印发《关于进一步运用增减挂钩政策支持脱贫攻坚的通知》，提出省级扶贫开发工作重点县可将增减挂钩节余指标在省域范围内流转使用。

为深入落实中共中央办公厅、国务院办公厅《关于支持深度贫困地区脱贫攻坚的实施意见》要求，聚焦西藏、四省藏区、南疆四地州和四川省凉山州、云南省怒江州、甘肃省临夏州及其他深度贫困县脱贫攻坚，国土资源部于2017年12月6日印发《关于支持深度贫困地区脱贫攻坚的意见》(国土资规〔2017〕10号)，进一步提出，深度贫困地区开展增减挂钩，可不受指标规模限制，深度贫困地区节余的增减挂钩指标可在东西部扶贫协作和对口支援框架内跨省域流转使用。

2016年2月至2017年6月底，全国已有13个省份开展增减挂钩节余指标流转交易，流转收益达334.5亿元，为扶贫攻坚提供了坚实利器。2017年底，四川省乐山市马边县与浙江省绍兴市越城区签订增减挂钩节余指标流转协议，是为全国首单跨省指标交易，签约流转节余指标7000亩，协议总金额50.4亿元，亩均价格72万元。

(三)政策实施中存在的问题

首先，人钱挂钩的政策还停留在资金奖励的阶段，尚未形成制度化的财政支出分配方案。虽然中央财政连续两年下发了奖励资金，各省对此也有配套资金，但这与农业转移人口市民化的财政支持政策目标还有不小差距，亟须进一步改善。

其次，人地挂钩方面，目前扩大挂钩指标流转范围的做法仅限于脱贫攻坚这一渠道，需要进一步扩大。而且，省域范围内或跨省指标流转并不是在一个公开竞价的市场上形成，而是点对点的谈判，市场化程度还不够高。

(四)相关政策建议

第一，在推进中央与地方财政事权和支出责任划分改革的总体框架下，适度加强中央在农业转移人口市民化方面的事权和支出责任，推进各级政府事权规范化法律化。从维护统一市场的基本公共服务供给角度深化财政支出责任划分改革，促进人口更加顺畅地流转。

第二，尽快建立覆盖全国的城乡建设用地增减挂钩指标交易平台，建立健全相关管理办法和交易规则，充分发挥市场配置建设用地指标的作用。

五、市民化成本分担机制

《国家新型城镇化规划（2014—2020年）》颁布已经3年，国家新型城镇化综合试点也连续开展了3批，“建立和完善农业转移人口市民化的成本分担机制”一直是市民化政策的重点，也是新型城镇化综合试点的重要内容。目前，半数以上的国家新型城镇化综合试点地区提出市民化成本分担机制的目标；很多地方都因地制宜地出台具体措施，在建立农业转移人口市民化成本分担机制方面也开展了一些探索。

（一）进展和经验

1. 农业转移人口市民化的成本分担机制日渐清晰。各地普遍按照“建立健全由政府、企业、个人共同参与的农业转移人口市民化成本分担机制”的要求进行了因地制宜的探索。

一是明确市民化成本承担主体、分担责任和比例。各地均明确了“政府、企业、个人”是市民化成本的分担主体，如湖北省仙桃市确立了以“政府主导、企业主体、家庭主力”为目标的农业转移人口市民化成本分担机制。在明确成本承担主体和分担责任的基础上，各地根据自身情况测算了市民化成本，并确定了各主体的成本分担比例。山东省德州市开展了农业转移人口市民化成本测算和分担机制研究，政府负责基础设施、保障性住房、义务教育校舍建设等公共投入，成本约为12.2万元/人，企业负担成本约为1.7万元/年/人，个人成本约为1.7万元/年，形成了政府、企业、个人共同分担的体制机制。湖北省孝感市建立了成本项目清单，完成人均成本测算，经过二次调整后的存量群体人均成本4.3万元，增量群体人均成本13.9万元，孝感市确定了市民化成本在政府、企业、个人之间的分担比例为61：9：30。重庆市政府配套的基础设施和公共设施投入约占30%，企业补足社保缺口约占40%，转户居民自担30%。吉林省吉林市建立了市民化成本分担测算普查机制。

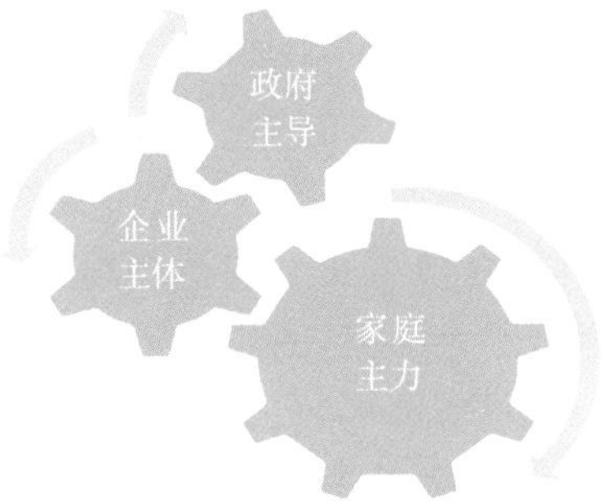

图 4-17　湖北省仙桃市农业转移人口市民化成本分担机制示意

一些地区根据权责划分测算了各级政府间应当承担的财政支出责任。广州市制定了市、区两级政府支出责任划分清单，理顺两级政府财政分配关系。福建省莆田市政府加大资金投入构建建设项目工伤保险团体参保机制，初步建立以政府为主、企业为辅的成本分担机制。武汉市农业转移人口的总成本中，中央、省两级财政承担44.8%，但省承担的比例除城镇居民基本医疗保险为23%以外，其他均很少；市、区两级财政承担55.2%。湖南省株洲市根据各县市区财力细化义务教育成本分担机制，其中，天元区中央、省、市、区的划分比例为60%、0、16%、24%，芦淞区为60%、4%、18%、18%，荷塘区为60%、12%、22%、6%，石峰区为60%、8%、20%、12%。

专栏 4-10

湖北省仙桃市建立农业转移人口市民化成本分担机制的主要经验

一、合理界定农民市民化成本类别、测算方式和人口类别

仙桃市将人民生产生活所需的“衣、食、住、行，业、教、保、医”等传统消费与“文化、体育、休闲娱乐和旅游”等新型消费业态相结合，兼顾环保、生态、健康养身等新的消费趋势，按照公共性、公益性、私人性分类，并以此为基础划分三类承担主体：政府承担基础设施建设、公共管理与服务成本；企业承担技能培训、劳工保险费用；个人承担“衣、食、住、行，业、教、保、医”及“文化、体育、休闲娱乐和旅游”个人消费

等成本。

仙桃市确定了成本测算与数据收集三原则：一是可比原则；二是分项估算原则，对市民化后新增的各项成本，依据现有的城镇条件进行分项估算；三是留有余地原则，对保障性住房、社会保险、养老、休闲等成本因素，在现有发展水平的基础上，适当提高比例、留有余地。

根据中央和地方财权与事权相统一的原则，仙桃市按照农业转移人口的户籍所在地将流入市区城镇的农业人口分为仙桃籍、省内非仙桃籍、外省籍在仙桃城镇工作生活的农业转移人口三类，提出了仙桃市、湖北省及中央财政相应承担农业转移人口的公共设施建设与服务成本的构想。

二、逐步完善农民市民化成本分担机制

根据前期的成本构成及数据来源分析，2014—2020年，仙桃市一个农业转移人口市民化平均每年所需的总成本为3.38万元，其中：政府需承担城镇基础设施建设、城镇公共管理、社会保障、随迁子女教育、保障性住房的建设和租金补贴等成本0.63万元，占总成本的19%；企业需承担员工技能培训和社会保险的缴纳等成本1.09万元，占总成本的32%；个人需承担住房、社会保险、城市生活、技能提升培训等成本1.66万元，占总成本的49%。通过分析，进一步提出了“政府主导、企业主体、家庭主力”的成本分担机制。在政府应分担的成本中，每接纳一名外籍人员进入城镇，需省或中央财政转移支付仙桃市0.63万元。

仙桃市在开展中长期全面测算的基础上，为保证成本分担数据的时效性，每年有针对性地对政府承担的基础设施建设和社会保障、企业承担的企业技能培训和社会保障、个人承担的个人住房和城市生活开支等进行适时测算。根据测算，农业转移人口市民化人均年成本由2014年的3.38万元增长至2016年的4.94万元；政府、企业、个人所承担的比例分别由19%、32%、49%调整为21%、35%、44%。

2015年以来，仙桃市多方筹资用于新型城镇化建设，累计投入100多亿元，其中政府性资金56.1亿元、采用PPP模式筹集社会资本30多亿元、公办民建吸纳民间投资9.9亿元。

二是建立财政支付转移体系，完善经费保障和投入机制，增强政府特别是基层政府的服务保障能力。安徽省统一城乡义务教育经费保障机制，实现了“两免一补”和生均公用经费基准定额资金随学生学籍流动可携带。江苏省制定以各地农业转移人口进城落户人数为主要依据，并考虑一般公共预算支出系数和重点民生支出系数等因素，对吸纳农业转移人口进城落户人数较多的地区加大支持，对财政困难地区给予倾斜，对此项工作做得较好的地区给予奖励，进一步增强市县政府落实农业转移人口市民化政策的财政保障能力，2017年省财政已下达农业转移人口市民化奖励资金14.1亿元。广东省东莞市建立起以基本公共服务为基准的财政转移支付体系，将原来由村（社区）负担多项基本公共服务逐步纳入市镇财政的补助范围，还根据镇街的分档情况，设定市镇的成本分担比例。福建省晋江市每年投入60%以上本级财力用于民生建设，构建起就业、教育、医疗、住房、安全、环境和社会保障7个民生体系。山东省青岛市调整市与区（市）的财政体制，增强区市服务能力，比如将原属于市级部分收入下放区（市），大幅提高市对区一般转移支付比重和规模，将给区市的20.6亿元专项补助改为一般性转移支付，区市级财力占全市的比重由2011年的59.8%提高到2016年的69.8%。湖北省仙桃市在对彭场镇强镇扩权的同时建立独立的镇级财政体制，以2014年为基数，新增税收地方留成部分全额返还，以比上年新增部分按50%奖补的激励政策，使得镇级财力增加，试点以来，仙桃市各级财政共给予彭场镇扶持资金1亿元，返还资金6000万元。

专栏 4-11

广东省东莞市建立以基本公共服务为基准的财政转移支付体系的做法

广东省东莞市财政在现行市镇税收分成的基础上，将镇街核定基本公共服务刚性支出超过一般公共预算收入部分按不同档次由市财政分类全额进行补助，2015年和2016年全年补助金额分别约10.68亿元和14亿元，2017年补助金额进一步提高到约16亿元，保证了镇街基本公共服务的投入。对于应由市镇共同承担的基本公共服务支出，市财政根据镇街的分档情况，设定不同的市镇分担比例，例如，基本公共卫生服务，市财政按镇街财力状况分四档次（3：7，4：6，5：5，6：4）对各镇街予以专项补助，有效统一了全市基本公共服务的保障水平。

三是增强农民和企业的市民化成本分担能力。湖北省襄阳市推进“企业成长工程”，实施“主导产业骨干企业倍增计划”，扶持企业做大做强，增强企业履行社会责任的能力，提高和改善职工福利待遇。在增强个人分担能力方面，襄阳市通过稳步推进农村宅基地等产权制度改革，通过抵押、转让、出租等，盘活宅基地资产，实现了农民财产性收入的增加，再加上农业经营收入、外出务工收入，农民增收小计可达10000元以上。

2．**“人地钱挂钩”配套政策框架基本建立。**“人地钱挂钩”的政策是近年来中央关于市民化成本分担政策方面的重点内容之一，并且明确要求根据各地吸纳农业转移人口定居的规模定向给予财政补助。在《中共中央关于制定国民经济和社会发展第十三个五年规划的建议》中进一步要求“健全财政转移支付同农业转移人口市民化挂钩机制”。2017年中央财政下达市民化奖励资金200亿元，比2016年增加100亿元；将农业转移人口落户数量作为安排2017年全国土地利用计划的重要依据，18个省（区、市）已出台“人地挂钩”实施方案。

各地纷纷明确建立财政转移支付与农业转移人口市民化挂钩机制。如重庆市改革和完善市对区县转移支付制度，对人口集聚地以常住人口作为测算基础，并充分考虑其因承接转移人口在公共服务领域所增加的成本；对人口输出地则以户籍人口作为测算基础，确保两个生态发展区相关转移支付规模不减、保障更优；将城镇化率变动情况作为激励因素纳入转移支付测算，激励区县推进人口梯度转移。安徽省设立省对下农业转移人口市民化财政转移支付，根据农业转移人口实际进城落户以及各地提供基本公共服务情况，并适当考虑农业转移人口流动、城市规模等因素进行测算分配，2016年省财政下达农业转移人口市民化奖励资金4.9亿元。安徽省还将市县为持有居住证人口提供基本公共服务等增支情况纳入分配新增政府债券额度时的测算因素，支持各地拓宽城镇建设融资渠道。贵州省安顺市落实财政、基建、用地“三挂钩”政策，将市级财政年初安排的政府统筹资金分配重心向吸纳农业转移人口多的县区、乡镇倾斜，在土地利用总体规划修改中将2000多公顷“能、交、水”用地调整为城镇和工业用地，每年争取获批1500亩以上用地保障新型城镇化建设。

专栏 4-12

江苏省财政转移支付同农业转移人口市民化挂钩机制做法

江苏省初步建立财政转移支付同农业转移人口市民化人口挂钩机制，部分转移支付项目已经考虑了农业转移人口因素，基本公共卫生服务转移支付按常住人口分配，支持农业转移人口接受地提高公共卫生服务水平，教育转移支付以实有学籍数作为分配依据，增加对吸纳农民工随迁子女较多地区的转移支付。同时，以各地农业转移人口进城落户人数为主要依据，并考虑一般公共预算支出系数和重点民生支出系数等因素，对吸纳农业转移人口进城落户人数较多的地区加大支持。

（二）主要问题

尽管各地围绕农民工市民化成本分担机制进行了诸多探索，取得了一定的进展，但农民工和流入地政府积极性都不高的状况依然没有改善；依然有较多试点地区的市民化成本分担机制仅停留在成本测算上，难以得到实质推进；部分地区的支出责任不明、分担机制不合理的问题尚未得到根本性的改观。还有部分地方政府过于关注农业转移人口市民化的短期成本，成本测算过高，把外来人口当成负担而不是责任，甚至以成本分担机制没有完全建立为借口，阻止或延沓外来人口落户。具体表现在以下几个方面：

1. 在顶层设计的层面不够精细。

(1) 缺乏整体指导性实施纲领、相关部门的细化方案，不利于地方落实。中央出台的财政转移支付、城乡建设用地等与农业转移人口市民化挂钩机制的相关政策，目前在省区级层面尚未出台实施细则，相关部门也没有出台具体政策，地方在解读有关政策方面存在一定困难，不利于地方落实。

(2) 现有政策下公共资源均等化、农民市民化等问题，涉及医疗教育资源整合、成本分摊机制、土地指标等需上级给予相关政策支持，但在实际工作上难以得到可持续的、稳定的政策指导。

(3) 当前农业转移人口市民化成本分担清单的制定部门与财政转移支付的核定部门不一致；各级职责主体不明、操作渠道不畅等原因，给市民化政策的落地实施带来困难。

2. 中央与地方政府之间市民化成本分担机制仍不够合理。

2017年中央本级财政收入占全国财政收入总额的47%，而中央本级财政支出占全国的比例仅为14.7%。在现行中央与地方财权事权分配制度下，中央到地方各级政府在农民工市民化中的成本分摊责任与财政保障能力匹配失衡。以四川省阆中市为例，如果按照既定目标和测算方案，阆中市每年需转移人口约2.8万人，按照政府68.8%的分担比例，仅此一项每年支出就高达33亿元，远远超过2016年地方可支配财政收入9.5亿元，难以实施。

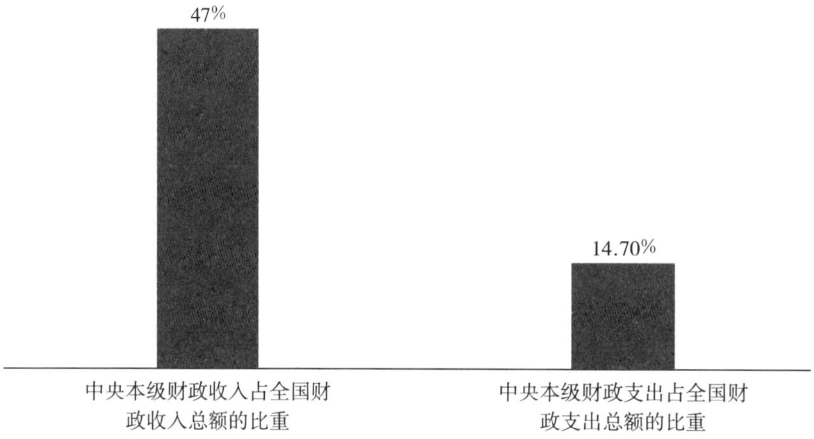

图 4-18　2017 年中央本级财政收入和支出分别占全国财政收入和支出总额的比重

3. 对农民工市民化成本的认识和测算存在误区。

(1) 仍然有地方夸大了政府在农民工市民化方面应该承担的公共财政支出压力，恨不能将几十年后可能要修建的道路、文体设施等都算上；还有地方将农民工在主城区的成本与行政区域的成本混为一谈，不管农业转移人口是在哪里居住生活，都按主城区的成本统一计算。

(2) 农业转移人口市民化成本分担机制的测算方法和标准较为混乱，各地有各地的核算口径和方法，核算思路也是千差万别；成本分担的落实缺乏可操作性。

（三）政策建议

1. 加强顶层设计，理顺农民工市民化成本分担责任，完善农民工市民化成本分担机制。完善中央与地方政府之间的市民化成本分担机制，合理划分省级政府与市级政府的市民化成本分担责任，适当提高省级财政兜底的统筹能力与分担比例；省级政府要按照国家要求完善和落实省级政府应承担的义务和责任，市县政府在严格落实国家市民化政策的同时要切实承担本级政府应承担的支出。与此同时，加快分类研究输入地政府和输出地政府的公共服务支出责任。加强对农民工成本测算的研究和指导，厘清对农民工成本测算的误区。

2. **细化落实人地钱“三挂钩”政策**。国家层面要以城镇常住人口为主要依据，加快细化落实财政转移支付、地方预算内投资安排、建设用地新增指标与农业转移人口落户数量挂钩的制度安排，出台细化的实施指导意见和操作办法。在“人钱挂钩”方面，要加大对吸纳农业转移人口地区的财政奖补力度，在“人地挂钩”方面，对已经在城镇长期居住但未落户的农业转移人口要按照一定的系数增加建设用地供给。

3. **完善有助于提升农民工市民化成本分担能力的配套政策**。以乡村振兴为契机，促进农村产业发展，带动农业转移人口致富；加快推进农村集体土地制度的改革；对于农业转移人口集中的经济大县、强镇，根据吸纳的常住人口适度给予更宽的经济管理权限、优化公共资源配置，提高流入地城市吸纳农业转移人口的公共服务能力。

第5章
农业转移人口市民化系列典型案例

推进农业转移人口市民化，是我国实现现代化必须解决的重大问题。各地在推进农业转移人口市民化进程中，采取了很多行之有效的办法，积累了大量成功经验。

浙江省德清县推进农业转移人口市民化案例

德清县是浙江省唯一的城乡体制改革试点县。为打破城乡二元结构，推动城乡一体化发展，2012年6月，德清县在全省率先启动户籍制度改革，并以此为突破口，按照“保权留利、赋权增利”的思路不断完善农村产权制度，提升基本公共服务水平，推动农业转移人口市民化。

图 5-1　浙江省德清县城镇化做法

一、主要做法

德清县坚持以“人的城镇化”为核心，以“农村利益可保留、城镇利益可享受”为基本原则，剥离依附在户口性质上的城乡福利待遇差别政策，深化农村产权制度改革，促进城乡要素平等交换、自由流动。

（一）**以迁徙自由为目标，破除农村居民进城落户政策障碍。**一是统一城乡户口登记制度，取消农业户口、非农业户口以及由此派生的自理口粮户口、蓝印户口等各种户口性质划分，统一登记为“浙江居民户口”，打破城乡人口的身份差异标识，促进城乡人口身份平等。二是完善城乡户口迁移制度，根据产业发展和城镇人口集聚等需要，制定《德清县户口迁移暂行规定》，分类明确有合法稳定住所人员、引进人才等7类人员落户条件，基本实现农村居民进城镇落户“零门槛”。三是健全流动人口管理制度，制定《德清县新居民居住证申领及相关配套政策暂行规定》，对暂不具备落户条件或不愿落户的新居民实施居住证制度，建立与社会贡献、技术职称等挂钩的新居民积分管理机制，结合当地公共资源承载能力，向新居民提供教育、住房保障等优质公共服务梯度供给。

（二）**以依法确权为前提，解除农村居民进城落户心理顾虑。**按照“先确权、再户改”的改革思路，对农村土地（林地）承包经营权、宅基地用益物权、集体资产股权、农田水利设施所有权等进行全面确权，进一步明晰农村产权关系，保障进城落户农村居民合法权益，彻底打消农民进城的后顾之忧。目前，全县共发放农村土地承包经营权证79793本、山林承包经营权证31737本；宅基地确权发证97913宗，农房测绘81882户；全县160个村（居）经济合作社共核实村集体总资产18.32亿元、净资产7.2亿元，确定股东30.01万人，发放股权证书9.07万本；农田水利设施确权颁证2274本，实现县域全覆盖。

图5-2　2015年浙江省德清县农村产权关系概况

（三）**以充分活权为关键，推动农村生产方式转变。**建立县、镇（街道）、村、农户四级联动的农村综合产权流转交易平台，制定农村综合产权流转交易管理办法等19项政策，实行交易规则、鉴证程序、服务标准等“六统一”的管理模式，推动农村土地、山林、水域等资源要素的高效顺畅流转，促进农业规模经营，提高农业现代化水平。目前平台交易农村产权品种已达10类，入场交易农户4.8万户。发展美丽经济，盘活旧农房、旧厂房等农村闲置资产，培育了以裸心谷等“洋家乐”为代表的350多家中高端低碳民宿新业态，让农村居民成为新型生产、创业的主体。结合省金融创新示范县建设，共推出农村综合产权抵押贷款产品19种，发放了全国第一单集体经营性建设用地使用权抵押贷款，累计发放农村综合产权抵押贷款8.73亿元，为3005户农户创业致富提供了资金支持。

（四）以逐步同权为核心，消除城乡福利待遇差异。坚持“就高不就低”的原则，每年新增财政投入约3000万元，对附着在城乡户籍性质背后的33项差异政策中的32项实行城乡并轨，并明确今后出台政策将不再与户籍性质挂钩。推动基本公共服务向新居民延伸，以居住证制度为载体，提供分级、分层次的社会保障和公共服务等待遇，共涉及13大类43项，进一步解决新居民在医疗卫生、子女教育、劳动就业等方面的实际困难。以“多规合一”试点为契机，推动城乡规划建设“一盘棋”，全面实施城乡供水、供气、公交、垃圾和污水处理“五个一体化”工程，补齐农村基础设施建设和管理运行短板，在全国率先实施“一把扫帚扫到底”模式，城乡垃圾收集覆盖率和生活垃圾无害处理率均达到100%，“一根管子接到底”的农村生活污水治理模式实现全县农户全覆盖，在首次农村人居环境普查评价中位居全国第一。

二、主要成效

（一）提升了人民群众获得感。通过拉平差别、“赋权增利”，基本消除了城乡户籍待遇差异，城乡居民公平享有教育、就业、社保、医疗、住房等各项公共服务权益，全面提升了农村居民公平感和幸福感，促进了社会和谐。户籍制度改革后，“城居医保”与“新农合”并轨，参保的农村居民缴费没有增加，但报销额度却提高了5～8个百分点。2015年3月，下渚湖街道（原三合乡）一村民遇车祸身亡，按照城乡拉平后的户籍制度改革新政，家属获得赔偿总额48.6万元，如果参照改革之前的农村户口标准，则要少20多万元。

（二）盘活了农村资源要素价值。通过户籍制度改革全面确权，让农村居民成为拥有完整产权的市场主体，推动了农村产权交易，提高了城乡要素的配置效率，有效激活了农村“沉睡”资产。德清县农村综合产权流转交易中心，已经完成农村产权交易超过1000笔，金额超过2亿元。如新市镇一集体鱼塘使用权通过交易中心公开发包，租金从原来的5.6万元提高到30万元；洛舍镇砂村集体经营性建设用地使用权全省首宗公开拍卖达到每亩每年1.44万元。

（三）**促进了农业转移人口市民化**。户籍制度改革彻底消除了农村居民进城镇落户、创业以及从事第二、第三产业的后顾之忧，实现了农村居民可以“带权进城”，从体制机制上进一步破除了农村居民与第一产业的束缚关系，促进了农村居民生产生活方式的转变，拓宽了农村居民就业增收渠道。全县农村土地流转面积22万亩，流转平均价格达到每亩每年1000元，最高达2000元，全县农地流转率达到76%，近1.5万农村居民摆脱土地束缚转产就业。

湖北省宜城市推进农业转移人口市民化案例

近年来，湖北省宜城市坚持以“人的城镇化”为核心，着力提升城镇基本公共服务供给能力和农业转移人口市民化成本分担能力，扎实有序推进农业转移人口市民化，取得了初步成效。

一、主要做法

（一）**深化户籍制度改革，全面放开落户限制**。根据《宜城市深入推进户籍制度改革的意见》《宜城市居住证管理办法》相关规定，在中心城区和其他建制镇有合法稳定住所（含租赁）的人员，本人及其共同居住生活的配偶、未成年子女、父母等，可以在当地申请登记常住户口，为农业转移人口落户城镇敞开大门。

（二）**坚持三个“自主选择”，充分尊重群众意愿**。宜城把提升人民群众福祉作为工作的出发点和落脚点，把就地就近城镇化作为推进新型城镇化的路径选择，把农业转移人口市民化作为首要任务，始终坚持“三个自主选择”，即：农民自主选择迁移落户地点，自主选择户籍身份是否转变，自主选择社保类型和标准，引导农民有序向城镇聚集和落户。

（三）**构建“零门槛全覆盖无差别”的城乡公共服务体系**。围绕城乡公共服务均等化目标，宜城在保基本、可持续的前提下，制定了城乡居民民生保障和公共服务清单，包括6大类23项内容，目前基本实现了城乡一体，应办尽办，应保就保。

1.**城镇与农村统筹**。全市城乡居民在义务教育、就业创业、社会保障、医疗卫生、住房保障及其他权益等方面，除了最低生活保障、公租房保障渠道存在城乡差异，城乡居民医保按照湖北省统一安排将于年底实现并轨，其他20项民生保障和公共服务项目都实现了城乡均等，全体城乡居民共同分享发展改革成果。

2.本地人口与外来人口享受同等待遇。制定《宜城市居住证管理办法》，外来人口凭居住证可享受与本市居民同等的基本公共服务。国务院《居住证暂行条例》规定，外来人口在本市居住6个月以上才能申领居住证，凭证享受相应的公共服务和办事便利。6个月的时间限制，对外来流动人口在子女及时入学等方面难免会有不便。针对这种情况，宜城创新工作方法，允许流动人口在正式领取居住证之前，以公安机关出具的流动人口登记证明为凭证享受子女入学、医疗保险、社会救助等权益，实现基本公共服务无缝对接。

3.扩大公共服务覆盖面与提高公共服务质量兼顾。为了提高民生保障和公共服务水平，实行城乡居民住院“先诊疗后付费”制度，目前共有9.1万人次享受医疗便利；逐步实施12年免费教育，对全市1867名中职学校学生免除学费；出台政策，鼓励劳动年龄段城乡居民积极参加企业职工养老保险或城镇灵活就业人员保险，提高养老保障水平。推行这些改革举措，进一步增强了人民群众的获得感和幸福感。

4.制度创新与项目建设并重。在制度创新的同时，多渠道筹措建设资金，不断加强城镇基础设施建设。在中心城区建设市中心医院内科大楼、市中医医院迁建、城区截污干管、汉江湿地公园等项目；在乡镇重点实施了农村安全饮水、垃圾处理、通村公路、电网改造等项目，基础设施和人居环境得到改善。

（四）增强农业转移人口市民化成本分担能力。据测算，宜城市农业转移人口市民化人均成本10.15万元，其中公共成本4.25万元，个人成本5.9万元（不含日常生活成本）。宜城市以增强本级政府和农民本人的成本分担能力为重点，积极探索建立市民化成本分担长效机制，取得了成效。

1.增强政府分担能力。首先，加快产业发展增强财政实力，把产业发展作为新型城镇化进程中“人往哪里去”“钱从哪里来”的突破口，大力发展和加快培育农产品深加工、水晶和能源等工业主导产业，促进商贸、物流、餐饮、旅游等第三产业发展，吸纳了近3万农民就业，使全市一般公共财政预算收入逐年大幅增加。其次，积极争取财政转移支付，市发改、财政、教育、人社等部门围绕加强基础设施建设、提升公共服务水平，积极争取项目和资金。创新融资模式，拓宽融资渠道，积极向农发行、农行、工行和国开行等8家金融机构争取融资项目。再次，积极探索PPP融资模式，目前推出了鲤鱼湖大桥、中医医院迁建、残疾人综合服务中心等35个PPP项目，其中有4个项目纳入国家和省项目库。经国家发展改革委批准发行建投债11.8亿元，争取地方债置换地方额度2.3亿元。最后，开展农村土地综合整理，增加土地收益。结合农村宅基地制度改革，通过确权登记发证、农户自愿有偿退出，推行土地综合整治，全市预计增加5万亩增减挂钩周转指标，可增加收益25亿元以上。

2.增强企业分担能力。推进“企业成长工程”，实施“主导产业骨干企业倍增计划”，扶持企业做大做强，鼓励企业积极履行社会责任，提高职工福利待遇。燕京啤酒宜城有限公司、嘉施利肥业公司、万众纱业公司等企业不仅是纳税大户，职工养老保险缴费率也达到90%以上。实行职工公寓建设补贴，鼓励企业自建职工公寓，纳入全市公租房统一管理，政府每平方米补助100～200元。比如，粤宜高科建设了1.1万平方米的职工宿舍，解决近300名员工住宿问题，市政府给予建房补助110万元。

3.增强个人分担能力。第一，增加农业经营收入。立足农业资源优势，大力推进农业现代化，引导农民围绕特色型、科技型、生态型、品牌型、创汇型“五型”农业发展粮油、蔬菜、畜禽、苗木、食用菌5大产业，增加农民收入。孔湾镇是蔬菜生产特色镇，全镇平均每年外销蔬菜7500吨，农民每年每户增收1500元。第二，增加务工经商收入。通过发展产业扩大就业、加强培训促进就业、政策扶持鼓励创业，让劳动力人口有就业机会、就业岗位和就业收入。雷河镇七里村邻近水晶产业园区，村民通过参加市人社局免费开展的水晶加工技能培训，农闲时节到水晶生产企业打工，每月人均工资3500元以上。第三，增加农民财产性收入。稳步推进农村宅基地等产权制度改革，通过统筹土地整治，全市可新增耕地面积5万亩，复垦后的耕地交由农民耕种，按每亩2000元/年收益计算，增加收入1亿元，人均增收260元以上；农民宅基地确权登记发证后，通过抵押、转让、出租等，可盘活宅基地资产，增加财产性收入。

二、主要成效

（一）助推了经济增长。政府、企业和农民个人市民化成本分担能力增强，促进了农业转移人口落户城镇就业创业，满足了农产品深加工、机械电子、精细化工、纺织服装、水晶制造等劳动密集型产业的用工需求，为经济发展提供了新生力量。水晶加工是宜城市承接浙江沿海转移的产业，不到4年时间，产业规模已经跃居中西部地区第一。目前全市拥有各类水晶加工企业140多家，产值突破百亿元，吸纳就业人员1.5万人，其中外来员工5000多人。

（二）**撬动了投资增长**。鲤鱼大桥、中医医院迁建、城区截污干管等一批基础设施、民生保障和生态环境项目建设，不仅完善了城市功能，改善了城市环境，也增强了宜城市招商引资的吸引力。2016年10月宜城市荣获2016年全国最具投资潜力中小城市百强县市、全国中小城市新型城镇化质量百强县市称号。由于看好宜城市的投资环境和发展潜力，广东猛狮新能源公司与宜城市政府签署协议，计划投资30亿元，建设年产5GWh锂电池及电池研究中心项目；投资58亿元，建设600MWp光伏发电、200MW风力发电、200MWh储能电站项目，并根据市场和国家政策，优先在宜城投资建设新能源汽车项目。

（三）**刺激了消费增长**。全市新增城镇常住人口持续增加，带动了住房、家电、餐饮、汽车等方面的消费。全市销售商品房70%以上的购房对象是进城农民；每月新购买小汽车上牌数量约700辆，每百户家庭小汽车拥有数量23.5台，在襄阳市各县区名列榜首。

湖北省仙桃市推进农业转移人口市民化案例

仙桃市委、市政府领导高度重视新型城镇化工作，将打造国家新型城镇化示范市作为今后一个时期的重要工作内容，深化户籍制度改革，加强公共服务供给，积极建设产城融合、城乡结合的小城镇，加快推动农业转移人口市民化。

一、主要做法

（一）**加快户籍改革，鼓励农民进城落户**。相继出台《关于进一步深化户籍制度改革的意见》《进一步创新户籍管理提供优质服务的办法》，城镇落户条件全面放开，对在城镇有固定住所、合法收入的“两有”农民，公安部门实行“零门槛、零梗阻、零距离”服务，将其登记为城镇常住人口，明确了农民仍然享有在农村的原本权益，同时拥有在城镇的各项权益，确保了农民群众利益最大化。

（二）**加大公共服务供给，增强吸纳转移人口能力**。相关部门将进城落户农民纳入社区管理服务范围，使其在教育、就业、养老、医疗、住房等方面与城镇居民享有同等待遇。采用“政府规划引导、企业投资新建、产权无偿移交、名校进驻管办”的模式争取社会资金1.5亿元新建了3所义务教育学校和1所幼儿园，改扩建了2所小学，新建学位近8000个，缓解了城区入学难的问题。

（三）**围绕土地要素，加强农民权益保障**。一是开展增减挂钩。先后出台多项政策文件，将农村集中居住区建设与城乡建设用地增减挂钩有机结合，实现了耕地保护和用地保障“两不误”，并推动农业转型和农民致富相促进。二是开展迁村腾地。积极推进土地集约节约，按照“一村一区”“多村一区”等方式，大力开展迁村腾地，最大限度拓展城市发展空间。近几年，南城新区已建成安置小区9个，搬迁农户3418户。通过“迁村腾地”和“引农上楼”腾出土地近万亩，相继引进健鼎电子、富士和机械、普天电池、朵以服饰等50多家实力企业落户。三是推进社区建设。按照农地集中、居住集聚、用地集约、效益集显的思路，加快农村新型社区建设，探索宅基地退出机制，引导农民居住由分散向集聚转变、向社区集中，从根本上改变过去农村沿路、沿河、沿岸居住的状况。目前，全市已建成农村新型社区40多个，5万多人实现就业、居住“双转移”，新增耕地1.3万亩。

二、主要成效

（一）**探索产城融合发展模式**。目前，仙桃市已形成了以彭场镇、毛嘴镇为代表的“工业带动+返乡创业、就地城镇化的双轮驱动”模式，带动了城镇化快速发展。

1.彭场镇“工业带动、以产兴镇”模式。一是产业基础条件好。彭场镇是全国最大的无纺布制品加工及出口基地，市场份额占全国的1/3，企业较多，经常到附近村庄、社区去招工。二是农民收入有保障。农民在企业打工月平均工资可达近3000元，高收入者达到上万元。三是房产结构多样化。对于按照原来居住面积1：1进行置换回迁房或商品房，农民可自愿选择。四是公共服务便捷化。社区交通便利，水电气齐全，有集中建设的大型菜场和小超市能满足居民日常生活需要，社区广场等休闲设施健全，子女就学方便。

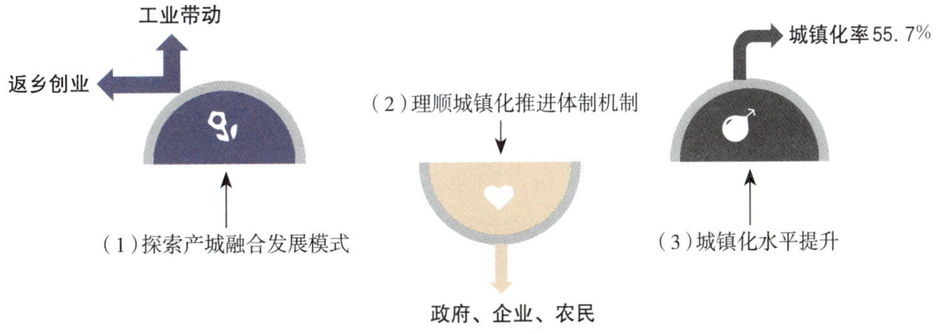

图5-3　湖北省仙桃市城镇化工作成效

2.毛嘴镇“承接产业转移，吸引农民工返乡创业就业”模式。毛嘴镇紧抓服装加工老板返回家乡创业契机，积极承接服装加工业产业转移，在本地形成了产业集聚效应，也有效推动了城镇化进程。一是为返乡创业者提供发展空间。毛嘴镇拿出土地建设服装产业园，出让给返乡企业，促进扩大企业规模。同时，吸引更多老板返乡创业。服装产业园占地面积已扩展到750亩，厂房面积50万平方米，工人达到2万多人。二是合理规划镇区空间布局。不再零散批准宅基地，通过统一规划建设商品房和安置房，吸引农民向镇区集聚。加强基础设施和公共服务设施等配套建设，加大镇区道路、供排水、燃气管道等建设，按人口增长趋势建设小学和初中，满足镇区就业农民子女的上学需求。镇区功能进一步完善，对人口吸引力进一步增强，实现了工业化和城镇化的良性互动和相互促进。

（二）**理顺城镇化推进体制机制**。建立“政府主导、企业主体、家庭主力”的农业转移人口市民化机制。从政府来看，承担了道路、污水处理厂、垃圾中转站、给排水管网等基础设施建设，并通过特许经营等方式吸引社会投资参与建设可经营性城市基础设施项目。依托公共财政与政府投融资平台，市镇两级政府加强城镇公共服务基础设施投入，优化教育、医疗卫生、文化等公共服务设施布局，推进城市公交、供水、燃气、污水和垃圾处理等城乡基础设施共建共享，加大保障性住房建设力度。从企业来看，通过自身发展壮大，为农民提供更多的就业岗位，提升农民收入水平，按照国家规定为进城务工人员缴纳工伤保险、生育保险等，为部分进城务工人员开展职业培训。从农民来看，成为城市产业工人提高了自身收入，改善了生活环境，享受到更好的教育、医疗服务以及各类社会保障，农业人口市民化的积极性显著提高。

（三）**城镇化水平提升**。仙桃市立足精细管理、产城融合，实现新区开发与旧城改造、工业平台与民生工程、城市建设与村镇建设“三个同步推进”，城镇化率达到55.7%。500kV仙桃输变电工程、沪蓉高速排湖互通、汉江仙桃港、仙桃—武汉城际轨道等一批重大工程陆续开工建设，公共服务水平持续提高，社保五险扩面7.6万人次，建成各类保障性住房4683套。新增义务教育学位8000个，幼儿学位5500个，城市承载能力不断提升。

河北省石家庄市推进农业转移人口市民化案例

近年来，石家庄市重点围绕改革户籍制度、落实居住证制度、保障农业转移人口随迁子女享受义务教育等工作，积极探索，大胆创新，出台了一系列政策措施，统筹推进户籍制度改革和基本公共服务均等化，加快了农业转移人口市民化进程。

一、主要做法

（一）**深化户籍制度改革**。石家庄市2001年就率先在全国开始了户籍制度改革，2003年取消了城乡二元制户口区分。2015年，为切实解决长期在城镇居住生活人员的落户问题，有序引导农业转移人口、其他常住人口和各类人才向城镇转移，市政府印发了《关于深化户籍制度改革的实施意见》，在全省率先完成户籍制度改革。通过改革，全面放开了县（市）城区和建制镇落户限制，有序降低落户政策门槛。凡符合具有“合法稳定住所、合法稳定职业”两条件之一的，本人及其共同居住生活的配偶、子女、夫妻双方父母，可以申请办理落户。同时，对直系亲属投靠及各类人才实施开放的接纳落户政策。通过改革人口统计和居住证制度，设立社区公共户口，吸引农村居民在城镇落户，并平等享有城镇的各项公共服务。户籍制度改革推进过程中，对进城落户人员所享有的农村土地承包权、宅基地使用权、集体收益分配权予以充分保障，消除了农民进城落户的后顾之忧。

图 5-4　河北省石家庄市城镇化进程

（二）**丰富居住证制度市民化待遇内涵**。石家庄市严格落实国务院《居住证暂行条例》和《河北省居住证实施办法》，逐一梳理居住证办理规定，进一步精简办证手续，凡是公民离开常住户口所在地，到石家庄市居住半年以上，符合“有合法稳定就业、合法稳定住所、连续就读”条件之一的，可申领居住证。居住证持有人可与本地户籍人口享有同等的包括免费接受义务教育、平等劳动就业等多项权利，并可享受同等的中等职业教育资助、就业扶持、住房保障、养老服务、社会福利、社会救助、随迁子女在当地参加中高考资格等方面的政策，居住证持有人享受公共服务的“含金量”越来越大，提高了流动人口办证积极性。

（三）推进随迁子女入学教育均等化。面对随迁子女入学压力逐年增大的严峻形势，石家庄市印发了《关于做好进城务工人员随迁子女接受义务教育工作的意见》，进城务工人员只要提供符合条件的户籍证明、居住证、住房证明、务工或经商证明等材料，其随迁子女即可由居住地所在县（市）、区教育局调剂安排入学，几乎等同于“零门槛”接收，妥善解决了进城务工人员随迁子女接受义务教育问题。为逐步扩大优质教育资源覆盖面，石家庄市还通过开展“学区管理制”改革试点，不断均衡教育资源，积极打造集团化、联合体、城乡互助等多种教育发展模式，使更多的进城务工人员随迁子女实现了“上好学”的愿望。同时，通过改扩建中小学、增加财政投入和创新“石家庄市义务教育招生入学服务平台”，以及取消纸质材料盖章审批环节等方式，全方位做好服务保障工作。

（四）扩大住房保障覆盖面。石家庄市不断加大保障房建设力度，放宽申请条件，允许在市内持有居住证并符合保障条件的外来务工人员，与户籍人口同等申请公租房。印发《关于进一步扩大市区公共租赁住房保障范围的通知》，再次降低准入门槛，对外来务工人员申请公租房，取消了收入限制，全面扩大了市区公共租赁住房保障范围。城镇居民住房保障覆盖率已达到20%以上。

二、主要成效

（一）吸引了大量农业转移人口落户城镇。石家庄市居住证办理率达到75%以上，户籍人口城镇化率提升至46%以上。

（二）保障了随迁子女享有平等受教育的权利。公开、公平、公正的随迁子女入学政策，妥善解决了占主城区中小学总数1/3多的进城务工人员随迁子女入学问题。全市范围内随迁子女在公办学校接受义务教育比例为87.5%，绝大多数进城务工人员随迁子女实现了在公办学校免费接受义务教育。

（三）健全了安居保障体系。随着住房保障范围不断扩大，逐步构建起涵盖城镇中低收入住房困难家庭、新就业大学生、外来务工人员的多层次、宽范围、无缝隙的住房保障体系。市区超过3万户居民住进干净明亮的公共保障房。住房保障体系的不断完善，为“新市民”更好地在石家庄安居创业、提升幸福感奠定了坚实基础。

（四）拓展了基本公共服务平台。在解决好农业转移人口“进得来、能安居、孩子有学上”的基础上，不断拓宽基本公共服务领域，全面提升公共服务均等化水平，确保了他们“留得住、过得好”。扩大社会保障覆盖面，实现了城镇企业职工基本养老保险政策和城乡居民社会养老保险政策全覆盖；加快推进城乡居民基本医疗保险整合，逐步建立覆盖范围统一、筹资政策统一、保障待遇统一、医保目录统一、定点管理统一、基金管理统一的城乡居民基本医疗保险市级统筹制度；全市近90万流动人口纳入城镇基本公共卫生计生服务范围，享受健康档案、健康教育等6个方面的服务项目。

四川省泸州市推进农业转移人口市民化案例

泸州市以“人的城镇化”为核心，着重在农业转移人口“进得来、住得下、留得住、过得好、得发展”等方面上下功夫，深化改革探索，完善体制机制，取得了积极成效。

一、主要做法

（一）推进户籍制度改革，让农业转移人口“进得来”。

1. 放开户籍限制。出台了《泸州市进一步推进户籍制度改革实施方案》，实现城镇落户“全放开、零门槛”。出台《泸州市居住证管理办法》，实施居住证制度。

2. 设立公共户口。在全国率先探索公共户口落户政策，对在本市有合法稳定住所（含租赁）、有合法稳定的职业、生活有保障但无房屋产权的人员（含征地区域内安置过渡人员），以乡镇（街道）为单位，设立公共户口簿，解决相关人员在城镇落户的难题。全市通过公共户口入户超过6万人。

3. 严格落实财政供养人员户籍迁移政策。对全市财政供养人员中属于农村户籍人员进行集中清理，限期转移。全市已清理财政供养人员近2万人，已办理户籍迁移1.2万人。

4. 切实保护进城农民的农村权益。落实国务院《关于进一步推进户籍制度改革的意见》中关于“现阶段不得以退出土地承包经营权、宅基地使用权、集体收益分配权作为农民进城落户的条件”的规定，切实保障进城农民“三权”，解除进城落户的后顾之忧。

（二）**拓展城市空间，让农业转移人口“住得下”。**

1.**促进产城融合。**围绕“港产城”一体化总体要求，发挥沿江集聚人口和产业优势，推进高新区、长开区、白酒园区向城市综合功能区转型，引导产业和城市融合发展。中心城市建成区面积120平方公里，城市人口120万人。

2.**做强县城副中心。**积极推进“宜居县城行动”，以快捷交通和产业通道为主轴，打造城际经济带和城市副中心，推动泸县、合江与中心城区一体化发展，辐射带动叙永、古蔺县城建设。四县县城建成区面积达到56平方公里、人口超过65万人。

3.**做优特色小城镇。**以试点示范镇建设为引领，在全市104个镇中，培育26个重点小城镇，扶持发展中心重点镇、生态魅力镇、特色产业镇和以新兴业态为方向的新型专业镇，增强吸纳农业转移人口的能力。

图5-5 四川省泸州市城镇化做法

（三）**健全保障体系，让农业转移人口“留得住”。**

1.**提升医教服务水平。**积极推进教育、医疗等公共服务设施建设。新（迁）建大中小学29所，有效地缓解了城镇学校“入学难、入园贵”问题。同时，以泸州市现有的4所三甲医院为引领，初步构建起了“五位一体”的全民预防保健体系。加强乡镇卫生院配置，按“一站一馆三区”打造标准化服务阵地，按甲级标准建设村卫生站，提升基层卫生服务能力。深入开展全民预防保健服务体系建设工作，扎实抓好“全民免费健康体检、建好用好健康档案、加强健康管理服务”三项任务。

2.**完善社会保障制度。**制定出台《泸州市社会保险转移接续办法》，建立统一的城乡居民养老保险制度和医疗保险制度，消除农业人口向城镇转移在社会保险方面的制度障碍。出台工伤保险"同舟计划"政策，将全市行政区域内建筑业从业人员全部纳入工伤保险制度覆盖范围，建立按项目参保和优先办理工伤保险的工作机制。

3. **完善就业服务。**出台《关于进一步做好新形势下就业创业工作的意见》，明确将征地农民、返乡农民工等纳入就业和创业扶持政策的实施范围；将居住半年以上的城镇常住人口纳入失业登记范畴，平等享受职业介绍、职业培训等公共就业服务。加强对城镇失业人员、农民工的就业培训，培训覆盖率85%。

4. **落实住房保障措施。**出台《关于进一步落实涉企政策稳定经济增长的意见》，对农村居民在城市规划区购买新建商品住宅（限价商品房、经济适用房除外）且将户籍迁入购房所在地转为城镇户籍的，在享受政府补贴200元/平方米和开发商补贴200元/平方米优惠政策的基础上，另给予每套1万元补助。在贯彻落实国家现行住房保障政策和房地产促进政策的基础上，将符合条件的农民工纳入住房保障体系。

（四）优化人居环境，让农业转移人口"过得好"。

1. **完善城市功能。**近3年，全市投入城镇基础设施和公共服务设施建设资金800多亿元，着力完善城市交通、能源、供排水、通信、环境、防灾等"六大系统"。新建城市道路155公里，新（改）建垃圾处理设施330个、污水处理设施28座。发行全国第一只城市停车场债券，第一批5个停车场已投入使用。以西南商贸城、佳乐世纪城等为重点的现代商贸中心正在建设中。

2. **加强城市治理。**成立泸州市城市管理委员会，推动管理重心下沉，"大城管"体制进一步完善。深入开展城乡环境综合治理，大力改造提升"两江四岸"，扎实推进城市突出问题专项整治。统筹推进智慧交通、智慧城管、智慧医疗。

3. **美化人居环境。**以生态园林、旧城改造为重点，全面建设"山水城市、宜居泸州"。重点实施两江四岸、主题公园等生态景观建设，已形成20公里沿江景观、36个城市公园。中心城区绿化覆盖率达40%，人均绿地面积9.5平方米。成功创建国家园林城市、国家森林城市。

（五）强化产业支撑，让农业转移人口"得发展"。

1. **加快发展现代制造业。**大力推进白酒、化工、能源、机械四大传统产业转型发展，加快培育壮大新能源新材料、现代医药、高端装备制造、大数据、智能电网等新兴产业。

2. **加快发展现代服务业。**近几年，全市电子商务交易额增长率超过50%，服务业增加值年均增长10%左右，第三产业新增就业岗位每年达到5万个左右。

3．**打造园区集聚平台**。调整优化全市园区体系，搭建产业集聚发展平台，将全市产业园区整合成泸州高新区、泸州长开区、中国白酒金三角酒业园区“三大园区”。“三大园区”主营业务收入达到1500亿元左右，提供就业岗位超过14万个。

二、主要成效

（一）**城镇化水平明显加快**。近几年，泸州市常住人口城镇化率年均提高1个百分点以上，户籍人口城镇化率年均提高2个百分点以上。

（二）**公共服务水平持续提高**。多措并举加强公共服务建设，取得了积极成效。在义务教育方面，农业转移人口随迁适龄子女义务教育入学率达99.8%以上。在医疗卫生方面，泸州市医疗卫生资源居四川省第二，已形成对川南、黔北、渝西等周边地区4000万人的服务能力。提升流动人口卫生计生基本公共服务均等化水平，为在泸州居住6个月以上的流动人口建立健康档案，建档率达到72.2%。

（三）**助力经济保持高速增长**。大量的农业转移人口进城以及落户，带来了大量的投资消费需求，同时也为产业发展提供了充足的劳动力支撑，实现了产城融合发展。

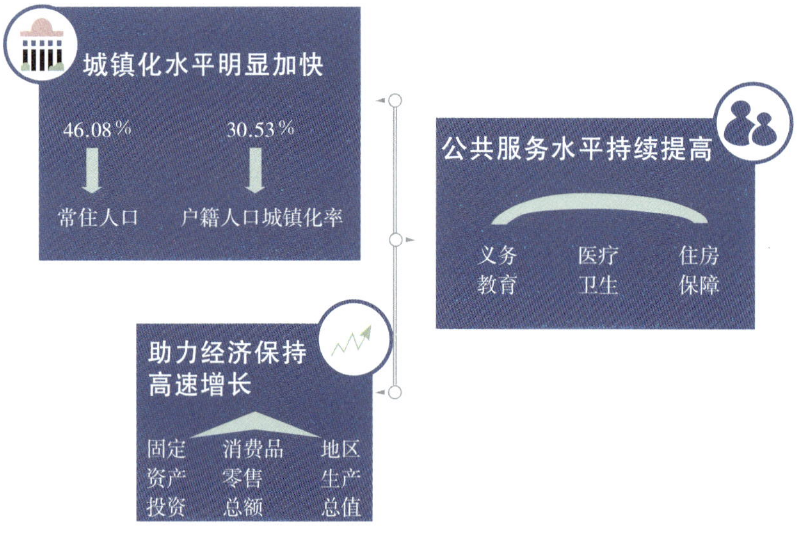

图 5-6　四川省泸州市城镇化工作成效

河南省洛阳市推进农业转移人口市民化案例

近年来，洛阳市以国家“三个1亿人”和省政府“三个1批人”战略部署为引领，用好改革创新开山斧，强力破除制约城镇化健康发展的制度藩篱，加快推进户籍制度及相关配套改革，全面提升了城镇化发展质量和水平。

一、主要做法

（一）**大幅降低城镇地区落户门槛。**2015年2月，洛阳市颁布实施《关于进一步深化户籍制度改革的通知》，并修订完善相关的户口管理办法。取消农业、非农业户口的区分，实行城乡一元化户籍登记；全面放开县城和建制镇落户限制，并将中心城区的落户条件放宽为参加城镇社会保险1年以上、具有合法稳定住所（含租赁），本人及共同居住生活的配偶、未成年子女和父母均可迁入。

（二）**加快推进居住证制度落地。**2016年2月，洛阳市出台《洛阳市居住证管理暂行办法》，改变过去以强制办理暂住证管理流动人口的做法，对流动人口的权益保障和公共服务做出规定，明确了居住证持有人享有基本权益和公共服务。推进居住证与医疗、教育、住房、社会保险、就业指导、便民服务等民生问题的衔接，建立健全公共服务体系，全力保障居住证持有人市民待遇。

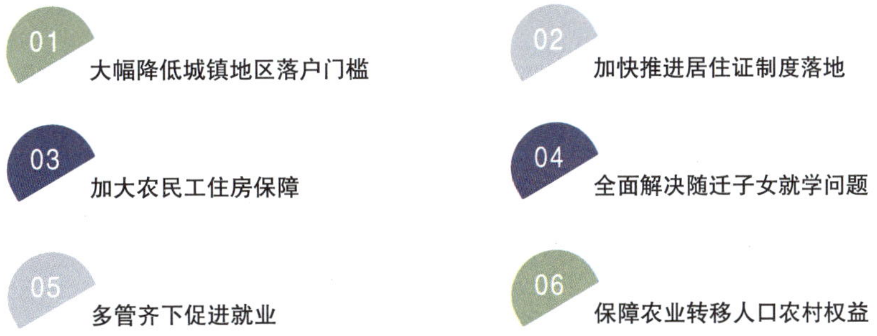

图5-7 河南省洛阳市城镇化做法

（三）**加大农民工住房保障。**2013年5月，洛阳市出台规定，将稳定就业的外来务工人员纳入公租房保障体系，之后又两次降低门槛，只要持有居住证且在本市无住房即可申请公租房。全市公租房分配给外来务工人员的比例超过30%。与此同时，财政还出资补贴外来人员在洛购房。凡在市中心区购买商品房的外来人口，可享受购房契税（房款1.5%）补贴、按揭贷款贴息及每套5000元现金补贴。

（四）全面解决随迁子女就学问题。外来人口随迁子女就学主要通过城镇地区的公办学校解决。洛阳市中心城区近年来每年新增2万名义务教育阶段学生，其中有3000名左右是随迁子女。洛阳市政府特别规定，随迁子女必须与其他城市居民子女统一管理、统一编班、统一教学、统一安排活动，做到公平对待、一视同仁。市县两级财政每年为随迁子女接受义务教育额外支出6000万元左右，有力保障了随迁子女就学。

（五）多管齐下促进就业。近年来，洛阳本地农业转移人口留在本地就业的趋势明显。针对返乡农民工数量逐年增加的趋势，洛阳在加大劳动力培训力度的同时，以小额贷款和电子商务为抓手，力促返乡人员在城镇地区聚集。以宜阳县为例，5年来共发放5亿元左右的小额贷款，扶持6000余名返乡农民工、下岗工人等自主创业，带动将近2万人就业。

（六）保障农业转移人口农村权益。2015年以来，全市全面开展农村集体土地确权颁证工作，宅基地和集体建设用地使用权确权登记颁证工作已发放权证93.2万本，发证率达74%。同时，试点探索农村集体土地使用权有偿流转。选取伊川县作为试点，先行成立农村产权交易中心，目前已基本具备挂牌条件；选取偃师市、伊川县作为试点，探索农村空置宅基地有偿流转和退出。目前，全市承包地流转面积达到241.5万亩，占全部耕地面积的37.2%；农民合作社总数达到4005家（2016年新增66家），家庭农场总数达到511家（2016年新增55家）。

二、主要成效

（一）城镇化率显著提高。5年来，洛阳市常住人口城镇化率年均提高1.5个百分点以上。城镇户籍人口大幅增加，中心城区落户数量超过了县城和建制镇。

（二）城镇基本公共服务全覆盖。全市农业转移人口平等享受市民待遇。城镇落户的居民享有就业服务、社会保险、基本公共卫生服务、子女入学及住房保障等12项基本权益和机动车驾驶证、出入境证件办理等6项便利。在全省率先建立以居住证为载体的公共服务政策体系，人民群众的获得感和幸福感明显增强。

广西壮族自治区柳州市推进农业转移人口市民化案例

近年来，柳州市以改革突破体制障碍，以创新破解发展难题，持续加大教育、医疗等民生投入，着力解决与人口聚集息息相关的民生问题，加快城市基础设施建设，促进产城融合，夯实产业发展基础，让农业转移人口切实融入城市、安居乐业，成为新型城镇化的建设者和发展成果的分享者。

一、主要做法

（一）**深化户籍制度改革。**柳州市出台了《关于进一步推进户籍制度改革的实施意见》，实施差别化落户政策，进一步放宽进城落户的户籍准入条件，不断提高高校毕业生、技术工人、职业院校毕业生、留学回国人员等常住人口的城镇落户比例。

（二）**创新推动住房建设。**为确保新入城人员和既有市民低收入人群有房住，住得舒心、住得放心，柳州市出台了《柳州市公共租赁住房管理办法》，将廉租房、公租房并轨管理，统一管理模式、统一租金标准，统一退出机制。不断扩大住房保障覆盖范围，有效保障进城务工人员的住房问题。

（三）**加快公共服务共享。**柳州市出台了教育、医疗、社会保障等一系列配套措施，使农业转移人口与本地市民享有同等的公共服务。一是均衡发展义务教育，基本实现了转移人口子女就地接受义务教育。从2014年开始，实施义务教育3年攻坚计划，3年投入19亿元，新增小学16所、914个班级，新增初中7所、568个班级；取消进城务工人员随迁子女就读建设费、赞助费、借读费、报名费等入学门槛费用；大力推进义务教育集团化办学模式，全市已形成16个义务教育办学集团，充分发挥优质教育资源的带动作用，不断缩小义务教育区域、城乡和校际差距。二是积极开展医疗卫生体制配套改革，极大缓解了转移人口“看病难”问题。实行公立医院药品零差率销售，通过调整医疗技术服务价格、增加政府投入以及节约运行成本等多方共担方式，建立科学补偿机制；推行分级诊疗制度，成立了市人民医院、工人医院等多个医联体，初步实现了老百姓“小病不出乡镇或县域、大病不出柳州市”即可享受到优质医疗服务。

（四）**持续推进产城融合。**柳州市出台了《柳州市农民工创业担保贷款实施办法》，培育定点职业培训机构29个，中等职业教育学校26个。柳州市成为“国家小微企业创业创新基地城市示范试点”，同时柳州市突出抓产业集聚发展，努力增强产业辐射带动作用。每年财政安排3.86亿元专项支持传统优势产业转型升级、战略性新兴产业以及中小企业发展，2016年10月，柳州市获得“国家产城融合示范城市”称号。

（五）**持续提升城市品质**。柳州市大力建设生态宜居城市，每年投入绿化美化资金2亿元以上，大力实施“生态花园，五彩画廊”“绿满龙城”等工程。柳州市现有24万株洋紫荆花树，是中国紫荆花树种植数量最多、规模最大的城市，带动了当地旅游业，实现了“绿水青山就是金山银山”的良好效益。柳州市着力建设全国“公交都市”，积极倡导低碳出行，在广西率先开通了BRT快速公交、水上公交、公共自行车、慢行步道，有效解决市民公交出行“最后一公里”问题，“低碳出行”已成为广大市民出行的首选。完成了2155个公共领域免费Wi-Fi接入点建设，柳州市成为广西首个无线网络城市，深受市民欢迎。

二、主要成效

（一）**城镇化率大幅提高**。柳州市常住人口超过户籍人口近11万人，是广西唯一常住人口超过户籍人口的城市，也是西部省、市、自治区中少数几个人口净流入城市之一。柳州市常住和户籍人口城镇化率分别达到60%和45%左右，均位列广西第一。

（二）**住房保障惠及面更广**。开工建设各类保障房累计约12.3万套，柳州市城镇居民住房保障覆盖面达到21%，共解决超过35万人的住房问题，保障性安居工程开工率排名持续保持在广西前列。重点实施改制企业职工危旧房集中区改造工程，累计投入超过105亿元，惠及全市97家改制企业和1.3万户职工家庭。

（三）**教育资源分配更趋合理**。市区小学招收进城务工人员随迁子女占总人数的37%左右，市区初中招收进城务工人员随迁子女占总人数的35%左右。“县属轮教”制度让各县、区学校之间每年安排10%的专任教师轮岗交流。同时，对全市所有农村义务教育阶段学生提供免费午餐。

（四）**医疗社保惠及更多新市民**。新农合参加人员在乡镇卫生院和村卫生室的门诊量占全市新农合门诊量比例达到53%，城乡居民社会养老保险参保率达到85%以上。在市、县区设立农民工综合服务机构113个，给予1500多家企业稳岗补贴1.2亿元。

（五）**城市环境更加宜居宜业**。先后投入500多亿元用于环境治理和节能减排，柳州市从全国四大酸雨区之一嬗变为现代宜居城市，赢得了“山清水秀地干净”的美誉，先后获得中国人居环境范例奖、国家园林城市等殊荣。全市累计培训农民工13万人次，累计帮助1.5万名就业困难人员实现就业。全市实现创业8万多户，带动就业人数20多万人。

多地探索大学生落户零门槛人才新政

党的十九大报告提出要着力加快建设实体经济、科技创新、现代金融、人力资源协同发展的产业体系。今年以来，着眼于满足市场主体对人才的迫切需求、提高城市综合竞争力，成都、西安、长沙等市率先突破，武汉、郑州、南宁响应跟进，对包括高校毕业生在内的青年人才敞开城市大门，大幅降低落户门槛，效果十分明显，成为推进供给侧结构性改革、建设现代化经济体系的生动实践。

一、各城市人才新政获得积极响应

（一）**更新理念，把吸引人才作为供给侧结构性改革重要组成部分。**一是提高战略认识。把人才从“支撑要素”上升为“发展要素”对待，鲜明提出“不唯地域、不求所有、不拘一格”的新人才观。二是紧扣供给侧结构性改革。成都等城市把人才引进与促进产业转型升级和新旧动能转换结合起来，紧扣提升供给质量吸引和培养人才。三是坚持以人民为中心。西安市和武汉市户籍新政、成都市人才新政12条、长沙市人才新政22条，都把满足人才的公共服务、住房、福利等现实需求作为出发点，强化对人才的“引、育、留、用”政策配套，体现了城市的包容性和政策的亲民性。

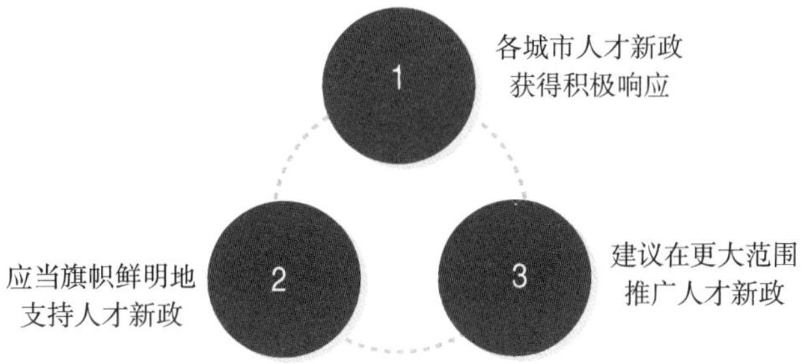

图 5–8　多地实施人才新政取得积极成效

（二）**突破难点，消除束缚人才流动的制度性障碍**。一是零门槛。转变过去凭借购房和投资才能落户的方式，取消先就业创业和缴纳社保等前置条件，本科及以上高校毕业生凭借毕业证、户口本、身份证即可实现“先落户后就业”。二是广开源。取消生源地限制，不区分省内省外，不区分农村生源还是城镇生源，使大学生均可零门槛落户。三是更灵活。无自有房屋的大学生可在单位集体户口落户，也可在工作地、租赁房屋所在社区的公共户口或区（市、县）人力资源市场落户。四是更便利。成都市设立了133个公安一站式服务办证点，并提供节假日延时受理服务，为青年人才办理落户手续提供便利。武汉市取消了多种落户证明材料，并将办理时限缩减为2～10个工作日。成都、武汉等城市发布微信公众号，实现线上线下同步办理，极大提升了办理效率。武汉实施户籍新政一个多月之内，共有2.2万人通过网络云端办理落户。

（三）**深化实践，各城市竞相出新招培育人才红利**。一是进一步放宽年龄限制。成都市将本科及以上学历毕业生落户年龄由35周岁放宽至45周岁。武汉市取消了博士、硕士研究生落户年龄限制，并将普通高校本科生落户年龄由35周岁放宽至40周岁，将普通高校专科生、非普通高校本科生落户年龄由30周岁放宽至40周岁。截至2017年11月下旬，武汉市凭借“放宽年龄限制”新落户大学生1万人。二是进一步放宽大专生落户门槛。长沙市在本科生零门槛落户的基础上，又探索放宽大专生落户门槛，对普通高校专科生不设年龄限制、不区分学历类型，只要在长沙市就业并缴纳社保3个月就能落户。2017年11月6日，长沙市落户了第一个大专生。

（四）**“用脚投票”，人才新政获得各方面积极响应**。成都市等城市人才新政出台后，迅速引起各方关注，全国各地符合条件的人才纷纷办理落户。一是数量可观。西安市自2017年3月实施新政以来，落户了大、中专学历人才9.9万人。成都市自7月实施新政以来，落户了青年人才9.5万人。武汉市自10月实施新政以来，落户人才超过5万人，目前仍以每天2000～3000人的速度增长。长沙自6月实施新政以来，落户了高校毕业生2.2万人。二是地域多元。2017年5—11月，湖北省外大学生在武汉落户2.9万人，占比高达31%，其中北京、广州等城市的大学生落户武汉市的人数也分别达到1010人、1450人。三是农村大学生占比不低。2017年1—11月，武汉市落户的10.9万大学生中，农村户籍大学生近3万人、占比27%。

二、应当旗帜鲜明地支持人才新政

党的十九大报告提出，人才是实现民族振兴、赢得国际竞争主动的战略资源，要加快建设人才强国。各城市的人才新政是近年来针对性强、突破性大的重要改革，营造了重视人才的良好氛围，充分展示了择天下英才而用之的气魄和决心，是落实党的十九大精神的有力举措和重要实践。

（一）**人才新政是落实以人民为中心的发展思想的重要探索**。成都等城市的人才新政，顺应了广大青年人才在大城市落户定居的迫切需要，直面问题的政策设计务实、接地气，获得了各方面的热烈响应和积极支持。人才新政降低了人才要素的流动和迁徙成本，为大学生等社会群体分享城市未来发展红利提供了制度通道，同时有助于丰富城市人才结构、提升城市劳动力供给质量。

（二）**人才新政是在资源配置中更好发挥政府作用的重要体现**。人才新政是成都等城市政府从实际出发的主动作为和积极作为，并非自上而下的压力传导，是符合顶层设计战略方向和意图的主动创新。西安、成都、武汉、长沙等市的做法，正被其他城市如郑州市、南宁市仿效学习，说明人才新政并不是适用范围有限的特殊探索，而是可复制可推广的有益经验，为政府在人力资源配置中更好地发挥作用提供了有效借鉴。

（三）**人才新政是落实区域协调发展战略的有力举措**。中西部地区人才储备和技术支撑等缺口较大，新动能培育相对较慢。成都等城市大力深化人才要素配置改革，向全国青年人才敞开大门，舍得投入、真心邀请，为中西部地区城市培育人才红利和提升长久竞争力营造了富有活力的制度环境。吸引大学生落户越多的中西部地区城市，未来实现高质量发展的潜力越大。

（四）**人才新政是转变城市发展理念的重要实践**。成都等城市坚持算大账、看长远，不狭隘地计较短期利益，不以缺钱为理由、找借口，不把人才落户需要的财政支出视为负担，尊重人才对城市建设和产业发展的促进作用，肯定人才对城市已做出和即将做出的重要贡献，是对“重物轻人”“只算计当期投入不谋划未来发展”等传统城市发展观念的重要调整，是推进新型城镇化进程中贯彻新发展理念的具体实践。

三、建议在更大范围推广人才新政

成功的改革，大都是群众需要、基层实践和顶层呼应的有机结合。基层为解决实际问题的正确创新做法，在获得顶层认可并逐渐推广后，可以在实践中不断得以充实完善，最终上升为重要的国家政策或制度安排。

（一）**复制推广人才新政的典型经验**。一是召开经验交流会议，加大对成都等城市人才新政的宣传推广，充分肯定其主动作为、锐意改革的创新精神。二是总结提炼实践案例，并将其作为重要经验列入国家新型城镇化年度行动方案，在更多大城市、特大城市推广。三是进行跟踪分析，全面评估人才新政对促进新旧动能转换、深化供给侧结构性改革以及落实区域协调发展战略的积极效果。

（二）**促进大城市人口结构多元化**。如果一个城市把所有优惠政策都向学历较高的人才倾斜，对低学历低技能劳动者激励不足甚至排斥，则会影响生活性服务业等行业的劳动力供给，最终影响城市的全面发展。一是要保护城市发展活力，珍惜人口结构多样性，采取差异化激励政策促进不同收入阶层人群融合互助，实现城市人口结构的动态平衡。二是在中心城市推进人才落户与积分落户双轨并行，进一步降低长期举家迁入的务工人员的落户门槛，进一步放宽大专生落户限制。三是研究人口增长的动力机制，区分政府福利、收入差距和挣钱机会等不同因素引来的人口，逐步缩小因政府压低要素价格形成的福利，更多依赖市场和价格机制调整人口结构。

（三）**破解中小城市人才流失困局**。大城市的人才聚集与中小城市发展并非零和博弈，破解中小城市人才流失的困局，必须从优化城市尤其是城市群内城市产业分工的角度切入。一是要尊重广大劳动者“用脚投票”的自由选择权，不能动用行政手段为人才自由流动设置任何障碍。二是一些拥有在全国甚至全球配置资源能力的大城市、特大城市，要合理发展高端产业和产业高端，不能什么项目、什么产业都跟中小城市抢，要有所为有所不为。三是鼓励大城市、特大城市通过“飞地经济”等方式，加强与中小城市的分工协作，建立跨城市的财政、投资等利益分享机制。四是引导中小城市和小城镇自立自强，改善营商环境和政务服务，树立人才强市强镇的正确理念。五是以城市群为整体协调制定人才政策，在优化集聚中促进均衡发展。

第三篇

城市群篇

第6章
城市群规划编制实施年度进展分析

《国家新型城镇化规划》提出，到2020年“两横三纵”为主体的城镇化战略格局基本形成。国家“十三五”规划《纲要》中明确了“19+2”国家级城市群总体格局①。这19个国家级城市群共集聚了257个城市，占全国城市数量的38.7%。2010—2015年城市群常住人口占全国常住人口比重由65.1%上升至69.4%，城镇人口占全国的比重由60.1%上升为63.6%，新增城镇人口数量占全国的比重为86.1%。2016年地区生产总值占全国的比重增至87.3%。

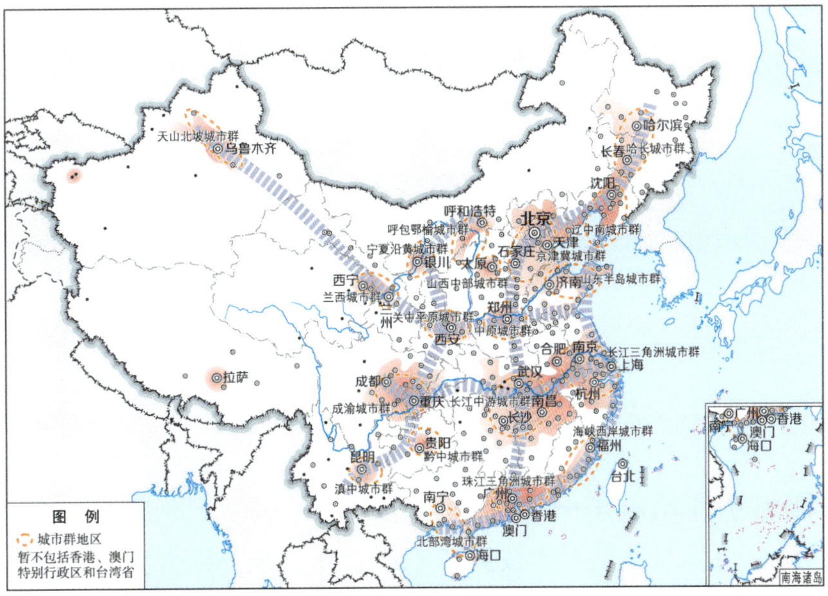

图 6-1 城市群布局图

① “十三五”期间建设19个城市群，分别为：建设京津冀、长三角、珠三角世界级城市群，提升山东半岛、海峡西岸城市群开放竞争水平；培育中西部地区城市群，发展壮大东北地区、中原地区、长江中游、成渝地区、关中平原城市群，规划引导北部湾、晋中、呼包鄂榆、黔中、滇中、兰州—西宁、宁夏沿黄、天山北坡城市群发展，形成更多支撑区域发展的增长极。

目前，长江中游城市群、中原城市群、哈长城市群、成渝城市群、长江三角洲城市群、北部湾城市群、关中平原城市群、呼包鄂城市群、兰州—西宁城市群规划以及《京津冀协同发展规划纲要》等规划已编制完成并获国务院批复。另外，根据国家发展改革委《关于加快城市群规划编制工作的通知》，一些省级行政区城市群、边疆地区城市群、省域内城市群规划编制工作也已展开。

表6-1 部分国家级城市群规划

名　称	批复时间	面积（万km^2）	城市数量
长江中游城市群发展规划	2015.4	31.7	31
京津冀协同发展规划纲要	2015.7	3.01	13
中原城市群发展规划	2016.2	1.52	30
哈长城市群发展规划	2016.3	5.11	11
成渝城市群发展规划	2016.4	18.5	44
长江三角洲城市群发展规划	2016.5	21.17	26
北部湾城市群发展规划	2017.1	11.66	15
关中平原城市群发展规划	2018.1	10.71	9
呼包鄂榆城市群发展规划	2018.2	17.5	4
兰州—西宁城市群发展规划	2018.3	9.75	9
小计	—	130.63	192

一、长江三角洲城市群

（一）区域协作机制进一步增强

长三角地区合作与发展工作按照“三级运作、统分结合、务实高效”的区域合作机制推进，以联席会议为主要形式审议有关区域发展的重大事项。

为促进资金、人员和信息等要素等相互流动，克服行政区界线的阻碍，长三角地区通过优化跨省审批流程、统一异地市场准入制度和考核标准等，提高跨区域合作对接效率。提升了省际一体化产权交易平台、大数据中心信息平台等共享平台。继续巩固行业间的跨省联盟，如非物质文化遗产、青年创新创业、新能源汽车等合作联盟，并新建立了文化产业发展和企业服务联盟。积极探索跨区域资金供给方式。设立了“长三角合作与发展共同促进基金”等多种政策性基金，以更有效地发挥政府种子基金的“资本杠杆”作用。

双向主动对接，为区域合作带来创新动力。长三角周边城市主动对接区域核心城市上海。2017年上半年，浙江省嘉兴市、江苏省南通市借助上海市建设“有全球影响力的科创中心”和推进大都市圈建设等发展机遇，“主动对接”上海，制定了具体规划方案和实施举措。嘉兴市设立“浙江省全面接轨上海示范区”，从战略、科技产业、基础设施、公共服务”等方面全面对接上海。南通市则按照“行政推动常态化、区域市场一体化、产业发展协同化、社会服务同城化、交通运输便利化”等五大原则，积极对接上海。此外，上海市也主动与区域中心城市、周边中心城镇深度互动；上海市党政主要领导带领党政代表团先后赴安徽、江苏、浙江学习考察，与三省党政领导共同谋划推进长三角一体化发展的新思路、新路径、新机制。

（二）产业协作程度稳步提高

上海市是长三角的知识与现代服务业高地，具有引领优势；而江苏和浙江作为全球先进制造业基地，安徽省作为支撑沪苏浙发展的腹地。这些处于不同发展层级的地区互为补充，形成技术扩散、产业分工、市场互补的动力机制，形成信息化、工业化、城市化、农业现代化的共生演化。基于高速铁路和互联网，长三角积极推进以总部经济、电子商务、公共服务、功能中心、专业市场等为代表的平台经济，形成引导区域分工的新生力量。长三角内的企业突破行政区界线，把产品链的不同环节分别向不同层级的地区转移，形成“中心城市+专业化产业带”的多中心空间格局。

长三角区域的产业转型升级稳步推进，形成区域内梯度转移的模式。以产业园区共建为载体，浙江嘉兴有15个省级以上开发区与上海重点平台签订合作协议。大飞机项目落户上海市后，江苏省镇江市主动对接，为大飞机提供航空座椅、舷梯等配件。目前镇江市已成立航空航天产业园，成功引进近30个涉航项目，总投资超过100亿元。江苏省主动推动苏南占地多、消耗高的加工业和劳动密集型产业向苏北转移，在实现苏南“腾笼换鸟”的同时加强苏北经济发展。在推进方式上，主要采取了“四项转移”、南北共建开发区、“南北挂钩”等措施。地处皖江城市带承接产业转移示范区“一翼”的宣城市郎溪县，则敏锐地捕捉到了长三角产业梯度转移的契机，利用区位优势和土地资源优势，承接大量无锡的转移产业，创造了独特的“郎溪现象”。

（三）公共服务共享、基础设施联通、生态共治等取得成效

长三角公共服务共享程度正在稳步提高。已建立了长三角教育协作发展会商机制，共同签订了《推进长三角区域创新体系建设协议》并定期召开联席会议推动工作落实，举办了长三角通信一体化发展高峰论坛，签订了失业保险关系转移及待遇享受的合作协议。沪浙两地已试点“社会保障卡”互通互用、城市交通一卡通互刷等，推动医疗、交通等公共服务领域的接轨。

基础设施互联互通。以上海、南京、杭州、合肥等城市为主要节点的高速铁路网络推动了区域快速融合，形成了以上海市为中心的“0.5至3小时”高铁都市圈。三省一市积极推动“互联网+”道路客运和一体化智能公交系统等合作事宜，聚力推进长三角道路运输一体化。淮南—江苏—上海1000千伏高压输电线基本建成，如东—崇明天然气管道建成投产。

长三角“信息共享”程度也逐年提升。这其中主要包括共享公共交通运输的全方位信息、税收信息、房地产信息、个人和企业的金融信用信息，搭建长三角就业信息平台和大型招聘联合搜索平台，共享法院执行联动信息、企业环境行为信息、公安网上信息以及警务信息、消费者维权信息、质量技术监督信息等。

三省一市不断强化环境监管联动合作。审议通过《长三角区域空气质量改善深化治理方案（2017—2020年）》《长三角区域水污染防治协作实施方案（2018—2020年）》《长三角区域大气污染防治协作2018年工作重点》《长三角区域水污染防治协作2018年工作重点》。已成立长三角区域大气污染防治协作小组共同开展大气污染源清单调查，建立重污染天气预警应急处置协作机制。推进区域危险废物处置设施资源共享，加快危险废物跨省转移审批，共同打击危险废物非法转移行为。加强环保信用体系建设，拟定长三角区域环境保护领域信用联动奖惩合作备忘录。深化区域环境应急合作，共同完善长三角环境应急救援物资信息库。

二、京津冀地区

（一）京津冀协同发展的顶层设计不断加强

为全面贯彻落实《京津冀协同发展规划纲要》，京津冀协同编制完成《京津冀协同发展产业升级转移规划（2015—2020年）》《京津冀产业协同发展指引》《京津冀产业转移指南》，联合印发了加强京津冀产业转移承接重点平台建设意见，为京

津冀产业协同发展提供规划政策引导，推动跨区域产业合理布局。

北京市将协同发展战略任务融入“十三五”规划和北京市新版城市总体规划，制定了“远期有贯彻意见、中期有五年规划、近期有工作要点、当年有重点项目”的梯次推进政策体系，将各项任务具体化、项目化，落点落图推进实施。编制完成《通州区与廊坊北三县地区整合规划》，加强京冀交界地区统一规划、统一政策、统一管控。

天津市编制实施《天津市贯彻落实〈京津冀协同发展规划纲要〉实施方案(2015—2020年)》，先后制定印发了《承接非首都核心功能工作意见》《承接非首都核心功能精准发力意见》《抓住天津发展重要历史性窗口期积极承接非首都功能指导意见》，建立对接产业、重点承接平台、重点对接项目“三级清单”，统筹推动天津各区与北京各区有效对接，确立了“1+16”承接格局，成为推动京津冀协同发展战略各项任务落实的有力抓手。

（二）协同联动机制持续完善

1.整体统筹协调机制进一步完善。国务院成立推进京津冀协同发展领导小组和多个专项小组，加大对协同发展工作的组织领导和统筹协调力度，形成了强有力的组织保障体系。京津冀三省市建立了常态化、多层级对接制度，签订多项合作协议和备忘录，健全了上下贯通、横向联动的工作机制，实现了“一张图”规划、“一盘棋”建设、“一体化”发展，发展的整体性、协同性进一步增强。北京市与河北省持续开展互派100名干部人才挂职的工作，健全了上下贯通、横向联动的工作机制，形成了同心同向同力的工作格局。

2.科技创新协同机制改革步伐加快。北京市编制了《加强全国科技创新中心建设重点任务实施方案(2017—2020年)》，16项任务和2个项目加快落地，“三城一区”建设全面提速，原始创新策源地作用不断强化。京津冀系统推进全面创新改革试验18项改革举措已在京落地11项，京津冀大数据综合试验区加快建设，科技成果转化创业投资基金投入运营。《建设京津冀协同创新共同体三年工作方案》《中关村京津冀协同创新共同体建设三年行动计划》已开始实施，保定—中关村创新中心、中关村海淀园秦皇岛分园等创新平台加快建设，石家庄市（正定）中关村集成电路产业基地初具规模。中关村企业已累计在津冀设立分公司3049家、子公司3100家，科技创新园区链初步形成。创新资源辐射外溢不断提速，4年来输出到津冀的技术合同成交额累计近470亿元，年均增长超过30%，协同创新呈现良好态势。

专栏 6-1

“三城一区”

“三城一区”是北京建设全国科技创新中心的主战场，可以概括为“聚焦、突破、搞活、承接”四个词。中关村科学城——聚焦，集聚全球高端创新要素，形成一批具有全球影响力的创新型领军企业、技术创新中心、原创成果和国际标准。怀柔科学城——突破，聚集一批大科学装置，建设国家重大科技基础设施和前沿科技交叉研究平台，吸引聚集全球高端科学家。未来科学城——搞活，打开院墙搞科研，集聚一批高水平企业研发中心，研发创新平台，持续引进“千人计划”人才，打造全球领先的技术创新高地。创新型产业集群和“中国制造2025”创新引领示范区——承接，发展高端制造业，承接三大科学城科技成果转化。“三城一区”是北京建设具有全球影响力的科技创新中心的主战场。

3. **体制改革和试点示范积极开展。**京津冀城际铁路投资公司成立运营，总规模1000亿元的京津冀城际铁路发展基金设立，通过投资一体化带动区域轨道交通建设一体化。京津冀通关一体化改革成效显著，通关时间平均缩短41天。京津冀手机长途及漫游费比全国其他地区提前两年多全面取消。北京·沧州渤海新区生物医药产业园在全国首开异地延伸监管先河，实现由北京市依法实施药企异地生产许可、认证和监管。高新技术企业认定管理办法印发实施，京津冀地区符合条件的高新技术企业异地搬迁实现资质互认。印发实施协同发展试点示范工作任务分解方案。北京市服务业扩大开放综合试点总体方案任务基本完成，形成了58项全国首创或效果最优的创新举措，新一轮试点措施清单发布实施。跨区域碳排放交易试点在全国率先开展。京津冀协同发展统计监测体系初步建立，统计数据交换平台完成升级改造。区域银行业支付清算和异地存储互惠互通进展积极，华夏银行京津冀协同卡发行逾百万张。

（三）三个重点领域率先突破明显提速

1. **交通网络一体化加快构建。**涉及北京市的国家高速铁路网全部开工，京沈客专、京张铁路、京雄高铁北京段、丰沙线入地等项目加快建设，京津城际铁路实行月票制，“轨道上的京津冀”加快打造，京津保1小时交通圈顺利实现。新机场航站楼实现封顶封围，飞行区工程全面开工。公路交通更加便捷通畅，国家高速公路网7条首都放射线北京段全部建成，京昆高速、京台高速、京开高速拓宽工程完工通车，京秦高速、首都地区环线通州至大兴段主体工程基本建成，北京市域内3条国家高速公路“断头路”基本消除，兴延、延崇、新机场高速、新机场北线高速加快施工。运输服务一体化加快推进，京津冀交通一卡通实现区域内13个地级以上城市互联互通，全面覆盖北京市轨道交通和城区公交线路。外埠过境大货车绕行北京方案编制完成，京津冀公路立法协同、交通运输执法合作全面开展。

2.生态环境协同治理持续加强。深化落实区域大气污染防治协作机制，实现区域空气重污染应急联动，与津冀合力推进压减燃煤、控车节油、清洁能源改造等减排任务，空气质量明显改善。4年来，北京市累计淘汰老旧机动车127.6万辆，全面供应第六阶段车用汽柴油，燃煤总量压减到600万吨标准煤以内，城六区和南部平原地区基本实现“无煤化”，清理整治“散乱污”企业1.1万家。四大热电中心全面建成，陕京四线天然气管道建成投运，涿州—房山供热管线全线贯通。永定河综合治理与生态修复启动12项工程建设，连接廊涿干渠与南水北调南干渠的大兴支线抓紧建设。张承地区水资源环境治理、密云水库上游生态清洁小流域治理扎实开展，122万亩张家口坝上地区退化林改造任务全面完成，京津风沙源治理完成造林103万亩，太行山绿化完成12.7万亩，新增京冀生态水源林50万亩。长城国家公园体制试点深入推进，环首都国家公园体系抓紧研究。

3.产业对接协作扎实推进。以高端制造业和现代服务业为对接重点，京津冀加强上下游产业协作，建立了形式多样的对接机制。积极搭建了产业对接平台，围绕生物医药、高端装备制造、新一代信息技术等行业，组织三省市相关园区、企业进行洽谈对接，成功举办“京津冀工业园区推介会”“百强企业走进天津，推动京津冀协同发展”等活动，形成一批投资合作项目。“4+N”产业合作格局巩固提升，产业协同发展步入快车道。

专栏 6-2

京津冀产业协作成效

1.北京市产业持续外溢，曹妃甸示范区累计签约北京项目129个，张承生态功能区绿色产业加快落地，张北云计算产业基地2个数据中心投入运营。北京新机场临空经济区空间和产业规划编制完成，共建共管方案研究加快推进。中关村企业在滨海新区累计设立分支机构744家，新一代信息技术等产业聚集态势初显，创新创业生态逐步完善。

2.天津市与中科院签署“十三五”期间全面科技合作协议，确定60项合作项目。与中国工程院共建的中国新一代人工智能发展战略研究院已成立。对接国家制造业创新中心建设工程，启动现代中药、动力电池等市级制造业创新中心建设。天津市加强与京冀高校、院所合作，引进中科院计算所天津分所等一批国内高水平的研发分支机构，京津科学技术研究院落户武清。组建产学研用创新联盟30个，众创空间达到139家。在天津自贸试验区设立了总规模100亿元的京津冀产业结构调整引导基金，促进京津冀区域产业结构调整升级。科技成果转移转化不断加快，天津市累计吸纳北京技术合同交易额100亿元以上，向河北输出技术合同近千项。

3.北京市落户河北体量最大的产业合作项目——沧州北京现代第四工厂累计生产整车14万辆，实现了“一个工厂带动一个产业基地”，带动就业2000多人；北汽集团（华北）微车基地累计生产整车6.1万辆；北京·沧州渤海新区生物医药产业园共吸引102个项目落户，其中签约北京医药企业79家；首农集团新乐三元工业园投产运营。在重大产业合作项目带动下，4年来北京对津冀的投资呈现井喷态势，认缴出资额累计超过5600亿元。

（四）共促雄安新区规划和重点平台建设

1.共同推进雄安新区规划建设。两市一省把支持雄安新区建设作为分内之事，主动加强规划对接、政策对接和项目对接。将支持雄安新区建设纳入北京市新版城市总体规划，京冀两地签署共同推进雄安新区规划建设战略合作协议，充分发挥北京科技创新、教育、医疗卫生等优势，确定了8个重点合作领域及一批先期支持项目。有关部门逐项细化方案推进实施，已经签署了共建雄安新区中关村科技园协议，积极推进以“交钥匙”方式新建3所学校和1所医院的前期工作，确定了对口帮扶4所学校名单。

2.推进重点平台建设。高标准打造了天津滨海—中关村科技园、宁河京津合作示范区、宝坻京津中关村科技城等一批高水平承接载体。天津滨海—中关村科技园已注册企业396家，百度（滨海）创新中心、京东（滨海）云创空间、深之蓝等一批创新项目落地园区。天津宁河未来科技城围绕互联网、云计算、大数据等产业领域，打造产业经济新引擎。天津宝坻中关村科技城已完成建筑设计方案和政策体系研究，生活配套区建设正加快推进。天津发挥先进制造研发优势，主动向河北延伸产业链条。天津市宁河区与唐山市共建津冀协同发展示范区，先行启动16个合作项目。天津市东丽区与沧州市签署共建津冀协同发展示范园区合作协议，启动首个整体搬迁项目。天津医药集团与沧州市共建生物医药产业园。天津西青电子城大数据中心等项目加快推进，京津冀大数据协同处理中心正式启动，国能新能源汽车启动生产。

三、中原城市群

（一）城市群一体化协作逐步深入

省际协调合作工作有序展开。省级层面，借助中原经济区市长联席会制度，建立了中原城市群5省发展改革部门省际会商机制。对省际通道断头路、瓶颈路段摸底调查，研究制订了共同推进省际通道建设行动计划，初步筛选梳理出了69个与毗邻省份互联互通的高速公路和国省干线交通项目，目前已签订了合作协议。郑州至晋城、焦作至晋城的省际公交班线正式开通运行。城市合作方面，联合制定了《晋陕豫黄河金三角区域合作重点项目2017年推进计划》，在交通、生态、产业、民生等领域明确了共同推进的16项重大工程项目。

（二）跨区域重大工程项目有序推进

聚焦交通、生态等重点领域，以跨区域重大工程项目建设为突破口，促进城市群一体化发展。一是建立中原城市群重大项目库。围绕实施方案确定的116项重大工程实施，对交通、产业、生态等重点领域重大工程项目进行梳理，建立了中原城市群重大项目库和实施机制，明确责任主体、实施时间表和路线图，分级纳入2017年省、市重点建设项目名单，进一步发挥重大项目对城市群建设的基础性支撑作用和示范带动效应。二是推进交通物流网络建设。编制完成了《中原城市群城际轨道交通网规划修编方案（2017—2030年）》《郑州铁路枢纽总图规划》，配合国家民航局启动编制《郑州国际航空货运枢纽建设战略规划》。加快推进以“米”字形铁路为重点的城市群综合交通网络建设。三是加快完善区域生态网络。稳步推进太行山绿化三期和长江淮河防护林等国家重点防护林工程、天然林保护工程及山区生态系统建设，累计完成造林283万亩。加快南水北调中线工程干渠高标准防护林带、贾鲁河生态湿地景观带等一批重点生态项目建设。

（三）城市群内分区施策，推动一体化发展

把中心城市和重点区域作为推进中原城市群建设的核心支撑，聚焦重点区域，实施差异化引导策略，推动各区域加快发展、联动发展、协调发展。一是推进郑州大都市区规划建设。把大都市区作为引领带动中原城市群发展的增长极，以综合交通网络建设、产业分工合作和生态网络建设为重点，推动郑州与周边毗邻城市融合发展。二是支持洛阳中原城市群副中心城市建设。河南省委省政府印发了《支持洛阳市加快中原城市群副中心城市建设的若干意见》，设立了500亿元的洛阳军民融合产业发展基金和15亿元的历史文化遗址开发保护基金。三是启动城镇协同发展区建设。分片区组织召开了城镇协同发展区建设座谈会，研究提出了西部转型创新发展示范区、北部跨区域协同发展示范区、东部承接产业转移示范区、南部高效生态经济示范区的发展思路和重点任务。推动安阳、鹤壁、濮阳等豫北5市高层会商会议，签订了《豫北区域协同发展合作框架协议》并建立了联动发展机制。

四、长江中游城市群

（一）三省会商，协作搭台

为搭建合作平台，三省先后签署了《加快构建长江中游城市集群战略合作框架协议》（2012年）、《长江中游城市群战略合作协议》（2015年）。2016年12月1日，湖北、江西、湖南三省政府签署《关于建立长江中游地区省际协商合作机制的协议》《长江中游湖泊湿地保护与生态修复联合宣言》。2017年7月25日，三省发展改革委在武汉市召开了“长江中游地区省际协商工作协调会”，就省际协商合作行动宣言、轮值组织构架、轮值运行常态化机制、年度工作重点签署备忘录。

（二）部门落实，推进长江中游城市群一体化建设

规划获批以来，鄂湘赣三省交通、商务、旅游、科技、教育、经信、水利、卫生等十多个部门相继召开联席会议，签署了近20个三省部门间的合作协议，推

进长江中游城市群一体化建设。

在基础设施方面，三省围绕共建国家综合运输通道、综合交通枢纽和大宗战略物资集散中心，搭建合作发展平台，交通运输部门启动了省际公路联网工程，建立了长江中游甩挂运输联盟、华中大道快运联盟和华中道路客运小件快运联盟。加快长江中游城市群水利基础设施建设，水利部门联合开展了荆江大堤、荆南四河、黄盖湖等跨界河湖流域治理和综合整治。共同争取“长江航道645工程”等一批重点工程纳入国家“十三五”规划，打通长江中游城市群水、陆、空交通大通道，提高客流、物流通行效率。

在产业协同方面，湖北省专用汽车和湖南工程机械加强战略合作，推动大冶有色、江西铜业等有色金属企业开展联合协作与技术改造。农业部门以推进农业产业化为重点，在农业标准、原产地保护、品牌管理、农产品安全检测等领域开展了合作。旅游部门加强旅游资源整合和旅游产品组合，开展旅游标准、管理和服务对接等，打造长江中游城市群无障碍旅游区。

在生态文明建设方面，三省积极探索环境污染的市场化治理机制，在跨省主要污染物排污权交易制度和环境污染责任保险制度取得进展，三省建立了突发环境事件联处、打击非法采砂联勤等机制，联合开展了荆江大堤、黄盖湖等跨界河湖流域综合整治。鄂赣长江跨界断面进行沟通衔接，姚港断面作为湖北和江西共同考核断面。在湘鄂交界的监利何王庙故道建立江豚省级自然保护区，共同推动长江江豚迁地保护工作。

在对内对外开放方面，工商方面实现了企业登记迁转服务、消费投诉一站式维权等方面的合作。住房城乡建设建领域取消省外建筑业企业进鄂备案管理。海关开展了沿江通关协作，实现区域通关一体化，全面推进了“一次申报、一次查验、一次放行”模式。

在公共服务方面，三省探索建立新型农村合作医疗跨省结算、医疗卫生资源跨省共享、突发公共卫生事件应急合作、食品医药安全工作联动等机制。教育部门鼓励高等学校开展联合办学、课程互选、学分互认、教师互聘等多种形式的校际交流与合作。文化部门成立了“中三角演艺联盟”，开通了公共图书出版发行产业联盟。城市群内省会城市间初步实现住房公积金省际异地互认互贷、转移接续和实现异地医保即时结算。

（三）省会主导，各地方政府积极推进城市群融合发展

在省会城市合作方面，武汉、长沙、南昌、合肥四市已连续召开五届会商会，

共同签署了《武汉共识》《长沙宣言》《合肥纲要》《南昌行动》等合作文件。长江中游城市群城市合作秘书处2015年6月在武汉成立，四省会城市“决策—协调—执行”的合作框架体系基本形成，并在合作体制机制创新、专项合作内容深化方面做了较多探索。

在重要节点城市合作方面，湖北省荆州市加强与湖南省岳阳、常德、益阳等地市的合作，推动洞庭湖生态经济区规划重大项目落实，争取将荆南四河和四湖流域水污染治理作为洞庭湖生态经济区水污染防治的重点。湖北省咸宁市与湖南省岳阳市、江西省九江市展开“小三角”的合作，签订了重大合作项目，共同推进省际旅游资源开发、省际市场及投资贸易、人才及劳动力等领域的合作。湖北省黄冈市加强与安徽安庆合作，构建罗田—英山—金寨跨省旅游经济协作示范区，积极推进“大天堂寨”景区跨省合作。全面启动长株潭衡“中国制造2025”试点示范城市群建设。

在毗邻城镇一体化发展方面。湖北省黄梅县小池融入九江发展，按照“对接大九江、实现同城化”的构想，建立了“2+2+2”跨江合作联席会议制度，共同推进基础设施、信息等“八个一体化”建设，打造“中三角”开放开发的桥头堡和先行区。湖北省通城县加强与湖南平江、江西修水的合作共建，联合编制规划，加快革命老区和贫困地区的发展，着力打造通城—平江—修水次区域合作示范区。湖北监利白螺镇与湖南岳阳市探索跨江合作新模式，携手打造承接产业转移集中区、跨江合作示范区。

（四）项目为主，突出重点

2015年以来，湖北省共遴选推进长江经济发展（长江中游城市群建设）重大项目277个，总投资约2.1万亿元，其中15个项目纳入国家推动长江经济带发展重大项目，项目数量占比达到17.4%。湖北加快推进重大项目建设，荆江大堤综合整治主体工程2016年完工；“645”深水航道整治工程前期研究已完成，正在加快推进；省交投拟投资3000亿元与宜昌携手打造三峡翻坝综合立体交通运输体系。武西高铁汉十段全线开工；蒙华铁路、郑万铁路湖北段项目已经开工；顺丰国际物流核心枢纽2017年已开工。湖南省通过项目建设，培育新的经济增长点，推进沪昆高铁、石长铁路复线、长株潭城际铁路等一批重大基础设施项目建设；稳步推进株洲国家通用航空产业示范园、湘潭新松机器人产业园等一批重点产业项目建设；落实长江经济带“共抓大保护，不搞大开发”的要求，深入推进湘江保护和治理“一号重点”工程，狠抓洞庭湖水环境综合整治五大专项行动，深入推进株洲清水塘、湘潭竹埠港、衡阳合江套等老工业区新动能、新产业培育。

五、成渝城市群

（一）区域整体合作机制进一步完善

围绕生产要素自由流动、基础设施互联互通、公共服务设施共建共享、生态环境联防联控联治等关键环节，进一步探索完善成渝城市群一体化发展体制机制。制定了《成渝城市群发展规划》重点任务分工方案和3年行动计划，共同研究提出需要持续推进的合作项目，深化细化配套政策措施，逐年推进。

2015年，两省市签订《关于加强两省市合作共筑成渝城市群工作备忘录》，备忘录签署一年来，川渝间合作的大项目多达18个。2016年，两省市协商确定并签署了《重庆市人民政府四川省人民政府深化川渝务实合作2016年重点工作方案》，进一步细化了基础设施互联互通、市场一体化建设、产业发展、公共服务对接共享、生态环境保护、规划对接等6大方面31项主要任务，全方位推进成渝城市群建设。两省市有关部门和市、区（县）加强沟通磋商，签署了应急管理、工业和信息化、人力资源和社会保障、川剧发展及石窟保护、区域食品药品安全稽查执法、信息通信行业监管、共建产业园区等10个专项合作协议，进一步细化工作任务，提出了工作路线图和时间表。2017年，重庆市与四川省重点围绕生态环境联防联控、基础设施互联互通、公共服务共建共享等明确合作事项，召开多次经济协作会议，共同研究制定了《成渝城市群发展规划》的重点任务和3年行动计划。

川渝两省市积极推动毗邻区域合作示范。支持潼南、铜梁、合江等建设川渝合作示范区，各地区采取共同行动策略，保障合作的持续稳定开展，制定系列合作框架协议，召开了渝西川东经济社会发展协作会、川渝合作示范区经济协作联席会议、第八届泛成渝经济区商会合作峰会、重庆经济协作区第十九次市长联席会等多次协作会议。

2016年11月，四川省邻水县与重庆市渝北区、长寿区、垫江县“两地四方”联合发布《共建长江上游生态屏障示范区倡议书》。2016年12月，重庆市北碚区、合川区与四川省广安市武胜县签订了《共建嘉陵江生态经济带合作框架协议》，提出在基础互联、生态共治、产业协作等10个领域开展广泛合作。2017年11月两省市毗邻的重庆荣昌、大足、永川等与四川泸州、内江、遂宁、资阳等地合作，共签署了79项双边、多边合作协议，涉及交通、文化、旅游、环保、网信、商务等各个行业或领域。川渝13区县市计划破除地区间市场和行政壁垒，建立产业协作联席会议制度，积极推动各项交通以及重大项目的落地。为将渝西川东地区打造成为成渝城市群重要增长极和开发开放新高地目标，计划高起点、高标准编制《渝西川东地区次区域10年发展方案》。

2017年12月，川渝合作示范区经济协作联席会成立。该联席会是依托渝广经贸合作联席会的提档升级，由重庆市潼南区和四川省广安市两地人民政府主办，第一次会议还邀请了四川省内江、遂宁、泸州等成渝城市群城市参加。会议讨论审定2018年度合作计划共29项，涵盖基础设施、产业发展、公共服务、生态环境、合作机制五大方面。会议提出要共同编制“成渝城市群川渝合作示范区建设总体方案”。四川省广安市正在和重庆渝北区、合川区和长寿区一起探索建立大华蓥山旅游开发协同机制，协商解决项目建设、边界争议等重大事项。

（二）重点领域合作实现突破

1. 区域基础设施互通，开放通道进一步拓展。跨区域交通基础设施网络不断完善。成渝直线高速重庆段、达州—开县高速重庆段建成通车；成渝客专高铁、兰渝铁路重庆至四川广元段建成通车；渝广（安）高速通车。内部交通方面，绵遂内、成都—新机场—自贡、达渝、重庆市域、重庆都市圈环线5条高铁线已进入2020年规划建设表，重万、成绵乐等高铁线路已开通运营。对外交通方面，成都至西宁、西安、贵阳，重庆至郑州、昆明都将开通高铁。届时，成渝与我国东部地区的联系将极大增强，自贡、泸州等城市更是首开高铁，交通通达性明显好转，成渝内部核心城市与周边城市将形成1小时交通圈。成都天府国际机场将于2020年建成，成都将成为全国第三个拥有两座国际机场的城市，客运、货运吞吐量将有显著提升。

长江黄金水道作用不断发挥，铁海联运、江海联运等多式联运加快发展。中欧班列（重庆）累计开行突破1500班，货值占中欧班列阿拉山口过境量的80%以上，居全国第一。团结村铁路物流基地成为我国与丝绸之路经济带沿线国家和地区开展经贸合作的重要载体。开通东盟班车中线线路，常态化运行重庆—东盟“五定”公路货运班车，实现“一带”与“一路”无缝连接，重庆南向国际物流大通道延伸至泰国曼谷。“渝黔桂新”南向铁海联运班列常态开行，探索陆上国际贸易规则取得进展。中新互联互通项目建设深入推进，累计签约90个重点项目，总金额196.1亿美元，示范性和辐射性初步显现。

2. 共同构建川渝统一大市场。通关合作方面，成渝两市海关在推进区域通关一体化、创新海关监管模式、支持空运货物转关及国际串飞航线等方面开展全方位合作。市场监管方面，两地工商、质监、税务、劳动和知识产权部门进一步加强联合执法、信息共享，两地实现企业登记、市场准入等结果互认和执法信息共享。

3. **产业发展深化合作**。正研究建立区域产业技术创新联盟，联合开展农产品、旅游、文化营销推广，共建农产品营销平台、旅游公共服务体系和川渝文化企业服务平台。两省市每年均派出高规格的政府代表团参加对方组织的西博会和糖酒会、渝洽会和食博会等展会活动。

4. **社会事业合作稳步推进**。成渝两地人社部门在就业创业、社会保障、人事人才、劳动关系等方面开展合作。共同推动户籍相关公共服务资源对接，成渝两地实现医保异地就医即时结算。三大通信运营商在重庆全市及四川省15个城市取消长途通话费和漫游费，成渝城市智能“一卡通”、高速公路收费“一卡通”实现两地互用。

5. **生态共建环境共治，强化环境联防联控**。建立了跨区域环评会商制度，实现跨界水质监测数据共享。建立危险废物跨省转移函商机制，加强跨省市自然保护区管理。

6. **探索两省市毗邻镇生态治理合作**。重庆市合川区龙凤等5镇和四川省武胜县万隆、清平2镇，共同采取取缔沿河畜禽养殖场、划定沿河禁养区、实施河道清淤等措施，共同治理南溪河。

7. **川渝合作示范区建设取得实质成效**。四川省广安市邻水、华蓥、武胜等地成立三方共建“川渝合作共建装备制造产业园区”“川渝合作共建电子信息产业园区”“川渝合作共建农产品加工产业园区”。

此外，工业协作方面，目前广安市八成以上的机械制造、电子信息企业是在为重庆做产业配套。邻水渝广共建机电产业园累计入驻重庆企业98户，华蓥渝广共建电子信息产业园累计引进重庆企业5户，岳池生物医药产业园累计引进重庆企业16户。华蓥农产品对重庆直销率达85%，全市70%的农副产品销往重庆。

六、哈长城市群

（一）初步构建城市联动体系

自2016年3月《哈长城市群发展规划》获批，黑吉两省均编制了《落实哈长城市群发展规划的实施方案》，哈长城市群中哈尔滨、长春两省会城市和大庆、齐齐哈尔、绥化、牡丹江，吉林市、四平、辽源、松原、延边朝鲜族自治州九地级市也分别制定本地实施方案。2017年7月两省发展改革委共同起草了《吉林省与黑龙江省关于哈长城市群建设的合作框架协议》《吉林黑龙江两省行政首长协调机制框架方案》《吉林省与黑龙江省关于哈长城市群建设的重大合作事项》等合作文件。按照实施方案，将建立由各城市参加的定期工作会议制度，协商基础设施建设、产业协调发展等方面的重大问题。省际间日常沟通工作及重大合作事项由两省发展改革部门牵头负责，另外，两省省直部门也都有对口协调职能。

（二）逐步增强中心城市辐射能力

黑龙江省出台《中共黑龙江省委、黑龙江省人民政府关于支持省会哈尔滨市建设的若干意见》，提出了优化城市功能定位、增强城市经济实力、发挥哈尔滨新区示范作用、增强城市综合承载能力等10个方面目标任务。明确提出，从财政、土地、金融、产业扶持、先行先试及其他政策6个方面支持哈尔滨市建设。建立省、市政府投资基金联动机制，地方政府债券资金向哈尔滨市倾斜；规划新增建设用地指标和年度新增建设用地计划优先向哈尔滨市倾斜，哈尔滨新区内耕地占补平衡可在全省范围内统筹；支持在哈尔滨设立民营银行；依法授予哈尔滨新区行使部分省级经济管理权限等。哈尔滨市将实施“省会城市建设提档升级3年行动”，深入推进9个方面重点工程建设，包括规划提升工程、治堵工程、治霾工程、治污工程、安居工程、基础设施升级工程、生态修复工程、对外交通工程、文体健康工程等。

吉林省发展改革改委牵头，会同长春市、松原市、扶余市、榆树市等编制了《哈长一体化发展示范区实施方案》。吉林省通过长吉一体化、长春新区建设，深入实施长吉图开发开放战略，提升长春中心城市的地位。

哈长城市群内其他城市因资源枯竭、整体经济竞争力不高和基础设施建设相对滞后等原因，现多呈现人口净流出状态，城市聚集能力较弱。哈长两市如何与周边中小城市合理分工、功能互补、协同发展，已成为重要政策议题。为此，吉林省积极推动长吉一体化建设和相关节点城市建设，逐步培育和发挥长春的辐射作用。

（三）加强区域中心城市间联系

长春市与哈尔滨市在统一规划编制、基础设施共建、公共服务共享等方面进行对接，探索建立哈长一体化发展示范区。加快形成哈尔滨和吉林市为中心的放射状快速城际交通网络。新开工长春至拉林河、吉林至龙嘉机场、双辽至洮南、松原至通榆4个项目520公里。吉哈高速公路施工图设计已完成，鹤大高速、延浦高速已建成通车。龙嘉国际机场提级扩能工程加快实施，东北亚国际航空港建设有序推进。推动建设以哈大、哈佳、京哈、哈齐、哈牡等轨道交通，京哈（G1）、绥满（G10）等高速公路为骨干，G202、G203等国道为基础，松花江等内河航运、民航为补充，连接哈尔滨、长春两大综合交通枢纽的主轴线。

（四）积极探索产业衔接和协作

现哈长城市群城市间产业关联度低，协作分工程度不高，主导产业集群效应不明显，且有较大去产能压力。

为强化核心城市的主导产业对区域产业的辐射带动作用，吉林省积极推进长春新区先进制造业和现代服务业发展，启动国家自主创新示范区建设，支持重大科技攻关和科技成果转化项目。黑龙江省积极探索汽车产业集群发展，以哈尔滨、齐齐哈尔、大庆为重点，融合牡丹江零部件配套优势，积极发展汽车自主品牌，发展纯电动汽车、插电式混合动力汽车等，打造新能源汽车研发中心与生产中心；推动与长春市、吉林市共同建设具有国际竞争力的汽车研发和生产基地。但目前城市群内产业协作尚待省际协调。

（五）积极推动区域公共服务共享

黑龙江省积极推进优质教育资源区域共享。城市群范围内，支持中等职业学校、高等学校联合办学，推动学分互认、师资互聘，共建重点学科、专业、实训基地和实验室，开展重大课题联合攻关、技术联合开发。鼓励中等职业学校跨行政区招生。

七、北部湾城市群

（一）建立三省合作机制

结合广东、广西、海南省（区）合作情况，三省区人民政府印发实施《广西广东海南推进实施〈北部湾城市群发展规划〉合作机制》，依托泛珠合作平台建立“三级运作+专题合作”的三省（区）合作模式，分决策层、协调层和执行层三级推进实施合作事项。

主要架构为：设置决策层，利用泛珠三角区域合作行政首长联席会议平台，在省区间高层会晤环节召开“北部湾城市群发展协调会”，三省区政府主要领导议定关系城市群发展的重大事项。设置协调层，建立推进北部湾城市群发展联席会议制度，办公室设在三省区发展改革委。召集人为三省区政府秘书长，成员由省区部门及相关各市政府主要领导组成，主要协调推进重大合作事项和解决重大问题，研究年度重点合作内容、项目和专题。起草泛珠会议上供决策层议定的内容。会议由三省区发展改革委轮流组织。设置执行层，相关市县政府为执行层，落实决策层和协调层确定的各项具体任务和工作。并设立推进合作工作经费，由当年轮值方列入本省区财政预算，主要用于开展联席会议确定的合作专题研究、召开联席会议等费用。

（二）谋划推进区域一体化的项目合作

广西梳理出规划涉及本区的目标任务，结合打造北部湾经济区升级版，编制广西实施方案，提出以改革创新为动力，以“人的城镇化”为核心，明确打造以南宁为核心的北部湾城市群、促进城市群产业联动发展、构筑互联互通的基础设施网络、加强生态环保联防联控、深化海陆双向开放合作、建立健全城市群协同发展机制6大任务，梳理出若干区域性重大工程。海南省海口市编制落实规划的工作方案，以做大做优做强海口、建设国际化滨江滨海花园城市。广东省实施方案细化落实规划中涉及广东省的各项发展目标、重要任务，逐项明确了各目标任务的牵头、配合单位，并对保障措施进行了充实细化，充分利用泛珠合作平台建立实施机制，确保规划各项目标任务有效落地。

推进基础设施的互联互通。推动了合浦—湛江高铁、玉林—湛江高速公路建设，谋划张家界—桂林—玉林—湛江—海口、南宁—深圳高铁等。海南与广东携手湛江推进琼州海峡经济带建设，直升机航线开通，水上飞机试飞成功，高速快船项目启动，直升飞机、水上飞机、高速快船“三位一体”的琼州海峡“半小时”经济圈初具雏形。“北部湾66号”邮轮、“棋子号”客轮投入运营，进一步推动了琼桂海上航线的发展。广西与海南两省（区）推进九洲江流域合作治理，开展海上联合执法，签订桂琼旅游协定。

加快实现区域医疗保险异地就医直接结算。三省签署了《新农合跨省就医联网结报服务框架协议》，开展新农合跨省即时结算。异地就医医疗机构范围不断扩大，2017年底，广东664家、广西329家、海南58家医疗机构开通异地联网定点医疗机构。海南、广东、广西几省（区）就医实现“一卡通”，参保人员信息互联共享。目前，海南到广东异地就医备案人数为17653人，到广西异地就医备案人数为801人，广东到海南异地就医备案人数为2149人，广西到海南省异地就医备案人数为197人。

积极推进生态环境共同治理。海南海口、澄迈、文昌共同推进海口湾、澄迈湾、铺前港、东寨港等重点近岸海域的整治。海口与澄迈签订南渡江联防联控协议。海口、文昌加强东寨港红树林的生态修复。

旅游合作进一步提速。海南省海口市与广东省湛江市签署了《琼北、湛江区域旅游合作联盟协议》，与广西北海市签订了《交通旅游合作框架协议》。积极推进旅游市场一体化。海南省积极参加区域内的重点综合旅游会展活动。2017年5月，在儋州举办首届北部湾（海南儋州）旅游美食博览会。组织参加中国—东盟博览会旅游展。积极邀请北部湾城市参加海南国际旅游岛欢乐节、海南世界休闲旅游博览会、海南国际旅游美食博览会，实现客源互送、互惠共赢。强化城市间旅游市场合作，实现景点互推、游客互送，合力建设国际一流旅游目的地，三省（区）携手推出《北部湾旅游套票》，发行北部湾旅游护照，联合举办专场旅游推介会。

第7章
城市群规划实施系列典型案例

已出台规划的城市群地区，按照规划要求，创新探索、协调联动，加快建立协同发展机制，城市群规划实施不断取得新进展。选取长三角、成渝城市群、北部湾等城市群实施的经验做法，供其他有关城市群地区参考借鉴。

长江三角洲城市群规划实施案例

一、发展状况

长江三角洲城市群是中国经济发展速度最快、经济总量规模最大、最具有发展潜力的经济板块，以占全国2.2%的土地面积、3.9%的城市数量，承载了全国11.8%的城镇人口和19.8%的经济总量。2016年《长江三角洲城市群发展规划》印发实施以来，江苏省制定实施《江苏省贯彻落实长江三角洲城市群发展规划行动方案（2016—2020年）》，安徽省出台《长江三角洲城市群发展规划安徽实施方案》并明确提出实施细则。三省一市围绕“创新、协同、融合：共建世界级城市群”这一主题，主动融入“一带一路”、长江经济带建设等国家重大战略，大力推动长三角城市群协调发展，不断拓展合作的深度和广度，完善合作机制，推进都市圈建设，加快宁杭生态经济带、淮河生态经济带、苏皖合作示范区规划建设。

（一）经济实力强、城镇化率高。

2016年末，长三角城市群经济总量在全国各城市群中居首位，GDP高达14.28万亿元，占全国的比重为19.21%；人均GDP为94184元，是全国人均GDP 53980元的1.74倍。近年经济增长率仍快于全国平均水平，2016年长三角城市群GDP增量1.18万亿元，对全国的贡献率为21.6%；2013—2016年间人均GDP增长了

23.55%，略高于全国22.96%的增长率。城市群城镇化率高达64.74%，城镇人口10539.93万人占全国总城镇人口的13.29%，人口占全国比重显著低于其经济占比，人均GDP显著高于全国。

（二）产业结构转型升级快。

从产业结构来看，2013年长三角城市群三产结构为4.1：48.6：47.3，2016年调整为3.6：44.7：51.6，第三产业占比大幅提升。2016年长三角城市群第三产业增加值达到6.97万亿元，占全国的比重为18.1%。

（三）上海中心地位突出。

从城市群内城际资本流动数据看，2013年，除上海外25个城市中有12市与上海联系最为紧密，有6市对外联系第二密切的城市是上海，有5市对外联系第三密切的城市是上海，有1市与上海联系的紧密程度排第六。2016年19个城市对外联系最多的城市是上海，占比大幅上升；其余6市对外联系第二密切的城市是上海。

可见，上海在城市群中的中心地位更加突出，与其他城市的关系更加紧密。特别是城市群中安徽城市与上海的经济联系均不同程度增强，表明安徽在加快融入长三角城市群。

表7-1 城市群内其他城市与上海资本联系程度

2013年		2016年	
联系排名	城市及数量	联系排名	城市及数量
第一	宁波、杭州、南京、苏州、无锡、芜湖、南通、嘉兴、盐城、合肥、扬州、常州（12）	第一	宁波、杭州、南京、苏州、无锡、芜湖、南通、嘉兴、盐城、合肥、扬州、常州、舟山、镇江、泰州、台州、马鞍山、滁州（19）
第二	舟山、泰州、金华、镇江、湖州、绍兴（6）	第二	宣城、绍兴、金华、湖州、安庆、铜陵（6）
第三	池州、铜陵、安庆、马鞍山、常州（5）	第三	—
第四及以后	滁州（1）	第四及以后	—

另外，根据量子数据（北京）科技有限公司提供的资本流向大数据分析，上海资本以向长三角城市流出为主，且向长三角其他城市流出量远远大于长三角

其他城市向上海流入量。2013年净流出量为1137.6亿元，且流入量/流出量不到19.1%；而2016年净流出量为4265.9亿元，且流入量/流出量不到25.7%。这说明上海对长三角城市群其他地区的影响早已由要素集聚阶段进入要素扩散阶段。

（四）省会城市的次级中心城市职能增强。

从2013—2016年各城市与上海的资本流量占比变化来看，杭州、嘉兴、合肥与上海的经济联系紧密度显著提升。杭州由2013年投资流量占上海在城市群内资本流量总量的12.67%上升到26.22%，成为与上海经济联系最紧密的城市；嘉兴由2.14%上升到11.24%，合肥由1.93%上升到6.59%。

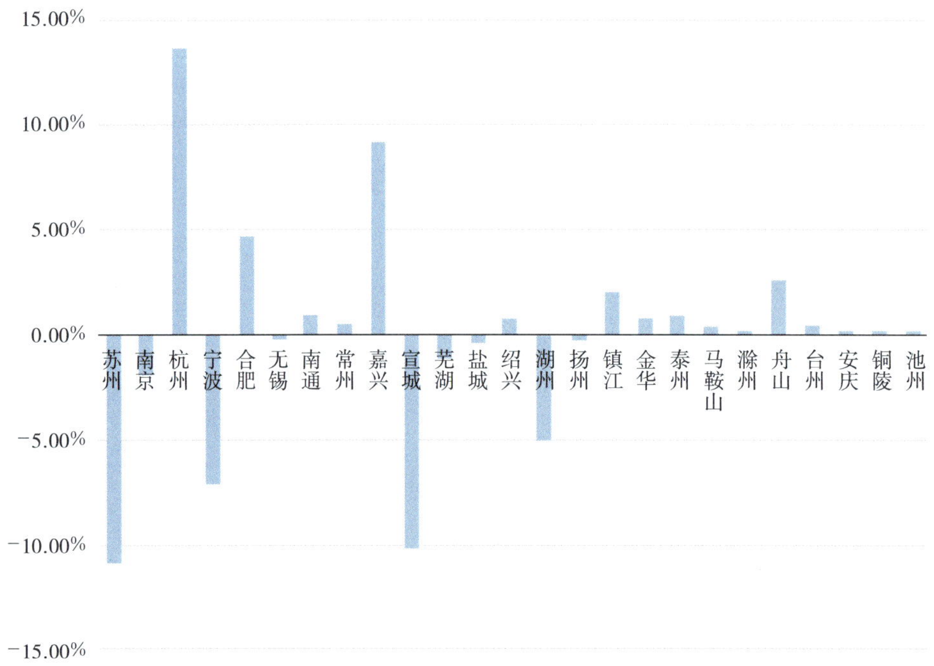

图 7-1　2013—2016 年长三角城市群内其他城市与上海的资本流量占比变化图

总体来看，杭州市已经成为与上海资本联系最密切的城市，宁波、苏州、嘉兴、南京紧随杭州其后，与上海的经济联系在长三角城市群中处于相对较强的位置。除了与上海地理位置相近的苏州、宁波、嘉兴外，省会城市杭州、南京和合肥与上海的经济联系最密切，且这种联系增长趋势更强。

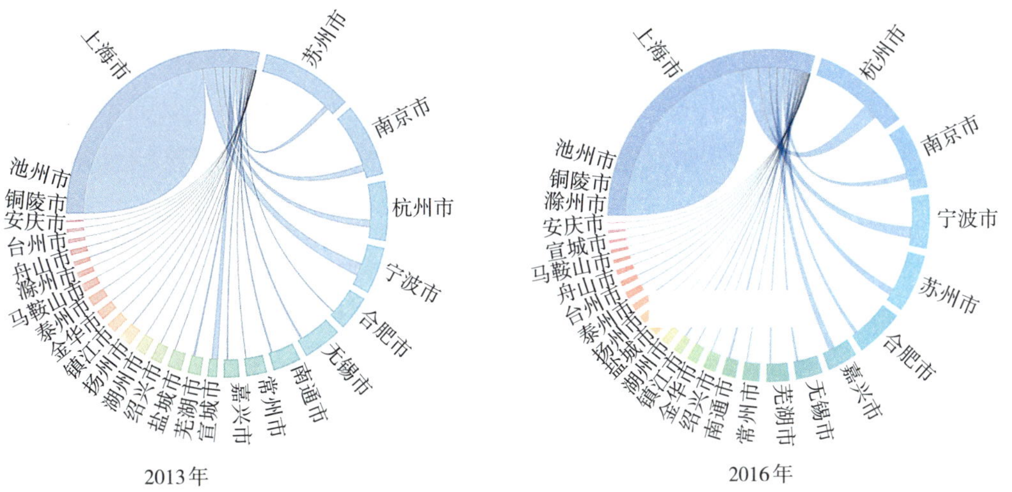

图 7-2 2013 年和 2016 年长江三角洲城市群内城际资本流动情况对比

数据来源：量子数据（北京）科技有限公司企业数据。

（五）江苏浙江协调发展，区域发展差距缩小。

2016年江苏板块实现地区生产总值6.47万亿元，占长三角城市群的比重达到45.26%，浙江板块地区生产总值3.96万亿元，占27.75%。

江苏板块与浙江板块地区生产总值增速差绝对值从2013年的1.4个百分点缩小到0.9个百分点。3年来长三角城市群发展差距在逐步缩小。

（六）各都市圈呈现互相融合的网络化。

从2013—2016年资本流动数据来看，与南京的经济联系强度较强的依次有：上海、杭州、嘉兴、常州、无锡、苏州、南通等城市，说明主要与江苏省内的经济联系较强，与浙江省内城市联系从2013—2016年对比来看，逐步加强。与合肥都市圈的联系最弱，需要加强与合肥都市圈的联系，促进与其融合发展。

与苏州经济联系强度较强的有：除上海联系度明显最高外，与其他城市芜湖、杭州、南京、嘉兴、宁波、镇江、无锡7市联系强度差不多，其余城市较弱。说明苏州为中心的经济联系强度空间分布主要指向上海和南京都市圈。

与杭州经济联系强度较强的有：上海、宁波、嘉兴、绍兴、南京、常州、金华、湖州、池州9市，杭州的经济联系方向性较强，一方向是与嘉兴、上海的联系，另一方向是绍兴、宁波的联系日益加强，说明杭州都市圈正逐步扩展到整个杭州湾。嘉兴的经济联系中与上海的资本流量占总资本流量的55%，第二位杭州资本流量仅占17%。杭州都市圈中，嘉兴与杭州的联系不强。

与宁波经济联系强度较强的有：上海、杭州、南京、苏州、无锡5市。而2013年联系较强的城市主要是杭州、金华等浙江省内的城市，说明宁波都市圈与江苏省内城市的联系逐步加强。在宁波都市圈中，常州与宁波的经济联系较弱，从2016年资本流量来看，宁波与常州之间的资本流量仅占常州资本流量的0.43%。

（七）城市群中心城市与其他城市交通联系能力显著提升。

随着高速公路网密度的提升，城际高铁的开通，城市群中心城市2小时交通圈范围得以扩大，支撑起城市群中心城市间、中心城市与周边节点城市人流、物流、信息流的快速交换，有效促进了城市群内部大中小城市的协调发展。

长三角城市群2小时交通圈覆盖范围2013年覆盖面积为136284平方公里，占长三角城市群总面积的46.3%，2016年2小时交通圈覆盖面积为189439平方公里，占城市群总面积的64.4%。长三角地区中心城市2小时交通圈彼此联通形成区域间高速通勤的交通网络。

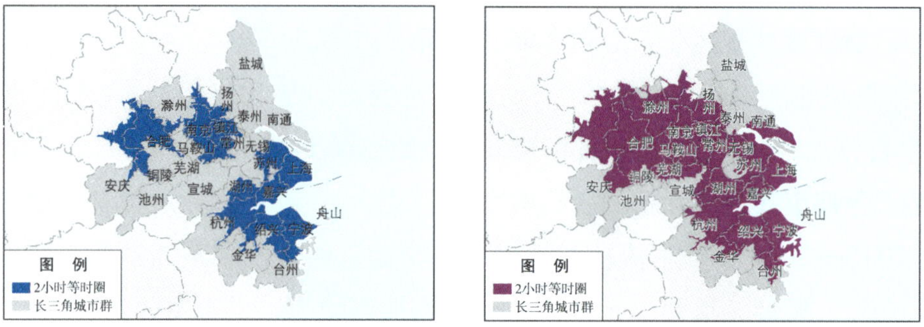

图 7-3　长三角城市群 2 小时交通圈联通对比情况

城市群中心城市2小时可到达的区域节点城市与中小城市数量提升。2013年上海和杭州与中小城市联系的城市数量63个，2017年提升到113个。

除正在建设和已经规划的沿海高铁、京沪高铁二线、沿江高铁等国家干线铁路外，还将有上海到湖州高铁，此外还将建设沪嘉甬、宁句、宁马、南京经仪征至扬州、苏州至无锡硕放机场、无锡至宜兴、无锡至江阴、合肥经新桥国际机场至六安、通苏嘉、上海至昆山、连镇铁路南延段、盐城经泰州至宜兴、南陵经繁昌和芜湖至江北集中区、滁州至南京、巢湖至马鞍山、江阴至靖江等城际铁路。至2020年，城际铁路运营里程达到6400公里（其中新建城际铁路约1270公里），覆盖全部长江三角洲范围内26个节点城市和80%以上的县（市）。将苏北城市如南通、扬州、泰州、盐城等、浙西地区和皖南地区城市直接纳入了2小时核心都市圈出行范围，这些城市的后发优势在未来将逐渐展现。

（八）园区共建，推动产业联动、转移、承接。

据不完全统计，江苏省内20多个共建园区每年可带动资金转移高达400亿～500亿元。上海充分发挥长三角龙头作用，已在江苏、浙江、安徽等地建立了多个合作园区和开发区分区，如漕河泾新兴技术开发区盐城分区（园区产业定位为新能源汽车及汽车零部件、新光源和新能源装备制造、生产性服务业和区域总部经济），影响力不断扩大。浙江以园区合作为中心，强化浙北与浙南的产业梯度转移，进一步推进要素合理配置，推进全省的产业升级与优化。沪苏大丰产业联动集聚区、张江平湖科技园、中新苏滁现代产业园等共建园区加快建设，“飞地经济”发展势头良好。

二、城市群发展存在的问题

（一）国家层面统筹协调机制尚未健全，跨省际协调效率有待提高。

三省一市虽然建立“三级运作、统分结合、务实高效”的合作机制，但随着区域合作的不断深化和一体化进程的深入推进，对于跨省际的基础设施建设、公共服务共享、环境保护联动等领域，由于地方利益和共赢机制的缺乏，在一些重大事项推进方面仍然存在分歧，缺乏国家层面统筹协调机制，从而影响合作效率。

（二）区域内部的行政区经济依旧严重。

分权经济激励、官员考核制度一方面促进了地区经济的发展，另一方面在行政区之间出现了经济壁垒，形成属地化的经济发展格局。如港口、机场重复建设和无序发展等。特别是长江三角洲的港口建设问题，因多年来缺少协调，出现了很多矛盾，造成能力过剩和效率损失。据统计，南京以下的长江段，已建、在建和待建的万吨以上码头泊位共100多个，投资建设都由当地政府操办，各建港部门均以自己认定的腹地计算货源，其中有很多是重复计算，造成建后货源不足，浪费巨大。

（三）区域合作以政府推动为主，市场推动力量较弱。

在长三角合作发展的早期阶段，政府力量的介入对增强区域互信、化解区域隔阂、推进基础设施互联互通等起到了较强的推动作用。随着区域一体化进程的不断推进，政府宏观调控的不足也越发明显，主要表现在某些合作领域活力不够，合作手段和效率都有待提高，因此，越来越需要发挥市场的作用进行弥补。围绕使市场在资源配置中起决定性作用、更好发挥政府作用，形成政府与市场双重力量合理分工与高效合作的局面，是需要解决的关键问题。

（四）跨界地区缺乏统筹整合，协同整治长效机制尚未建立。

由于行政分割的存在，统筹规划与空间整合的冲突与矛盾依然存在，行政边界地区往往成为相关问题爆发的重点区域。一方面，由于中心城市和各节点城市建设的重点仍倾向于集中在行政区的中心城区和中部地区，跨界地区往往成为中心城市的边缘区、投资和监管盲区。另一方面，因各城市功能和设施按照行政区范围分割设置，较少共建共享，在跨界地区城镇空间布局协调、产业发展协作、基础设施建设衔接、污染治理、公共服务共享等方面存在更为突出问题。因此，跨界地区除了少数利用行政边界效应快速成长的城镇外，大多地方成为污染严重、“断头路”多现、基础设施和服务设施不足、市容脏乱、治安差的地区，迫切需要通过城际联合，有效推动重大跨界项目决策和有效的落实措施。

（五）沿海发展带和沿江发展带轴向较弱。

长江三角洲城市间的整体关联强度在4年间呈现明显的加强态势。从中国联合网络通信集团有限公司提供的手机信令数据分析，上海人口迁移流量最高，说明上海一城独大，是长三角洲城市群的核心城市和最重要的增长极，杭州次之，再次是南京、苏州，为区域的核心城市。

人口迁移流量所反映的人口城市联系，以上海为中心城市的区域联系指向性明显，主要形成了两条主要轴线，即：(1) 朝苏锡常方向拓展，大致由上海→苏州→无锡→常州→镇江→南京→滁州，其中与苏州、南京的人口联系最为紧密。(2) 朝杭州方向拓展，大致由上海→嘉兴→杭州→绍兴→宁波，进一步环绕杭州湾至宁波。

从与上海人流联系的紧密度也可以看到，规划中沪宁合杭甬发展带已经形成且发展较快，沪金杭发展带中，宁杭城市发展轴“一条边”相对较弱，沿海发展带和沿江发展带轴向不明显。

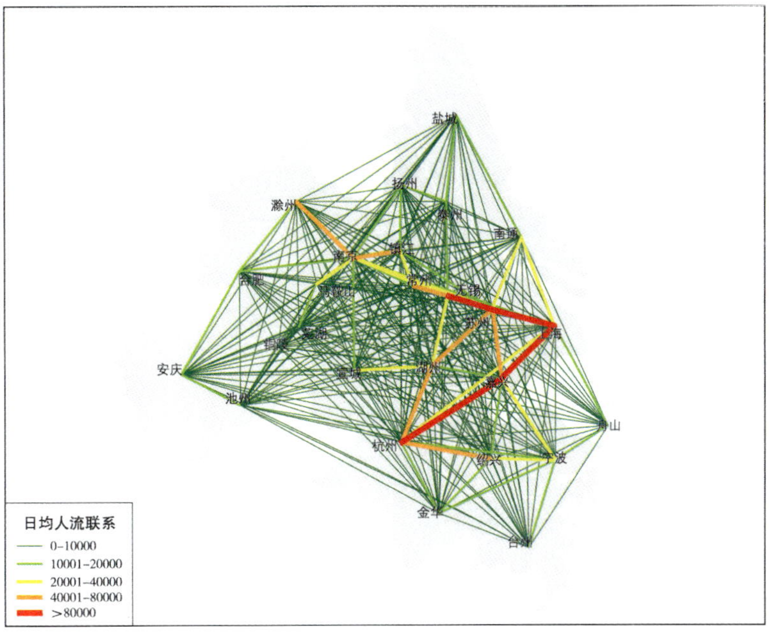

图 7-4 长三角城市群工作日日均联系度分布

数据来源：中国联通手机信令数据2017年1月份。

（六）作为世界顶级城市群的中心城市，上海的国际竞争力尚待进一步加强。

长三角城市群致力发展世界顶级城市群。上海作为城市群的中心城市，需要具备“全球城市”的功能，即对全球性经济、文化构成引领和控制作用的国际一流大都市。为此，上海需要提升生产性服务业的国际化程度和集中度，吸引世界主要跨国公司与金融机构的聚集，吸纳国际人才集聚。

目前，上海为区域服务的溢出功能绝大部分集中在中心城区600平方公里内，郊区的城镇集聚和辐射力总体很弱。尚未制定较权威、较系统，能与国际大都市城市等级规模体系相匹配的上海市域都市圈规划，还缺乏市域和都市圈尺度的深入政策研究。

（七）城镇化发展水平与模式差异明显。

2017年我国城镇化率已达到58.52%，长三角城市群26个城市的城镇化率中最高的为上海市，城镇化率已近90%，低于全国城镇化率的城市有安庆、滁州、池州及宣城等城市。相比较2013年城镇化率，盐城、泰州、嘉兴、湖州、舟山、台州及芜湖7个城市城镇化率显著提升，超过60%。

南京市和杭州市作为两省的省会城市，其城镇化水平高于同省的其他城市。2016年上海城镇化率为87.6%，浙江板块城镇化率为66.82%，江苏板块城镇化率为69.67%，安徽板块城镇化率为57.27%。整个长三角不同城市处于城镇化进程的不同阶段，发展水平差异比较大。差异的城镇化率导致城镇化工作重心不同，上海的重点在提升城镇化质量方面，安徽的侧重点在提升城镇化水平，促进人口向高等级城市集聚。同一个省份内各个不同区域的城镇化水平也有较大的差异。而且从2013年与2016年比较来看，差异并未明显缩小。

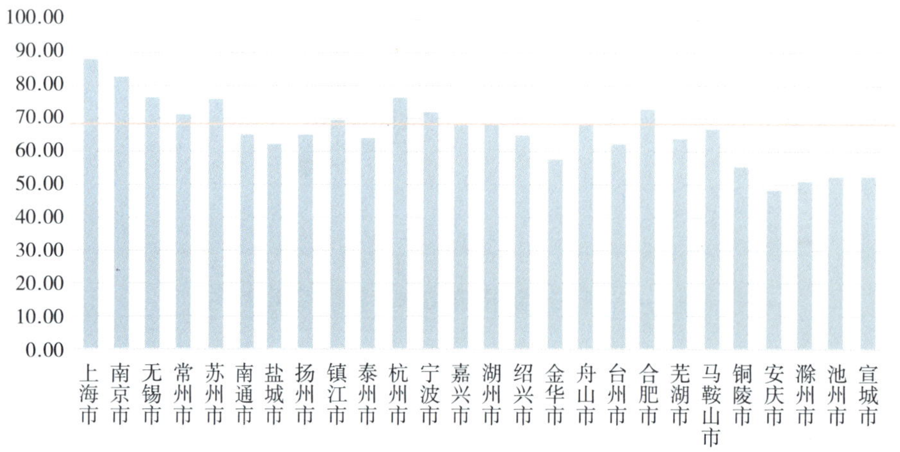

2016年长三角城市群城市城镇化率（%）

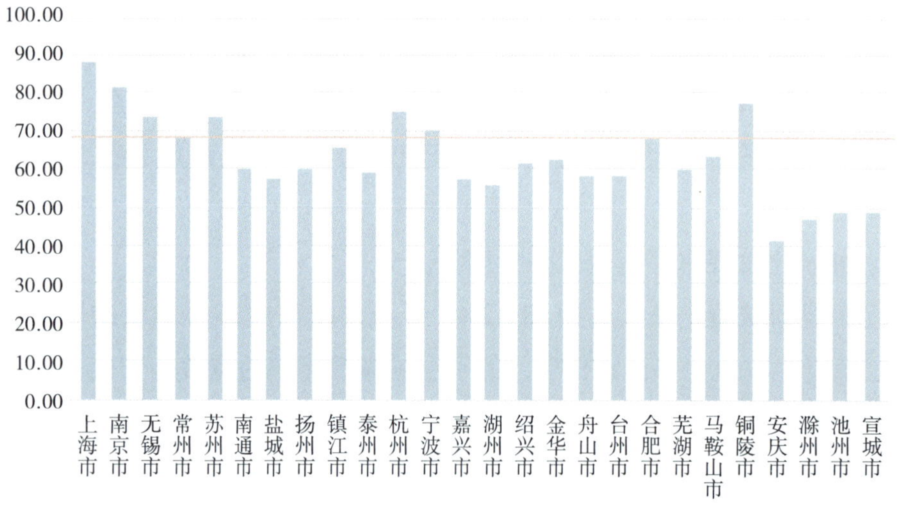

2013年长三角城市群城市城镇化率（%）

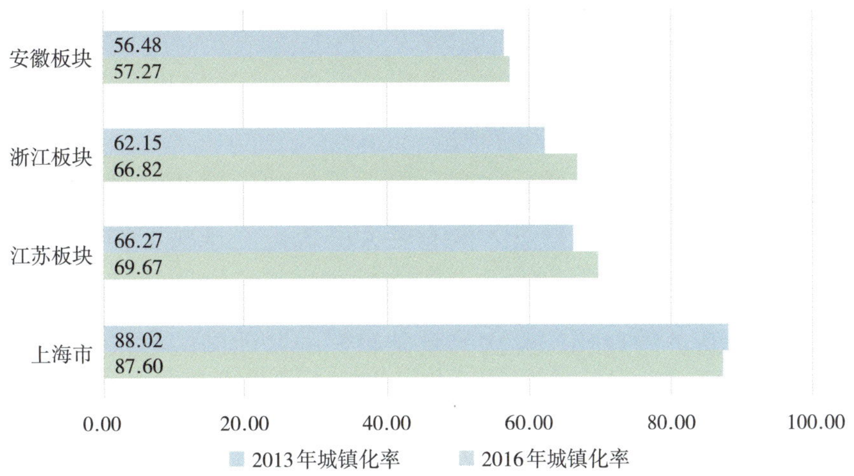

2013年与2016年长三角城市群城镇化率对比(%)

图 7-5 长三角城市群城镇化率情况

三、发展建议

(一)加快建设上海成为全球城市。

上海应该以建设“四个中心”和全球城市，巩固“长江流域经济支撑带”和长三角城市群的龙头地位和带动作用为目标，促进长三角城市群协同发展，增强长三角城市群对内陆腹地的辐射力和带动作用以及国际竞争力的提升。率先通过经济结构和产业结构调整，转变经济发展方式，完成上海城市功能的升级，加快发展生产性服务业、高端制造业、高新技术产业，优化调整产业布局，积极参与国际竞争，向国际经济金融中心迈进。在充分考虑与其他城市的交通联系的前提下，改造和完善道路交通系统的通行能力，尤其是城市轨道交通、城际交通，促进资源要素及人口流动。

(二)完善产业协同发展机制。

共建长三角产业科技创新中心，统筹城市群内各领域各行业大企业资源力量，发挥各自比较优势，重点推动江苏实体制造、上海商务服务、浙江平台模式等深度合作，协同打造具有国际竞争力的完整产业链价值链。积极复制推广长三角“飞地经济”新模式，引导重点行业优先在长三角有序转移。设立长三角产业发展基金，重点激励和支持产业协同、平台共建、模式推广。

(三)创新生产要素和公共服务优化配置机制。

为提升城市群发展质量，需加快推进统一市场建设，加强体制机制创新，促进生产要素自由流动和优化配置，使人口流动、产业布局、公共服务和基础设施配置在区域空间上相对均衡。

（四）建立成本共担和利益共享机制。

生态保护和环境治理、交通、水利、电力等基础设施建设以及公共服务设施区域一体化，各城市有效联动推进才能有更大的成效。这些工作的前提是跨地区的成本分担和利益分配问题，需要有效的城际共建共享机制，建议以沪苏大丰产业联动集聚区、中新苏滁现代产业园等基础较好的共建园区为依托，深入探索成本共担利益共享合作机制。

（五）建立高位协调机制。

建议由国家发展改革委牵头，国家有关部委、长三角三省一市共同参加的省部联席会议制度，协调解决长三角城市群建设中的重大问题。在现有长三角区域合作平台的基础上，建立由三省一市分管领导牵头的专题工作协调平台，协调解决跨区域协调重点难点事项。

（六）构建协同创新机制。

组建长三角院所研发联盟，推动城市群内知名高校、大院、大所互动合作，支持科研深度合作、师资互动交流、研究生互换，推进研究成果共享、科研力量互动、人才共同培养。深化长三角大型科学仪器协作共用网以及科技文献、专业技术服务、资源条件保障等共享平台建设，合力推进未来网络试验设施和重大科技基础设施共建共享。

（七）探索生态共建环境共保新模式。

依托长三角发展基金，重点支持城市群内绿色改造、横向补偿、环境共治。联动实施大气污染防治行动计划，建立统一重污染天气预警应急处置机制。深化区域环境联合执法监管，健全环境信息共享机制，共同推进重点行业大气污染物排放提标改造，加快机动车环保标志管理的区域一体化进程，形成区域统一的产业政策和环境准入政策，开展长三角地区环保统一执法行动。深化生态体制改革合作，加大生态体制改革、环保规划、生态建设等方面对接力度，深化节能量、碳排放量、排污权、水权交易试点等方面的交流合作，积极推广新安江流域等生态补偿机制经验，探索不同地区、不同发展阶段生态文明体制改革新模式。

成渝城市群规划实施案例

一、发展状况

（一）**成渝城市群在全国的地位不断提升。**

成渝城市群是中国西部地区人口数量最密集的地区，也是西部工农业生产最发达的区域，是西部大开发的重要平台和长江经济带的战略支撑地区。2014年成渝城市群常住人口9094万，地区生产总值37602亿元，分别占全国的6.65%和5.49%。到2016年，区域常住人口9493.35万人，增加了399.35万人，占全国的比重提升至6.87%；GDP总量达到45933.03亿元，占全国的比重增加到6.2%。人均GDP达到48376元，低于GDP 53980元的全国人均水平。

（二）**成渝双城成为增长的龙头，集聚能力逐步增强。**

经济增长龙头作用显著。从经济发展来看，重庆、成都贡献了成渝城市群经济总量的一半以上，两市GDP分别占区域GDP总量的33.34%和26.50%，其中重庆主城九区GDP占成渝城市群总量的15.31%。城乡居民储蓄存款余额、城镇居民人均可支配收入等其他各项经济发展指标也均高于其他城市。

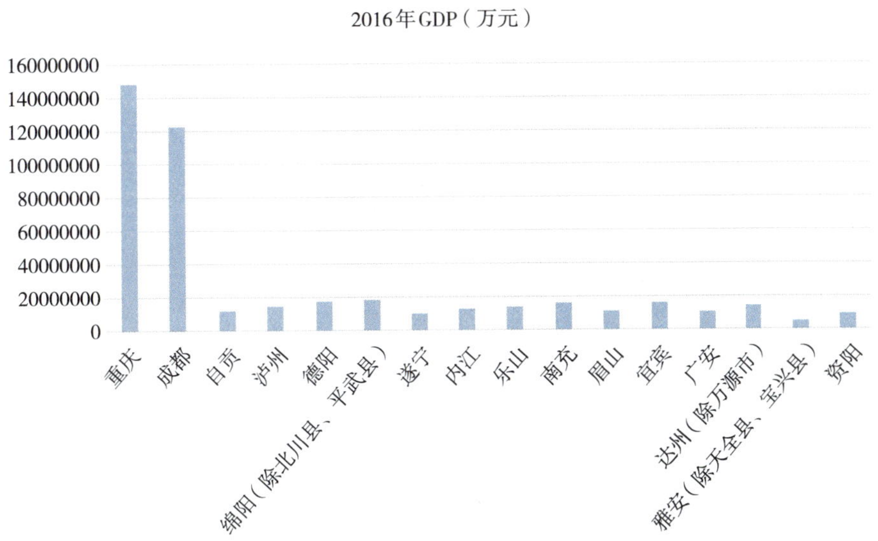

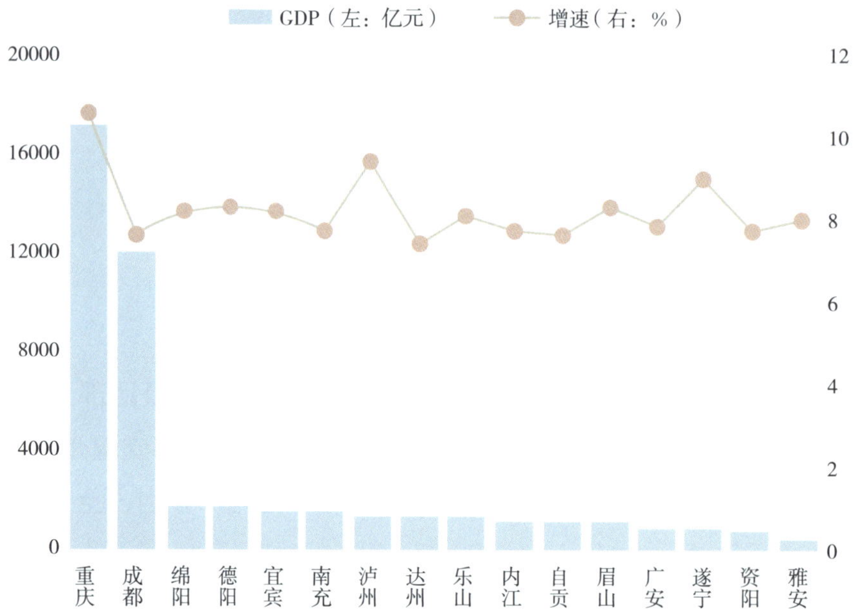

图 7-6 2016 年成渝城市群各市 GDP 及增速

注：成都市发展改革委援引中国指数研究院数据报告，四川发布客户端，2017－07－07。

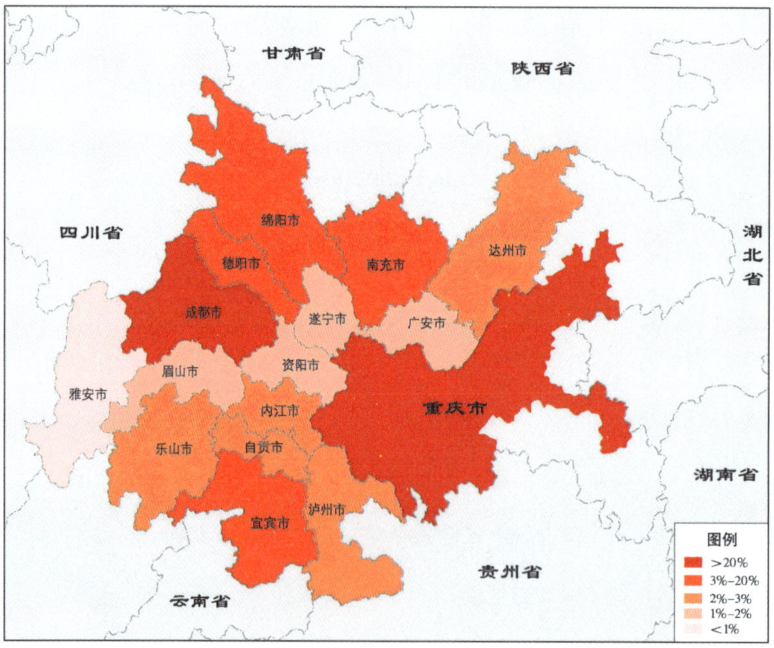

图 7-7 各城市 GDP 占成渝城市群比重的分布

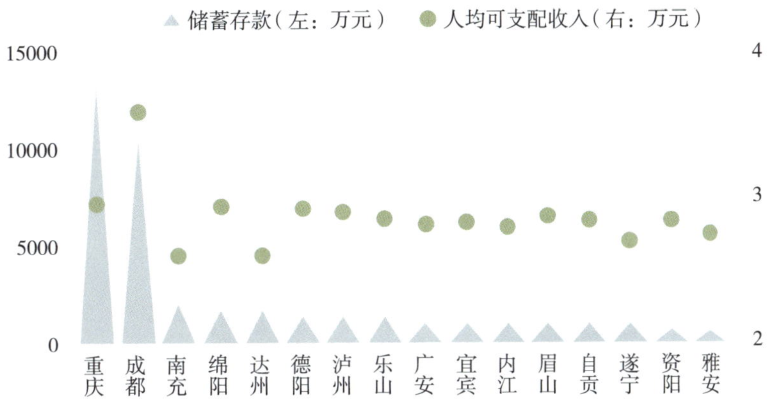

图 7-8　2016 年成渝城市群各市城乡居民储蓄存款余额及城镇人均可支配收入

注：成都市发展改革委援引中国指数研究院数据报告，四川发布客户端，2017－07－07。

1.人口回流，成渝吸引力强。随着东部产业的陆续西移和对外交通网络的完善，近年来成都、重庆人口回流特征较为明显，表现出强劲的人口吸引能力。2010—2017年的7年间，四川全省常住人口增加了260万人，而在此前的十年，四川全省常住人口共减少了288万人。成渝城市群作为中国西部增长的重要支撑，极化效应正在不断凸显，大量的产业和就业机会引发了越来越强的人口集聚。

2017年，成都市常住人口1604.47万人，较之上年增加12.67万人，比2010年增加了近200万人，常住人口/户籍人口之比达到1.12；城镇常住人口为1152.81万人；外来人口619万人，外来人口较之2010年的256万人增加了363万人。2017年，重庆市常住人口3075.16万人，比上年增加26.73万人，比2010年增加了191万人，常住人口/户籍人口之比接近0.9；城镇人口1970.68万人，全年市外外来人口167.65万人。

根据成都市统计局公布的数据，2016年成都市落户人口引人注目，高达36.4万人，达到同年杭州市（18.5万人）的近两倍，远超过武汉市（19.81万人）、西安市落户人口数（25.74万人）。这主要得益于成都市对人才政策的调整。2017年成都市放宽落户条件，45岁以下人才凭本科毕业证可落户成都，此外，2017年7月19日成都市正式发布《成都实施人才优先发展战略行动计划》，出台人才新政12条，开展了历年来含金量最高、惠及面最广、支持力度最大、针对性最强的人才政策。

目前，成渝城市群仍处于强核集聚成长阶段，无论是沿海地区的人口回流，

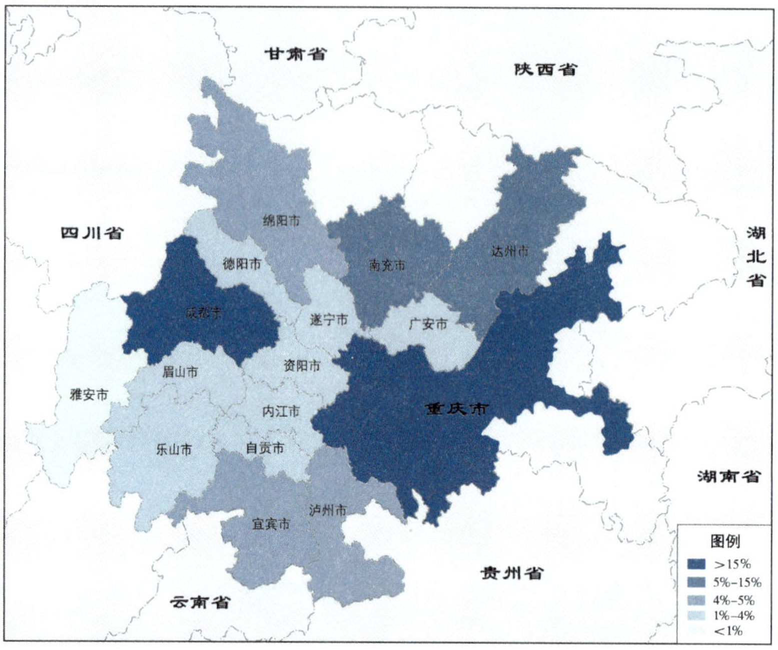

图 7-9　各地市人口占成渝城市群总人口的比重分布

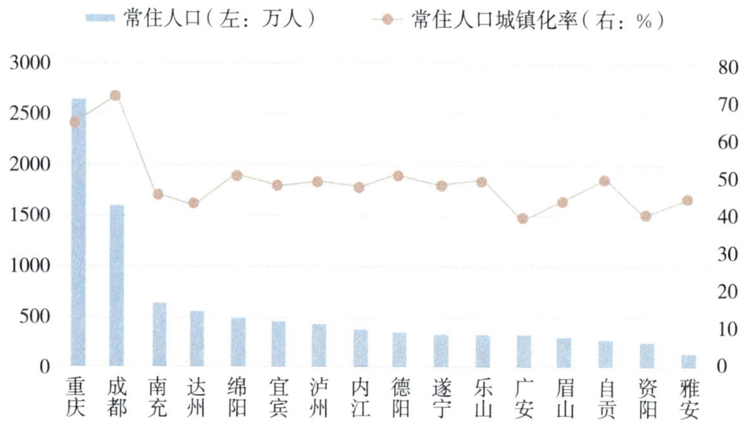

图 7-10　2016 年各地市常住人口及城镇化率情况

还是对周边人口的吸引，重庆市和成都市毋庸置疑是西南区域首选。成渝城市群的人口增量几乎被重庆和成都占据。且流入人口与流出人口相比，年轻人更多、学历层次更高、消费能力更强，将有利于进一步增强城市竞争力。根据百度慧眼《2017年第四季度中国城市研究报告》，成渝城市群流入的24岁以下人口占比最高，比例达36%以上，45岁以上人口占比最少。

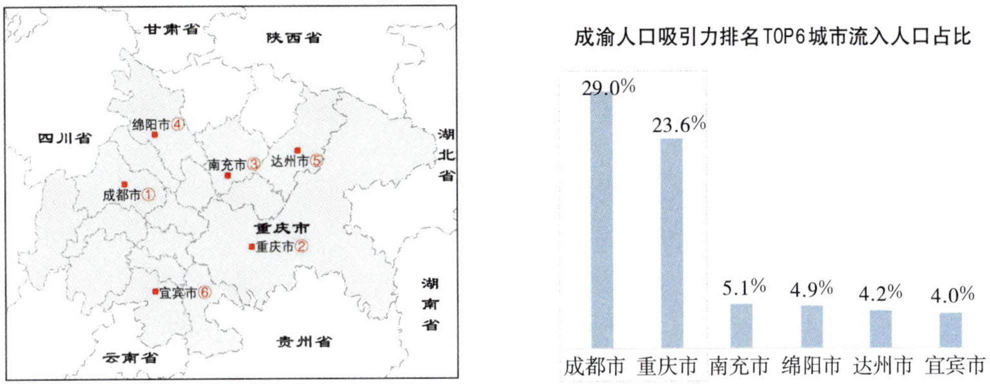

2017年第二季度成渝人口吸引力排名TOP6

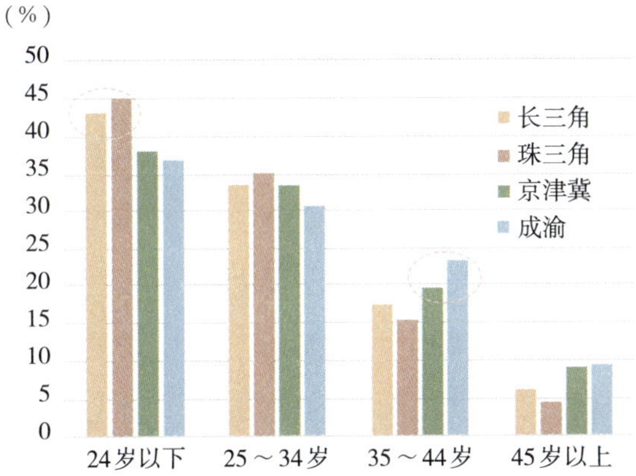

四大城市群流入人口年龄结构

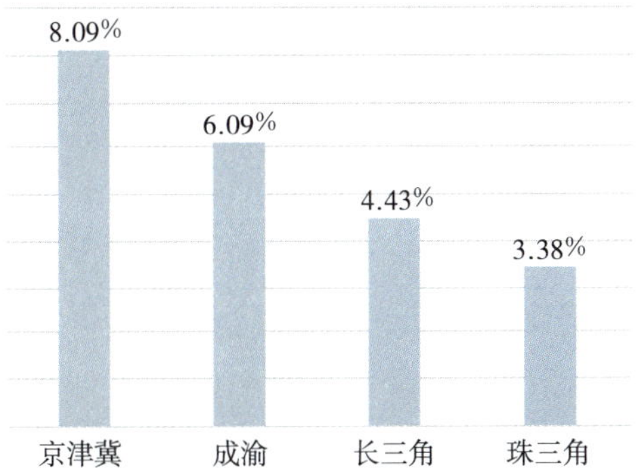

四大城市群本科及以上流入人口占比

图 7-11 成渝城市群人口增量情况分析

数据来源：百度地图慧眼官网，《2017年第二季度中国城市研究报告》。

根据百度慧眼《2017年第四季度中国城市研究报告》，2017年度人口吸引力城市排行榜中，成都排名第7位、重庆排名第8位。除北上广深外，仅次于东莞和苏州。省会城市人口新引力排行榜中，成都仅次于广州排名第二，远超杭州。根据成都市最新制定的第五轮总体规划《成都市城市总体规划（2016—2035）》，未来成都市将保持每年40.89万人的增长速度。

排名	城市	人口吸引力指数
1	深圳市	9.925
2	广州市	9.022
3	北京市	8.585
4	上海市	7.713
5	东莞市	6.972
6	苏州市	6.405
7	成都市	5.126
8	重庆市	4.754
9	杭州市	4.709
10	佛山市	4.386

图 7-12 2017 年度主要城市人口吸引力排行 TO P10

注：年度城市人口吸引力计算方法：城市2017年12月31日较2016年12月31日新流入常住人口与全国该时间段内总流入常住人口均值的比值。

数据来源：百度地图慧眼官网，《2017年第四季度中国城市研究报告》。

根据中国电信大数据，2017年成都、重庆的春运期间人口流出地分布排名来看，两地流入人口主要来源于城市群内部地市，可见成渝对巴蜀两省市人民具有较强吸引力。根据百度地图慧眼发布的研究报告，2017年成都第一季度新流入的常住人口主要来自于四川省及周边省份，排名前十位的来源城市占比32.99%，且除重庆外，其他均为四川省内部城市，包括德阳市、资阳市、眉山市、绵阳市、南充市、内江市、乐山市等。

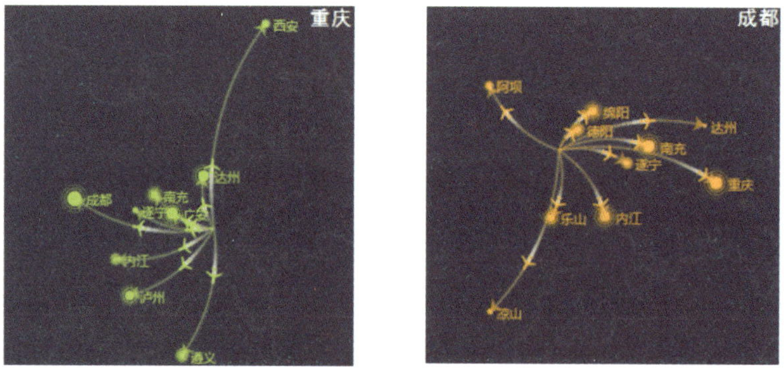

图 7-13 2017 年重庆、成都春运期间人口主要流出地 TOP10

数据来源：成都市发展改革委援引中国指数研究院数据报告，四川发布客户端，2017-07-07。

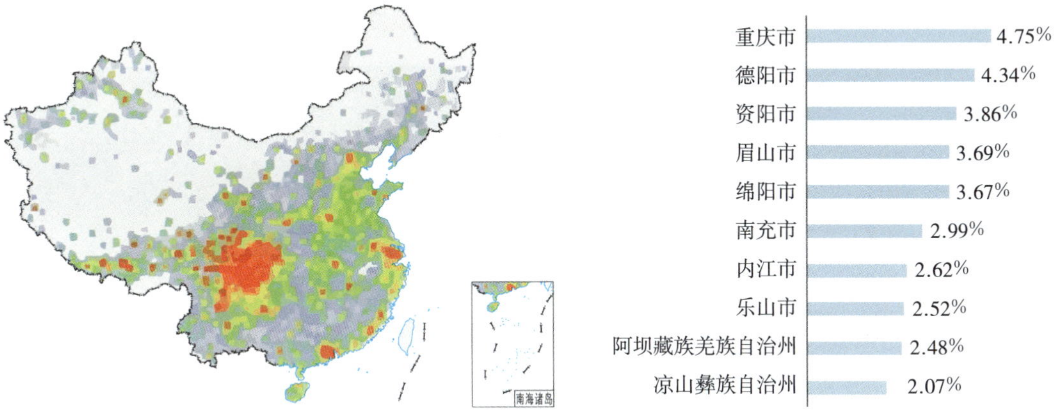

图 7-14 国家中心城市成都市新流入常住人口来源 TO P10

数据来源：百度地图慧眼，《2017 年第一季度中国城市研究报告》。

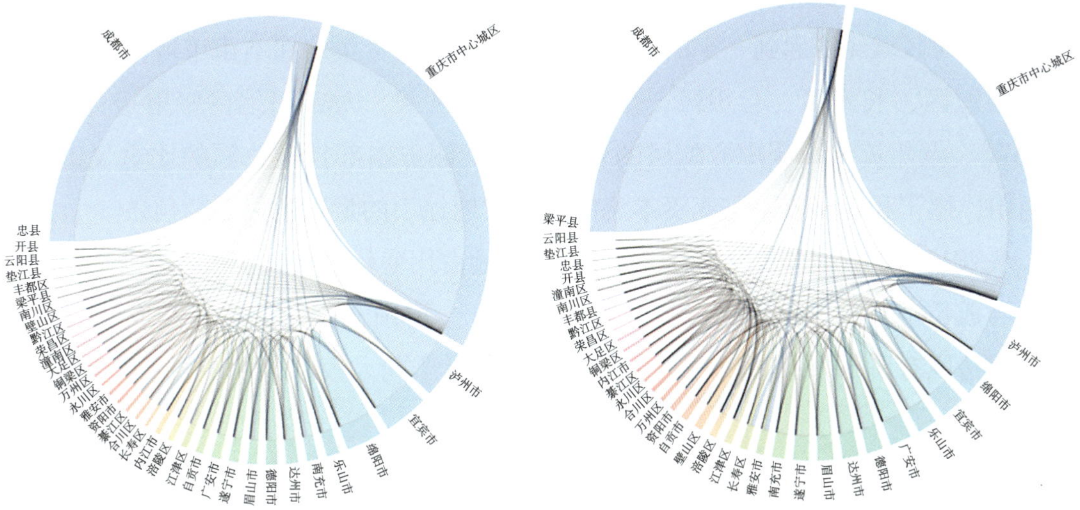

图 7-15 2013 年和 2016 年成渝城市群内部资本城际流动情况

2.资金要素集聚能力进一步提升。利用量子数据公司2013年和2016年成渝城市群资本城际流动数据进行分析，同样可见成都、重庆两市的集聚能力最强，同时核心城市与其他城市之间的资本联系强度发生变化。

从两大核心城市的投资关系来看，尽管成渝二市城市内部的投资总额相近，但成都市与区域的经济联系较强，对于区域内各个城市的辐射效应明显强于重庆。从2013年到2016年，成都对外联系投资占内部投资的比重由13.2%提升至14.4%，在区域内的地位略有增强；而重庆中心城区对外投资占区域内部投资总额的比重则由3.6%下降至3.4%，对区域的辐射能力尚待提升。

表7-2　2013—2016年成渝资本投资总额分布

	内部投资总额（亿元）		对外联系投资总额（亿元）		对外联系投资占内部投资的比重（%）	
	成都市	重庆中心城区	成都市	重庆中心城区	成都	重庆
2013年	1482.3	1466.3	195.9	53	13.2	3.6
2016年	2966.2	2981.9	427.9	100	14.4	3.4

注：对外联系投资总额为该年份资本流出总额+资本流入总额。
数据来源：量子数据（北京）科技有限公司提供的成渝城市群资本流动情况。

2016年成都资本流出的投资占内部投资总额的8.5%，资本流入额占内部投资总额的6.0%，均远高于重庆。成都对外联系的投资总额占全市内部投资的比重将近15%，对区域经济起到一定的支撑作用。重庆的投资集中在本市市域范围内，包括中心城区、长寿区、合川区、垫江县、永川区等，对四川地区辐射极为有限。2016年，全年流出重庆中心城区的资本总投资额占内部投资总额的比重仅2.2%。除眉山、遂宁和宜宾外，重庆资本流向四川省内地市的量可谓凤毛麟角。

从2013—2016年各城市与成都的资本流量占比变化来看，雅安、德阳、泸州、资阳与成都的经济联系紧密度提升较大。南充、眉山、广安、自贡与成都的资本联系紧密度有所下降。2013—2016年，成都与重庆两大极核的发展联系始终强劲，

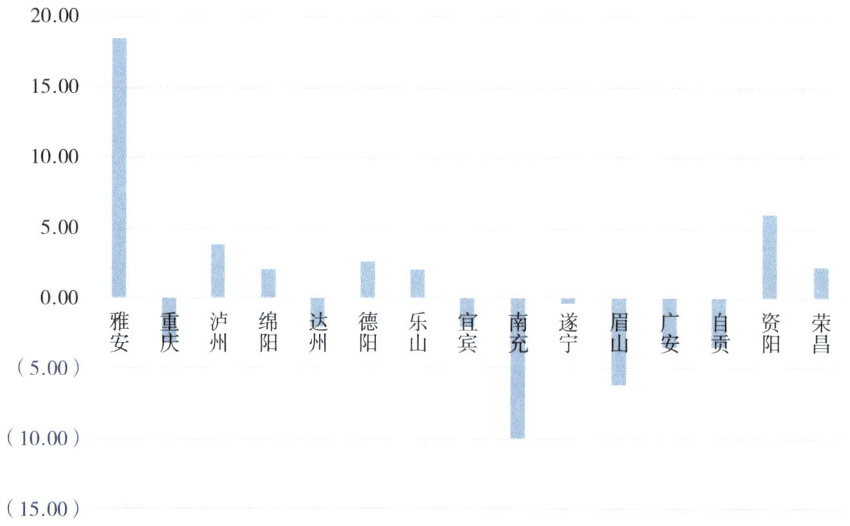

图7-16　2013年与2016年成都的资本流量占比变化图（%）

这两年中，重庆中心城区贡献了成都市外来投资总额的30.0%和23.8%，而成都市贡献了重庆中心城区外来投资总额的48.8%和39.5%。重庆中心城区的投资联系方向表现出更加多元化的发展趋势。

2013年，吸纳成都资本最主要的城市为重庆市、南充市、眉山市、德阳市、绵阳市、广安市、宜宾市、达州市等诸多城市，范围广阔，总量占比较大，表明成都对区域的辐射能力较为强劲。到2016年，吸纳成都资本额占成都资本流出总额7%以上的城市包括雅安市、重庆市、泸州市、绵阳市、达州市。眉山、德阳、南充、广安获取成都资本的比重明显减少，表明自身发展实力有所提升。

2013年，流入成都市的主要资本来源城市分别是重庆市、南充市、眉山市、德阳市、绵阳市和广安市，这些地区对成都的支撑作用较强。而2016年，流入成都市的主要资本来源前五位城市则为重庆市、资阳市、雅安市、德阳市和乐山市。这一方面表明这些城市对于成都建设中心城市起到了明显的支撑作用，另一方面也侧面表现出资阳市、雅安市、德阳市与成都的联系强度进一步增强。

（三）制造业在区域经济中仍起支撑作用。

从产业结构来看，2016年成渝城市群三次产业结构调整为4.3：49.9：45.8。第三产业增加值突破2万亿，达到2.1万亿元。成渝城市群第三产业增加值占全国的比重为5.4%，低于同期GDP占比0.8个百分点。城市群内仅重庆、成都三产的占比较高，重庆、成都市三次产业结构分别为7.4：44.2：48.4和3.9：43.0：53.1，开始进入后工业化阶段。尤其成都市服务业表现出较强活力。其余城市仍以二产主导，制造业在该区域的发展中仍起着主要支撑作用。

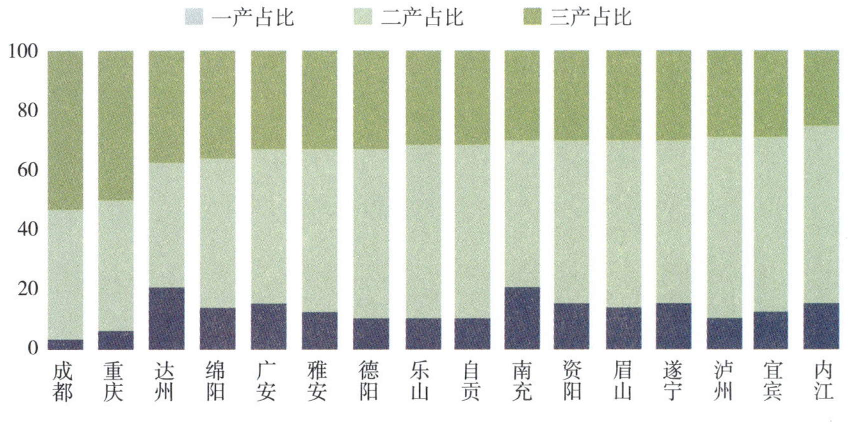

图 7-17　2016年成渝城市群各市三次产业结构（%）

注：成都市发展改革委援引中国指数研究院数据报告，四川发布客户端，2017-07-07。

2016年成渝城市区各市单位建设用地二产、三产产出效率平均为14.6亿元/平方公里，内江、达州、重庆、绵阳、遂宁、南充、泸州、自贡低于区域平均水平。各市R&D研发经费占GDP比重平均为1.25%，低于全国平均水平2.02%，仅德阳市（7%）、绵阳市（2.58%）、成都市（2.38%）研发经费占GDP的比重高于全国平均水平，区域整体经济的产出效率和科技含量有待提升。

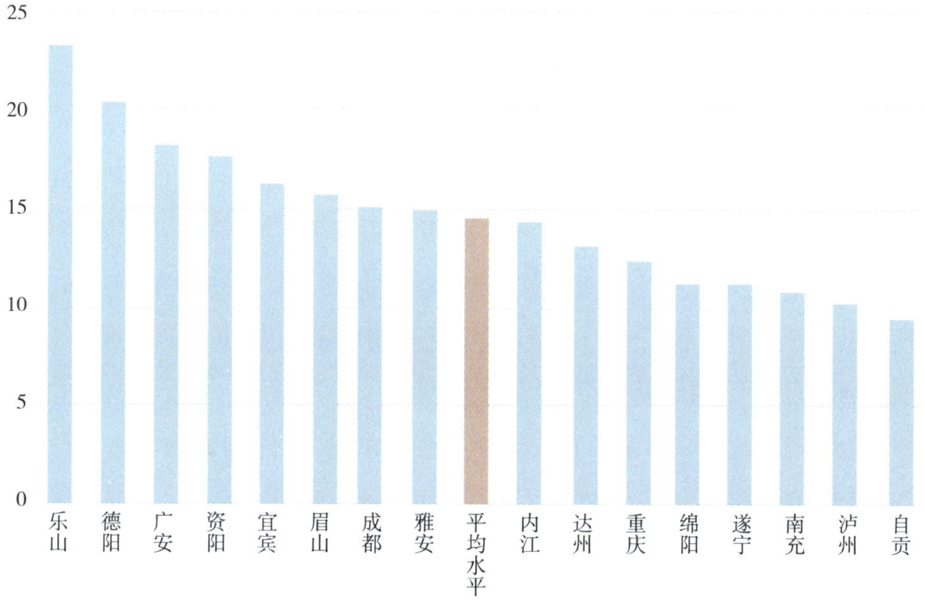

图 7-18　2016 年成渝城市群各市单位建设用地二产、三产产出率（亿元 / 平方公里）

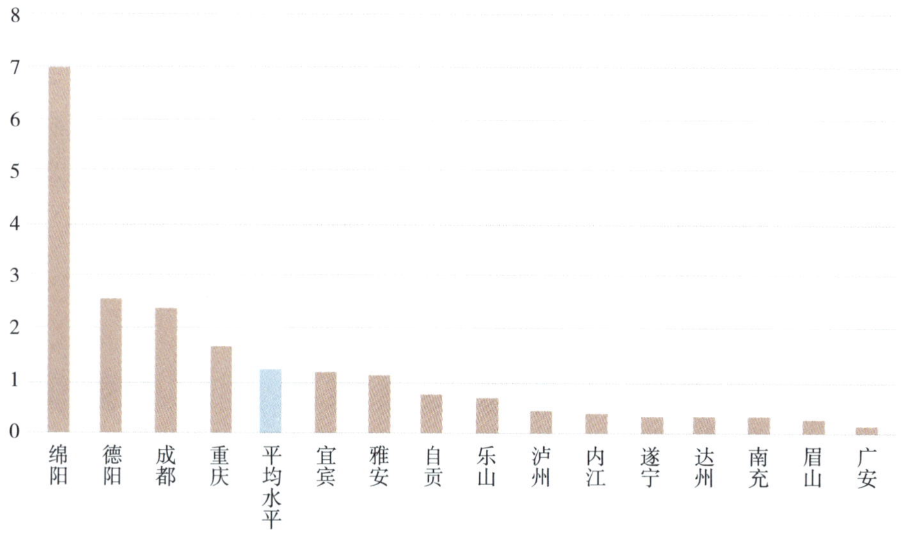

图 7-19　2016 年成渝城市群各市 R&D 研发经费占 GDP 比重（%）

（四）基础设施互联程度有所提高，城市间联系加强。

从交通联系度来看，尽管成都、重庆作为成渝城市群两个中心城市，二者之间联系距离形成覆盖全域的交通圈还有一定差距，但与2012年相比有较大提升。2012年，以成都、重庆为中心的2小时交通圈联系的中小城市数量为38个，覆盖整个成渝城市群的面积为64534平方公里，覆盖面积比例仅20.0%；到2017年，以双核为中心的2小时交通圈联系的中小城市数量增长到66个，覆盖整个成渝城市群的面积增加到了89248平方公里，覆盖面积比例提升至27.7%。从2012年到2017年，2小时交通圈覆盖面积增长率达到38.3%，增长速度略低于京津冀城市群（39%），但远远高于北部湾城市群（21.5%）、中原城市群（22.2%）和哈长城市群（24.8%）。

表7-3　2012年与2017年成渝城市群2小时交通圈覆盖面积比较（平方公里）

城市群	2012年		2017年		交通圈覆盖面积增长率
	覆盖面积	覆盖比例	覆盖面积	覆盖比例	
成渝城市群	64534	20.0%	89248	27.7%	38.3%

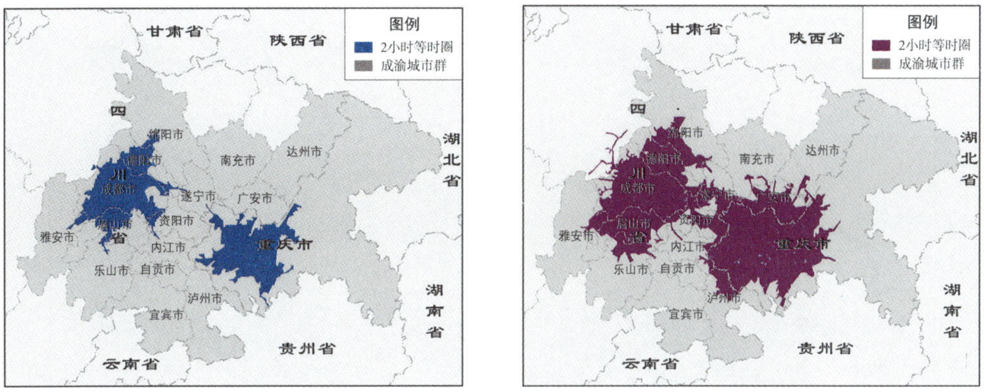

2012年　　2017年

图7-20　2012年与2017年成渝城市群2小时交通圈覆盖范围

表7-4　2012年与2017年成渝城市群中心城市2小时交通圈联系中小城市数量比较

城市群	中心城市	联系的中小城市数量（个）		2017年联系的节点城市（包括城市群外）
		2012年	2017年	
成渝城市群	重庆、成都	38	62	泸州、广安、遂宁、资阳、乐山、眉山、雅安、德阳、绵阳

（五）城市间联系呈现成渝双极凸显，多核显现的空间格局。

《成渝城市群发展规划》中提出发挥重庆和成都双核带动功能，重点建设成渝发展主轴、沿长江城市带（包含泸州、宜宾、江津、长寿、涪陵、丰都、忠县、万州等节点城市）和成德绵乐城市带（包含绵阳、德阳、乐山、眉山等城市），构建“一轴两带、双核三区”的空间发展格局。培育川南城镇密集区，促进自贡—内江联合发展、泸州—宜宾沿江协调发展。培育南遂广城镇密集区，包括南充、遂宁、广安的市区和部分县（市），加强与重庆协作配套发展。

从中国联通提供的手机信令数据中人口的迁移规模来看，成都单极凸显，重庆极化效应较强，德阳、南充、资阳、遂宁等多核显现。四川省内，成都作为凸显的单一极，基本形成了“成都—其余地级市”的二级规模分布的城市群体系结构；南充、资阳等市成为次级核心。整体而言，极—核之间的轴向联系及其辐射作用仍有待进一步增强。

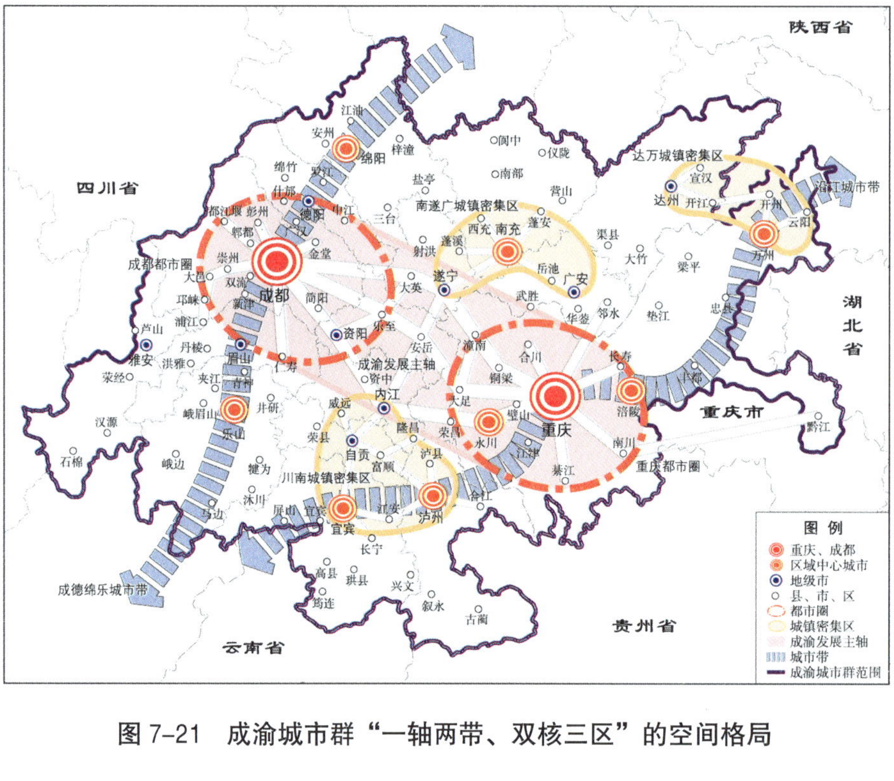

图 7-21 成渝城市群“一轴两带、双核三区”的空间格局

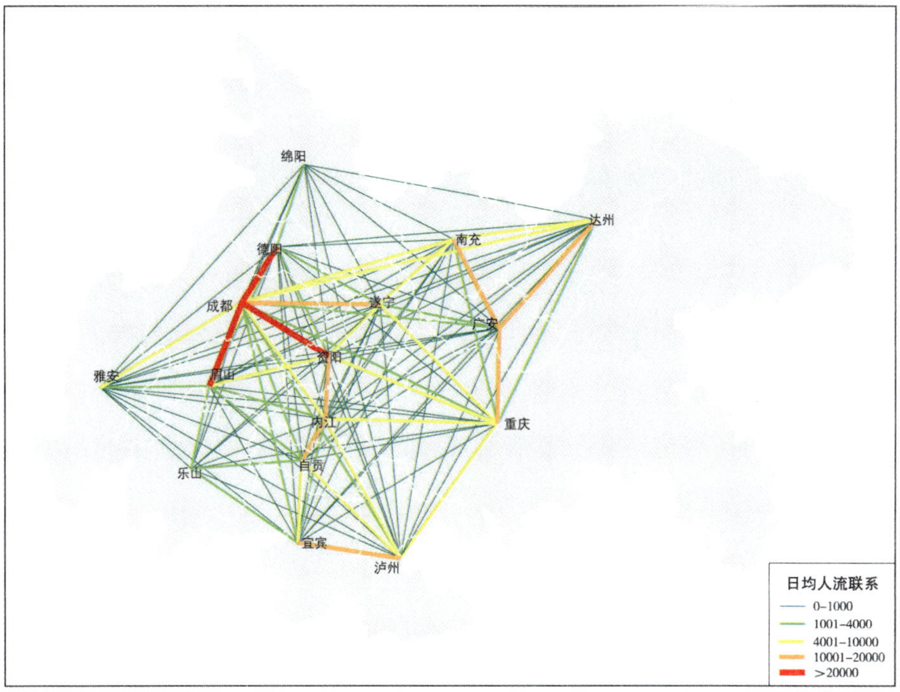

图 7–22　成渝城市群工作日日均联系度分布图

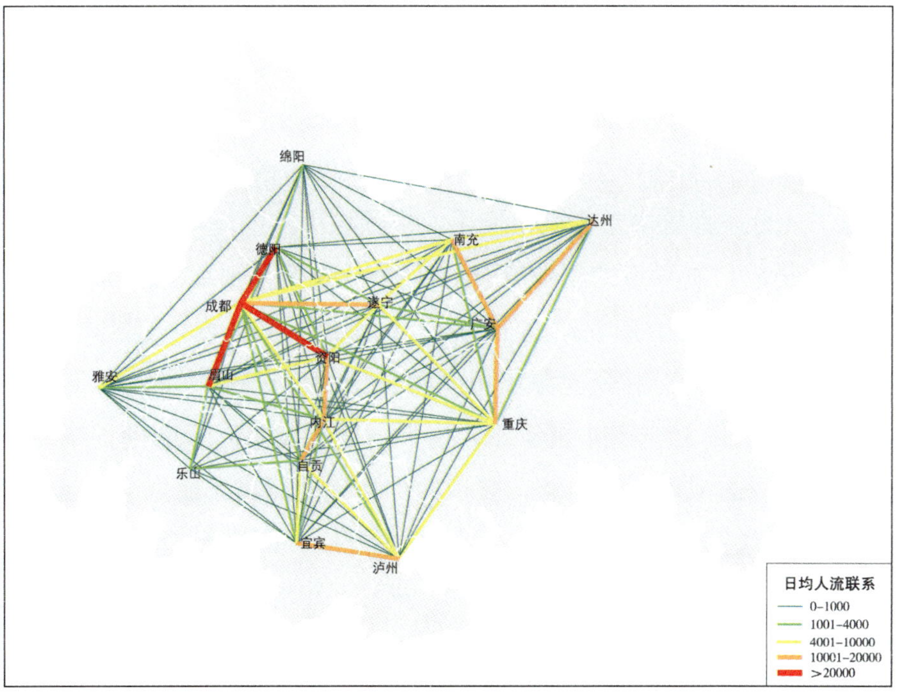

图 7–23　成渝城市群周末日均联系度分布图

数据来源：联通手机信令数据2017年1月份。

基于日均出行联系分布的数据，分析规划区域结构所赋予的轴向性作用和特点。

从发展主轴来看，“成都—资阳—内江”“成都—遂宁—重庆”等连接“成都—重庆”发展主轴的轴线有所显现。但是广安—遂宁联系偏弱，在一定程度上成为连接成渝发展主轴中的一个薄弱环节。

从两条城市带来看，“成（都）—德（阳）—绵（阳）”这一传统产业和城市发展带，“成都—眉山—乐山”“成都—内江—自贡—泸州”等成都向西南方向辐射延伸轴轴向都分别有所显现。但是成德绵乐城市带上，德阳到绵阳、眉山到乐山的轴向联系还偏弱，较之成都—德阳、成都—眉山段而言有窄化的趋势，仍需加强各自联动发展能力的提升。

在川南城镇密集区中，“自贡—宜宾—泸州”的辐射组团有所形成，自贡—内江、泸州—宜宾日均联系度较为紧密。

在东北区域的南遂广城镇密集区中，“遂宁—南充—广安—达州”的东北线轴向亦具有一定的显现。重庆—广安联系度密集，在一定程度上也反映出了广安与重庆协作配套发展取得成绩，川渝协同发展示范区成效初显。广安—南充、广安—达州的联系强度均较强。

（六）产业分工协作初步显现。

近年来，成都借助高校资源，发力研发，重庆则依靠其制造基地，发力制造端，二者错位发展甚至优势互补，并提高对周边城市的支配能力，形成密切的产业分工关系，充分发挥群内龙头城市作用，引领城市群内城市发展。

汽车产业是成、渝二市的工业支柱，南充、绵阳分别靠近成都和重庆，亦明确发展汽车及配套产业。南充市在其2017年政府工作报告中提出将持续壮大汽车汽配产业集群，并将吉利新能源商用车项目作为促进实体经济发展的“一号工程”。围绕南充新能源汽车产业园建设，招引一批新能源汽车电机、电控等核心部件和变速箱、车桥总成等配套企业，打造西部新能源商用车研发生产基地[1]。绵阳市政府规划，到2020年，全市汽车产业园将形成整车产能40万辆、总销售收入390亿元以上的四川第二大汽车产业基地[2]。成渝城市群内汽车零配件产业链条正逐步完善，成都的华川、天兴仪表、宁江山川等30多家企业一直是重庆长安汽车零

---

[1] 李果.成渝城市群“强三线”城市之争：谁是成渝第二城？[N]．21世纪经济报道，2017－07－13（01）．

[2] 邹俊川．“强势崛起，绵阳欲建四川第二城［N］. 四川日报，2017－02－16（08）．

部件的供货商，广安市为重庆工业配套的企业涉及8个行业251户。

从其他城市来看，2018年2月，泸州市与重庆自贸试验区签订战略合作框架协议。根据合作协议，重庆和泸州将在包括港口领域及通道、金融领域、产业发展规划等方面展开合作，同时两地还将合作开展自贸试验区制度创新和自贸试验区运营等有关研究。此外，重庆、泸州将共用“渝黔桂新”南向铁海联运通道及“渝甬（重庆团结村—宁波舟山港）”“渝沪”铁海联运通道，共同发展物流及贸易[1]。

二、存在的问题

近年来，成渝城市群建设取得明显成效，但对照《成渝城市群发展规划》要求还有一定的差距。

（一）协调机制尚不健全。

川渝竞合发展过程中，合作成效取得一定进展。但是行政体制的现实分割，在一些跨区域的重大事项和重大利益上仍然存在分歧，行政壁垒未完全破除，地方保护和市场分割现象依然存在，要素流动不畅，区域内统一市场和信用体系建设滞后，城市群一体化发展成本共担和利益共享机制尚未破题。缺少在更高层面的协调机制，制约了成渝城市群协同发展。

（二）中心城市辐射带动作用有待提升。

重庆自身发展方面存在实力不够强、辐射带动作用不够大等问题，国家中心城市的作用尚未充分发挥。与其他其他国家中心城市相比，重庆市综合经济实力相对较弱。2016年重庆GDP总量分别是上海的63.9%、北京的70.5%、广州的89.5%。从人均GDP看，重庆为57600元，不到广州、上海的一半，是国家中心城市里面人均GDP最低的。2017年重庆市外来人口为167.65万人，在国家中心城市中排名并不靠前。此外，重庆市对外通道还存在短板，目前仅开通成渝、渝万2条高铁线路，高铁线路数量在八大国家级中心城市中排名靠后。功能定位还未充分发挥，重庆离习近平总书记“两点定位”（西部大开发的重要战略支点，处在“一带一路”和长江经济带的联结点）的差距还较大，国家赋予的功能定位还未能充分发挥，城市名片还不突出，核心竞争力还不强。

（三）次级辐射中心发育不足。

重庆、成都两地极化明显，核心城市虹吸效应远大于外溢效应，尚未形成区

---

[1] 刘畅.成渝城市群：告别“哑铃”，“同城”融合［N］.经济日报，2016－05－27（13）.

域间的联动发展。次级城市发育不足，渝西川东毗邻地区缺少较强的经济支撑，毗邻地区发展水平不高，在一定程度上导致了“成渝中部塌陷”现象存在，这是成渝城市群发展的“短板”。

成渝城市群中成都和重庆之外一些城市GDP已突破千亿，部分产业也已在全国具有竞争力，但作为辐射区域的次级中心城市而言，中心性普遍不强。泸州、宜宾、绵阳、南充、内江等城市，无论从主城区人口规模，还是经济总量都没有达到大城市的标准。

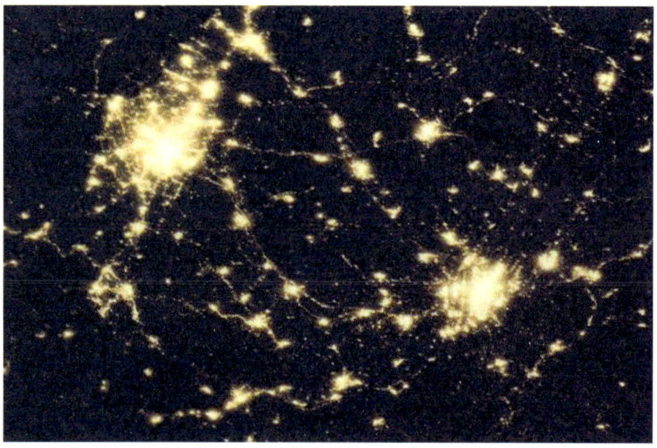

图 7–24　成渝城市群夜间灯光图

数据来源：NASA。

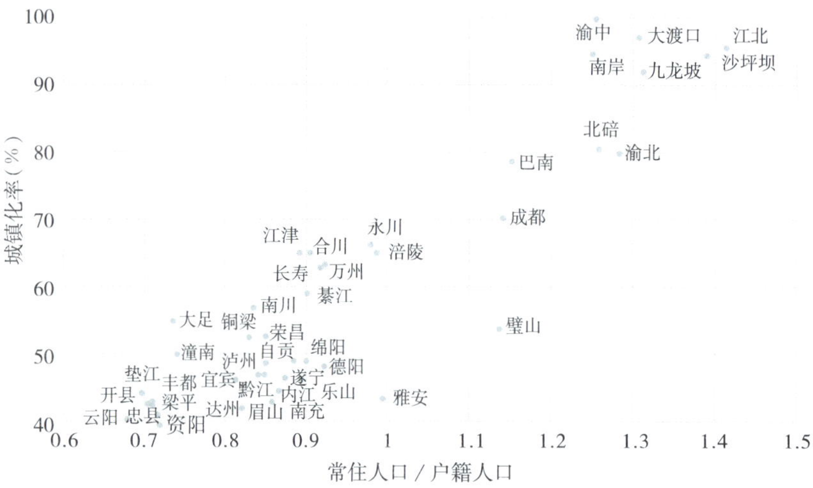

图 7–25　2016 年成渝城市群各市县人口与常住人口城镇化率分布

数据来源：统计年鉴。

为解决“区域内城区人口百万以上大城市数量不多，对核心城市职能分担不够，对中小城市和小城镇带动辐射不足”，《规划》提出2020年建立7个人口百万级别以上的“区域中心城市”，但目前发展来看，整体而言依旧是成都在四川省内一城独大。从2016年成渝城市群各市县人口与常住人口城镇化率分布来看，人口净流入地区主要分布在重庆主城区九区县和成都市，其余城市仍呈现人口净流出状态。德阳、绵阳、乐山、遂宁、自贡等城市人口和城镇化吸引力相对较强。但较之形成一个次级区域的辐射中心，仍有一定差距。

（四）区域竞争大于合作。

1.因空间发展战略缺乏充分对接，高端发展平台的规划和建设竞争大于合作。目前重庆基本形成以两江新区、中国（重庆）自由贸易试验区、中新（重庆）战略性互联互通示范项目为引领，保税区、开发区、园区等各类开放平台互补互促的“1+2+5+7”的开放平台体系，航空、铁路、内河港三个集枢纽、保税、口岸功能于一体的开放平台，承载能力不断提升，协同发展能力不断增强，成为全市开放、发展的主战场。2018年3月7日，国务院正式批复同意荣昌高新技术产业开发区、永川高新技术产业开发区升级为国家高新技术产业开发区，反映出重庆承担工业发展重心一路西移。荣昌高新区和永川高新区共占地约37平方公里，可为成渝城市群发展注入强大平台动力，但也对四川造成一定压力。重庆未来仍推动潼南、铜梁等进一步升级为国家级高新区。四川省不甘示弱，在2018年省内两会上提出将川南经济区申请升级为国家新区。

专栏 7-1

城市群内城际竞争现象

泸州和宜宾在川南城市群中一直存在竞争关系，因为两地不仅是四川省内长江航运的主要区域，同时在白酒、化工等产业上皆有竞争关系。

从2016年的经济总量看，宜宾高于泸州市172亿元，但从机场旅客吞吐量，以及港口运力而言，泸州却反超宜宾。

数据显示，2016年，泸州市内河港口完成货物吞吐量3458.57万吨，集装箱吞吐量50.1万标箱。宜宾全年规模以上港口完成货物吞吐量1870万吨，集装箱吞吐量30.1万标准箱。

同时，泸州在获批四川自贸区川南临港片区后，将依托相关政策优势，进一步做大其在长江上游港口、航运业上的规模。

但泸州、宜宾进一步做大做强，除吸引成渝两地的资源外，另一个重要方面是，能否借助临近云贵两省的地理优势，成为“川滇黔”的区域中心城市。

值得注意的是，尽管上述城市GDP持续增长，但就四川省内而言，成都一城独大的局面仍未改变。

注：李果，“城渝城市群‘强三线’城市之争，谁是成渝第二城？”21世纪经济报道，2017－07－13。

2. **产业分工协作也有待进一步加强。**川渝浙西南城市产业结构趋同，产业错位发展存在障碍，造成一定程度恶性竞争。多年来，成渝双子城“口水战”不断，在交通枢纽、西部金融中心、总部经济、IT产业、汽车产业发展，甚至到外国领事机构的落户等方面，一直都在全方位较劲。

表7-5 成渝主导产业

	主导产业
成都	电子信息、汽车、机械制造、食品
重庆	汽车、电子信息、装备制造、化工医药、材料、能源、消费品

专栏 7-2

成渝对于发展成为金融中心的支持

2015年中国（深圳）综合发展研究院发布的第七期CDI中国金融中心指数显示，成都金融中心综合竞争力排名中西部第一、全国第六。截至2016年6月末，成都市共有A股上市公司66家；新三板挂牌企业147家，均居中西部第一。另据统计，截至2016年6月末，成都市辖内金融机构本外币存款余额3.24万亿元，存款增量居中西部第一；全市辖内金融机构本外币贷款余额2.44万亿元，贷款增量居中西部第一。成都的金融发展目标，已不满足于“西部金融中心”，正朝着“中国金融第四极”这一目标不断迈进。

“依托重庆两江新区和保税港，建设离岸金融结算中心。”2016年重庆市的政府工作报告提出，要建设国内重要离岸金融结算中心，同时，该中心亦是重庆和新加坡合作建设中新互联互通项目的重要内容。

注：“成都：打造金融第四极开创西部金融中心建设新格局”，四川新闻网，2016－07－22。

（五）基础设施短板制约要素有效流通。

快速交通设施建设滞后，基础设施短板亟须补齐。成渝距离远，地形影响导致建设滞后。市域郊铁路建设待推进，南北向交通轴线待完善。

成渝城市群地处西部内陆地区，总体发展水平与全国平均水平相比仍有较大差距，尤其对外开放通道等基础设施仍是制约成渝群发展的瓶颈。目前，成渝客专、成渝高速等城市群的主动脉已打通，但由于基础设施建设历史欠账较多，成渝城市群内部的高速铁路、区间接线高速尚在建设，对外大通道还不畅通，长江黄金水道功能尚未充分发挥，交通快捷性、通达性不足，在一定程度上阻碍了人流、物流、资金流、信息流的通畅。

（六）一体化发展成本共担和利益共享机制仍待破题。

尽管制约成渝城市群一体化协同发展的坚冰业已开始融化，特别是毗邻地区合作机制日益完善，但成都和重庆两个特大型城市“两头大、中间小”的“哑铃式”发展格局尚未打破，地方保护和市场分割现象仍是市场发展中的主旋基调。整体而言，城市群一体化发展成本共担和利益共享机制尚未破题。土地市场的一体化是成渝间各种要素自由流通的一环，如何打通行政限制，促进统一的土地产权交易大市场形成，如何减少和避免竞争中出现的内耗现象、形成统一合力，这依旧是共促成渝城市群可持续发展的关键所在。

三、建议

（一）成立常态化协作机制或实体机构。

在具体事务方面的合作推动多，但缺乏强有力、中央政府层面的，执行力、决策力强劲的实施领导机制。两会期间，重庆市一名人大代表提出，四川与重庆或可建立一个成渝城市群一体化发展的“司令部”，共同协调成渝沿线城市的交通建设、产业规划、工业结构等事情。重庆市自身也提出，建议国家层面建立推进《成渝城市群发展规划》实施的协调机制，加强对川渝合作统筹协调。指导川渝两省市进一步完善由决策层、协调层、执行层组成的区域合作机制，强化交通、信息、市场、产业、公共服务、资源环境等专项合作机制。

（二）依托高端要素平台带动城市群创新升级和综合竞争力提升。

依托两江新区、天府新区等平台，培育高端成长型产业和新兴先导型服务业，推动城市群创新驱动和产业转型，争取国家在实施重大科技专项和优化生产力布局方面支持成渝城市群发展。

（三）进一步强化毗邻地区合作示范区的集聚效应。

成渝两省市在广安等地建设川渝合作示范区取得一定成效，对解决毗邻地区发展滞后问题具有借鉴示范意义。建议国家和川渝两省市进一步支持成渝城市群特别是两省市毗邻的部分区位条件好、资源环境承载能力强的区域中心城市建设，提高公共服务水平，增强人口经济集聚能力。深入对接长江经济带、依托长江黄金水道，选取毗邻地区有条件的城市，适时列入川渝合作示范区。

（四）强化产业协作，构建一体化发展机制。

依靠推动一体化的市场推动加强成渝地区汽车、电子信息、机械制造等产业方面的协作，提高区域整体产业竞争力。

继续推进市场一体化建设。确立川渝两地统一的市场准入规则，消除条块分割的市场壁垒，规范市场运作，促进商品、商业服务和生产要素的自由流通，形成竞争有序、繁荣活跃的统一市场体系。

突出旅游业联动发展。树立全域旅游发展理念，构建成渝地区旅游一体化发展机制；整合区域旅游资源，在旅游线路、品牌共建等方面推动合作共赢；共同抓好旅游基础设施建设；加强与陕、甘、云、贵、鄂、湘、藏等周边省区的联合协作，共建嘉陵江流域旅游区、长江流域旅游区、大娄山系旅游区、红色旅游线。

鼓励生态农业、农副食品加工业、清洁能源产业、旅游业等环境友好型产业向渝东北、渝东南和川西地区倾斜，保障长江上游生态屏障的建设和可持续发展。理清成渝双方产业融合的清单，通过兼并、重组或者组建产业联盟，加大产业的创新力度。

（五）进一步加强基础设施互联互通。

加快推进交通基础设施互联互通示范，深入贯彻落实基础设施建设提升战略行动计划，以交通基础设施建设为突破口，提升成渝发展主轴交通运输承载能力。通过物流融合，提升港口联运能力。

（六）强化完善生态环境共治机制，共筑长江上游生态屏障。

建立成渝地区生态环境保护与重大环境事件应急协调机制。协调长江、嘉陵江、渠江、涪江等流域的水环境保护；协调大巴山、大娄山等珍贵的自然生态资源的保护；加快建设区域重大生态环境问题监测、监管、预警、预报和应急系统，形成成渝地区环境空气、水质、生态、污染源监测网络，并针对可能出现的重大环境事件建立区域应急管理体系。

建立成渝地区环境与发展协商制度，协调解决区域、流域之间经济发展与环境保护的重大问题，合理规划布局，统一调度产业分布和产业强度，加强环保交流与协作。建立和完善流域跨界断面水质目标考核责任制，加强跨界断面水质自动监测网络建设，水质监测结果定期向社会公布。加强考核跨界断面水质改善情况，作为考核各级政府政绩的重要内容。

制定统一的区域环境政策和标准，对于可能造成跨区域污染的建设项目，由四川省和重庆市联合审批。协调区域环境基础设施建设，鼓励环境基础设施的共建共享。

北部湾城市群规划实施案例

根据2017年1月20日批复的《北部湾城市群发展规划》，北部湾城市群覆盖范围包括广西壮族自治区南宁市、北海市、钦州市、防城港市、玉林市、崇左市，广东省湛江市、茂名市、阳江市和海南省海口市、儋州市、东方市、澄迈县、临高县、昌江县。城市群规划陆域面积11.66万平方公里，还包括相应海域。规划为北部湾城市群的总体定位是：发挥地缘优势，挖掘区域特质，建设面向东盟、服务“三南”（西南、中南、华南）、宜居宜业的蓝色海湾城市群。

一、北部湾城市群近几年的发展态势

（一）经济呈现稳步增长态势。

2016年末常住人口4144万人，占全国的3.00%，常住人口城镇化率为48.49%。2013—2016年，人口年平均增长率为0.77%，高于同期全国平均水平（0.53%）。

地区生产总值17516亿元，占全国的2.35%，人均GDP为42267元，低于53817元的全国水平，经济实力不突出。GDP年平均增长率8.4%，高于全国平均水平（7.7%），经济发展呈现稳健追赶态势。

现代产业体系逐步形成，服务业对经济增长的贡献率超过50%。旅游、电商、数字经济、新能源等新动能加快成长，供给侧结构性改革取得实质性进展，糖、铝、钢、机械、冶金等传统产业“二次创业”加快推进。

（二）增长极正处于培育阶段。

按北部湾各城市市域人口规模排序，湛江市域人口规模（727万）居第1位，南宁（706万）、茂名（612万）、玉林（575万）居第2～4位。按城镇人口排序，南宁为北部湾城市群地区中首位城市，城镇人口规模425万；湛江为次位城市，城镇人口296万，玉林、茂名、海口居第3～5位。

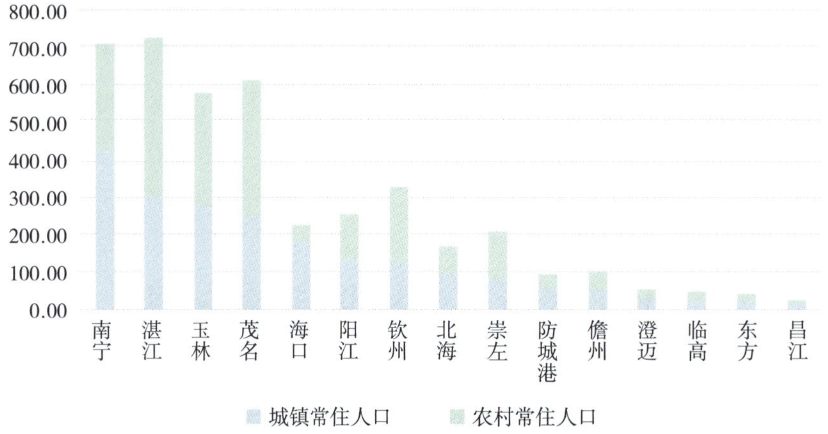

图 7-26 2016 年北部湾城市群人口数量分布图（万人）

按照城市GDP水平排序，南宁GDP产值为3703亿元，占城市群地区经济比重为21.1%，茂名和湛江分占15.1%和14.8%。但按人均GDP统计，防城港、北海和海口三市位居前列，反映出南宁、湛江、茂名等中心和次中心城市大而不强特点。

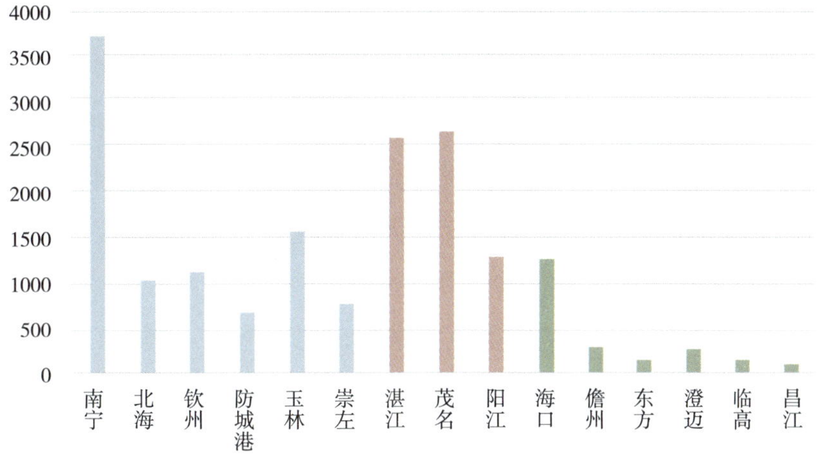

图 7-27　2016 年北部湾城市群地区生产总值（亿元）

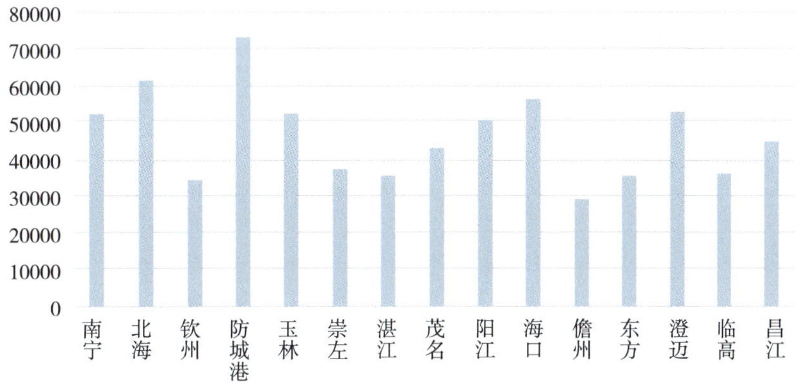

图 7-28　2016 年北部湾城市群各城市人均 GDP（元）

北部湾城市群将强化南宁核心辐射带动，打造“一湾双轴、一核两极”的城市群框架：“一湾双轴”即以北海、湛江、海口等城市为支撑的环北部湾沿海地区，以北钦防和湛茂阳城镇为发展轴；“一核两极”则是以南宁为核心城市，以海口和湛江为中心的两个增长极。但根据人口和经济总量分布，南宁虽然居首位城市，但首位度弱，整个城市群呈现多中心均衡发展态势。

从2013—2016年城市人口增长态势看，作为北部湾城镇群的中心城市和广西的首府，南宁的人口和经济集聚态势有所显现，但在城市群中各城市中并非最突出，增长态势弱于海口和北海。人口增长情况看，南宁的人口平均年增长率（1.0%）略低于滨海城市海口（1.1%）和北海（1.1%），位居第三。粤西人口增长率最低，其中湛江人口平均年增长率仅0.49%。

从同期经济增长情况看，南宁GDP平均年增长率（9.7%）高于北部湾城市群8.4%的平均年增长率，但低于钦州（13.5%）、海口（11.6%）、北海（11.1%）、临高（9.8%）等滨海城市，位居第五，而湛江更在15个城市中位居第十。可见，南宁的核心城市功能和湛江的增长极功能本就不突出，在近年来更未得以强化。

（三）**城市群内省内联系强，省际联系薄弱。**

从不同城市群2小时交通圈覆盖范围来看，北部湾城市群中心城市之间联系较弱，距离形成覆盖全域的交通圈还有一定差距，但与2012年相比有较大提升。中小城市、小城镇与中心城市联系加强。2012年中心城市南宁、海口、湛江与城市群内中小城市联系数量为31个，提升到2017年的41个。

表7-6　2012年与2017年部分城市群2小时交通圈覆盖面积比较（平方公里）

城市群	2012年		2017年		交通圈覆盖面积增长率
	覆盖面积	覆盖比例	覆盖面积	覆盖比例	
北部湾城市群	63458	45.2%	77120	55.0%	21.5%

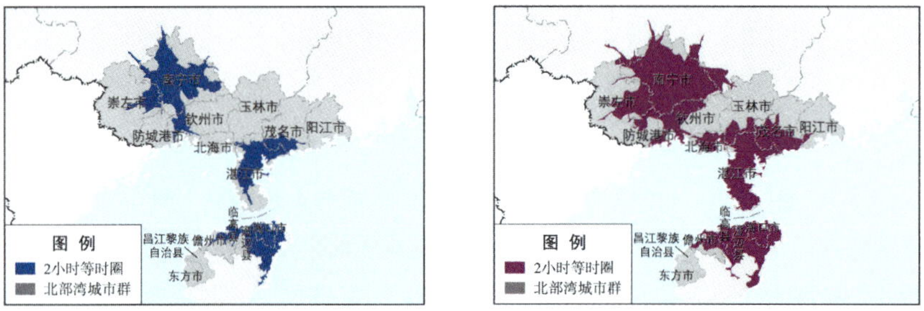

2012 年　　2017 年

图 7-29　北部湾城市群以南宁、湛江和海口为中心的 2 小时通勤范围

基于中国联通提供的手机信令分析数据，从人口的迁移规模看，城市群中省内城市人流联系强，省际人流联系弱；各城市纵向与省会城市人流联系强，彼此横向人流联系弱。南宁和海口在各自省内呈现单一极，但对省外人流联系相对较

小，仅海口和湛江之间因航运通道的影响，联系较强。整个城市群缺少对外省区域有辐射带动能力城市。茂名、湛江和阳江三市更多是与珠三角联系，而与城市群内其他城市内向联系偏弱。

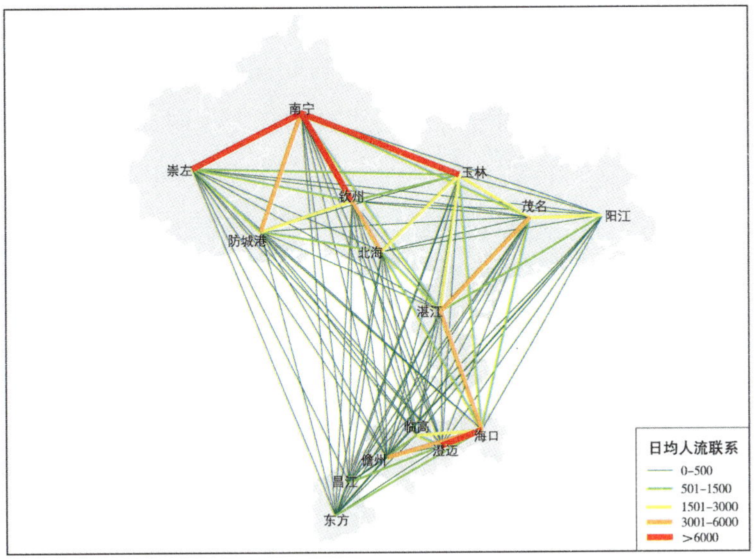

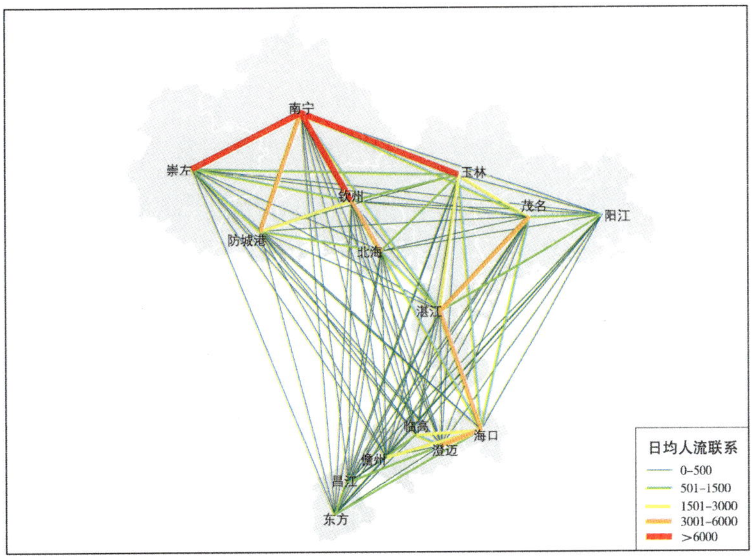

图 7-30　工作日、周末日均北部湾城市群联系度分布

数据来源：手机综合数据2017年1月。

从出行联系看，南宁—崇左、南宁—玉林、南宁—钦州—北海、南宁—防城港等轴向联系较为明显，充分展示了南宁在广西区内的增长极作用，而广西海滨城市对内联系均为与南宁单向联系强，彼此之间联系强度弱，这说明滨海城市对内和对外集聚辐射力弱，滨海城市之间在海洋产业协作方面不足。

海口—澄迈—儋州在海南省内的轴向作用较强，特别是周末联系加强，反映出海口的生活服务业在琼北的优势地位。海口—湛江—茂名也呈现为省际轴线，但其他省际联系较弱。其中粤西与广西之间联系较为薄弱。

利用量子数据（北京）科技有限公司2013年和2016年北部湾城市群资本流动总额的数据进行分析。可见南宁与海口两市的资本流动性最强，同时核心城市与其他城市之间的资本联系强度发生变化。

南宁与省内城市资本往来密切，与粤东和海南的资本联系少。而且南宁对附近广西城市是资本投出量远大于吸纳量，这显示南宁对省内周边地区已是以辐射作用为主，而以集聚作用为辅。但因自身的发展条件和经济实力限制，对省外的集聚和扩散影响不足。在2013年和2016年两年中，崇左一直是吸纳南宁资本的最主要城市，而玉林因是投向南宁资本最主要城市，南宁和玉林之间资本来往量最大，经济联系最紧密。

也与南宁情况相似，海口资本与省内城市资本来往密切，与省际城市资本来往少。对省内城市也是以资本流出为主，澄迈一直是投向和吸纳海口资本总量最主要城市。与2013年相比，2016年海口对湛江的资本投出增加，说明海口与粤东城市之间省际联系有加强趋势。

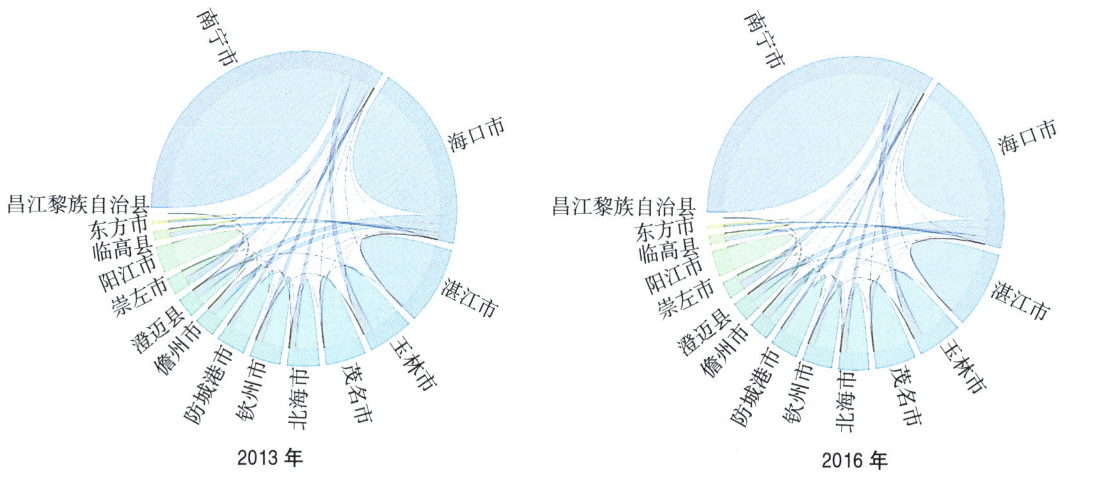

图 7-31　2013 年和 2016 年北部湾城市群内部城际资本流动情况

（四）对外交流扩大，海洋经济实力增强。

北部湾城市群中，钦州、海口、北海、临高等滨海城市的GDP增速强于中心城市南宁的增速，得益于海洋经济的成长潜力。

北部湾是我国构筑全方位对东南亚开放平台。2004年以来，中国—东盟博览会、中国—东盟商务与投资峰会已连续在南宁成功举办14届。现东博会服务范围已从中国—东盟“10+1”拓展到“10+6”，今年更扩大到“一带一路”沿线国家，现东博会已成为增强政治互信、推动经贸合作和文化交流的有效公共平台。东盟已连续16年成为广西最大贸易伙伴。另外，湛江成功举办中国海洋经济博览会，提升泛北部湾经济合作论坛国际影响力。

北部湾港口的综合竞争力和服务水平进一步提升。2017年广西北部湾港完成货物吞吐量21854.62万吨，增长7.2%。实现集装箱吞吐量227.87万TEU，增长26.69%。钦州30万吨油码头工程，防城港501泊位工程，北海铁山港石头埠1、2号泊位工程等港口重大基础设施项目加快建设，港口基础设施进一步完善。湛江港口岸宝满港区和东海岛港区扩大开放通过国家验收正式对外开放。

二、现状问题

（一）经济发展水平总体不高。

人均地区生产总值低于全国平均水平。城镇化水平也低于全国平均水平，城市数量少，城乡差距大。传统产业比重较高，发展动能不足，缺乏新兴产业引领区域发展。

（二）区域中心城市辐射能力有限。

由于城市群尚处于形成的初级阶段，北部湾城市群的中心城市——南宁尚未具备实现引领城市群内产业资源整合、带动区域经济发展的实力，特别难以跨省带动粤西和琼北地区城市协同发展进程。

社会公众对北部湾城市群品牌的影响和意义认识不够，缺乏重视度和行动力。特别是粤西和琼北地区更倾向主动对接粤东地区，主动对接广西的意愿不强。

（三）产业结构趋同，多为区域内部竞争。

北部湾城市群之间地理条件基本相同，在海洋资源相似又缺乏工业基础的条件下，不同城市之间难免出现相似产业结构，因此形成多条南下出海通道，更因此导致西南物资分流而降低规模效益。广西境内北海、钦州、防城港等虽然通过管理机制变革已经实现了内部整合，但与湛江港、茂名港等腹地重叠，彼此之间缺乏协作，存在竞争态势。

由此相关临海工业建设后劲不足。现临港产业多依赖石化，产业链条短，附加值不高。另外，缺乏新兴海洋产业引领，港口综合服务业不足，严重影响了北部湾城市群整体综合实力。

（四）交通基础设施有待进一步完善。

北部湾城市群内部通道网络不健全、高速铁路未成网，是推动北部湾城市群互联互通亟须破解的瓶颈问题，如湛江地处北部湾城市群沟通东西、连通南北的桥梁纽带，但至今却未与周边的北海、玉林、茂名、海口等北部湾城市通行高铁，成为北部湾城市群高铁网的一大空白。另外，港口设施整体条件落后，港口集疏运条件需改善，通达腹地的快速运输通道不足。

（五）海洋资源开发与保护的矛盾突出。

北部湾为半封闭海湾，海流较弱，污染物不易扩散。再加上近年海岸粗放开发，生态环境保护缺乏区域协作，近岸海域污染呈上升趋势，环境污染隐患加大，开发与保护的矛盾日益突出。

三、发展建议

（一）加快中心城市的培育。

重点培育未来中心城市，加快建设南宁特大城市和区域性国际城市，加速优质生产要素的集聚，强化国际合作、金融服务、信息交流、商贸物流、创业创新等核心功能。加强北部湾城市群内城际联系，积极培育以中心城市为核心、次级城市区域为纽带的经济一体化的城镇网络体系。

（二）加大对外开放力度。

利用对外开放新格局，扩大对外开放，建立面向东盟的立体化开放体系，扶植门户城市的发展，强化南宁对外开放的门户枢纽地位。

（三）协调地区利益，加快区域一体化进程。

应加快建立跨行政区的协调管理机构，协调地方发展利益，建立共赢机制，促进要素自由流动，加快区域市场一体化，推进区域产业协作、基础设施互联互通、基本公共服务均等享有、生态环境联防联治等。

（四）培育区域优势产业集群。

对北部湾城市的产业发展进行统一布局，优化区域内的产业结构，发展特色产业优势，扶持潜力产业。

推动临港工业绿色改造和科技升级，构建绿色制造体系，打造在全国具有重要影响力的湾区生态型工业集群。推进炼化一体化，发展中高端石化产品，健全产业链。推进沿海能源基地绿色化改造，发展特色农海产品加工集群。

积极培育新兴产业集群。打造创新型园区、海洋特色产业园区、战略性新兴产业基地，培育电子信息、高端装备、海洋产业、新能源、生物等新兴产业集群。

构建现代服务业集群。以商贸物流、信息服务、现代金融、商务会展、海洋服务、文化服务等为重点，推进南宁、海口等城市现代服务业集聚发展。发展大健康产业，打造富有滨海和山水特色的健康养生基地。

第四篇

特色小镇篇

第8章
特色小镇和小城镇建设年度进展分析

2015年12月以来，习近平总书记、李克强总理对特色小镇和小城镇建设多次作出重要批示指示。有关部门高度重视、积极推进、强化指导，各地区迅速行动、努力探索、实践创新，特色小镇和小城镇建设蓬勃兴起，部分地区将特色小镇建设与推进供给侧结构性改革结合起来，打造创新创业、城乡统筹、惠及群众的新载体，取得了一定进展，积累了一些经验。但也存在认识不清、概念混乱等问题，出现了盲目发展、特色不鲜明、企业主体作用发挥不足的倾向。2017年12月，国家发展改革委等四部门在充分调研基础上，印发实施了《关于规范推进特色小镇和特色小城镇建设的若干意见》，明确了特色小镇和特色小城镇发展方向。

一、总体情况

（一）**有关部门积极推进，强化指导引导。**国家发展改革委印发实施《关于加快美丽特色小（城）镇建设的指导意见》，统筹"非镇非区"的特色小镇和行政建制镇两种形态，坚持政府引导、企业主体、市场化运作，强调防止新瓶装旧酒、防止照搬照抄、防止千镇一面、防止形象工程、防止政府大包大揽。住房城乡建设部公布两批名单，将403个行政建制镇命名为全国特色小镇。

（二）**各地区建立工作机制，形成推进合力。**一是健全工作机制，26个省（区、市）成立部门联合推进机制。二是明确培育目标，26个省（区、市）发布指导意见和数量目标。三是制定支持政策，综合使用土地、财政、税收、金融等政策工具。如海南省政府与国开金融公司联合组建200亿元规模的特色产业小镇基金，采取投贷联动方式助力小镇项目落地。

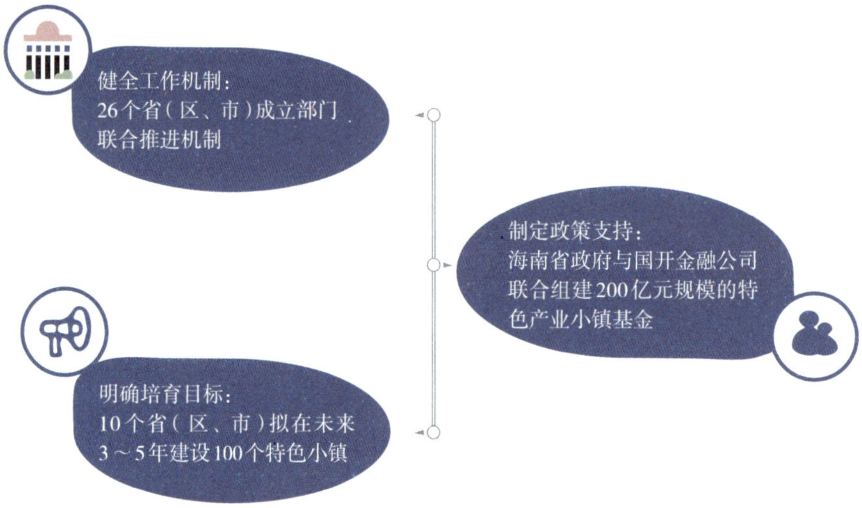

图 8-1　各地积极推动特色小镇建设

（三）**基层加强实践探索，积累有益经验。**一是涌现出了一批产业特色鲜明、要素集聚、宜居宜业、富有活力的特色小镇，在形态上表现出多元化，既有“市中镇”“市郊镇”，也有“园中镇”“镇中镇”等不同区位类型；从产业类型看，既有创新创业类的特色小镇，也有传统产业转型升级的小镇，如杭州云栖小镇、昆明斗南花卉小镇等。二是通过完善小镇功能集聚人才等高端要素，激发经济新活力，如杭州梦想小镇、成都菁蓉小镇等。三是注重依托历史文化和民族特色资源、结合优美生态环境做文章，促进历史文化传承保护与特色小镇和小城镇建设融合发展，如嘉兴乌镇、贵阳青岩古镇等。四是促进城乡要素资源有效配置，带动原住居民共建共享，助力精准扶贫脱贫，如云南弥勒市可邑小镇等。

二、存在问题

部分地区在特色小镇和小城镇建设过程中还存在认识不清、概念混乱的问题，出现了盲目发展、特色不鲜明、企业主体作用发挥不足的倾向，少数地区甚至存在房地产化和加重地方政府债务风险的苗头，需在下一步工作中高度重视并采取有效措施加以纠正。

（一）**概念不清，定位不准。**一些地方把特色小镇当成一个筐，什么都往里装，而且越到基层越明显。一是把特色小镇等同于一般的小城镇建设，在几十乃至上百平方公里的空间范围内推进建设。二是把特色小镇等同于旅游景区、文化旅游或体育运动综合体项目，只注重单一功能而忽视了“城”的综合功能。三是把特色小镇等同于开发区或产业园区，产城人文融合不足。四是随意把招商手册里的建设项目冠名为特色小镇。这些“穿新鞋走老路”“新瓶装旧酒”的做法，混淆了特色小镇的概念，违背了特色小镇建设初衷，很难实现在一个集聚的空间范围内，助推供给侧结构性改革和产业转型升级的战略目标。

图 8-2 特色小镇概念被泛化

（二）**盲目发展，质量不高**。部分地区抱着抢抓国家政策红利和多报不吃亏的心态大干快上，层层加码。一是有的地方政府跟风发展、相互攀比，只管要“帽子”，不管当地有无基础、能不能建成，都要打造一批特色小镇。省级层面上，全国有10个省（区、市）提出拟在未来3～5年建设100个特色小镇。二是急于求成，迫切希望在短短三五年时间内建成几十个甚至上百个特色小镇。三是用地粗放，重增量扩张轻存量改造，脱离原有建制镇区开辟新区域建设，引发新一轮用地冲动。四是生态环境保护不力，少数地区存在挖山填湖、破坏山水田园的现象。

（三）**同质化较严重，特色不鲜明**。部分地区简单模仿、照搬照抄浙江经验，“学形不学魂”，甚至“东施效颦”。一是生搬硬套、硬造特色，很多小镇都以文化旅游、休闲养生为主题，还有很多“基金小镇”，内容重复、形态雷同，所确定的产业和功能脱离实际。二是自身特色挖掘不足，一个规划设计方案多处复制，在产业特色、建筑风格和小镇整体风貌上没有体现地区差异性。失去了特色，小镇也就失去了生命力，既可能浪费资源，又会丧失发展机遇。

（四）**政府主导倾向明显，市场化不足**。部分地区依然沿用传统开发思路，不注重发挥市场作用，中西部地区尤为明显。一是以领导意志替代市场规律，一厢情愿地发展自认为有前景的特色产业。二是在融资方面，政府投资比例过高，并过于依赖上级政策资金项目支持。三是弄混了政企的角色，政府不仅在投融资方面替企业“背书”，还包揽了很多本该由企业承担的职责。这可能导致小镇难以长期可持续运营，甚至出现“空镇”“鬼镇”。

（五）**重物不重人，搞形象工程**。有的地区没有坚持以人为本，重物质建设和外观美化，忽略人的生产生活需要。一是重产业轻配套，强调发展高大上的产业，忽视环境营造和生活配套，缺乏对人特别是高端人才的吸引力。二是为营造新景观，抛开原有镇区的良好人口经济文化基础，按照建新城的思路另起炉灶、从零起步建新镇。三是少数地方将原住居民整体迁出，忽略原住居民生产生活需要。这实质上是造新城的延续和变异，极易催生大量“形象工程”，无法满足人民群众对城镇生活的美好期待。

（六）**盲目举债，积累财政金融风险**。部分地区抱着借钱赚政绩、欠账下任还的心态大量举债建设特色小镇。一是政府投入大、占比过高，少数依靠转移支付维持运转的县举债建设特色小镇，政府配套投入资金规模大大超出当年县级财政收入。二是盲目攀比投资规模，或迫于完成考核任务利用县级融资平台公司融资。三是对存量债务和新增债务缺乏统筹，对偿债资金来源缺乏考虑。这些不顾及本地财政实力的做法，会放大地方政府财务杠杆，增加地方政府债务。

（七）**房企过度参与，小镇地产化**。有的房地产企业以特色小镇之名变相搞房地产开发，加重房地产库存。一是少数地方把眼睛盯着怎么样利用土地，怎么样开发房地产获取卖地收入。二是以发展产业之名圈地，一些小镇内房地产用地占比过高，产业及相关配套明显不足。三是小镇商业模式不成熟，后续盈利能力堪忧。四是房企不具备专业运营能力，存在出售物业后跑路的风险。放任房地产企业过度圈地建设小镇，很容易形成一批新的房地产库存，给政府带来基础设施维护和社会治理的负担。

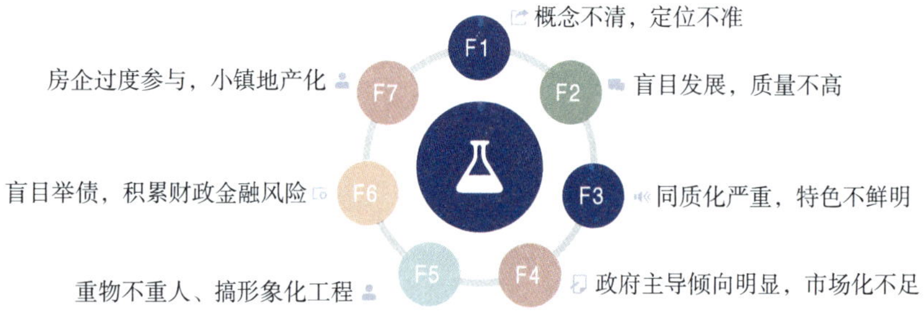

图 8-3 特色小镇和小城镇建设存在的问题

三、原因分析

产生上述问题的原因是多方面的，既有国家有关部门之间分工不明确的因素，也有部分地方落实走偏、急于求成的原因；既有观念认识不到位的主观原因，也有发展阶段的客观原因；既有发展欠账较多等历史原因，也有营商环境不佳等现实原因。

（一）**有关部门分工不够明确**。有关部门本着积极参与的思想，建设各类特色小镇，在发挥一定推动作用的同时，也带来了“政出多门”等问题，再加上有的部门概念不够清晰，做法不够创新，标准也不够统一，很容易造成地方认识的混乱，催生盲目建设的冲动。

（二）**部分地区理念有偏差**。一是认识不到位。部分地区没有领会吃透党中央国务院领导同志关于特色小镇和小城镇建设的重要批示指示精神，仍然按照传统的开发区思路和方式建设小镇。二是创新意识不强。部分地区缺乏改革创新意识，对绿色发展理念认识不深，对“多规合一”、紧凑式布局等规划理念的应用不足。三是沿用传统计划思维。部分地区仍然喜欢搞区域平衡和层层指标下达，逐个分解数字目标任务。

（三）**部分地方领导政绩观有偏差**。一是赶时髦，把特色小镇当成了新口号，总认为别的地方都搞了，自己不做显得落后。二是拼投资，部分地区把特色小镇当成拉动投资的风口，希望以此带动当地经济总量。三是要帽子，把特色小镇当作争取资金项目的平台，希望在争取项目、对接政策资源等方面获取更多便利。四是重表面功夫，存在盲目追求短期政绩倾向，缺乏踏踏实实干事业和“功成不必在我”的精神，只注重前期申报和包装，不注重长远谋划。

（四）**各地发展阶段存在客观差异**。一是从城镇化发展趋势看，中西部地区仍处于工业化城镇化加速发展阶段，城市群不成熟，中心城市不强，县域经济薄弱，在这种环境下培育特色小镇和小城镇难度很大。二是从产业看，中西部地区产业基础薄弱且分散、自主创新能力较弱，很容易追逐相同热点搞同质化建设。三是从投资环境看，中西部地区民营经济不发达、优质企业少、融资成本高，加之基础设施欠账多，特色小镇投资建设成本很高，部分地方只好采取出让优质土地和资源、举债配套大量启动资金的方式吸引企业，然而一旦介入，又很难把握好政府和市场的边界，容易陷入大包大揽的困境。

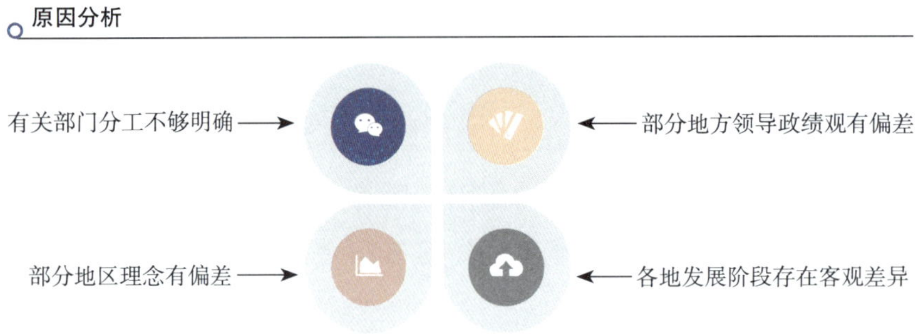

图 8-4　特色小镇和小城镇建设存在的问题分析

四、政策举措

特色小镇是在几平方公里土地上集聚特色产业、生产生活生态空间相融合、不同于行政建制镇和产业园区的创新创业平台。特色小城镇是拥有几十平方公里以上土地和一定人口经济规模、特色产业鲜明的行政建制镇。推进特色小镇和特色小城镇建设，要深入学习贯彻习近平新时代中国特色社会主义思想和党的十九大精神，坚持以人民为中心，坚持贯彻新发展理念，按照《关于规范推进特色小镇和特色小城镇建设的若干意见》的要求，把特色小镇和小城镇建设作为供给侧结构性改革的重要平台，因地制宜、改革创新，发展产业特色鲜明、服务便捷高效、文化浓郁深厚、环境美丽宜人、体制机制灵活的特色小镇和小城镇，促进新型城镇化建设和经济转型升级。

（一）**准确把握特色小镇内涵。**各地区要准确理解特色小镇内涵特质，立足产业“特而强”、功能“聚而合”、形态“小而美”、机制“新而活”，推动创新性供给与个性化需求有效对接，打造创新创业发展平台和新型城镇化有效载体。不能把特色小镇当成筐，什么都往里装，不能盲目把产业园区、旅游景区、体育基地、美丽乡村、田园综合体以及行政建制镇戴上特色小镇“帽子”。各地区可结合产业空间布局优化和产城融合，循序渐进地发展“市郊镇”“市中镇”“园中镇”“镇中镇”等不同类型特色小镇；依托大城市周边的重点镇培育发展卫星城，依托有特色资源的重点镇培育发展专业特色小城镇。

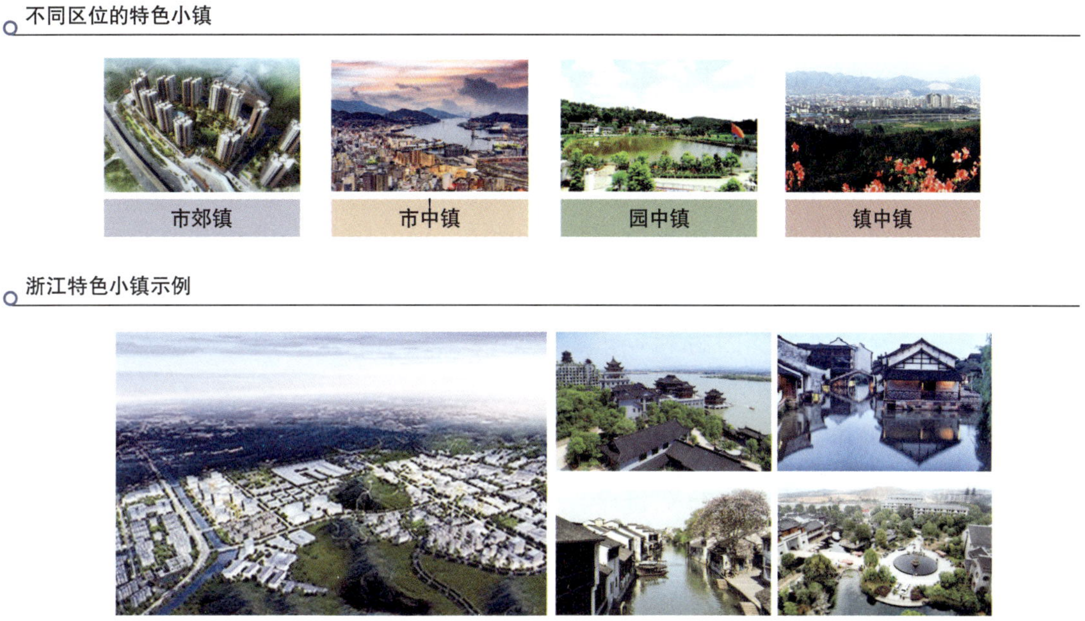

图 8–5　特色小镇分类

（二）**遵循城镇化发展规律**。浙江特色小镇是经济发展到一定阶段的产物，具备相应的要素和产业基础。各地区发展很不平衡，要按规律办事，树立正确政绩观和“功成不必在我”的理念，科学把握浙江经验的可复制和不可复制内容，合理借鉴其理念方法、精神实质和创新精神，追求慢工出细活出精品，避免脱离实际照搬照抄。特别是中西部地区要从实际出发，科学推进特色小镇和小城镇建设布局，走少而特、少而精、少而专的发展之路，避免盲目发展、过度追求数量目标和投资规模。

（三）**注重打造鲜明特色**。各地区在推进特色小镇和小城镇建设过程中，要立足区位条件、资源禀赋、产业积淀和地域特征，以特色产业为核心，兼顾特色文化、特色功能和特色建筑，找准特色、凸显特色、放大特色，防止内容重复、形态雷同、特色不鲜明和同质化竞争。聚焦高端产业和产业高端方向，着力发展优势主导特色产业，延伸产业链、提升价值链、创新供应链，吸引人才、技术、资金等高端要素集聚，打造特色产业集群。

（四）**有效推进“三生融合”**。各地区要立足以人为本，科学规划特色小镇的生产、生活、生态空间，促进产城人文融合发展，营造宜居宜业环境，提高集聚人口能力和人民群众获得感。留存原住居民生活空间，防止将原住居民整体迁出。增强生活服务功能，构建便捷“生活圈”、完善“服务圈”和繁荣“商业圈”。提炼文化经典元素和标志性符号，合理应用于建设运营及公共空间。保护特色景观资源，将美丽资源转化为“美丽经济”。

（五）**厘清政府与市场边界**。各地区要以企业为特色小镇和小城镇建设主力军，引导企业有效投资、对标一流、扩大高端供给，激发企业家创造力和人民消费需求。鼓励大中型企业独立或牵头打造特色小镇，培育特色小镇投资运营商，避免项目简单堆砌和碎片化开发。发挥政府强化规划引导、营造制度环境、提供设施服务等作用，顺势而为、因势利导，不要过度干预。鼓励利用财政资金联合社会资本，共同发起特色小镇建设基金。

（六）**实行创建达标制度**。各地区要控制特色小镇和小城镇建设数量，避免分解指标、层层加码。统一实行宽进严定、动态淘汰的创建达标制度，取消一次性命名制，避免各地区只管前期申报、不管后期发展。

（七）**严防政府债务风险**。各地区要注重引入央企、国企和大中型民企等作为特色小镇主要投资运营商，尽可能避免政府举债建设进而加重债务包袱。县级政府综合债务率超过100%的风险预警地区，不得通过融资平台公司变相举债立项建设。统筹考虑综合债务率、现有财力、资金筹措和还款来源，稳妥把握配套设施建设节奏。

（八）**严控房地产化倾向**。各地区要综合考虑特色小镇和小城镇吸纳就业和常住人口规模，从严控制房地产开发，合理确定住宅用地比例，并结合所在市县商品住房库存消化周期确定供应时序。适度提高产业及商业用地比例，鼓励优先发展产业。科学论证企业创建特色小镇规划，对产业内容、盈利模式和后期运营方案进行重点把关，防范“假小镇真地产”项目。

（九）**严格节约集约用地**。各地区要落实最严格的耕地保护制度和最严格的节约用地制度，在符合土地利用总体规划和城乡规划的前提下，划定特色小镇和小城镇发展边界，避免另起炉灶、大拆大建。鼓励盘活存量和低效建设用地，严控新增建设用地规模，全面实行建设用地增减挂钩政策，不得占用永久基本农田。合理控制特色小镇“四至”范围，规划用地面积控制在3平方公里左右，其中建设用地面积控制在1平方公里左右，旅游、体育和农业类特色小镇可适当放宽。

（十）**严守生态保护红线**。各地区要按照《关于划定并严守生态保护红线的若干意见》要求，依据应划尽划、应保尽保原则完成生态保护红线划定工作。严禁以特色小镇和小城镇建设名义破坏生态，严格保护自然保护区、文化自然遗产、风景名胜区、森林公园和地质公园等区域，严禁挖山填湖、破坏山水田园。严把特色小镇和小城镇产业准入关，防止引入高污染高耗能产业，加强环境治理设施建设。

各省级人民政府要强化主体责任意识，整合各方力量，及时规范纠偏，调整优化实施方案、创建数量和配套政策，加强统计监测。国家发展改革委要牵头会同有关部门，加强对各地区的监督检查评估。国务院有关部门对已公布的两批403个全国特色小城镇、96个全国运动休闲特色小镇等，开展定期测评和优胜劣汰。

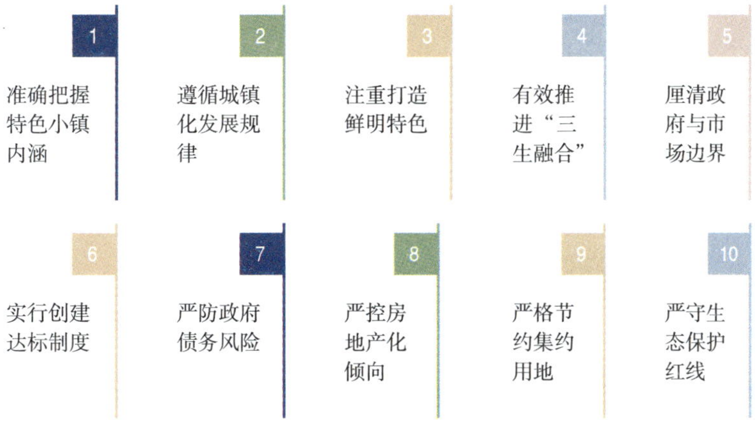

图 8–6　推进特色小镇和特色小城镇建设的建议

第9章 特色小镇和小城镇建设系列典型案例

在推进特色小镇和小城镇建设过程中，各地因地制宜，取得了很多成功经验，也暴露出各种各样的问题。现选取一些典型案例分析，供有关方面交流借鉴。

浙江省特色小镇建设案例

小镇经济是现代经济演进中出现的一个重要模式，即便是在步入城市化后期的欧美国家，小镇也集聚了众多历史经典和现代新兴产业，正在彰显强大生命力。我国人口规模大、空间分布广泛，建设好一定数量的特色小镇，有利于空间结构优化、经济转型升级和发展动能转换。国家发展改革委赴浙江省杭州市和湖州市开展实地调研，考察浙江特色小镇建设的主要做法及经验。有关情况如下。

一、主要做法和鲜明特点

浙江省在创建培育130个省级特色小镇的过程中，创新思路、创新方法、创新机制，大胆探索、大胆试验、走出新路，着力培育供给侧小镇经济，使一批特色小镇从“被遗忘的角落”大跨步走上时代舞台。

（一）**致力于高端要素的有机集聚。**小镇普遍集聚一定规模的创新创业者、先进技术、风投资本等高端要素，要素间产生良好“化学反应”，对小镇经济和就业起到基础性支撑作用。其中最重要的是，政府致力于为有梦想有激情有创意、无资本无经验无支撑的“三有三无”人员构建优良环境，集聚了以高校毕业生、大企业高管、科技人员、留学归国人员为主的创新创业“新四军”，成为大众创业、万众创新的重要平台。

图 9-1 政府聚集高端要素促进小镇发展

专栏 9-1

特色小镇成为高端要素聚集地

杭州市余杭区梦想小镇半年时间吸引400多个互联网创业团队、4400多名年轻创业者和300多亿元风投资金，在全球互联网产业界声名鹊起；湖州市安吉县"两山"创客小镇引进5个国家级、7个省级"千人计划"项目。

浙大紫金众创小镇依托设计→样机→测试→小批量生产的全链条研发服务平台和互联网众创平台，打造师生联合实践创业梦想的创业梦工场，集聚了浙大众多待转化技术和科研人员。

特色小镇依托创新创业者和先进技术等要素，集聚了民间资金、股权投资基金、银行信贷资金、国家专项建设基金等各类资本，浙江建行和农行分别专设700亿元、600亿元授信规模，专项建设基金特色小镇专项投入6.5亿元。

浙江余杭梦想小镇

湖州市安吉创客小镇

浙大紫金众创小镇

（二）**致力于特色产业的专业化集聚。**小镇摒弃传统产业园区企业庞杂和工厂密集的形态，秉持“一镇一业”，在信息、环保、健康、旅游等现代新兴产业及茶叶、丝绸、黄酒、中药、石刻、青瓷等历史经典产业中，选择性主攻1项最有基础和优势的特色产业，并尽可能细分行业领域、防止同质竞争，确保差异定位和错位互补。

专栏 9-2

特色小镇成为特色产业聚集地

杭州市余杭区梦栖小镇大力发展服务于高端装备制造前端的设计产业，培育以工业设计为主、兼顾智能设计与商业设计的产业集群，引进中国工业设计产业研究院、浙江工业设计城等项目，成为世界设计大会和意大利金圆规奖、中国原创设计奖、中国优秀工业设计奖的举办地，计划2017年引进3000名设计者和200个设计项目，努力打造拥有高水平创意源、设计人才泵和设计思想库的“设计之都”。

湖州市德清县地理信息小镇依托遥感和卫星导航技术发展地理信息产业，利用26幢产业大楼集聚武大技术转移中心、浙大遥感与GIS研究中心、中科院微薄特性测量实验室等研发机构和100多家地理信息企业。

湖州市德清县地理信息小镇

（三）**致力于多种功能的混合集聚**。小镇摒弃传统工业园区“文化沙漠”“景观真空”现象，在集聚高端要素和特色产业的基础上，嵌入主要从产业衍生出的旅游功能，科学设计小镇形象风格，建设“高颜值”3A级景区小镇，尤其是旅游小镇按照5A级景区标准建设；嵌入主要从产业挖掘出的文化功能，形成令人难忘的文化标识和文化印象，打造人无我有的小镇特色文化。

专栏 9-3

特色小镇具备多种功能

嘉兴市嘉善县巧克力小镇立足巧克力生产行业，深挖与之关联的巧克力文化内涵，开发出甜蜜婚庆、个性制作、儿童旅游等文化旅游产业。

嘉兴市嘉善县巧克力小镇

湖州市安吉县天荒坪镇余村专注发展生态旅游业和休闲旅游业，获得习近平总书记“绿水青山就是金山银山”的肯定。

安吉县天使小镇努力建设“动漫乐园、休闲之城”，引进凯蒂猫家园、城堡酒店、石马港景观公园等项目，预计旅游人数和收入将分别达到400万人次/年、40亿元/年。

湖州市安吉县天使小镇

（四）致力于政产学研的集合发力。小镇突破行政区划单元意义上的小城镇范畴，是“非镇非区”的“园区镇”“镇中镇”，不设行政隶属体制和专门管理机构，布局在城乡接合部的集中连片物理空间，规划面积控制在3平方公里以内，建筑面积控制在1平方公里以内。小镇实行以企业为主、政府为辅的建设模式，使浙江138家全国民营企业500强公司等市场主体拥有独立运作空间，激励企业家发挥聪明才智来创新创业；使政府担任好“指导员”和“店小二”角色，把交易成本降下来、服务效能提上去，形成政府“有形之手”、市场“无形之手”、企业家和员工勤劳之手携手同行的格局。

专栏 9-4

特色小镇成为政产学研共建新平台

嘉兴市嘉善县巧克力小镇、衢州市龙游县红木小镇等采用市场主体、政府服务模式，政府负责小镇规划引导、产业定位、设施配套和环境保护，让出空间使民企、国企、高校等成为小镇建设主力军。

衢州市龙游县红木小镇

杭州市西湖区云栖小镇、湖州市吴兴区美妆小镇等采用政企合作、联动建设模式，政府负责引进大企业，并与其联手培育大产业。

杭州市西湖区云栖小镇

杭州市余杭区梦想小镇、玉皇山南基金小镇等采用政府建设、市场招商模式，政府成立国资公司和团队，并向全国乃至全世界招商。

玉皇山南基金小镇

二、成功经验和有益启示

从浙江特色小镇建设实践及创新性探索性做法中，可以总结出可借鉴可推广的成功经验，能够为未来我国建设好特色小镇提供有益启示。

（一）特色小镇灵魂在于“特”。很多小镇在产业积淀、山水资源、地形地貌、历史人文等方面，拥有得天独厚且不可移动的可贵禀赋和特质。在特色小镇建设过程中，只有以此为依托，因风吹火、照纹劈柴、找准特色、凸显特色、放大特色，宜工则工、宜农则农、宜商则商、宜游则游，摒弃照搬照抄、“东施效颦”“千镇一面”，在差异定位、产业细分、错位互补发展中凸显独特核心元素，才能使小镇成长为或是凸显时代主题、或是蕴含产业基因，或是传承历史记忆，或是彰显文化符号，或是展现秀美风光的“单打冠军”型特色小镇，拥有鲜明独特性和旺盛生命力。

（二）特色小镇命脉在于“产”。凡是有产业支撑的小镇都会发展好，凡是没有产业支撑的小镇或是发展不起来，或是在政府强行发展后变为“空镇”。浙江特色小镇建设有其独特条件，浙江从“一村一品”“一乡一业”发展到工业区、开发区、高新区，形成许多块状经济体和区域产业集群，其内核已显特色小镇之端倪，在便利性交通与信息设施缩短小城镇与外界时空距离后，小镇发展活力快速喷薄而出。可见，在特色小镇建设过程中，只有使每个小镇都挖掘出最有基础、最具潜力、最能成长的1个主导产业，才能使特色小镇真正做到可持续发展。

（三）特色小镇魅力在于“混”。小镇尤其是中心城市和都市圈周边小镇位于城市与乡村之间，是连接市、镇、乡村的节点，在城市人回归自然、农村人迫切进城的大背景下，未来工作生活在有山有水有人文的特色小镇，符合现代人在市场大潮中激情创业、在优美环境中诗意生活的追求。在特色小镇建设过程中，只有在云集市场主体的基础上，同步挖掘利用生态禀赋和人文底蕴，强化产业与文化、旅游、社区功能的混合叠加效应，打造产业富有特色、生态充满魅力、文化独具韵味、宜业宜游宜居的新型空间和新型社区，才能使特色小镇引来人并留住人。

（四）特色小镇根本在于“改”。特色小镇成败根本在于企业是否有动力、市场是否有热情，不在于政府是否给帽子、给政策，政府只能利用适当政策发挥“加速器”作用。在特色小镇建设过程中，只有秉持企业为主体、市场化运作，给予市场主体最大决策权，能由企业投资的就由企业投资，政府遵循规律、顺势而为、因势利导，不大包大揽、不过多干预、不堆砌财政资金“盆景”，在制定规划政策、建设基础设施、提供公共服务、保护生态环境、营造制度环境上发力，才能使特色小镇建设在市场主导下自然发展，在政府引导下科学发展，避免演变为新一轮资源浪费和“造城运动”。

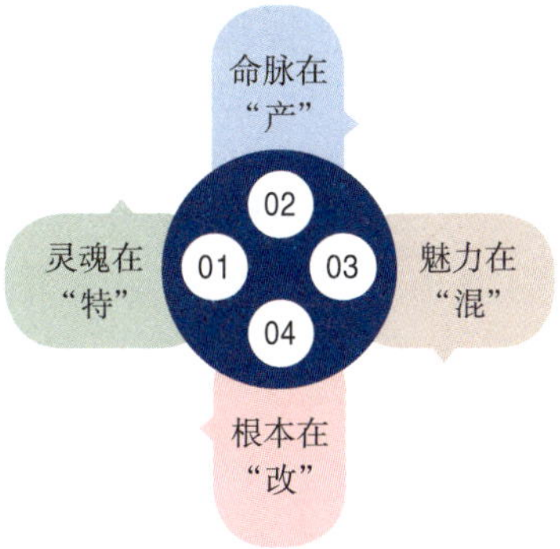

图 9-2　浙江省特色小镇成功经验

三、政策建议

必须在遵循经济规律和市场规律的前提下，辅以行之有效的科学引导和政策支持，切实使特色小镇“百花齐放春满园”。

（一）**促进特色小镇创新创业，培育小镇经济新动能和就业新空间。**坚持产业建镇、以产兴镇、以镇促产，着眼供给侧培育小镇经济、扩大就业容量，把有条件小镇特色优势产业发展成主导产业，打造一批智能制造、商贸物流、科技教育、休闲旅游、民俗文化的特色小镇，形成产业发展新平台和城镇化新载体。依托大城市创新资源，建设服务于小微企业的研发服务平台和众创空间，鼓励市场主体加强技术创新、管理创新、商业模式创新和制度创新，强化先进技术、创新创业者、风投资本等高端要素聚合，用新技术和新商业模式催生新产业，在小镇构建富有吸引力的创新创业生态圈。

（二）**强化特色小镇功能混合，建设宜业宜游宜居的新型空间和新型社区。**立足小镇产业特征、山水资源、地形地貌和历史文化，强化旅游、文化、社区功能混合。在小镇建设中嵌入旅游功能，鼓励有条件的小镇按照不低于3A级景区标准来规划小镇，保护建设小镇特色景观和镇村连片景观带，发展民宿、市民农庄等新型旅游业态，将美丽生态环境转化为“美丽经济”。在小镇建设中嵌入文化功能，融入历史文化和产业文化元素，打造历史底蕴厚重、时代特色鲜明、产业文化独特的魅力空间。在小镇建设中嵌入社区功能，聚焦居民日常需求提供社区服务，构建便捷“生活圈”、优良“服务圈”、繁荣“商业圈”。

（三）**补齐设施和服务短板，提升特色小镇对人口与经济的承载能力。**强化小镇与交通干线、交通枢纽城市的交通设施连接，建设高速通畅、质优价廉、服务便捷的宽带网络基础设施和服务设施，促进小镇与城市及外界互联互通、缩短时空距离。推动公共服务从按行政等级配置转向按常住人口规模配置，依据小镇常住人口增长趋势和空间分布，统筹布局建设学校、医疗卫生机构、文化体育场所、养老机构等设施，缩小小镇与城市的基本公共服务差距，营造舒适可达、密度适宜、服务匹配、功能复合、开放安全的生活环境。

（四）**更大幅度交权于企业主体，构建多元化主体共建特色小镇的新机制。**统筹市场、政府、市民3大主体，建立企业主体、市场运作、政府引导的小镇建设新机制。最大限度地激发市场主体活力和企业家创造力，鼓励企业及高校、科研院所、社会组织等市场主体参与小镇投资建设运营，使之成为小镇建设主力军。按照“小政府、大服务”模式，政府在规划引导、设施配套、公共服务、环境保护、制度供给上发力，深化“放管服”改革，降低行政成本、提高行政效率，营造更加公平开放的市场环境。调动市民参与小镇建设的热情，促进其增收致富。

（五）**特色小镇建设不要急于求成，要做到“慢工出细活”“慢工出精品”。**特色小镇建设有其自然规律和经济规律，需要一个循序渐进的过程，如果不顾规律地急于求成，就可能“欲速则不达”，使实际操作效果走向反面。浙江省要求省级特色小镇3年内完成固定资产投资50亿元，对未完成目标的加倍倒扣省奖励用地指标，这使县镇政府和企业等市场主体承受较大压力，从而可能产生放宽产业选择条件、盲目上投资争项目、忽视文化旅游品质等问题，不利于特色小镇做成“精品”。各地区要遵循规律、顺势而为，合理设计特色小镇建设的时间表和路线图，注重提高质量和水平，切实做出“精品”特色小镇。

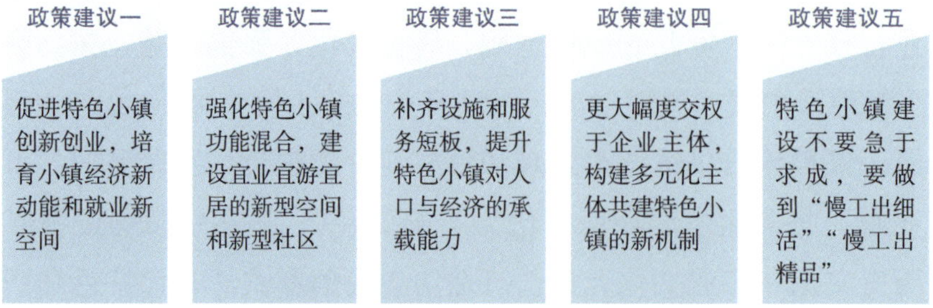

图 9-3　推进特色小镇建设的建议

浙江省特色小镇建设经验普适性

失败的特色小镇往往千篇一律，而成功的特色小镇则各有各的成功经验。为总结提炼浙江省特色小镇建设经验，研究成功经验的普适性，受国家发展改革委规划司委托，浙江大学中国新型城镇化研究院赴浙江省杭州市上城区玉皇山南基金小镇、诸暨袜艺小镇、龙游红木小镇、莲都古堰画乡小镇、金华新能源汽车小镇、吴兴美妆小镇6个特色小镇开展专题调研。结果显示，充分尊重市场机制在特色小镇形成、发展中的支配地位，充分激发社会力量在特色小镇壮大、提升中的主导作用，是浙江省得以较好推动特色小镇建设的重要做法和经验。

一、主要做法和经验

（一）因势而起：传统产业化“危”为“机”的转型升级。主体产业是特色小镇蓬勃发展的经济基础，而特色小镇则是传统产业发展模式转型升级的重要机遇。在浙江省提出特色小镇建设前，各地正处于谋求突破的关键时期，而特色小镇“小而精”“小而美”的规划设计理念，为这些产业转型升级提供了重要机遇。在诸暨市大唐镇，袜子制造产业的高度集聚吸引了大量外来人口，但开发区公共服务、社会治理功能的缺失，也导致外来人口始终停留在“劳动力”的层面，未能实现“人的城镇化”，引发了社会治安等一系列问题。在衢州市龙游县，红木行业受到宏观经济影响，完全依赖红木制造的经济模式不仅附加值低，而且已经难以为继，亟须突破传统产业发展模式。可以说，特色小镇的建设理念和政策支持是推动当地产业转型升级的“东风”。

（二）乘势而建：特色小镇建设的主体产业基础。特色小镇是地区产业转型升级的空间载体，主体产业则是特色小镇建设的根基。诸暨市大唐镇从20世纪70年代就开始从事袜业生产与销售，进入新世纪后袜子产量已占中国的70%、全球的30%。金华市从1992年开始就发展汽摩制造业，培育了青年汽车、今飞轮毂、绿源电动车等一批行业优秀企业。衢州市龙游县于2004年引进全国红木制造企业年年红家居集团、湖州吴兴区于2005年成为国内化妆品领军企业珀莱雅的唯一生产基地，两地均形成了相关产业的上下游产业链。丽水市莲都古堰画乡早在20世纪80年代就已经成为画家、学生的灵感源泉，不仅早于特色小镇的加冕（2015年），也早于当地政府发展文化产业项目的规划（2005年）。而最为年轻的玉皇山南基金小镇，也是杭州市上城区在“退二进三”背景下发展文创产业的伴生品：文创企业的发展催生了大量融资需求，进而吸引了赛伯乐、敦和等大型融资机构进驻小镇。此后，这些行业领军企业进一步吸引了更多金融机构集聚。

图 9-4 丽水市莲都古堰画乡

（三）**借势而兴：经济社会内源发展的动力机制**。浙江省的特色小镇“非镇非区”，不是行政区划单元上的一个镇，也不是产业园区的一个区，而是融合产业、文化、旅游、社区功能的创新创业发展平台。在列入浙江省特色小镇计划后，各地政府并未大包大揽，以政府有形之手取代市场无形之手，而是充分借力企业家能人、业内领军企业及社会资本等力量，确保产业可持续发展。与政府相比，企业家能人和业内领军企业与特色小镇主体产业的共容性更强，因而更注重行业长期发展，而非短期利益。在吴兴美妆小镇，珀莱雅集团致力于将中国民族化妆品品牌推向世界，有着发展品牌产业的强烈内在激励，当地政府即支持其组建了一支“专业人做专业事”的招商引资团队。在诸暨袜艺小镇，大唐袜业研究所长期从事袜业生产，对技术缺失导致的利润低下有深刻体会，从而攻克了自主研发袜机的难题，实现了诸暨袜业从低端生产到高端产业链的突破。

（四）**顺势而为：小镇特色发展的政策供给**。政府的公共政策是特色小镇产业发展、功能完善的重要保障。浙江省特色小镇的创立和运行，要求政府有更高的认识能力、细致的管理能力和灵活的调整能力，在市场力有不逮的领域培育、扶持市场主体，在市场力所难及的领域提供公共服务，在市场容易失范的领域及时引导、规范。特色小镇建设对政府恰当界定自身角色提出了更高要求。如尽管有较好的主体产业，新能源汽车小镇、美妆小镇等的产业链依旧稍显薄弱，一些新兴企业缺少研发能力，当地政府就通过引进专业科研机构、建立公共研发平台等方式，扶持企业早期发展。无论是产业发展还是功能完善，特色小镇均要求有良好的基础设施配套，这其中政府的角色定位至关重要。

（五）**聚势而成：特色小镇中人民的获得感提升**。浙江省的特色小镇通常位于城乡接合部，各地政府都把增进包容性发展作为特色小镇建设的必备要素，通过赢得当地居民支持、增强获得感，进一步推动了特色小镇的可持续发展。如山南基金小镇范围内的原住民仍安置在改建成的白塔社区，外来人和本地人入住回迁房均享受同样的政策，随着特色小镇建设的深入，白塔社区居民的生活质量不断得到改善；古堰画乡小镇通过对旅游资源、相关产业、生态环境、公共服务等进行全方位、系统化的优化提升，实现小镇资源有机整合、产业融合发展、社会共建共享，从而超越了简单的经济指标累加的发展模式，增强了人民群众的获得感。

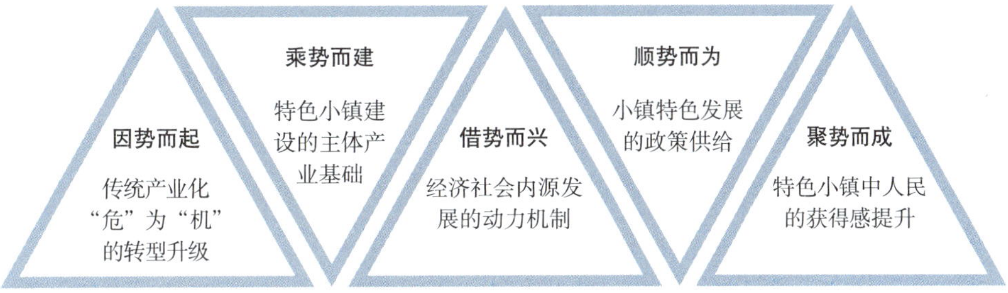

图 9-5 浙江省特色小镇建设的主要做法和经验

二、主要问题

本次调研的6个小镇，都是浙江省特色小镇建设中较为成功的案例，未发现“任务工程”“房地产化”“重形轻魂”等不当倾向。尽管如此，作为尚在探索中的新生事物，这些案例也暴露出浙江省特色小镇建设中存在的一些问题。

（一）**开发区模式依然存在**。尽管特色小镇的创建需要一定的政策支持，但如果小镇仅靠优惠政策来吸引投资，极有可能引发新一轮的恶性竞争，小镇的生命力和凝聚力也会大打折扣，重蹈开发区模式的覆辙。我们在调研中发现，为吸引企业入驻，有些特色小镇仍在采用税收优惠、租金补贴、用地政策优惠等各种传统的招商引资模式。如一些小镇对入驻企业采取一企一议的优惠政策，在访谈中小镇工作人员不愿透露具体细节，但可以猜测优惠力度肯定不小。基金小镇的竞争尤其应该引起重视。基金公司属于轻资产企业，流动性较强，而目前全省基金类小镇众多，如山南基金小镇、南湖基金小镇、梅山基金小镇等，很多基金公司仅仅在小镇注册，并未真正办公，如果小镇在优惠期过后没有足够的内生吸引力，那么企业随时可能“用脚投票”离开。

（二）顶层设计尚有待商榷。按浙江省的相关政策规定，特色小镇要在3年内完成30亿～50亿元的投资额，而大部分特色小镇在短期内并无收入。因而谨慎的投资无论对于政府还是企业都是理所应当的，否则最终造成投资的浪费和政府的跟风盲目投资，反而得不偿失。此外，不同的小镇成长周期不同，且特色小镇要实现“产、城、人、文”融合的目标，3～5年的时间恐怕远远不够，嘉兴世合理想大地项目经过7年时间的发展，才刚刚形成一个小镇社区的雏形。从这个角度看，顶层设计应该具有灵活性，投资不应拘泥于30亿～50亿元的额度，关键看是否有效；创建时间不拘泥于3～5年，关键是内核是否有实质性进展；小镇面积不拘泥于3平方公里，不同的特色小镇可根据实际需求和发展情况适当调整；3A级景区的标准不拘泥于旅游人次等硬性指标，关键是环境的质量。

（三）人才引进仍困难重重。调研的特色小镇普遍反映了人才短缺的问题，担忧会成为特色小镇发展的瓶颈。特色小镇已经超越了传统产业概念，需要复合型、创意型的高端人才。但是，此类人才本身就很稀缺，对于地处欠发达地区的特色小镇，在人才引进方面更是困难重重。目前，各地也出台了相应的人才政策，但是存在着匹配度不高的问题。例如，红木小镇所需要的木加工技师，在学历、头衔等方面可能无法满足政府设定的人才优惠政策。因此，人才政策要考虑各个特色小镇的不同特点，提高匹配度，把人才政策做实；特色小镇也要秉持“筑巢引凤”的信念，若真正能提供发展事业的新天地，提供优质的公共服务，自然能汇聚人才、留住人才。

（四）政府观念尚待转变。对于很多习惯了传统“开发区”治理模式的领导干部而言，要摆脱大包大揽建设园区的传统思维模式，转向制度构建、环境营造、服务提升等作为服务型政府的职能观念，仍存在很大的挑战。目前政府应该在特色小镇建设中承担什么样的责任，以及怎样承担责任，仍然不清晰，这造成政府仍重“绩效”轻“服务”。调研中，地方官员在谈到吸引投资、税收等经济硬指标时往往兴致勃勃，强调成绩如何斐然；而在谈到引进和留住人才、公共服务配套、社区营造等则直言困难重重。甚至很多数据的统计和共享这一最基本的公共服务都未能做好，造成数据口径不一。实际上要想吸引优质资本、打造特色优质产业、留下优质人才，必须依托于更加优质的公共服务。优质的公共服务既包含了自然风貌、生活配套等“硬”设施，更需要优质化的医疗、教育资源，优质化的政府服务水平等“软”配套。

（五）社区营造亟须跟进。浙江省的特色小镇强调“生产、生活、生态”的融合，但是，投资主体更关注经济指标，社区营造尚未提上日程。一些特色小镇从传统的工业园区演变而来，产业区与居住社区之间的割裂较为严重。例如，美妆小镇的产业区与居住区被一条高速公路隔断，生产和生活难以实现融合。特色小镇强调社会功能和生活功能，正是其优于传统开发区之处，这也是强调“人的城镇化”的新型城镇化精神之所在，更是特色小镇培育吸引力、凝聚力和黏性的根本之所在，留住了人才，建立起良好的社群关系，即便产业衰退，具有凝聚力的社区也能从衰退中重新发现新的产业机会。

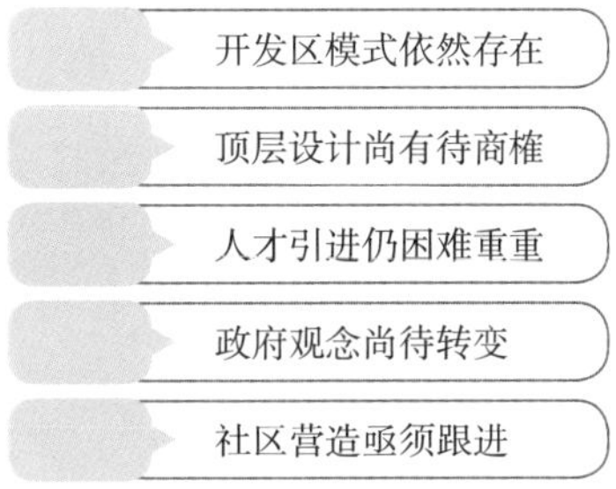

图 9-6　特色小镇建设中存在的问题和不足

三、启示

尽管不少政商学界专家认为，浙江省特色小镇是建立在浙江省独特的块状经济基础上的，其他地方很难复制。但任何事物再独特，都需要遵循最基本的逻辑和规律。浙江省特色小镇的成绩和问题所展现出的内在规律性，能够为其他省份提供借鉴和警示。

（一）值得推广的几点经验。

1. 产业基础和小平台。特色小镇应该依托原有的产业基础，紧扣产业升级趋势，锁定产业主攻方向，构筑产业创新高地，形成错位竞争，且定位虽无须拘泥于3平方公里，但应该因地制宜地“小”，避免摊大饼、粗放式、同业恶性竞争等传统开发区所面临的种种困境。

2. 市场“进”政府“退”。浙江省的特色小镇则突出强调“非镇非区”，超越了行政区划范畴，也超越了通常意义上产业区发展范畴，“政府引导、企业主体、市场化运作”为企业和市场在特色小镇建设中占主导地位去除了行政束缚，使特色小镇在市场竞争中保持创新动力。切不可将“建成多少特色小镇”作为考核下级政府的指标，否则容易导致下级政府以行政指令取代市场机制配置土地、资本、人才等资源要素，而这势必会降低资源配置效率，导致“空城鬼镇”等政绩工程和走样变形现象。

3. **重视环境建设**。浙江省要求把小镇建设成为至少3A级景区，根本目的不仅仅在于强调发展旅游业，而是期望借助这种方式打破传统产业之间的隔阂，形成资本、文化、人才、产业等要素的重新组合，并在这种重新组合中不断创造出新机会，激发出新动能。旅游并不是特色小镇开发建设的核心目的，但拥有“高颜值”，使小镇更具吸引力和生命力。

4. **尊重市场规律**。目前特色小镇较为成功的案例，是已经过市场竞争机制残酷筛选的结果，而绝不是政府事先挑选的赢家。承认政府有为，但绝不能过分夸大政府作用，将特色小镇的成功归之于政府“有形之手”的有意设计。

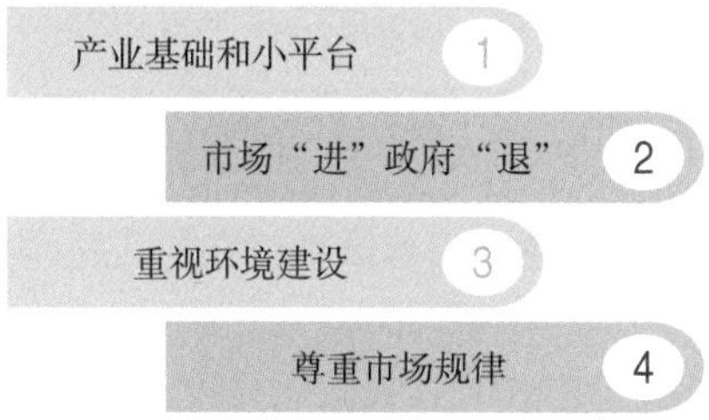

图 9-7　浙江特色小镇建设值得推广的经验

（二）需要避免的几种做法。

1. **避免仅靠政策优惠来培育特色小镇**。研究和调研表明，市场因素（集聚经济）仍然是影响企业选址最为主要的因素，政策的影响相对有限。如果仅凭优惠政策来吸引企业，这样的小镇很难具有可持续发展动力。

2. **避免推动建设特色小镇的主体单一化**。目前浙江省的特色小镇仍主要是政府框架下推动，但诸如良渚文化村、蓝城农镇、世合理想大地等具有小镇色彩的案例表明，城市运营类企业重视社区营造，也能够提供某种优质的市场化公共服务，甚至培育一定的产业，如万科的养老、蓝城的现代农业等。

3. **避免特色小镇“一刀切”的顶层设计**。特色小镇正因为其独特性才能称之为特色小镇，因而必然不能用固定的标准来进行比较和评判，这要求顶层设计具有灵活性和创新性。政府可以采用是否具备产业基础、是否具备发展潜力等作为参选和评价标准，但这些标准不能过高，也不能过于僵硬，也不能急功近利，而是应当允许特色小镇立足长远、因地制宜、因时制宜尝试。甚至在财政制度上和治理模式上进行创新，比如小镇可以保留一定比例的不动产税，作为小镇内公共服务配套的专项资金，在治理模式上则允许小镇一定程度的居民自治权，成立协会治理小镇事务。

4. 避免产业优于社区的观念。地方政府更关注与产业相关的经济指标，社区仍往往只停留在口头上。事实上，如果产业是小镇的核心，那么社区就是灵魂。优质的产业和优质的社区相辅相成，甚至社区比产业对于小镇来说更至关重要。

北京市、上海市特色小城镇建设案例

不同于浙江“非镇非区”小镇模式，作为超大城市的上海和北京，根据自身特点探索出“建制镇镇区+若干特色功能组团”的“1+N”特色小城镇模式，值得研究借鉴。

一、呈现五大特征

由于北京、上海的特色小城镇具有区位价值明显（受中心城市辐射）、土地资源稀缺、人口相对密集、资金比较充裕、高端农产品和旅游需求旺盛等特殊背景，其建设过程除了遵循一般特色小城镇建设所关注的立足资源禀赋优势、突出产业升级、注重文脉传承、强化城乡联动等原则外，还有以下几方面比较鲜明。

（一）围绕区位特点做特色，承接中心城市功能疏解。此次调研的特色小城镇均为超大城市郊区镇，距离中心城区 30～70 公里，其发展定位与所在城市的整体功能定位息息相关。北京、上海认为，超大城市郊区特色小城镇的规划建设不能独立成篇、不可单打独斗，必须纳入城市发展体系中，在承接好城市功能转移的同时，还要做好与中心城区、新城及周边城镇发展的合理分工。

专栏 9-5

特色小镇承接中心城市功能疏解

金山区枫泾镇围绕上海建设全球科技创新中心的城市定位和邻近“沪浙G60科创走廊”的区位优势，建成漕河泾开发区枫泾先进制造业基地，努力搭建科创、文创、农创、众创新平台。

金山区枫泾镇

房山区长沟镇围绕北京建设全球科技创新中心的城市定位和中心城区非首都功能疏解的时代背景，利用本地生态优势，引进国开、光大、中信等基金及相关机构253家，管理资金规模超过5000亿元，打造“北京基金小镇”。

北京房山基金小镇

（二）**围绕盘活存量做特色，提高空间利用效益。**面对建设用地利用低效、国土开发强度过大的问题，上海提出建设用地减量化的约束性目标。在这种约束下，特色小城镇建设不可能大拆大建、重新“铺摊子”、规划3平方公里区域从零打造，只能以建制镇的大盘子为基础，走空间更新、存量盘活的路子。

专栏 9-6

特色小镇盘活存量资源

松江区车墩镇满打满算只有拆旧换来的400亩建设用地指标可用，计划通过回购与租赁，改造改建现有工业厂房。

上海松江区车墩镇

青浦区朱家角镇拟将159亩市属企业和85亩区属企业的工业用地功能更新为文化创意产业园和基金产业园，将590亩“城中村”改造为文创民宿。

上海市青浦区朱家角镇

金山区枫泾镇提出以古镇更新、产业更新、社区更新和乡村更新等为主要内容，按照先易后难的原则依次推进特色小城镇建设。

（三）**围绕完善配套做特色，健全城镇服务功能**。在很多内陆地区特色小城镇还在思考人口导入良策时，上海、北京的小城镇更关注如何通过改善基础设施和公共服务来降低小城镇系统风险、提升居民获得感、更好承接中心城区人口外溢。在产业方面，相较3平方公里的浙江版特色小镇，50～100平方公里建制镇形态的特色小城镇建设要规避因单个产业生命周期或行业波动带来的系统性风险。在基础设施、公共服务、生态环境方面，要补齐发展短板，实现宜居宜业宜游协同发展、生产生活生态全面改善。

专栏 9-7

特色小镇需要完善服务功能

青浦区朱家角镇作为国家历史文化名镇，积极强化古镇旅游基础设施建设，推动商、旅、文互动融合发展。

金山区枫泾镇推动上海中医药大学附属龙华医院金山分院、上海国际应用科技大学建设。

房山区良乡镇依托高教园区和制造业基地，打造万亩滨水公园和小清河风光带，成为北京名副其实的“卫星城”。

上海市青浦区朱家角镇风光

北京市房山区万亩滨水公园

（四）**围绕专业运营做特色，注重政企发展合作。**与其他地区特色小城镇情况不同，上海、北京的建制镇税收基本在几十亿元以上，并不缺乏资金；镇党委书记、镇长有新理念新思想，并不缺乏“点子”。但考虑到建制镇迫切需要能把产业升级、空间更新与投融资深度融合的规划团队以及政府在打造特色、招商和管理运营上缺乏专业经验，都选择与专业企业开展有保留的深入合作。

专栏 9-8

特色小镇要注重政企合作

松江区车墩镇进一步深化与上海电影集团合作，金山区枫泾镇与上海建工集团签订战略合作协议，房山区长沟镇与北京文投集团共同打造北京基金小镇。

在合作模式上，政府既扎实做好空间管制、公共服务和政策环境供给，“不缺位”；又不干预合作企业内部经营管理，做到收益共享、风险共担，“不越位”。

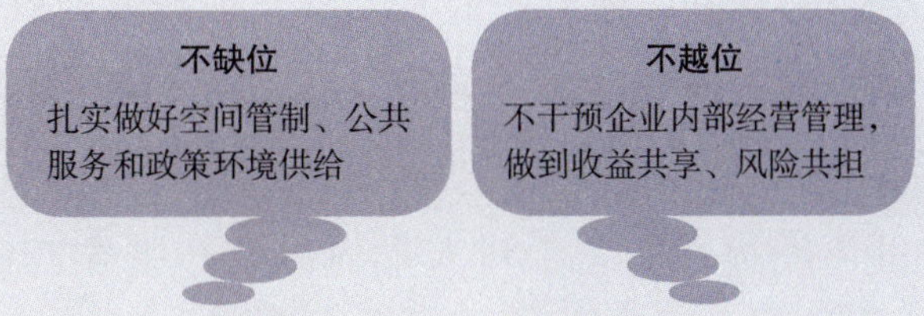

特色小镇建设中的合作模式

（五）**围绕高端农业做特色，推进城乡联动发展。**郊区特色小城镇是城乡一体化发展的操作枢纽和重要载体。大都市郊区特色小城镇既有非常广阔的高品质农产品消费市场和乡村旅游市场，又蕴藏着丰富的科技创新资源，更有条件走出一条以城带乡、城乡统筹的好路子。

专栏 9-9

特色小镇促进城乡融合发展

金山区枫泾镇一方面积极对接农科院等农业科技供给资源和农户、农业企业等农业科技需求资源，依托上海农村产权交易所平台，打造“长三角农创路演中心”，取得一定进展；又选择性借鉴“市民农庄”和蓝城“农业小镇”模式，推动规模农业发展和“众创入乡”，打造“田园综合体”。

房山区琉璃河镇与中粮集团合作打造“北京农业生态谷”，建设高附加值农产品种植加工基地、农业科技研发基地，探索以城乡统筹方式解决“三农”问题。

二、注重“三个防范”

为更好发挥政府引导作用和市场主导作用，北京、上海因地制宜、重点培育、精准施策，避免特色小城镇建设“穿新鞋走老路”。

（一）**因地制宜，防范“东施效颦、水土不服”**。北京、上海建设特色小城镇，拥有与浙江等地区不同的发展环境。主要是北京、上海人口规模均超过2000万人且还在不断增长，中心城区人口密度非常高，面临人口疏解压力；均是行政级别很高的国际化大都市，人口、资本、产业等各类资源要素高度集聚，土地成本非常高；块状经济特征不明显，历史上没有形成以某个主导产业为核心的专业镇。基于此，上海市并未照搬照抄浙江版本特色小镇模式，注重以建制镇为载体和单元发展特色小城镇。比如松江区车墩镇规划形成“南部新城影视产业核心区+多个产业支撑点”的“1+N”布局，青浦区朱家角镇规划形成“古镇文创产业集聚区+老厂区和城中村转型区+外围拓展区”的“1+N”布局。

（二）**不定数量，防范“一哄而上、层层加码”**。2016年以来，有的部门和部分省（区、市）相继提出建设特色小镇和小城镇的数量目标，如住房城乡建设部提出3年在全国打造1000个特色小城镇、海南省提出3年建设100个产业特色小镇等，引发社会关注和媒体炒作。北京、上海认为，特色小城镇建设既要乘势而上、顺势而为，更要遵循城镇发展规律、耐心坚守。为防止特色小城镇建设演变为违背规律的“造城运动”和“政绩工程”，北京、上海既不预设特色小城镇建设的数量目标，也不分解建设任务，而是注重研究特色小城镇发展规律，通过印发实施《北京市发展改革委关于进一步促进和规范功能型特色小城镇发展有关问题的通知》等政策性文件，强化规范和引导。

（三）**一镇一策，防范“削足适履、吃大锅饭”。**不同于浙江省在省级层面设定统一要求，北京、上海未在市级层面出台面向全域的土地和财税等激励政策，避免“一刀切”造成政策供给与实际需求不匹配。上海市强调政策双向反馈，既要求区级层面立足实际，出台相关政策，引导有条件有基础的建制镇开展特色小城镇建设，如嘉定区和金山区分别出台了指导意见；又采用自下而上的方式，要求建制镇提出具体困难和政策诉求，再由市、区相关部门开展定制化方案研究，按照“一镇一策”原则予以协调解决。

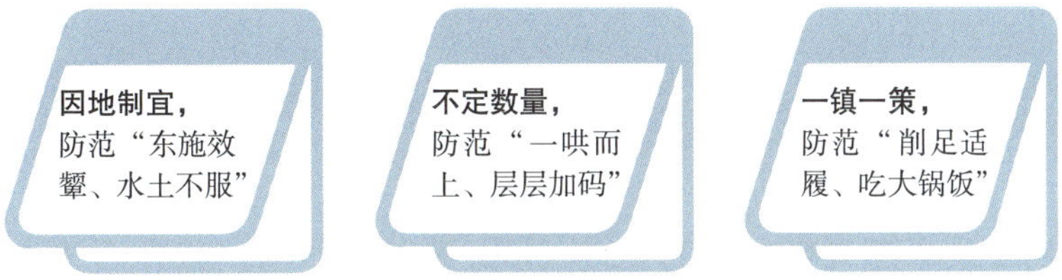

图 9-8　北京、上海特色小镇“三个防范”

三、启示和建议

北京、上海实践形成的新理念、新思路、新做法充分体现了地方特色和国际化大都市特点，对全国其他地区培育发展特色小（城）镇具有一定的启发意义，但距离最终形成可复制可推广的经验还有距离。特别是实践者提出不少困惑：一是如何处理自然生长和人工培育的关系。小城镇大多是经历很长的历史过程自然生长而成的，现在要用几年时间按人工栽培方式培育特色，多数地方干部不知道如何用力，担心人工栽培变成“无土栽培”。二是如何处理功能疏解和要素集聚的关系。受行政体制分割和区域竞争的影响，中心城区疏解出的功能面临重复承接、优质要素面临被稀释分散的风险，本该以集聚凸显特色的效应很容易被地区同质化竞争削弱。三是如何进一步强化企业主体和市场化运作。以建制镇为主体形态建设特色小（城）镇涉及的发展空间更为广泛，迫切需要紧扣产业需求、掌握优质资源的综合性高品质开发运营主体，但这类企业主体非常稀缺。没有清晰的投资主体，可持续的商业运营模式就无法建立。基于此，提出以下政策建议：

（一）**强化城镇发展规律研究，谨慎推广各地区做法。**中央和省级政府部门的工作重点，应集中于对城镇发展案例的分析梳理，揭示城镇发展规律，指导基层开展工作。在探索模式上，应充分发挥基层干部群众的能动性，鼓励多元形态、多种模式，形成竞相发展局面。在复制推广各地区做法时，应侧重于提炼“既能说得通，也能做得通”的普适经验，避免盲目推广造成一哄而起、资源错配。

（二）**指导各地区深入谋划、合理推进、防范风险。**一是厘清概念，消除基层干部和群众的思维困扰，把准行动着力点。二是谋定后动，坚决守住节约集约用地、保护生态环境和历史文物古迹的底线，防止大拆大建、浪费资源、破坏环境。三是防范风险，既要强调特色，形成规模效应和特色品牌；又要防范产业单一化带来的系统性风险，为其他产业和生活性服务业留足发展空间。四是省级统筹，省级政府应加强对辖区内小城镇产业空间布局的协调，避免重复建设；对接好特色小（城）镇反映的政策诉求，增强政策支持的精准性，避免“一刀切”和“撒胡椒面”。

（三）**以制度改革激发各地区特色小（城）镇发展活力。**特色小（城）镇尤其是特大城市近郊的小（城）镇是重要的改革突破点，应在人、地、钱、权方面体制改革上多做文章。譬如，在当前各大城市中心城区落户门槛日益提高的情况下，能否在大城市郊区降低落户门槛，吸纳中心城区人口疏解；在人口疏解的背景下，能否从生活侧切入优化公共服务资源配置，实现“雪中送炭”；能否在大城市近郊的小城镇，试行功能混合的用地新方式和城镇更新办法，探索存量土地减量化指标市场化交易；能否在控制好财务杠杆和债务风险的前提下，降低企业主体参与特色小镇建设的门槛；能否赋予市场运营主体更多的管理权限，提升社会治理水平。

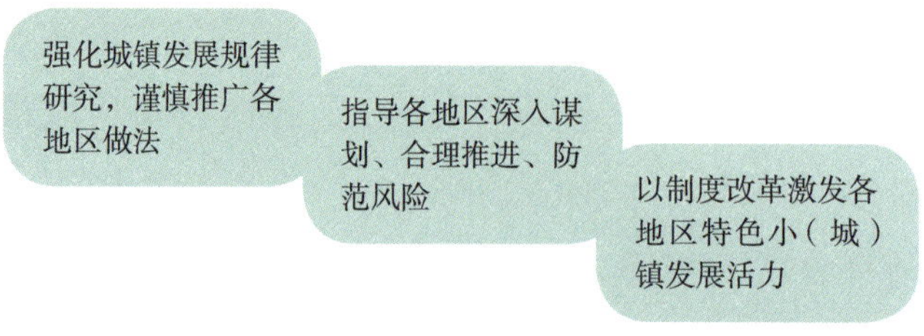

图 9-9　大都市郊区特色小镇建设的启示

江西省、湖南省特色小镇和小城镇建设案例

受国家发展改革委委托，中国宏观经济研究院国土所组成调研组，赴江西省进贤县文港镇、贵溪市上清镇、婺源县江湾镇，湖南省醴陵市陶瓷小镇、浏阳市大瑶镇5个小（城）镇，重点就特色小（城）镇建设的工作方式、推进机制、发挥市场主体作用的情况进行了调研。这些小（城）镇以建制镇为主要形式，基本处于城镇的初中期发展阶段，依托自然、历史人文资源和传统加工业形成了特色产业基础，在一定程度上代表了中部地区特色小（城）镇建设和发展情况。

一、主要做法和成效

（一）**省市制定支持特色小镇建设的工作方案，实化细化推进机制和政策措施。**住房城乡建设部、国家发展改革委、财政部《关于开展特色小镇培育工作的通知》（建村〔2016〕147号）（以下简称《通知》），国家发展改革委印发《关于加快美丽特色小（城）镇建设的指导意见》（发改规划〔2016〕2125号）（以下简称《指导意见》）出台后，省、市地方政府制定了具体的工作方案或实施方案，如江西省制定了《江西省特色小镇建设工作方案》，江西省鹰潭市、湖南株洲市颁布了本市的特色小城镇建设实施方案，从组织实施、资金保障、土地利用、评估监督等方面，实化细化特色小镇建设的推进机制和政策措施。

（二）**依托产业突出特色，基本实现了特色产业立镇。**5个特色小（城）镇基本都形成了特色产业支撑发展的良好局面。文港镇“一支笔”走向全国、上清镇道文化辐射中外、江湾镇民俗民居美誉天下、陶瓷小镇釉下五彩蜚声全球、大瑶镇花炮制造历久弥新。不仅如此，目前出现了一二三产业融合发展、制造业向服务业延伸的良好发展态势。如江湾镇围绕旅游业，发展观赏花卉种植，以旅游业带动农业转型；醴陵陶瓷小镇以传统釉下五彩产业为依托，大力发展“互联网+陶瓷”、陶瓷文化创意、工业旅游、会展商贸等。

（三）**城镇发展建设中努力引入市场机制，激发市场主体活力和企业家创造力。**5个特色小（城）镇除了利用国家专项建设基金、省和地级市方面的转移支付或以奖代补资金、上级财政返还的土地出让金等资金外，还在拓展资金来源渠道、吸引多方力量参与城镇产业发展和建设运营等方面进行了探索。

专栏 9-10

特色小镇和小城镇引入市场机制

与地级市或县级政府的城镇建设投资公司合作。具体合作方式包括：上级政府城建投资公司发行的企业债券中部分用于小（城）镇建设，上清镇采用了这一模式；组建由上级政府城建公司控股的、主要用于小（城）镇建设的融资平台公司，大瑶镇正在探索这一方式；合作设立产业发展基金，上清镇与上饶市相关投资公司合作设立了文化创意基金。

与地级市层面的国有旅游开发企业（集团）合作，发展文化旅游产业，如上饶市旅游开发公司正准备积极参与龙虎山景区开发。

依托民营企业促进产业开发，这在多数小镇表现较为明显。如民营企业已成为江湾镇民俗民居旅游景区的开发建设主体；醴陵陶瓷小镇引进湖南华联瓷业股份有限公司等173家企业，共同推进陶瓷小镇产业发展。

采取PPP模式。例如，上清镇龙虎山景点建设中采用了BOT（建设—运营—移交）方式。陶瓷小镇拟以醴陵经开区高新集团为主出资与社会资本合作方组建公司，采用DBOT（设计—建设—运营—移交）模式，推动“陶子湖片区”及“凤凰山城市中心公园”项目建设。

（四）**带动农民致富，以城带乡的作用初步显现。**文港镇、上清镇、江湾镇3个特色小（城）镇依托特色产业基础，实现了农民富裕。上清镇通过上清古街环境综合整治，既改善了城镇居民生活条件，也提高了周边店铺经商收入。江湾镇在篁岭景区开发中，采用公司+农户形式，通过农民承包地的流转和规模开发，打造了独特的梯田四季花谷风光，农户既可在景区租赁的田地里收取租金并享有农作物保护价包购等益处，还能以田地务工、景区务工、民俗旅游务工等形式实现就业、获取薪酬。

（五）**加强创新，探索发展、治理和土地利用新模式。**江湾镇篁岭民居旅游项目在古村保护、旅游发展、移民搬迁结合方面进行了探索。通过古村落产权收购、原村民搬迁安置方式，对古村落建筑及风貌体系进行规划、保护以及内涵挖掘、文化灌注，形成了特色鲜明的古村落乡村游模式。2013年以来大瑶镇在“强镇扩权”方面实施创新，到目前共承接了96项县级管理权限，实现“财权”“地权”“事权”“人权”等有序下放；实现财税办公室，国税、地税和财政合署办公，并成立了大瑶镇综合行政执法局，推动635项行政执法权落地生效。此外，大瑶镇南山村进行了宅基地制度改革，在严格落实“一户一宅”、面积法定的前提下，将部分宅基地面向浏阳市全市符合申请条件的农村集体经济组织成员流转，并通过公开竞价的方式择位。南阳村则进行了集体经营性建设用地入市的改革，1宗集体经营性建设用地通过浏阳市国土资源网上交易系统公开挂牌出让。

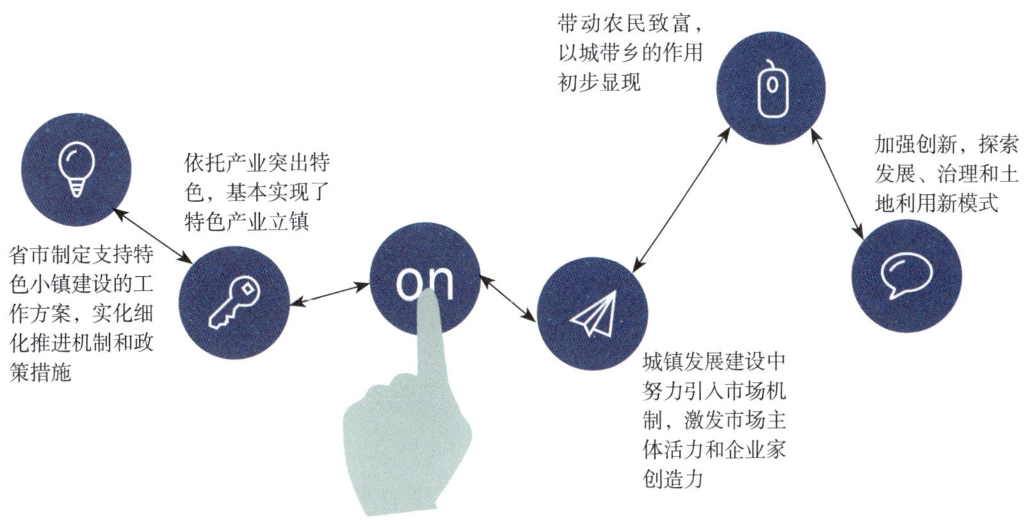

图 9-10 江西省、湖南省特色小镇和小城镇建设主要做法

二、存在的问题

此次调研中也发现各地在推进小（城）镇建设中还存在着贪大、求快、政府包揽过多等问题。

（一）**培育中有“求多”现象。**地方政府积极响应国家有关文件精神，加大了特色小镇建设力度，但也存在着特色小（城）镇培育个数“求多”的现象，突出表现在小（城）镇培育名单上层层加码。

专栏 9-11

特色小镇和小城镇培育有“求多”现象

江西省政府提出全省将在2017年、2018年的6月底分两批打造60个左右的特色小镇（含行政建制镇和不同于行政建制镇、产业园区的创新创业平台），目前正在组织地方申报；入选名单的特色小镇，还要接受年度考核，年度考核不合格的不能获得年度奖励资金（200万元）。

鹰潭市出台的《关于加快特色小镇创建工作的实施方案》中提出用3～5年的时间，全市建成6个左右市级特色小镇，并要求各县（市、区）选择1～2个作为县级特色小镇进行培育，形成“省、市、县分级创建的特色小镇格局”。这种分级创建的思路与国家集中力量重点培育建设条件基础较好的特色小（城）镇的初衷并不一致。此外，由于中部地区经济相对并不发达，对于很多县（市）而言，城镇化的重点是建设好县城，各级政府分级创建特色小镇会使政策资源更加分散，也脱离了县域经济发展的实际需要。

（二）建设中有“图快”势头。“图快”表现在资源开发、城镇建设和产业培育方面，各地政府往往要求尽快见效。

专栏 9-12

特色小镇和小城镇培育有“图快”势头

上清镇对龙虎山景区加大资源开发和旅游业发展的投入，近年来累计投入6亿元，开工建设了圣井山漂流、道学院、中坊仿古街、天师林等项目。较大规模人工景点的建设，既与自然风光不相融合，也给景区生态环境保护带来了压力。

醴陵市要求每个镇狠抓招商引资，每年力争引进1个1000万元以上工业项目或500万元以上农业产业化项目，以加快小（城）镇产业发展。能够吸引社会各方面资金参与旅游资源开发和产业发展，对于小（城）镇发展固然十分必要和重要，但过快的建设也难免导致项目缺乏充分论证以及建设质量不高等问题。

（三）**投资中有政府“包揽”倾向。**《指导意见》中要求“创新特色小（城）镇建设投融资机制，大力推进政府和社会资本合作，鼓励利用财政资金撬动社会资金”，但在调研中发现，地方政府存在着在创新融资方式途径少、撬动社会资金方面办法不多的困难。一些小（城）镇管理者表示，在与社会资本合作过程中政府在特许经营、合理定价、财政补贴等方面会承担很多责任，因此有畏难情绪。尽管各地都在拓展投融资渠道，但目前主要的资金来源还是国家专项建设资金、国家和省相关部门专项转移支付、政策性银行贷款等。

（四）**成果分享中有村（居）民利益“不足不均”问题。**小（城）镇建设应以提高村（居）民收获感为主要目的，调研中发展目前在这方面还缺乏有效的机制保障，这在旅游小镇中更为突出。高品质旅游资源属于稀缺性资源，一些地方将这种资源转让给企业进行开发，且定位于高端客户市场。这种依托高品位稀缺性旅游资源开发所产生的高收益如何反馈于当地百姓缺乏相应机制设计。此外，一些旅游资源的开发使景点附近的村民收入明显提高，其他地区的村民难以分享资源开发收益。

三、政策建议

今后一段时期，需要积极有序、因地制宜地推进中部地区特色小（城）镇建设。

（一）**把握推进特色小（城）镇建设的节奏。**一是在《通知》和《指导意见》基础上，建议国家有关部门对不同地区、不同类型、不同发展阶段的特色小（城）镇建设加强分类指导。二是指导地方对各级政府分别开展特色小城镇试点、层层放大特色小城镇建设数量的做法进行调整，科学安排建设时序，突出重点小（城）镇的建设。三是由于特色小（城）镇建设需要一个较长时期的培育过程，应指导各地在特色小（城）镇建设考核检查中，尽量不要按年度考核。考核的内容也不宜过于强调建设投资完成和招商引资情况，而应突出农业户籍人口在小（城）镇落户等体现以人为本理念的内容。

（二）**明确特殊类型小城镇建设的管控条件**。对于国家级自然保护区、国家森林公园、国家风景名胜区等范围内的小城镇，严格特色小城镇建设的条件，应从功能、规划、产业、用地等关键环节提出管控要求，通过框定发展规模和游客容量、划定生态红线以及制定开发建设负面清单等，加强对旅游、生态等资源的保护。

（三）**提高现有政府资金使用效率**。一是应提高各级政府、不同部门的现有资金使用效率。目前从中央到地方发改、财政、建设、环保等部门均有城镇建设方面资金渠道，这些资金应对列入国家特色小城镇名单的小城镇给予重点倾斜；同时可考虑参照一些地区将涉农资金整合使用的经验，允许小城镇将不同渠道的建设资金整合使用。二是加强对小城镇建设专项支持。在地方政府设立的新型城镇化建设专项资金中应对重点小城镇增加切块下达的专项资金；在地方设立的城镇化发展基金中也应增加专项用于重点小城镇建设的投入。

（四）**进一步扩大融资渠道**。一是在有条件的地区扩大地票交易、村民宅基地依法公开取得和自愿有偿退出、村集体经营性建设用地入市交易等改革试点，扩大农村集体建设用地出让收益的融资功能。二是考虑到镇政府人才、资金、政策等方面的限制，可探索由县（市）政府就重点小城镇的市政基础设施建设及相关服务与社会资本进行PPP合作的模式。

（五）**探索（居）村民资源开发收益分享机制**。中部地区文化旅游资源丰富，旅游型小镇是小城镇建设的重要内容，需要进一步探索解决资源开发收益分享不均的问题。从调研中了解的情况以及其他地区经验看，应明确（居）村民以山田或资金入股的机制，保障当地居（村）能够长期、可持续地从资源开发中受益。此外，在（居）村民分红中明确一定比例用于本地社会事业也是改善小城镇生活环境的重要途径。

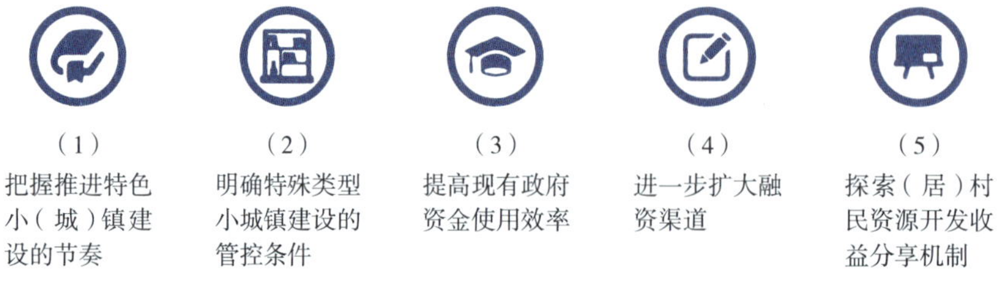

图 9–11　中部地区特色小（城）镇建设的政策建议

山东省、江苏省特色小镇和小城镇建设案例

为贯彻落实中央领导同志重要批示精神，国家发展改革委会同国土资源部、环境保护部、住房城乡建设部组建联合调研组，针对苗头性、倾向性、潜在性问题，赴东部地区2省9市，深入数梦小镇、荷兰花海小镇等8个特色小镇以及南村镇等6个特色小城镇进行实地调研，并召开省直部门座谈会听取面上情况。主要结论如下：

一、基本情况

江苏、山东2省积极推进特色小镇和小城镇建设，采取有效方法，取得一定成效。

（一）**准确区分特色小镇与特色小城镇。**当前存在不少误将特色小镇当成特色小城镇（即面积大多在几十平方公里以上的建制镇），进而导致浙江经验无法被正确有效借鉴的误区。江苏、山东2省认真研究二者区别，将特色小镇精准定义为面积为3平方公里左右、带动生产力布局优化、兼具社区文化旅游功能、生产生活生态空间融合的“非镇非区”型产业社区综合体。

（二）**实行有进有出的创建制。**江苏、山东2省认识到特色小镇建设是一种新的发展逻辑和模式，作用在于引导推动发展，而不是一个荣誉称号。江苏省2017年公布第1批25个产业特色小镇以及13个旅游特色小镇的创建名单，山东省2016年、2017年分2批公布100个特色小镇的创建名单，计划2020年再将达标的小镇正式命名为特色小镇。

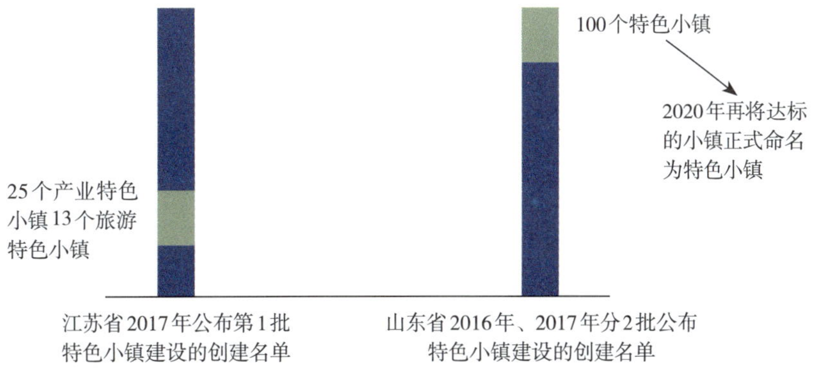

图 9-12　江苏省、山东省特色小镇建设情况

（三）**有侧重性地选择建设重点。**江苏的开发区产业基础在全国数一数二，因此以带动园区创新转型的“园中镇”建设为主，兼顾承接城市功能疏解扩散的“市郊镇”，以及带动建制镇产业升级和宜居度提升的“镇中镇”。山东的建制镇产业基础十分强劲，很多建制镇生产总值超过中西部地区的市县，因此全部发展“镇中镇”。

（四）**有针对性地设计建设模式。**江苏、山东2省在建设产业特色小镇时，多是政府先规划好小镇地块内各类功能，投入财政资金补齐基础设施和公共服务设施短板，再招商引入多家企业共同打造小镇。在建设文旅或体育小镇时，多是政府把整个小镇地块交由国企或大型民企（即小镇投资运营商），由其独立打造或招商合力打造小镇。

二、主要问题及具体表现

特色小镇是新生事物，尽管江苏、山东2省紧邻特色小镇发源地浙江，经济发展阶段也与浙江接近，但在推进特色小镇和小城镇建设过程中，也出现一些问题。

（一）**部分地方政府特色小镇创建数量目标虚高。**在省级特色小镇创建名单中，有一些缺乏产业基础的小镇仍在规划阶段，如淄博市起凤镇马踏湖养生小镇等，将来能否真正落地尚有较大不确定性。在省级特色小镇创建名单外，部分县（市、区）政府还提出要打造2个或3个小镇的目标，有的甚至提出打造“1个全国知名小镇、2个省内领先小镇、3个市内典范小镇”；这些拟建小镇质量低于名单内小镇，有的只是产业聚集区或产业项目或旅游景区，并非“产城文旅智”综合体，有园区化、项目化、景区化倾向，如济南市马山镇锦鲤小镇只有500亩建设用地，常住人口和游客很少，更像是产业项目而非小镇。更有甚者，一些企业鱼目混珠地将房地产项目命名为“特色小镇”，很容易引发负面舆论。

（二）**部分特色小镇投资运营商因产业谋划不足而潜藏房地产化风险。**部分文旅或体育小镇投资运营商在规划设计时，对市场需求、盈利模式和产业增长点考虑不足，不得不依靠房地产开发来弥补前期大量投资。例如，即墨市田横温泉运动休闲小镇投资运营商透露，小镇建成后年度主营业务收入肯定可以覆盖年度运营成本，但要收回前期大量投资需要很久，因此计划将小镇中20%的建设用地用于房地产开发，以收回80%的前期投资。

（三）**多数特色小城镇发展前景很不明朗。**地方政府普遍反映，很多建制镇被命名为前2批全国特色小城镇后，除了知名度有所提高外，并未收获市场反应和政策支持，基层政府对发展方向和思路感到迷茫。调研发现，很多被命名的特色小城镇仍只是产业强镇，缺乏文化旅游元素和独特性，距离真正的特色小城镇还需要很长时间。

（四）不少特色小城镇建设存在政府债务风险。特色小城镇基础设施建设投资需求量很大，建制镇本级财力难以承担，并且受限于信用等级也难以通过镇级政府融资平台公司进行融资，往往由上级政府融资平台公司代为融资，结果是镇级政府债务不变，但县（市、区）级政府债务有所增加。此外，在特色小镇建设上，江苏、山东2省均以企业为主体、市场化运作，但也要预防建设过程中以政府融资平台公司为主体融资，进而增加政府债务的可能。

（五）特色小镇和小城镇用地重增量配给轻存量改造。无论是地方政府还是企业，考虑到成本和时间因素，都倾向于向上申请新增建设用地，对存量建设用地挖潜的积极性不高。但是建制镇建设用地利用效率本来就低，如泰安市满庄镇镇区人均建设用地面积高达200平方米，如再新增不少建设用地，只会造成土地利用效率的进一步下降。

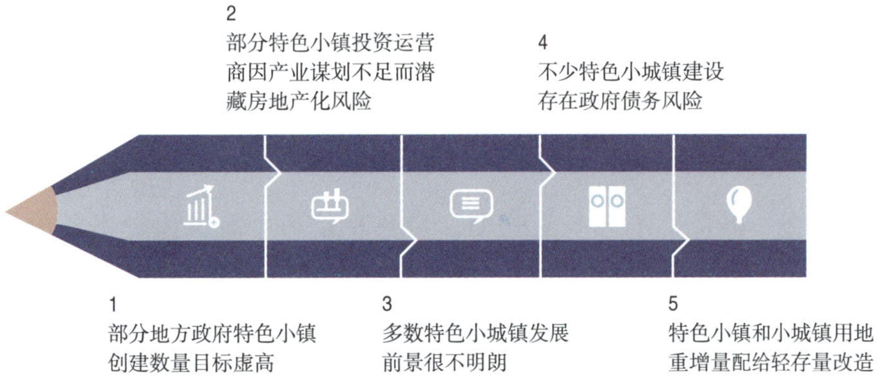

图 9-13　特色小镇建设存在的主要问题

三、主要原因

上述问题只是外在表象，深层次制度标准和监管因素是问题产生的根本原因。

（一）政出多门使各方面认识混乱。一是不少市县镇政府误把住房城乡建设部公布的2批全国特色小城镇认为是特色小镇，误把建设特色小镇认为是建设建制镇，导致“浙江经验”难以被有效借鉴，甚至可能在不具备条件的建制镇大兴土木，产生一定危害。二是农业部、体育总局、林业局分别发布了建设农业互联网小镇、运动休闲小镇、森林小镇的文件，但内涵与方向各不相同。三是很多省份有关部门也随即印发了相关文件。这使各方面认识非常混乱，地方政府迫切希望国家层面加强统筹协调，“一个声音喊到底”。

（二）**部分地方政府抱有政绩工程心态**。部分地方政府急于出成果、忙于出政绩，并存有借此向上级政府申请土地和资金的心理，导致在特色小镇和小城镇建设过程中，出现过度超前地设置过高建设数量目标、对建设周期和投资规模等设置过高标准的现象。

（三）**特色小镇和小城镇缺乏引导性标准**。特色小镇和特色小城镇贵在有特色，不适合制定普适性标准，但也有一些共性特征。地方政府普遍反映“不怕严规则，就怕没规则”，国家层面还没有对特色小镇和特色小城镇标准进行引导性、方向性界定，地方想努力却不知如何发力。此外，标准还要兼顾区域差距，江苏特色小镇集中于高端产业和产业高端，投资额大多在30亿～50亿元，这对大多数中西部地区并不现实。这导致一些社会组织借机通过频繁举办培训、以假专家冒充真专家来盈利，混淆了特色小镇本质内涵。

四、相关建议

为切实把特色小镇和小城镇建设这个“好事办好”，建议抓住主要问题，采取以下“七要七不要”应对举措。

（一）**要统一声音，不要多头管理**。特色小镇和小城镇建设不是单纯的城建问题，而是在经济发展新常态下新型产业社区和新一代经济体形态的构建问题。应由国家发展改革委牵头，会同国土、环保、住建、农业、林业、体育等有关部门，加强顶层制度设计，联合印发规范性文件，统一发声、协同发力。一些部门已印发的创建名单要纳入整体框架中统一考虑，并禁止再单独印发文件。每年对特色小镇和特色小城镇进行摸底监测，分析发展趋势和动向，为决策提供依据。

（二）**要实行创建制，不要搞命名制**。无论是特色小镇还是特色小城镇建设，都应实行创建制。创建数量要尊重发展实际，上不封顶、下不保底、宽进严出、动态管理，形成落后者出、优胜者入的竞争机制。创建期限要差别对待，特色小镇创建期限可考虑3～5年，但特色小城镇打造难度较大，创建期限至少为5～10年。考虑到当前没有真正的国家特色小镇创建对象，为引领正确方向、树立典范标杆、发挥引导作用，可适时推出第一批创建名单。暂缓第3批全国特色小城镇命名，择机将前2批命名名单改为创建名单，给市场和地方政府降温。

（三）**要因地制宜，不要搞区域平衡**。有关部门不要搞区域平衡，要引导不同地区尊重经济规律、立足发展阶段、因地制宜、循序渐进。在人口和要素外溢的一线城市特别是东部地区的城市，应围绕城市功能外溢打造“市郊镇”和“卫星城”型特色小城镇，围绕园区产业升级打造“园中镇”。在人口和要素仍在集聚阶段的二三四线城市尤其是中西部地区的城市，应围绕培育新增长点打造“市中镇”“园中镇”，在条件的城市可打造“市郊镇”和“卫星城”型特色小城镇。在产业基础雄厚的建制镇（主要在东部地区），可打造“镇中镇”和特色小城镇。

（四）**要以产建镇，不要搞产业平衡**。不是所有产业都适合打造特色小镇，要在适合以特色小镇形态发展的产业中，有选择地打造一批特色产业小镇。制造业小镇要注重从生产制造环节向研发营销环节延伸，推动产业产品高端化发展，避免围绕高污染、不宜居的低端生产制造环节打造小镇。农业小镇要倾力于一二三产业融合发展，注重产业链延伸。服务业小镇要注重追求精细化、高品质和差异化。

（五）**要建章立制，不要鱼目混珠**。特色小镇建设模式不同于小城市，也不同于产业园区和建制镇。有必要对特色小镇和特色小城镇本质内涵进行引导性、方向性界定，引导各方面明确努力方向。要合理控制特色小镇发展边界，一般控制在3平方公里左右，旅游和体育等小镇可适当放宽。深入研究特色小镇的共性特征，研究制定特色产业和功能形态等方面的引导性标准。

（六）**要精准施策，不要当甩手掌柜**。有关部门可制定有利于特色小镇和特色小城镇发展的政策，从土地、财政、融资等方面进行支持。按照总量控制、存量挖潜的原则，严格控制特色小镇建设用地总规模和住宅建设用地比例，鼓励充分利用增减挂钩、低效用地、低丘缓坡、集体建设用地和宅基地入市等方式盘活存量建设用地资源。研究在中央预算内投资中设立特色小镇专项资金，推动银行业金融机构成立建设基金，支持有推广价值的特色小镇新建项目。

（七）**要主动宣传，不要被动应战**。引导社会组织举办年度特色小镇论坛，及时宣传推广先进典型经验，规避潜在风险和问题，引导各方面积极稳妥推进特色小镇和小城镇建设。引导特色小镇智库加快发展，培养高水平专家队伍，加强对有关方面的专业性指导。

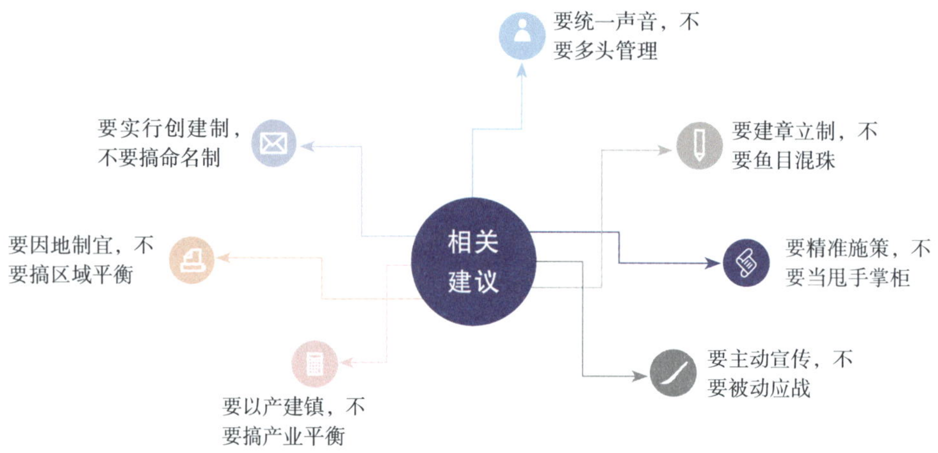

图 9-14　特色小镇和小城镇建设相关建议

安徽省、江西省特色小镇和小城镇建设案例

为贯彻落实中央领导同志重要批示精神，国家发展改革委会同国土资源部、环境保护部、住房城乡建设部组建联合调研组，赴中部地区安徽、江西两省开展专题调研。调研期间，调研组实地考察了安徽省合肥市滨湖金融小镇、铜陵市义安区钟鸣镇、安庆市潜山县源潭刷业小镇和江西省庐山市海会镇、赣江新区南湖基金小镇等11个特色小（城）镇，并与省直相关部门、特色小镇建设运营企业等进行座谈交流。有关情况如下。

一、基本情况

此次调研范围覆盖了新华社反映有潜在问题的小镇5个、住房城乡建设部公布的两批特色小镇4个、体育局公布的运动小镇1个、省级特色小镇1个。从调研情况看，安徽省和江西省都将推动特色小镇建设作为促进产业转型升级、城镇提质优化的重要抓手，积极探索适合本地区特色小镇发展路径，在培育引导特色小镇建设发展方面取得了一定成效，呈现以下特点。

（一）**推进工作机制健全。**组织推进方面，建立了“省统筹、市指导、县主体、镇实施”的分级协调实施机制，并在省级层面成立联席会议制度，强化对各类特色小镇建设的分类指导。考核监管方面，采取逐级申报、分类评审、动态考评、实绩摘牌、期末验收的“创建制”，对于连续考核不合格的，分别给予停止奖励、约谈、摘牌并扣回奖励资金等。

（二）**培育目标要求明确。**培育数量方面，两省都按照成熟多少、批准多少的思路制定了特色小镇创建目标，安徽省计划到2021年培育建设约80个省级特色小镇，江西省力争到2020年分两批选择约60个作为创建对象。建设要求方面，安徽省特别强调省级特色小镇债务应负担合理，培育有竞争力的创新集群、有影响力的细分行业冠军，将主导产业主营业务收入的增速和单位面积强度作为特色小镇建设的关键指标。

（三）**政策措施导向清晰。**财政支持方面，安徽省财政每年安排特色小镇专项资金5亿元，其中4亿元资金以“借转补”方式扶持考核合格的特色小镇，另外1亿资金以“以奖代补”的形式用于奖励推进工作较好的特色小镇，奖补资金定向用于特色小镇规划编制、基础设施和公共服务设施建设、生态环境保护、主导产业培育等。创新体制机制方面，江西省将特色小镇纳入省级小微企业创业园同步创建，提供融资服务、技术支持、证照办理等相关便利，依法给予税费减免，有效提升了特色小镇产业孵化能力。人才吸引方面，安徽省对进入特色小镇的产业领军人才、大学生、企业高管、科技人员创业者、留学归国人员等给予创新创业人才扶持政策倾斜，加速高端人才在特色小镇集聚。

（四）**建设运营主体多元。**从调研特色小镇的建设模式来看，地方政府及平台公司主要负责基础设施和公共服务设施建设，核心产业载体建设、招商、运营则更多由专业化机构实施。巢湖市黄麓镇建筑科创小镇依托龙头企业富煌钢构和巢湖半岛科学城，通过建设建筑科技研发、绿色建筑示范、智能车库研发等基地，推动钢结构产业延链、补链，小镇预计未来3年投资35亿元，其中配套基础设施、科技展示中心等主要由政府出资，研发、转化、居住等项目则由富煌钢构投资。合肥滨湖基金小镇由央企中建国际、合肥市属企业兴泰金融控股和区属平台公司滨湖投资、文广投资四方联合出资开发，其中部分基金、配套教育项目又分别由北京文投、上海世外等具备成熟优势资源的机构引入和运营。

（五）**生产生活生态共促共建。**多数小镇都将秀美怡人的生态生活环境作为“主打牌”，注重环境整治、风貌塑造、文脉传承与产业转型升级互促共进。安庆市源潭镇在建设刷业特色小镇过程中，注重改造提升传统工业型乡镇“散、乱、污”环境，通过塑造错落有致、山水融合的景观空间，加强工业园区的示范改造修复，构建舒适便捷的人才社区，推动功能单一的生产厂区转变为“产业+生活、产业+文化、产业+创新、产业+生态”的复合宜居空间。九江市庐山西海射击温泉康养运动休闲小镇依托庐山西海风景名胜区的湖光山色，充分保留小镇生态绿心，以生态廊道将各项目组团“串珠成线”，培育高山漂流、飞碟射击、户外拓展、瑜伽太极等新型健康休闲业态，有效满足了多样化、个性化的旅游度假消费需求。

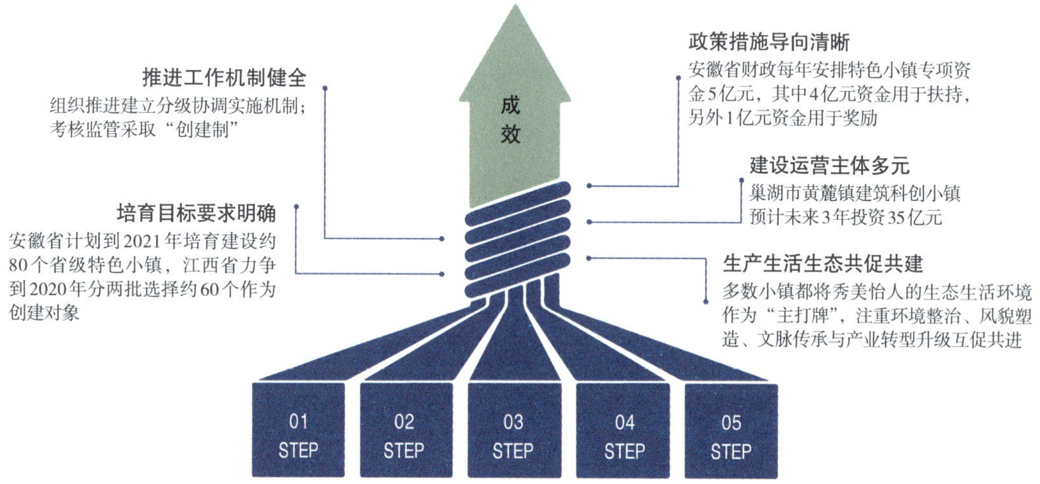

图 9-15　安徽省、江西省特色小镇和小城镇建设主要成效

二、存在的主要问题

虽然两地已经在实践探索中取得了一定成效，但总体来看，两地特色小镇的培育建设还处于规划设计的起步阶段，在此过程中特色小镇建设也出现了“五多五少”问题，需要给予重点关注。

（一）**政府主导的多，市场推动的少。**一方面，部分特色小镇建设呈现出“政府热、市场冷”“政府急、市场稳”的现象。有的特色小镇在申报命名后，才由政府进行概念策划、确定方向，切块对旅游开发、农产品加工、康养设施建设等进行招商，缺乏统一的专业化机构运营管理，难以把准市场需求的脉搏；有的特色小镇政府已经成立指挥部“挂图作战”，就规划编制、土地勘测、拆迁征地等工作倒排时间表加快推进，签约合作的社会资本还在稳妥深入进行方案研究、盈利能力测算；有的政府认识到特色小镇建设必须依靠市场力量，但苦于前来合作洽谈的建设商多、运营商少，来赚快钱的企业多、长期投资的企业少。另一方面，即便是以市场为主投资建设的，也多是国有企业和政府平台公司，民间资本参与比例还不高。如合肥市滨湖金融小镇4家投资主体均为各级国企；安庆市怀宁县石牌镇投资主体是县平台公司与省属企业安徽出版集团合资成立的项目公司；赣江新区儒乐湖新城产业特色小镇投资主体是新区平台公司和上海市属企业绿地集团合资成立的项目公司，等等。

（二）**依托自然历史资源的多，构筑产业创新升级载体的少。**从此次调研和两省公布的第一批省级特色小镇分布情况看，目前特色小镇发展主攻方向聚焦传统产业创新突破、转型升级的比较少，多数特色小镇特别是建制镇都瞄准文化旅游、休闲观光、农业体验等产业开发，消费体验千篇一律、竞争力不足。有的欠发达地区建设基金小镇、金融小镇单纯依靠特殊税收政策优惠，注册的公司和资金数量大，实质上能发挥带动效应的人才集聚和经营活动很少。尤其是部分特色小镇区位优势不够突出，缺乏大城市人口资源外溢的红利，自身生态环境、历史街区风貌特色也不够鲜明，盲目加大投入进行低端化、同质化开发，形成的收益难以支撑特色小镇持续运营和健康发展。

（三）**"冠名擦边"和争取资源的多，辐射带动城乡协调发展的少。**特色小镇是连接城、镇、村的关键节点，是辐射带动新农村的重要载体。但调研中发现，部分特色小镇只是为了争取优惠政策、盲目跟风冠名为"小镇"，实质是原有城市空间的延伸拓展，既不是功能复合的生产生活生态空间，也难以起到对城乡协调联动发展的支撑作用。

（四）**另辟新地造镇的多，深度挖掘提升现有镇区潜力的少。**深厚的产业基础、文化底蕴、古街风貌是特色小镇培育建设最珍贵的资源，以现有镇区为空间基础、适度拓展，也有利于特色小镇更为顺利地培育起步。但调研中仅有铜陵市大通镇、安庆市石牌戏曲小镇部分基于传统街区改造提升进行建设，多数特色小镇都是在产业开发区、农业园区中，或者自然风景资源周边、土地规划限制较少的地块中"另辟区域、从零起步"开始打造，难以与原有人口集聚能力较强的镇区形成良性互动。即使是以小城镇为建设对象的5个国家级特色小镇，发展重点也在建设新的核心功能区，而非改造提升现有镇区功能和品质。

（五）**以概念性方案指导建设的多，规范编制特色小镇发展规划的少。**在调研的11个镇中，没有组织编制专门的特色小镇建设规划即推进建设的达一半以上，多数依据申报时的概念性方案谋划产业布局和发展目标。从空间管控来看，特色小镇的建设大都是在其所属镇或区土地利用规划和城镇建设规划指导下开展，均未按照特色小镇的范围编制空间性规划，特色小镇建设中耕地保护和生态红线管控没有协调衔接的空间性规划约束，难以在特色小镇范围内充分落实“三生融合”理念。

图 9–16 安徽省、江西省特色小镇和小城镇建设存在的主要问题

三、主要原因

目前中部地区特色小镇发展出现的问题，是思想观念、基础条件、管理体制、发展模式等多方面因素共同作用形成的，需要在实践中综合施策加以破解。

（一）**政绩观念驱动导致行政主导色彩浓厚**。有的地方依然存在“拿牌子”“戴帽子”就是政绩的观念，担心错过新一轮发展机遇，希望通过争取各级特色小镇称号在招商引资、争取项目、对接政策资源等方面享有更多便利。有的地方在建设工作中只注重事前的项目包装、不注重特色小镇发展的长远谋划，缺乏系统推进特色小镇建设的总体思路。有的地方习惯于通过行政手段推动小镇建设，不善于吸引市场和社会力量积极参与，导致特色小镇发展缺乏持久生命力。

（二）**认识存在偏差导致小镇建设特色不突出**。由于对特色小镇建设的规律和着力点理解把握不深不透，有的地方依然以传统项目开发、园区建设的思路谋划特色小镇发展，对如何通过特色小镇建设推动地区产业结构升级、人口集聚能力提升、公共服务改善、体制机制创新等研究探索不足，“重形轻神”“重物轻人”的现象还比较普遍。有的地方脱离实际、简单照搬模仿，所确定的主导产业缺乏发展基础，特色不够鲜明，难以取得竞争优势。

（三）**基础条件薄弱导致产业人口集聚较难**。浙江特色小镇发展的成功经验根植于发达的县域产业基础，是经济规模扩张、集聚发展到一定阶段后转变增长方式的空间载体。目前我国中西部地区城市群多数处于培育阶段，中心城市还不具备要素资源外溢的条件，而县域经济又比较薄弱、产业基础不够扎实，小城镇的功能主要还停留在服务农村生产生活。比如产业相对发达的安徽省过百亿的产业集群只有22个，与江苏省154个、浙江省72个相比差距显著。即便能够作为特色小镇培育基础的，也主要是电缆、刷业、麻纺、农副产品加工等资源依赖型和劳动密集型产业，总体处于产业链中低端环节、自主创新能力较弱、价值延生能力不足。在这种基础条件下培育特色小镇，客观上集聚产业和人口的难度更大。

（四）管理体制不够清晰导致地方申报建设混乱。除按党中央国务院领导同志批示精神，国家发展改革委统筹指导地方开展特色小（城）镇建设工作外，住房城乡建设部以小城镇为单元公布了2批403个全国特色小镇，农业部、体育总局、国家林业局已分别启动创建农业互联网小镇、运动休闲小镇、森林小镇，文化部、国家民委等部门也在研究相关领域特色小镇推进工作。目前各部门推动实施的特色小镇内涵界定不够统一、建设目标任务各有侧重、管理模式不尽相同，在客观上导致了部分地方在实施推动过程中难以聚焦重点，各项支持政策也尚未形成有效合力。

（五）寻找盈利点难度较大导致社会资本投资热情不高。中部地区特色小镇的产业规模和市场容量与东部发达地区都存在较大差距，加之基础设施欠账较多、政府财力相对不足，特色小镇普遍建设投资成本也较高。目前社会资本参与特色小镇建设都有一定意愿，但到真正投入阶段普遍还较为谨慎，关键原因就在于很多地方对特色小镇的“特”找得不准、挖得不够，盈利模式还不清晰成熟。

四、建议措施

在后续研究制定特色小镇规范性文件中，建议紧密结合各地区实际，既要积极支持、鼓励探索创新，也要加强规范引导、科学稳妥推进。

（一）完善特色小镇创建达标管理制度。优化调整目前特色小镇采取的“推荐—评审—认定—公布”制度，探索建立“定标—对标—申请—达标—公布—考核”的创建达标管理制度。特色小镇培育阶段主要发挥市场机制作用、由社会力量推动其自然生长；国家层面组织研究制定科学完善的特色小镇考评指标体系，设定定性定量目标；特色小镇相对成熟后若达到国家标准要求则自动成为国家级特色小镇，由国家有关部门公布名单并持续开展督查考核，不符合考核标准则淘汰退出。这项制度既能够避免目前“命名制”存在的不足，也能够充分发挥市场主导力量，促进优势资源向特色小镇集聚。

（二）**加强对特色小镇分区分类指导**。规范性文件对特色小镇的规范指导，应充分考虑所在区域和产业类别的差异性，不搞区域类别平衡。分区指导方面，对东部发达地区，可适当提高建设标准、严格时限要求、倒逼发展转型；中西部地区小镇产业基础相对薄弱、民间资本较为欠缺、要素优势不够突出，特色小镇培育应特别注重因地制宜、尊重规律，本着实事求是、量力而行的态度，既不能求一两年见轮廓、三五年出成果，更不能搞遍地开花运动式建设。分类指导方面，建议国家层面建立由综合部门统筹、相关专业部门参与的指导体系，统筹部门负责总体研究指导不同类别特色小镇协调推进，专业部门负责具体对口指导生产加工、文化传承、休闲旅游等不同类别特色小镇建设工作。

（三）**更加注重激发市场主体活力**。在规范性文件中进一步强调规范财政性资金使用方向，基础设施和公共服务设施以外的建设投入原则上必须通过市场化方式解决。创新特色小镇建设投融资模式，有效降低特色小镇建设成本，鼓励利用财政资金撬动社会资本，共同发起设立特色小镇建设基金，强化开发性金融对特色小镇建设的定向支持力度。充分利用“千企千镇”合作平台，定期举办项目推介会，引导国内外有实力、有意愿企业参与各地特色小镇建设、运营。

（四）**研究编制特色小镇规划导则规程**。在规范性文件中明确提出编制特色小镇规划导则规程，以更好地指导各地编制好特色小镇规划。进一步强调将规划编制作为特色小镇建设的前提，以把准特色定位为核心目标，做好特色产业、特色风貌、特色文化的研究；做到发展规划、土地利用规划、建设规划、环境保护规划在特色小镇空间上的“多规合一”；通过编制并严格落实空间规划管控要求，严守永久基本农田保护和生态保护红线约束，坚决杜绝圈占农地、破坏生态行为；在小镇空间布局、城市设计、功能组织方面做精、做细、做美，力求生产、生活、生态融合发展。

（五）**做好政策宣传解读和正确引导**。特色小镇建设是一项探索性创新性实践，建议组织系统化高水平业务培训，规范社会机构培训，使参与特色小镇建设各方力量的认识、思路更加清晰准确。同时加强舆论的正确引导，小镇建设不是一朝一夕之功，有关媒体既要发现问题，也要宣传推介成功做法和典型经验，共同形成良好的社会舆论氛围，促进特色小镇健康发展。

图 9-17 中部地区特色小镇发展问题的主要原因及建议措施

甘肃省、陕西省特色小镇和小城镇建设案例

为贯彻落实中央领导同志重要批示精神，国家发展改革委会同国土资源部、环境保护部、住房城乡建设部组建联合调研组，赴甘肃省武威市清源镇、临夏州松鸣镇、兰州市榆中县青城镇，陕西省西安市灞柳基金小镇、罗曼小镇、将军山小镇、商洛市柞水县营盘运动休闲小镇进行实地调研，并多次召开座谈会与当地相关部门、企业等进行充分沟通，了解两省小城镇建设有关情况。总体来看，甘肃和陕西高度重视特色小镇建设，积极探索适合本省实际的特色小镇发展之路，调动了各方面建设特色小镇的积极性，但也存在一些值得注意的问题。有关情况如下。

一、问题和现象

从调研情况看，上述两省有关市镇尽管房地产化倾向不明显，但影响特色小镇健康有序发展的苗头性、潜在性和倾向性问题逐步显现。

（一）**政府强势主导和有效管理缺位现象并存**。一方面，一些地方政府“用力过度”，过多依靠行政力量推动特色小镇建设，潜藏政府债务风险。另一方面，政府引导作用发挥不足，对企业服务监管不够，如某镇在未充分论证发展葡萄酒产业的比较优势、未来旅游客流量等情况下，流转和出让大片土地给企业发展休闲旅游康养产业。

（二）**存在概念泛化、层层加码趋势。**一些地方对特色小镇还存在认识不清、概念模糊的问题，忽视了特色小镇产业功能、文化功能、旅游功能、社区功能的复合性，将一些功能单一产业区戴上特色小镇的“帽子”，一些教育项目、安置项目、产业园区项目、旅游景区等都贴上特色小镇标签，诱发了一批“伪特色小镇”，导致特色小镇建设出现了过度泛化倾向。地方政府普遍缺乏创新性的机制与手段，基本依靠行政指令推进特色小镇建设，淡化了市场主体的作用，偏离了政府引导、市场主导的培育创建原则。一些市县政府在省级政府确定数量后，盲目跟风、层层加码，各级特色小镇数量庞大。

（三）**注重外延扩张，规划有效指导作用不强。**一些地方特色小镇规划因循守旧，仍然走城镇规划的老路，只注重空间布局和建筑设计，特色挖掘不充分、编制形式单调，鲜有“多规合一”，对能够体现特色小镇核心内涵的产业发展、文化传承、生态保护等相关内容思考谋划不足，难以指导特色小镇发展。部分地方小镇规划没有考虑到西部地区人口稀少、产业基础薄弱、生态环境脆弱的特点，没有集聚发展，仍然追求大而全，分散布局在不同功能区，埋下了抬高成本、浪费资源的隐患。

（四）**产业支撑能力不够，存在同质化竞争。**调研的特色小镇大多依托旅游、文化、农产品等特色资源培育产业，但存在产业链条短、高端要素稀缺、支撑就业作用不强、同质化发展倾向等问题。有些小镇开发模式单一雷同、较为低端，仍停留在看文物、看风景阶段，在市场有限的情况下同质化竞争压缩了盈利空间，小镇发展的可持续性存疑。

（五）**文化保护和挖掘不足，生态环境保护存在隐患。**一些小镇只注重对有形文物的保护开发，对非物质文化遗产的保护和挖掘不足；一些小镇环保设施建设滞后，开发建设活动存在破坏生态的隐患。

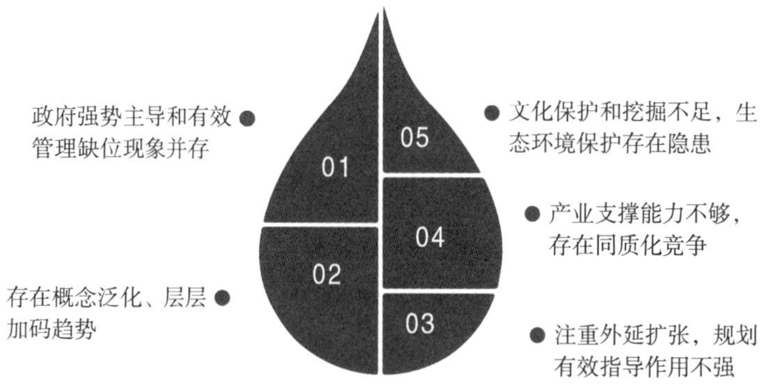

图 9-18　甘肃省、陕西省特色小镇和小城镇建设现象及存在问题

二、原因和风险

陕西省、甘肃省等西部地区特色小镇建设过程中出现的问题既有发展阶段等客观原因，也有观念意识不到位等主观原因；既有发展欠账较多等历史原因，也有营商环境不佳等现实原因。

（一）**特色小镇存在多头管理现象**。目前，除了国家发展改革委、住房城乡建设部按照法定职责各自推进特色小镇建设以外，国务院其他有关部门建设特色小镇的积极性很高，出台了若干支持政策，一方面推进了特色小镇的发展，另一方面不同行政部门的要求不同、标准不一，既给地方特色小镇申报和建设推进工作带来了诸多困扰，又增加了监管难度，导致一定程度的混乱。

（二）**规划建设理念存在一定程度偏差**。一些地方政府在经济下行压力下把特色小镇建设作为拉动经济发展的重要抓手，但对相关文件缺乏深刻理解，有的甚至望文生义，对特色小镇的认识不到位。在规划编制过程中，对“两山理论”“多规合一”、紧凑式布局等先进规划理念的遵循和应用不足。在小镇建设过程中，习惯于投资拉动惯性思维，追求短期成效；缺乏改革锐气，创新意识不强，忽视体制机制建设、生态环境保护、传统文化传承等长期努力才能见效的措施。

（三）**一些地区营商环境不佳**。近年来陕西省、甘肃省营商环境得到积极改善，投资营商的吸引力不断增强，但一些地区商本位意识与江、浙地区差距较大，市场准入限制偏多、申请周期偏长、程序复杂、国企民企差别对待等问题仍没有根本解决，个别基层政府行政效能不高、缺乏主动服务意识，诸多原因导致民营经济参与特色小镇建设能力严重不足，难以成为特色小镇的市场主体。

（四）**一些地区经济基础薄弱**。一些地区经济发展滞后，产业结构单一，产业链条不长，带动能力不强，公共服务和基础设施历史欠账较多，对产业支撑能力和人才吸引能力不足，缺乏高端要素集聚平台，融资渠道狭窄，公共财力不足，居民收入水平不高，消费能力有限，对特色小镇发展的支撑不足。

从调研情况看，上述问题及形成原因可能导致以下潜在风险，应予以高度重视。一是不可持续的风险。一些在建特色小镇基础条件并不具备，勉强建成后盈利模式能否持续具有很大不确定性。如果外部环境条件有所变化，一些在建特色小镇可能会半途而废，形成一批烂尾工程。二是新一轮重复建设风险。当前一些西部地区特色小镇建设已出现盲目跟风、同质化的苗头，如果政策引导不力，新一轮重复建设将在所难免。三是生态安全风险。陕西省、甘肃省生态环境脆弱，极易受到开发活动扰动，如果开发不慎，会加大生态环境保护压力，一些景区开发运营也不得不面对地质灾害的防范问题。四是潜在政府债务风险。陕西省、甘肃省地方财政缺口较大、民营经济不发达，若一些债务较重的地方政府深度参与特色小镇建设，可能形成隐形政府债务。五是社会稳定风险。同质化特色小镇建设可能引发恶性竞争，降低盈利能力甚至运营主体退出，直接影响部分居民就业和收入水平。

三、措施建议

今后一段时期，需要积极有序、因地制宜推进特色小镇建设，为此建议：

（一）**加强横向和纵向统筹协调**。要加强国家和省级层面统筹协调，建立特色小镇发展工作部际协调机制，既要发挥国家和省级综合经济管理部门的统筹协调作用，又要发挥住建、国土、环保、林业、农业、民委、体育等专业部门在准入门槛、规划编制、技术指导、监测评估等方面的专业把关作用，形成国省两级抓特色小城镇培育创建的互动机制和信息共享机制。要充分利用云计算、大数据等现代信息技术，建立特色小镇大数据，推进信息共享。要建立定期会商机制，按照共商、共建、共享的基本要求，研究解决特色小镇培育中出现的各类问题。

（二）**建立市场在特色小镇建设中发挥主体作用的机制**。鼓励一个特色小镇由一家大型企业牵头组建联合体，负责投资、营运和管理，保证特色小镇培育特色产业集群，集聚特色要素。企业根据国家和省级部门确定的特色小镇培育要求，制定特色小镇的整体设计、运营方案，自主寻找特色小镇的盈利模式。政府根据特色小镇发展需要做好基础设施、公共服务设施、生态环境保护设施的规划和建设。市县政府可以借鉴甘肃省统筹整合各类政策性资金，集中支持特色小镇建设。特色小镇建设应当通盘设计、量力而行，分步实施，逐步完善。

（三）**制定特色小城镇培育创建的底线要求**。特色小镇要符合国家和省级确定的主体功能区管控要求，促进特色小镇发展与资源环境承载能力相适应，与文化传承保护相协调。严守生态保护红线和永久基本农田保护红线等底线，在禁止开发区内不得设立特色小镇，在重点生态功能区设立的特色小镇要从严管控。在重点开发区域设置的特色小镇，不能占用生态空间，明确集聚人口的最低要求，集聚产业的最低规模，土地集约利用的最低标准。

（四）加强规划编制引导。国家层面制定特色小镇规划编制的基本要求，研究建立规划编制技术导则，开展技术培训。国家和省级特色小镇规划应由省级人民政府主管部门统一审查。建立特色小镇规划社会公开评价机制，专家评价和社会评价相结合。要尊重企业家在特色小镇规划中的特殊作用，围绕特色产业培育编制规划，防止规划照抄照搬。国家级特色小镇要由国家知名规划设计单位编制规划。省级特色小镇至少由省级知名规划设计单位编制规划。对于现有由县市组织编制的特色小镇发展规划，要抓紧开展规划评估，评估后认为不符合实际的，应当抓紧开展规划修编和调整，切实提高规划的水平和质量，防止低水平建设。

（五）深化特色小镇研究。要尊重城镇化发展的基本规律，根据本省城市化发展阶段，以及资源生态环境条件，自主选择特色小镇创建培育模式。处于要素向省会城市和地级市大规模集聚阶段的西部地区，培育特色小镇要慎之又慎，不能盲目照搬浙江经验和模式，不能人为造镇。可以考虑研究现有建制镇集聚特色要素的基础和潜力，以及现有特色资源富集区域建设特色小镇的方式和途径，行政资源和旅游文化资源有机融合的方式，特色小镇的形成机制。要加强特色小镇培育典型案例研究，比如甘肃省和政县松鸣镇景区镇区融合研究，陕西省柞水县营盘镇特色资源开发利用研究等。

（六）建立特色小镇监督评估机制。建立特色小镇监督评估指标体系，省级主管部门定期或者不定期对国家和省级特色小镇进行监督评估。国家可以委托第三方机构对国家级特色小镇培育情况进行综合评估。市县政府要根据监督评估结果，督促相关责任主体进行整改。对于整改后仍然不符合要求的，应当退出特色小镇培育序列。

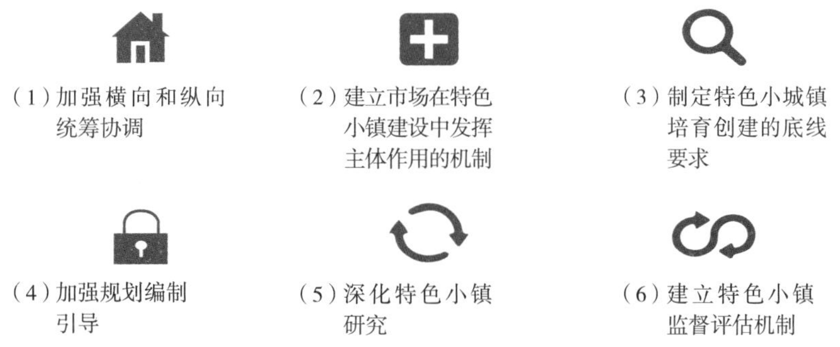

图 9-19 甘肃省、陕西省特色小镇和小城镇建设的措施建议

四川省、云南省特色小镇和小城镇建设案例

为贯彻落实中央领导同志重要批示精神，国家发展改革委会同国土资源部、环境保护部、住房城乡建设部组建联合调研组，赴四川省和云南省开展特色小镇建设情况调研，调研组实地考察了14个特色小镇并与小镇所在地政府部门、市场主体进行座谈交流，召开了省直部门座谈会。调研发现，四川省和云南省建设特色小镇热情较高，两省立足本地比较优势，重点围绕古镇文化和优美生态环境做文章，在推动特色小镇建设与精准扶贫脱贫相结合、培育特色产业、挖掘传统文化内涵等方面进行了积极探索，为中西部经济落后地区发展特色小镇积累了有益经验。调研也发现，部分地区特色小镇数量过多、质量不高，产业支撑不强，特色不鲜明，企业主体作用发挥不足，存在房地产化倾向和加重地方政府债务风险等苗头性问题，需要在下一步工作中引起重视，避免特色小镇发展走样变形。

一、存在问题

（一）**概念混乱，定位不准**。很多地方把特色小镇当成一个筐，什么都往里装。具体表现在：一是把特色小镇等同于一般的小城镇建设，在几十乃至上百平方公里的空间范围内推进。二是把特色小镇等同于旅游景区、文化旅游或体育运动综合体项目，只注重单一功能而忽视了“城”的功能。三是把特色小镇等同于开发区或工业园区，导致产城人文融合不足，生产、生活、生态功能不完善。四是部分地方根据招商引资需要，随意把招商手册里的建设项目冠名为特色小镇。这些“穿新鞋走老路”“新瓶装旧酒”的做法，混淆了特色小镇的概念，违背了特色小镇建设初衷，很难实现在一个集聚的空间范围内，助推供给侧结构性改革和促进产业转型升级的战略目标。

（二）**规划数量过多，质量不高**。一些部门和部分地区抱着抢抓国家政策红利和多报不吃亏的心态大干快上。主要表现在：一是不同部门之间重叠、交叉、重复严重，放大了特色小镇建设规模。二是各级政府抱着跟风发展、相互攀比的思想，不管有无基础，不管能不能建成，都要打造一批特色小镇。三是急于求成，迫切希望在短短3年时间内建成多个特色小镇。四是存在用地粗放、资源浪费隐患，一些地方脱离原有建制镇开辟新区域建设，将原住民迁出，产城结合不紧密，

可能引发新一轮用地冲动。五是生态管控不严，对重要生态功能区保护不力，小镇内环保设施不健全，少数地区存在挖山造湖、破坏山水田园的现象。这种重数量轻质量、一哄而上的做法，很容易催生大量“形象工程”，劳民伤财，浪费资源，留下遗憾。

（三）**企业主体偏少，市场化不足。**部分地区依然按照传统的城镇开发思路大包大揽推进特色小镇建设。具体表现在：一是弄混了政企的角色，政府不仅在投融资方面替企业背书，而且包揽了很多本该由企业主体承担的职责。二是以领导意志替代市场规律，一厢情愿地发展自认为有前景的特色产业，产业定位和商业模式不清晰，没有让专业的市场主体发挥专业作用。三是在融资方面，政府参与特色小镇投资比例过高，而且过多依赖上级政策优惠和资金项目支持。这些偏离“企业主体、市场化运作”原则建设小镇的做法，极有可能导致小镇特色产业支撑不足，难以实现小镇长期可持续运营，形成大量无效投资和“空镇”“鬼镇”。

（四）**盲目举债建镇，金融风险大。**部分地区抱着借钱赚政绩、欠账下任还的心态大量举债建设特色小镇。具体表现在：一是很多依靠转移支付维持运转的县级政府举债建设特色小镇，政府需要配套投入资金量超过县级财政好几年的收入。二是盲目攀比投资规模或迫于完成上级政府确定的投资考核任务，积极利用县级融资平台融资，进一步增大了债务风险。三是对存量债务和新增债务缺乏统筹，对政府投入的具体还款来源缺乏周密的安排，没有量力而行、分期分步推进。这些不顾及本地财政实力盲目举债建设特色小镇的做法，极有可能放大地方政府财务杠杆，增加地方政府债务，引发局部金融风险。

（五）**同质化较严重，特色不鲜明。**部分地区粗浅片面地理解浙江经验，学形不学魂甚至“东施效颦”。具体表现在：一是炒作概念，相互照搬照抄，很多文化旅游小镇都提出打造健康养生产业，内容重复形态雷同。二是部分地区对自身特色挖掘不足，在建筑风格和小镇整体风貌上没有体现地区差异性。如某民族地区旅游小镇忽视本地民族文化底蕴，不考虑实际使用功能，大量建设与本地建筑风格不符的异形建筑，成为了“建筑设计试验场”。三是产业内容杂而散，没有结合自身优势做精做专、突出特色。这些错误的做法，违背了因地制宜、突出特色的发展理念，导致小镇特色不鲜明、产业同质竞争、空间面貌雷同，最终使得建成的小镇难以通过差异化竞争获取长久生命力。

（六）**房企过度参与，小镇地产化。**大量房地产企业以特色小镇的名义搞房地产开发，为未来发展带来隐患。具体表现在：一是很多小镇内房地产用地占比过高，公共服务和基础设施配套明显不足。二是特色产业培育不足，后续盈利能力难以保障。三是房地产企业不具备专业的产业培育和小镇运营能力，部分房企也并没有对相关产业的培育和后期运营留足资金。这种放任房地产企业过度圈地建设小镇的做法，很容易出现新的“空镇”“鬼镇”，形成一批新的房地产过剩库存，给政府带来基础设施维护和社会治理的负担。

图 9–20　四川省、云南省特色小镇和小城镇建设存在的问题

二、原因分析

（一）**国家层面统筹协调不够**。国务院相关部门思想不统一，分工不明确，建设标准不一致，对地方缺乏正确的政策指导，造成了地方理解的混乱。各省在缺乏统筹把控的情况下，又急于出台自己的建设标准，于是造成了特色小镇交叉重叠甚至冲突的混乱局面。

（二）**一些地方发展理念存在偏差**。部分地区没有领会吃透党中央、国务院领导同志关于特色小镇、小城镇建设的重要批示指示精神，仍然按照传统的建新城、造新镇的方式建设小镇，通过投资规模驱动的方式搞发展，且越向基层越严重。部分地区对绿色发展理念认识不深，故意拖延生态红线划定时间，放宽生态保护红线划定范围。

（三）**一些地区抱有错误的政绩观**。一是赶时髦，部分地区领导干部习惯性地把特色小镇当成了口号或标签，总认为别的地方都搞了，自己不做就显得落后。二是拼投资，部分地区把特色小镇当成拉动投资的风口，希望以此带动当地经济总量。三是要帽子，把特色小镇当成争取资金项目的平台，不管条件怎么样，先报上去再说。四是重表面，缺乏踏踏实实干事业和“功成不必在我”的精神。

（四）**一些地区没有摆脱计划经济思维。**抱着传统计划思维的领导，喜欢数字，搞区域平衡和层层指标下达，逐个分解数字目标任务。各地对如何更好地发挥市场在资源配置中的决定性作用也缺乏正确认识，在实际操作过程中不能充分尊重市场规律和听取专业机构的意见。

（五）**各地发展阶段存在差异。**客观上，中西部地区仍处于工业化城镇化加速发展阶段，产业基础薄弱且分散，因而很容易出现追逐相同热点搞同质化建设。同时，中西部地区民营经济不发达，专业化市场主体数量不多，部分县市只好采取出让优质土地和资源、配套大量启动资金的方式吸引企业，然而一旦介入，又很难把握好政府和市场的边界，容易陷入大包大揽的困境。

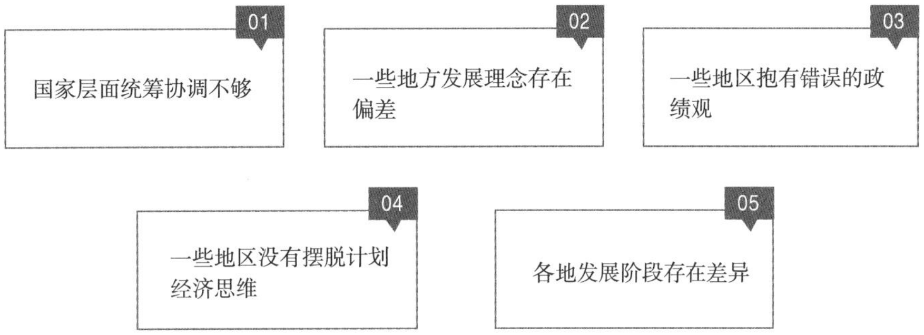

图 9-21 四川省、云南省特色小镇和小城镇建设存在问题的原因分析

三、下一步考虑

（一）**正确把握浙江经验，要把浙江经验中可复制和不可复制的内容区分开来。**浙江建设特色小镇所依托的整体发展环境很难复制，并不代表浙江经验完全不能学习借鉴，中西部地区在学习浙江经验时应重点把握如下内容。一是要注意避免东部地区在城镇化过程中走过的弯路。二是优先在产业基础强和人口集聚多的地方布局特色小镇。三是通过构建“小而精”的集聚发展平台避免行政区同质化竞争。四是通过企业主体市场化运作，让专业的人干专业的事。五是着力构建活而新的体制机制。

（二）**强化中央层面统筹。**一是国务院相关部门要统一认识，做好分工协调，建议由国家发展改革委牵头统筹全国特色小镇建设工作，由住房和城乡建设部牵头统筹全国小城镇建设工作，其余各部门原则上不再允许另起炉灶建设特色小镇。二是引入动态竞争淘汰机制，实行创建制、期权式奖励以及动态退出机制。三是把特色小镇和小城镇建设与旅游景区、产业园区、美丽乡村、历史文化名镇等概念严格区分开来，不能随便“戴帽子”。

（三）**强化省级层面把控**。一是在空间布局上走少而精、少而特的路线，不能遍地开花。二是避免同质化竞争，引导各地区走差异化竞争。三是顺应人口流动趋势，通过大通道建设把特色小镇“串珠成线”，发挥规模效应。四是加大互联网和信息化建设，顺应消费升级发展新经济。

（四）**引导树立正确的政绩观**。一是注重提升质量，根据区域要素禀赋和比较优势，挖掘本地最有基础、最具潜力、最能成长的特色产业，做精做强主导产业。二是要坚持以人为本，围绕特色产业发展和转型升级确定新增人口来源和所需人才结构，完善城镇功能配套，丰富小镇生活气息。三是坚持共建共享，不搞整体搬迁，积极改善原住居民生产生活环境。四是量力而为，不要急于求成，树立“功成不必在我”的理念。

（五）**严守底线防范风险**。一是守住生态红线。尽快研究制定生态保护红线管控办法，为特色小镇建设提供明确的生态保护要求和指导，严禁以特色小镇建设的名义破坏生态环境。二是要守住用地红线。严格保护永久基本农田。引导地方优先利用存量建设用地，鼓励低效用地再开发，积极盘活闲置土地。严厉打击特色小镇建设中的违法违规用地行为。三是守住过剩产能红线，严把产业准入关，决不能引入高污染、高能耗产业。四是守住房地产化红线，严格控制房地产用地比例。五是守住债务规模红线，防止盲目举债扩大金融风险。

（六）**强化企业主体市场化运作**。一是在规划策划环节提前引入企业和群众参与，对于市场不认可、群众不同意的项目，必须慎重研究，不能急于推进。二是要坚持以社会资本投资为主，要在充分考虑现有财力的前提下分期分步推进，做好政府配套部分的资金筹措，规划好还款资金来源。三是对于产业基础比较好的小镇，要积极引导市场主体提升质量、对标一流，从供给侧角度集聚高端要素培育小镇新经济。

（七）**设立国家引导基金引导各地特色小镇建设**。特色小镇投资规模大、回报周期长、管理要求高，作为小镇投资建设运营商的中央企业、地方国企和大型民企，都深感资金压力较大，迫切希望国家设立引导基金。建议研究设立国家引导基金，加大对能够大幅拉动产业及就业的小镇项目给予“大钱长钱”融资支持，解决特色小镇可持续发展所面临资金的问题，发挥示范带动效应，强化政策导向功能。

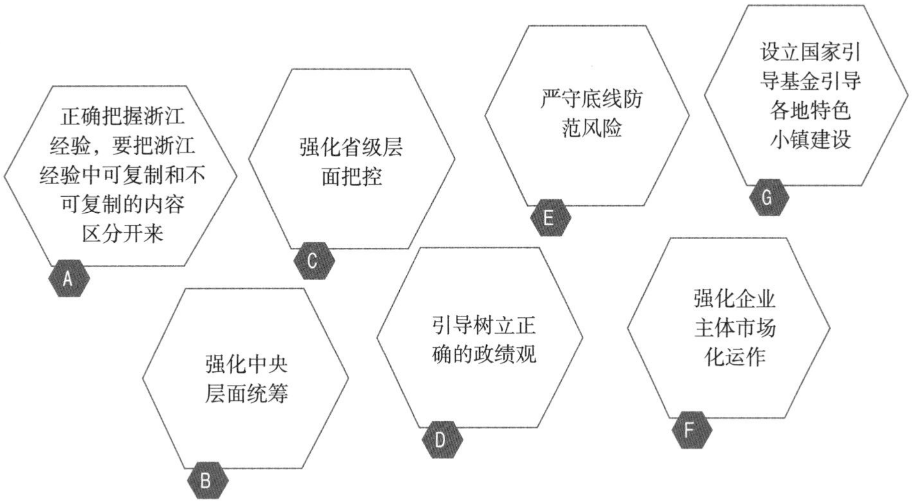

图 9-22 四川省、云南省特色小镇和小城镇建设建议

贵州省、辽宁省特色小镇和小城镇建设案例

为贯彻落实中央领导同志重要批示精神，国家发展改革委会同国土资源部、环境保护部、住房城乡建设部组建联合调研组，赴贵州省和辽宁省进行了专题调研。调研组先后考察了贵州省雷山县西江镇、惠水县好花红镇、贵安新区北斗湾VR小镇，辽宁省盘锦市大洼区赵圈河镇、凤城市大梨树村、大连市高新区双创金融小镇等12个特色小镇，涉及旅游、互联网、农业、金融、体育等几个不同类型。调研组与相关省、市、县及特色小镇建设相关部门、企业负责人进行了座谈，并走访了部分小镇企业、居民，了解特色小镇规划、建设、运营情况。有关情况如下。

一、基本情况

贵州、辽宁两省将特色小镇作为推动新型城镇化、优化调整产业结构、吸纳居民就业、易地扶贫搬迁的重要载体，积极推进特色小镇建设。2017年，贵州省共有1158个乡镇，其中国家特色小镇15个、省级示范小城镇142个；辽宁省共有861个乡镇，其中国家特色小镇13个、计划培育的省级特色乡镇100个。

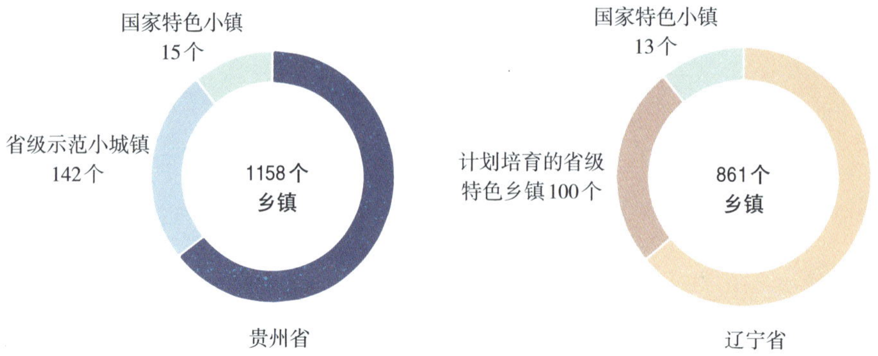

图 9-23　贵州、辽宁两省特色小镇建设基本情况

（一）**及时制定出台政策措施**。两省高度重视特色小镇建设工作，分别制定出台相关政策，助推特色小镇发展。贵州省早在2012年就开展了100个示范小城镇建设工作，出台了60多项规章制度，建立了小城镇基础设施、公共服务、民生保障、产业项目等“8+X”项目台账。2016年，住房城乡建设部等发布《关于开展特色小镇培育工作的通知》后，贵州省相应制定《关于打造贵州省特色小城镇升级版的实施意见》等文件，并积极组织申报和开展各项培训工作。辽宁省成立了由省长任组长的特色乡镇建设工作领导小组，建立了省、市、县三级工作责任体系，明确省政府负总责、市政府为推动和监管责任主体、县政府组织建设实施。与此同时，辽宁省印发了《辽宁省人民政府关于推进特色乡镇建设的指导意见》，明确了特色乡镇建设的总体要求。

（二）**明确特色小镇建设目标**。两省分别制定特色小镇建设目标，明确发展方向。贵州省确定“十百千计划”，即按照“产业定位清晰、文化内涵丰富、功能配套完善”的要求，在全省重点支持20个县（市、区、特区）整体推进区域内小城镇建设发展，继续支持100个示范小城镇加快建设发展，带动全省1000多个小城镇共同建设发展。辽宁省在“十三五”期间，力争规划建设50个产业特色鲜明、体制机制灵活、人文气息浓厚、生态环境优美、多种功能叠加的特色乡镇，并原则上要求各特色乡镇3年内分别完成固定资产投资20亿元左右（不含住宅和商业综合体项目）；对支撑本省未来经济发展的重要产业和历史经典产业类特色乡镇，投资时限可适当放宽到5年。

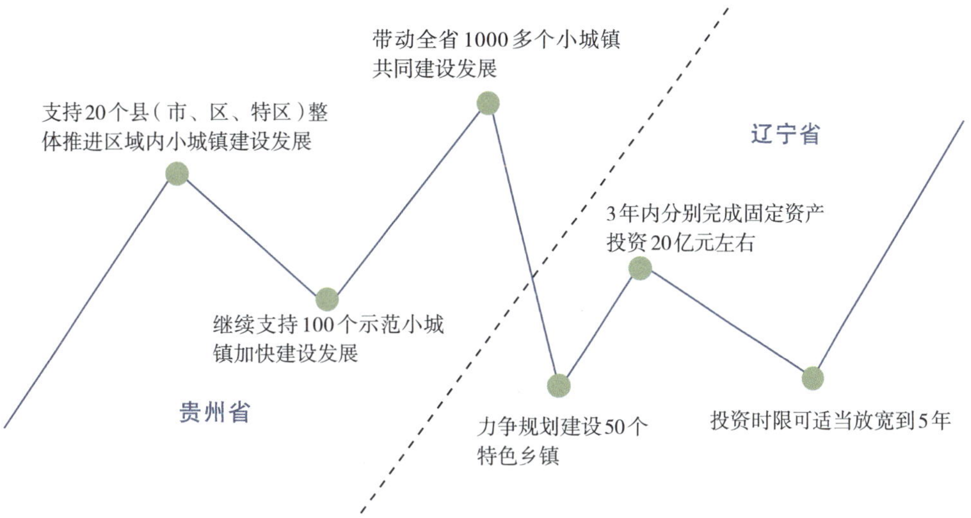

图 9-24　贵州省、辽宁省特色小镇建设目标

（三）**积极引入市场主体参与**。两省均采取“政府引导、企业主体、市场化运作”的开发模式建设特色小镇。积极采取整体招商、合作开发等方式，吸引各类企业参与特色小镇建设。例如，贵州北斗湾VR小镇引入华侨城文化集团整体开发运营小镇；贵州百鸟河数字小镇与威盛集团、盛华职业学院等共同合作开发；辽宁赵圈河镇与北京旅业家旅游发展有限公司合作，采取“公司+协会+农户”的管理模式建设主题民宿村等。除充分发挥市场作用之外，政府在规划编制、基础设施和公共服务配套、生态环境保护等方面加强保障服务。

（四）**注重自下而上宽进严定**。除国家级特色小镇外，两省鼓励省级特色小镇建设，并主要采取自下而上、宽进严定的创建方式。以辽宁省为例，各地方政府向省级部门报送特色小镇建设书面材料，制定创建方案；省级部门根据特色小镇定位，先进行部门初审，再开展专家审查，准入要求相对较宽，创建名单经省政府批准后公布；对纳入创建名单的特色小镇，建立年度考核制度，考核结果纳入各地方政府和牵头部门的目标考核体系；通过3～5年时间创建，省级部门按照规划建设目标对特色小镇进行考核验收，通过验收的城镇，由省政府命名省级特色小镇。

二、存在问题

从调研情况看，贵州、辽宁两省各级政府认真贯彻国家推动特色小镇建设的部署，积极发挥自身优势，特色小镇建设取得了一些成绩，但不同程度上存在着注重数量扩张、产业支撑不足、房地产化、千镇一面等问题和潜在风险。

（一）**指标设置偏高，规模扩张明显**。两省特色小镇建设中普遍设置了较高的数量指标和建设标准，存在数量上求多、规模上求大的倾向。在国家和省里提出特色小镇的创建数量后，各地市也纷纷加码，一些城镇被确定为特色小镇后，首先想到的就是调整做大发展规划、热衷异地新建，偏离了在存量土地上挖潜、提升土地利用效率、不另起炉灶的要求。

（二）**行政色彩浓厚，存在债务隐患**。两省均以3～5年为限培育建设特色小镇，在小城镇自身财力有限、融资能力不强的情况下，为早见成效，通常仍由政府主导成立的公司作为小镇建设、融资、运营的主体。由地方国企平台包揽小镇建设运营事项虽然能提高效率，但难以更准确地贴近市场、识别风险，在缺少社会力量和民营企业主体参与的情况下，存在一定运营风险和政府债务风险。

（三）**重产业轻配套，人才支撑不足**。小城镇本身吸引力就不强，专业技术人员较为匮乏。一些特色小镇在培育建设中，重视投资规模、产值、税收等经济指标，强调发展高大上的产业，忽视环境营造、生活配套等内容，这样的小镇容易成为有产业、无生活的产业园区，缺乏对人才的吸引力和黏性。从调研情况看，这些特色小镇在近几年来人口基本没有变化。

（四）**盲目跟风同质化，特色难以彰显**。特色是小镇吸引力和竞争力的关键。突出小镇特色，既需要重点发力、深度挖掘，更需要保持定力、逐步培育。但受到自身发展冲动和层层设定指标影响，一些旅游类型的小镇取得“帽子”“牌子”后，不在特色优势上下功夫，只在速度规模上做文章，项目上不加选择，建设上简单复制，景点趋向同质化，破坏了小镇特色，过度消费旅游资源，把旅游高峰人口当常态，降低了对游客的吸引力，也不符合本地居民的生活需求。例如，很多旅游型小镇，都简单模仿“古镇+花海”“小镇+花海”的景观。很多特色小镇都提出围绕温泉打造旅游、养老、休闲、度假等产业，没有针对细分市场错位发展，同质化明显。

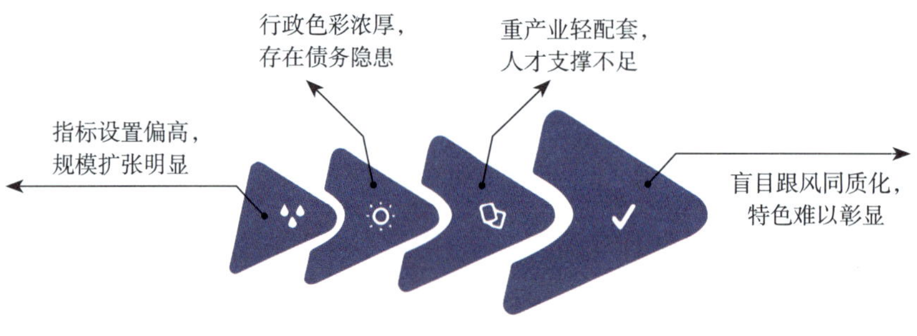

图 9-25　贵州、辽宁两省特色小镇建设存在的问题

三、主要原因分析

部分地方在推进特色小镇建设过程中存在的问题，既有认识理解方面的主观原因，也有发展水平和政策导向方面的客观原因，还有路径依赖等操作层面的原因，导致特色小镇建设未能按照循序渐进、稳妥有序的思路发展，带来一定风险隐患。

（一）**认识理解不到位，特色小镇概念被泛化。**特色小镇概念在实践中被泛化，成为一个无所不包的“筐”。社会舆论也普遍把特色小镇看作投资大机遇，偏离了正确导向。有的将特色小镇单纯理解为做大城镇规模，忽视了特色小镇以产业为基础的核心。有些地区把特色小镇等同于“戴帽子”，当成要政策、要资金、要项目的载体，并借建设特色小镇的机会，包装大量项目，争取支持。部分居民甚至也认为城镇列入特色小镇名单后，会搞大规模建设，并期待房屋拆迁。

（二）**多头政策平行推进，导致基层不易把握。**特色小镇建设受到社会广泛关注，各地方、各部门积极相应，出台了相关政策。部委层面上由多个部门指导，并提出了不同类型的特色小镇，如特色小镇、美丽特色小（城）镇、运动休闲特色小镇、森林特色小镇、农业特色互联网小镇、田园综合体等相似但又不相同的概念。各省又有示范小城镇、特色乡镇、产业特色小镇等不同叫法。到了基层，就会感觉无所适从，不易准确把握。

（三）**发展路径依赖明显，体制机制创新不足。**特色小镇是“产城人文”的融合体系，既是发展的平台，更是综合创新平台，需要创新性地开展工作。但由于工作惯性，一些地区用建设产业园区、建设工程项目的方式开展特色小镇建设，导致有的只重视产业，忽视配套服务，有的只包装地产项目卖房子，没有导入产业。一些指导性文件过于突出标准、强调指标，基层在创建过程中就会优先考虑实现量化指标，只及一点，不及其余。一些地方为追求指标，采取“非常规”的手段，如行政划转城镇人口、盲目招商扩大投资等，指标实现的同时带来了新的矛盾问题。

四、下一步工作考虑

特色小镇仍属新生事物，既要避免一哄而上，也要避免一哄而散。同时，特色小镇发展也是新型城镇化中的一个重要抓手和平台，不能脱离城镇化发展的基本规律。要加强政策引领、过程指导，及时纠偏、规范引导，既积极又稳妥，确保特色小镇规范健康有序发展。

（一）**遵循客观规律，加强统筹指导**。把握和尊重产业转型、城镇化发展规律，在新型城镇化总体战略和要求下准确定位、科学推进特色小镇建设发展。尽快梳理整合各部门特色小镇创建和支持政策，明确牵头部门，制定规范引导特色小镇发展的指导意见，增强政策有效性，加强政策实施协调配合，形成政策举措合力。国家有关部门和机构应充分利用各类媒体，围绕特色小镇重点政策进行“权威”“精准”解读，并通过组织定期研讨会、经验交流会、现场会等多种方式，有针对性地促进地区间的交流互动，确保各级政府和相关参与主体正确理解特色小镇的实质内涵。建立特色小镇建设跟踪、评估、监督机制，及时了解特色小镇建设总体情况，强化事中事后监管，为特色小镇建设提供及时正确的指导。

（二）**体现错位发展，着力突出特色**。强化省级层面指导推进特色小镇发展的责任，加快出台有针对性的配套政策，根据小镇产业特点、资源禀赋、发展阶段，从省域层面形成数量适度、布局合理、错位发展的特色小镇建设新格局。强化小镇独特性，从主导产业、风貌特色、文化内涵等方面塑造独特竞争优势。促进小镇围绕特色延伸产业链条，向研发、设计、体验、展示、应用等两端延伸，围绕特色资源深耕细作，加强公共服务平台建设，改善小镇产业集聚区生态环境、完善生活配套，形成“三生融合”的特色产业小镇。深度挖掘特色小镇文化内涵，提炼文化符号和标识，应用到小镇规划、设计、建设、运营的每个方面、每个细节，突出小镇文化特质，塑造小镇独特风貌。

（三）**稳妥有序推进，全面提升质量**。坚持循序渐进、量力而行，不定数量指标，不搞审批命名制，不搞区域平衡。坚持存量挖潜，避免另起炉灶、圈地造城。针对不同类型小镇，精准施策，合理设定反映小镇特点的培育目标，避免过度超前。对人口超过一定规模的特大镇，要处理好多业并举和特色产业的关系，深入推进强镇扩权，赋予一定的县级管理职能和权限，推动有序设市。对具有旅游、文化等特色资源的小城镇，要警惕过度过快过量商业化，科学评估旅游资源承载能力、确定资源承载上限，稳步有序开发，建设符合消费升级需求的高品质旅游小镇。根据区位条件、建设基础、产业与环境契合度等，合理选择和确定非镇非区类型的产业特色小镇，重点突出产业培育发展；鼓励中西部县城城关镇、产业园区围绕重点产业、重点行业，发展产业特征鲜明、服务配套完善、生态环境优美的特色小镇。

（四）**坚持市场主导，完善利益机制**。处理好政府和市场关系，激发各类社会主体参与特色小镇建设的积极性。把政府资源支持与引入市场主体更加紧密地结合起来，政府要坚持有所为、有所不为，重点做好特色小镇建设的前期规划，搞好环境营造、基础设施建设。积极探索以混合所有制等多种形式组建特色小镇建设运营主体，鼓励各类企业组成产业联盟、小镇联盟等，发挥各自优势，整体协同建设运营特色小镇，避免碎片化开发。创造条件让小镇所在地区的农民和村集体参与到特色小镇建设发展全过程，确保当地百姓能从小镇建设中长期受益，保留特色小镇原住居民生活空间，保留活态文化传承空间，把特色小镇打造成“企业、集体、原住居民”的利益共同体、发展共同体。

图 9-26 贵州省、辽宁省特色小镇和小城镇建设建议

吉林省东部地区特色小城镇建设案例

东北地区正处于转型升级阵痛期和关键期，急需新的增长点和突破口。在东北地区打造区域中心城市的同时，培育发展有巨大潜力的小镇经济，有利于抑制劳动力外流、增强经济活力、转换发展动能。国家发展改革委赴吉林省延边州、白山市、长白山管委会等东部地区，实地调研特色小城镇建设的主要做法及瓶颈制约。有关情况如下。

一、主要做法

吉林省东部地区选择顺应人民消费升级趋势、人口经济集聚度高、战略投资者介入度高、土地级差地租高的一些城镇，持续推进产镇融合发展。

（一）**依托特有资源禀赋打造特色产业小镇。**一些有条件小镇依托当地特有资源和工业积淀，选择性主攻最有基础、最具潜力、最能成长、最具优势的工业门类，吸引企业入驻，不断扩大产业规模、人口规模和规模经济效应。

专栏 9-13

特色产业小镇

白山市抚松县万良镇依托其地处“人参之乡”的区位优势，以企业为主体构建镇周边农用地标准化种植、镇内商户批发零售、镇内企业研发加工的“人参+”全产业链开发模式，形成亚洲最大的人参专业市场，集聚数百家人参企业，镇区人口规模增至2万余人。

吉林省白山市抚松县万良镇“人参之乡”

白山市抚松县露水河镇依托“立体资源宝库”和世界3大矿泉水富集地之一的先天禀赋，打造以高端矿泉饮品为支柱的工业名镇，吸引农夫山泉等大型企业入驻，高端矿泉水年产能达到166.7万吨，创造大批量就业岗位，成为国家重要矿泉水生产基地。

吉林省白山市抚松县露水河镇

（二）**依托优良生态环境发展生态旅游小镇。**长白山地区森林密布、空气中负氧离子浓度超过每立方厘米2万个，生态价值和魅力日益上升。一些有条件的小镇依托长白山地带特殊生态环境，培育发展有长白山特色的生态旅游业，打造旅游宜居小镇。

专栏 9-14

生态旅游小镇

二道白河镇依托其坐落于长白山脚下的区位优势，以及被誉为“生态高地”“天然氧吧”的生态优势，打造长白山旅游核心目的地和服务基地，建设“山上观光、山下休闲”“通山进水”“慢行慢城慢生活”的“森林中城镇”，镇区内建成6处公园、10多处小广场和小公园、69公里自行车慢行系统、67公里慢行步道，采用长白山当地树种开展镇区绿化，2016年上半年旅游人次和收入分别增长到90.4万人次、8.5亿元，同比增长13%、15%，镇区常住人口也因此上升到10万人以上，成为吉林省生态旅游旗帜性特色镇。

吉林省生态旅游旗帜性特色镇——二道白河镇

（三）**依托历史文化内涵发展休闲度假小镇。**一些有条件的小镇依托长白山文化等历史文化基因，吸引诸多大型企业进驻投资建设，打造历史脉络明晰、文化独具魅力的风情小镇。

专栏 9-15

休闲度假小镇

白山市抚松县松江河镇依托其地处“雪域王国”的区位优势，致力于发展滑雪等冰雪相关产业，引进长白山万达度假区和中弘天池雪度假区等项目，吸引全国各地消费者前来体验，仅万达南区滑雪场2015年冬季滑雪游客就达32万多人次，位居国内滑雪场首位，填补长白山寒冷冬季无人旅游的空白。

二道白河镇依托肃慎、女真等古代民族文化及满族、朝鲜族等少数民族文化，发展文艺展示、风俗体验、酒吧餐饮、休闲度假等产业，引进长白山文化创意产业园等项目，策划“冰雪嘉年华”和“火山温泉节”等文化活动，使长白山游客从简单景观游转向文化休闲度假多元游，人均停留时间从1天延长至2.8天，旅游旺季时常常是“一床难求”。

（四）**依托扩权强镇改革构筑体制领先小镇。**一些有条件的小镇依托扩权强镇改革扩大经济社会管理权限，解决小镇缺少规划权、人权、财权、管理权等问题，持续扩大对吸纳人口和经济布局的制度吸引力。

专栏 9-16

体制领先小镇

延边州延吉市朝阳川镇享有财税、工商、城建、林业、环卫等方面的县级管理权限和相应干部管理权限，以及企业投资项目备案、安全生产、食品卫生等方面的县级行政执法权，并秉持“小政府大社会”“小机构大服务”，把镇机关及各站所精简为“3办6局1大队”，建成含有建设局、国土局、房产所、民政办、劳动保障所等7个部门50项业务的“一站式”服务窗口。在此作用下，朝阳川镇制药、木制品、人参产品等产业快速发展，成为县域经济中心。

二、瓶颈制约

吉林省东部地区在产镇融合发展过程中，面临交通不顺畅、产业层次低、人口密度小等瓶颈制约。

（一）**城际交通运输设施有不少欠账和缺口，抑制消费规模和产业规模的扩大。**交通运输设施是形成统一要素市场和商品市场的保障，支撑引领人流、资金流、技术流、信息流和产业布局，应当适度超前发展。近几年，虽然吉林省交通运输设施状况有很大改善，但东部地区人均设施存量远低于我国东部沿海地区，覆盖不密、分布不均，未能将众多城镇连成环、连成网，难以支撑由特色产业小镇、生态旅游小镇、休闲度假小镇组成的小镇集群发展，不利于打造具有更好规模的小镇集群，不利于全国各地人民来此消费。比如，高速铁路和机场运输能力不足，城际城市轨道交通处于规划阶段，白山市尚未通高速公路，白山市—临江市、松江河镇—长白县只有1条二级公路联通，随着运输量和客流量持续增加，设施网络制约的影响逐步显现，地方政府和当地百姓改善交通运输设施网络的呼声很高。

（二）**资源优势未完全转化为产业竞争力，抑制产业层次提升和就业人口集聚。**吉林省东部地区拥有人参、矿泉水、中草药、冰雪等得天独厚且不可移动的可贵资源，但并未借此形成产业核心竞争力。比如，2015年延边州人参种植面积49平方公里、占全国56%，人参产量1.8万吨、占吉林省60%，但受限于技术水平、资金实力和品牌意识，并未出现大型龙头企业和市场认知度高的驰名品牌，与美国西洋参、韩国高丽参形成的品牌影响力有较大差距。目前，延边州人参加工企业和小作坊分别有100多家和200多家，多为作坊式生产、家族式管理，规模较小、产业链短、附加值低、品牌杂乱、内耗严重，人参产品中仅10%为精深加工产品，其余均为模压红参、人参茶、生晒参等粗加工产品，不符合人参作为高端养生保健品的定位。

（三）**地区人口密度小、镇区人数少，小镇集群发展的人口支撑相对薄弱。**小镇集聚人口路径是通过产业及生态，或吸引本地农业转移人口就地就近城镇化，或吸引外地人口进入小镇长期就业生活及短期度假。吉林省是常住人口为2753万人的人口小省，尤其是东部地区地广人稀，延边州和白山市人口密度分别仅为50人/平方公里、70人/平方公里，仅朝阳川镇、松江河镇、大石头镇、湾沟镇4个建制镇镇区人口在3万人以上，小镇之间地理距离普遍较远。这种情况下，仅靠本地农业转移人口就地就近城镇化，可能难以为构筑小镇集群提供充足人口支撑；如果依靠吸引外地人口进入小镇长期就业生活及短期度假，需要小镇有更强产业竞争力和更大文化旅游魅力，考虑到特色产业发展和旅游综合开发总体上还处于起步阶段，集聚更多人口、吸引更多游客还需要一个过程，存在一定难度。

三、对策建议

吉林省东部地区与中西部很多地区情况相近。未来在这类地区建设特色小城镇，必须在遵循经济规律和市场规律的前提下，辅以行之有效的科学引导和政策支持。

（一）畅通小镇与外部的连接通道，增强产业布局与人民消费的可达性。中西部一些资源和生态富集地区交通运输设施仍有较大改善空间。必须加快把这些地区纳入高速铁路网、高速公路网等高品质快速网络，推进铁路建设和普通国省道提质改造，增强枢纽机场和干支线机场功能。强化小镇与交通干线、交通枢纽城市的交通运输设施连接，建设高速通畅、质优价廉、服务便捷的宽带网络基础设施和服务设施，促进小镇与城市及外界互联互通、缩短时空距离。强化相邻小镇之间的交通运输通道连接，打造成环成网的特色小镇集群。

（二）促进小镇主导产业扩容提质，提高对劳动力就业的吸引力。着眼供给侧培育壮大小镇经济、扩大就业容量，秉持差异定位、产业细分、错位互补原则，调整优化小镇产业布局和结构，把有条件小镇特色优势产业发展成主导产业，并围绕主导产业优化产业链、延伸价值链，统筹布局配套产业，打造一批以工业、文化、旅游、商贸等为主导产业的特色小镇，培育小镇经济新动能和就业新空间。鼓励企业等市场主体加强技术创新、管理创新和商业模式创新，强化先进技术、创新创业者、风投资本等高端要素聚合，用新技术和新商业模式催生小镇新产业。

（三）提升小镇文化旅游及社区功能，建设宜游宜居的魅力空间。在发展特色小镇主导产业的同时，必须同步挖掘生态禀赋和人文底蕴，强化产业与文化、旅游、社区功能的混合叠加效应，使小镇引来人并留住人。除以生态旅游或休闲度假产业为主导产业的小镇外，其他小镇也要嵌入旅游功能，建设小镇特色景观和镇村连片景观带；嵌入文化功能，融入历史文化和产业文化元素，打造历史底蕴厚重、时代特色鲜明、文化风情独特的魅力空间；嵌入社区功能，聚焦居民日常需求提供社区服务，布局建设教文卫体等服务设施，缩小与城市的公共服务差距。

（四）给予市场主体最大决策权，构建企业为主体、市场化运营的小镇建设新机制。在特色小镇建设过程中，能由企业投资的就由企业投资，最大限度地激发市场主体活力和企业家创造力，使之成为小镇建设“主力军”。政府顺势而为、因势利导，在制定规划政策、建设基础设施、提供公共服务、保护生态环境、营造制度环境上发力，降低行政成本、提高行政效率，营造更加公平开放的市场环境。探索设立多种特色小镇专项建设基金，引导政策性金融、商业性金融机构等参与小镇投资建设运营。

1 畅通小镇与外部的连接通道，增强产业布局与人民消费的可达性

2 促进小镇主导产业扩容提质，提高对劳动力就业的吸引力

3 提升小镇文化旅游及社区功能，建设宜游宜居的魅力空间

4 给予市场主体最大决策权，构建企业为主体、市场化运营的小镇建设新机制

图 9-27　中西部相似地区特色小城镇建设的对策建议

部分地区非遗特色小镇建设案例

我国非物质文化遗产（以下简称“非遗”）分布广泛、门类齐全、特色鲜明、内涵丰富，是中华优秀传统文化传承的重要载体。非遗多数孕育并根植于小镇老街和历史村落中，与传统生活方式息息相关。近年来随着工业化、城镇化持续推进，部分非遗赖以生存的空间载体和人文环境受到了不同程度的冲击和影响。为贯彻落实李克强总理在《光明日报》“关于建设‘非遗特色小镇’活态传承非遗文化的情况报告”上的批示精神，国家发展改革委会同文化部组织有关研究机构，赴江苏省宜兴市，安徽省宣城市、黄山市，四川省泸州市、崇州市等地区，就非遗传承保护与特色小镇建设互促共进、融合发展的实践探索进行实地考察，并请部分地区提供了书面调研材料。有关情况如下。

一、主要做法

近年来部分地区通过拓展传承空间、丰富产业生态、强化人才集聚等方式，使特色小镇成为非遗“见人见物见生活”的活态传承载体；同时通过深度挖掘以

非遗为代表的传统文化资源，使非遗记忆和东方美学成为小镇产业提质、旅游体验升级的关键要素，在非遗传承保护与特色小镇融合发展方面取得了初步成效。

（一）**以非遗传承为基础，依托产品业态创新打造特色小镇。**通过集聚高端要素、推动非遗相关业态创新来建设特色小镇，既是小镇“特”字根本源泉，也为非遗相关产业打造了供给侧结构性改革的有效平台。

专栏 9-17

非遗与产品创新互促共进

宜兴紫砂是首批国家级非遗，宜兴市丁蜀镇拥有18名国家级工艺美术大师和陶瓷艺术大师，紫砂制作和相关产业配套人员达10万多人。丁蜀镇围绕紫砂产业供给体系质量提升，着力建设约3平方公里的紫砂文化创意产业集聚区，构建包括研发设计制作、产品推广营销、创意休闲体验等的产业体系，并衍生孵化出文化产权交易、艺术托管等高端服务业和非金属新材料等新型制造业。2016年丁蜀镇紫砂产业实现产值78亿元，带动文化产业增加值14.5亿元，从业人员年收入近8万元。

江苏省宜兴市丁蜀镇

泸州市黄舣镇依托国家级非遗泸州老窖酒传统酿制技艺，按照川南民居风貌建设酒业小镇，形成涵盖原粮种植、酿造、储存、灌装、包材、物流的完整产业链条，建成检验检测、技术研发、产品交易3大国家级中心，每年举办中国国际酒业博览会，已成为我国白酒金三角的核心地带。2016年实现产值和服务性收入439亿元，带动就业1.8万人。

四川省泸州市黄舣镇

（二）**适当促进非遗集聚，为特色小镇建设注入传统文化灵魂。**不少特色小镇历史风貌依然、老街风韵浓郁，通过鼓励引导散轶乡野、气韵相符的非遗项目适度集聚入驻，能够避免特色小镇见物不见人、有形没有魂的问题，也为非遗传承发展提供了宝贵的空间载体。

专栏 9-18

非遗让古镇焕发活力

黄山市屯溪黎阳古镇在原汁原味保留传统徽州民居的基础上，汇集吊狮、地戏、仗鼓等传统民间艺术，吸引了罗经、雕砚、漆器、木雕、竹雕等非遗项目的传承人、艺术大师入驻，通过不同类别、不同流派非遗间的交流碰撞，近年来新创作出一大批富有国际影响力的作品，传统徽匠文化也成为黎阳古镇的文脉基石。

黄山市屯溪黎阳古镇

无锡市惠山古镇在整治恢复传统园林和祠堂街区风貌的同时，整合保留了惠山泥人、无锡精微刺绣、留青竹刻等非遗项目的创作和展示场所，通过集聚效应破解非遗单一产品销量不大、受众面较窄、销售渠道不畅等问题，同时通过非物质文化遗产和物质文化遗产融合呈现，更好展现出传统江南士林文化的独特魅力。

江苏省无锡市惠山古镇

（三）构建非遗人才集聚和宣传推广平台，擦亮小镇特色名片。使非遗由“养在深闺”向“登堂入室”转变的同时，也促进部分地理位置相对偏僻、传统比较优势不够突出的小城镇找到了特色发展的着力点。

专栏 9-19

非遗成为吸引返乡创业的重要载体

崇州市道明镇吸引“80后”“90后”返乡传承创业，与中央美院合作将国家级非遗项目道明竹编工艺与现代设计理念有机融合，研发的产品在武汉国际家具博览会、成都创意设计周多次获奖、受到广泛关注，并进一步吸引有兴趣人群来到道明竹编文化院坝深度体验，2016年道明镇竹编从业人员超过5000人、产值达8000余万元。

四川省崇州市道明镇

莆田市湄洲岛以妈祖文化小镇为载体积极弘扬人类非遗妈祖信俗，有效集聚包括春祭妈祖等传统风俗展示、妈祖文化论坛、妈祖平安礼等创意产品开发在内的多重功能，通过妈祖文化纽带吸引广大台胞侨胞前来寻根祈愿、文化交流、休闲度假，形成了对台交流合作的前沿阵地。

福建省莆田市湄洲岛妈祖文化小镇

（四）精准补齐城镇功能短板，有效支撑非遗与特色小镇深度融合。围绕非遗特色小镇发展的独特需求，针对性补齐人才培养、传承展示场所、城镇基础设施和公共服务设施等关键短板。

专栏 9-20

精准补齐城镇功能短板

宣城市泾县在中国宣纸公司生产园区的基础上建设宣纸小镇，针对原有生产过程展示性不强、污染排放大、厂区环境杂乱等问题，建设宣纸博物馆和传习体验基地，投入近亿元改建高标准污水处理设施，并积极推动小镇风貌与周边山水田园和谐统一，对书画爱好者前来写生创作、研学体验的吸引力大大增强。

安徽省宣城市泾县宣纸小镇

宜兴市丁蜀镇在紫砂文化创意产业集聚区引入清华美院、中国美院等高等院校和职业技术院校合作办学，并建立数百个紫砂制作传习所、培训班。对名家大师辈出、陶行集聚的古南街进行保护修缮，在保留原有街巷肌理、建筑特色和生产场所的同时，完善道路、消防、给排水等现代基础设施，改善了本地传承人生产生活空间，并吸引了大批外来制壶艺人定居。

江苏省宜兴市丁蜀镇

二、存在的问题

（一）**部分地方对非遗特色小镇的内涵缺乏准确把握。**非遗特色小镇的形成，是非遗承载的独特记忆、文化内涵和产业优势自然融入小镇的过程。这其中需要政府积极引导，但对非遗这种脆弱而不可复制的财富，更要保有耐心恒心。有的地方为使特色小镇短期内聚拢人气，将非遗项目拔苗移植到现代化交易市场、展示中心、产业园区。这种做法割断了非遗与原生环境间的血脉联系，导致一些非遗项目因过度商业运作而嬗变和弱化，活态本真传承更加困难。有的地方对非遗特色小镇定位不清晰，没有充分考虑人口集聚、产业培育过程中的风险，只求规模、不求质量的现象时有发生。有的中西部地区发展基础薄弱，还不具备建设特色小镇的条件，也希望“争帽子”。有的地方将非遗特色小镇简单理解为打非遗名、行商业地产实，缺乏对非遗传承保护规律的深入思考。

（二）**单纯依靠非遗产品难以支撑特色小镇可持续发展。**富有竞争力的产业体系是特色小镇的筋骨。非遗产品往往工艺复杂、制作周期较长，依赖于传承人的经验和技巧、多数难以规模化量产，加之部分非遗产品已不适应现代生活需要和审美品位，使得单纯的非遗产品制作和销售大多不足以成为特色小镇的产业支撑，需要以非遗产品为基点加强产业生态创新和培育。比如惠山泥人历史上是江南地区桑蚕丝制作祈保平安所用，在现代生活中已失去实用价值，传统的阿福阿喜等造型也与现代人审美趣味脱节，惠山泥人及相关产品已从高峰时一年200余万件跌至三四万件，产值不足400万元，传承人的收入也非常微薄。

（三）**非遗与特色小镇融合发展的模式低端化同质化苗头初现。**近年来各地方在特色小镇建设过程中都在有意识地发掘本地区独特文化资源，但产业融合方式和消费体验千篇一律、特色不特的现象也比较突出。比如老镇古街往往修葺后建设成为商业综合体，以非遗为“卖点”吸引酒吧、餐饮、民宿等业态入驻，以非遗产品名义销售的旅游商品也通常是粗制滥造的复制仿制品，对于非遗承载的生活智慧和厚重记忆缺少深入解读和生动呈现。部分特色小镇既不能使人感受到非遗的独特魅力，也没能构建非遗人才培养、融资服务等支撑体系，难以实现以非遗为小镇发展注入持久生命力的初衷。此外，由于部分非遗项目在全国多有分布，导致了酿酒、陶瓷、雕刻、刺绣等类型特色小镇多点开花、规划建设理念同质化显著。

三、启示与建议

（一）**特色小镇是非遗传承保护的新型空间载体。**一方面，特色小镇可以为非遗传习提供良好场所，通过宣传推介拓展广阔市场，促进非遗与现代生活理念和教育体系有机融合，从源头解决非遗传承的人才和市场困境，是非遗焕发活力的有效平台。另一方面，对于一些区位优势不突出、现代产业基础不强的小镇，以非遗为代表的传统文化可以成为发展的独特资源。非遗衍生的相关产业能够为特色小镇发展奠定坚实基础，非遗元素的注入将使小镇特色更加鲜明、底蕴更加丰厚，知名度和品牌形象得到有效提升。这种以地域特色为基础，将生产生活生态文化融为一体，使传统文化弘扬保护与新型城镇化建设互促共进的新模式值得进一步积极尝试。

（二）**非遗特色小镇建设不能够替代和影响非遗保护工作。**非遗特色小镇主要适合于传承部分表现力较强、产业前景广阔的项目，不能以非遗特色小镇建设完全替代保护工作。在已公布的1372项国家级非遗名录中，仅有传统美术、传统技艺、药物炮制、民族服饰等约358个大项、987个小项适合生产性保护，占比不足1/3；其中受众范围较广、能够作为非遗特色小镇依托的更少。对民间文学、民歌民俗等大部分濒临失传的非遗项目，应当按照“保护为主、抢救第一、合理利用、传承发展”的原则，通过加强调查整理、开展抢救性记录、支持传承人收徒传艺等方式继续加大保护支持力度。同时还应当避免特色小镇建设对非遗元素过度商业化、庸俗化使用，透支非遗的生命力，影响非遗精粹的本真传承。

图 9-28　部分生产性非遗

（三）**非遗特色小镇建设要加强统筹指导、分类引导。**各地方对非遗特色小镇建设的探索虽已取得初步成果，但也暴露出一哄而上、低质粗放的潜在倾向，建议从以下方面指导各地把握好建设要求。一是坚持“形神兼备”，在规划建设中注重非遗文脉与小镇肌理风貌协调融合。充分彰显自然山水、空间结构和人文智慧之美，使传统文化与现代小镇相得益彰。二是坚持挖掘内涵，以非遗的创新融合发展塑造小镇产业优势。适应个性化、多样化消费趋势，在秉承传统、不失其本的基础上与当下理念融合、现代需求对接，将单一历史经典产业转变为多元化未来产业生态。三是坚持人才优先，引导特色小镇成为非遗活态传承的重要平台。注重保留原住民的生活方式，避免传统街巷变成只有建筑和商铺的“空心”遗址；吸引更多优秀人才投身非遗传承保护。四是坚持自然成长，更好发挥非遗小镇建设中的政府和市场作用。坚决避免政府揠苗助长、盲目造镇，更不能因为特色小镇建设影响非遗的传承保护，鼓励以社会资本为主体促进特色小镇发展。在合理区分不同地区和不同类别非遗特点的基础上，对非遗特色小镇建设发展进行专业化、精细化引导。

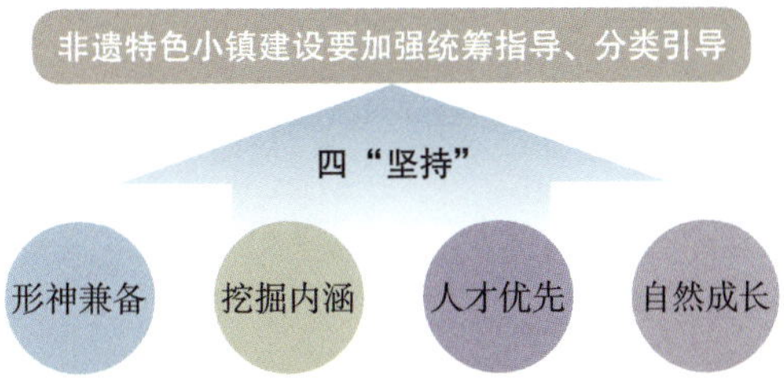

图 9-29　非遗特色小镇建设要做到四个“坚持”

（四）加快协调破解非遗特色小镇发展的瓶颈制约。一是研究对非遗相关产业的税收支持政策。非遗相关产品成本绝大多数是人工工资，可抵扣项很少，营改增后税负大幅提高，加剧了非遗相关产业的发展困难，建议研究针对性的优惠支持政策。二是探索适应非遗特色小镇建设运营特点的投融资支持模式。非遗特色小镇往往前期投入大、回收周期长，部分有准公益性质。在避免特色小镇成为单纯地产开发的同时，鼓励运用政府和社会资本合作模式，通过引导基金、投贷联动等方式更好地发挥财政性资金撬动作用。三是鼓励在体制机制创新方面先行先试。如土地要素方面，非遗往往蕴藏在古镇旧街之中，产权性质通常较为复杂，引导资本参与建设开发，需要对权属交易、抵押担保、收益分成等机制加强先行先试。行政管理体制方面，传统机构设置、执法权限、税收结构都不能适应特色小镇精细化管理需要，需要通过赋权增能进一步释放发展活力。四是在特色小镇形成非遗传承繁衍的厚重土壤。使规范教育与口传心授各展所长，鼓励高等院校、职业院校在非遗特色小镇合作办学，对非遗传承人收徒传艺的场所资金予以优先保障，吸引本土优秀人才返乡传承创业。五是构建非遗特色小镇宣传推广的高层次平台。使非遗魅力为更大群体分享、非遗特色小镇的吸引力持续增强。

第五篇

综合试点篇

第10章
第一批新型城镇化试点典型经验分析

以促进人的城镇化为核心、提高质量为导向的新型城镇化战略，是现代化的必由之路，也是乡村振兴战略和区域协调发展战略的有力支撑。为落实党中央国务院印发的《国家新型城镇化规划（2014—2020年）》，自2014年起国家发展改革委会同有关部门分三批将2个省和246个市（镇）列为国家新型城镇化综合试点，率先探索城镇化关键制度改革。2017年底，第一批试点即2个省和62个市（镇）的试点期限已满，试点任务基本完成，在农业转移人口市民化、城乡一体化发展、农村土地制度改革、城镇化投融资机制、行政管理体制改革等方面取得了一些可复制、可推广的典型经验。为更大程度地释放改革红利，国家发展改革委对第一批试点经验进行了全面总结。

一、加快农业转移人口市民化

（一）**持续降低大城市、特大城市和超大城市落户门槛**。一些城市在参加城镇社保年限不得超过5年的国家规定下，进一步降低落户门槛。安徽省合肥市将主城区落户条件放宽为就业满2年、参加城镇社保满1年。广东省东莞市取消实施8年的积分落户制度，将落户条件放宽为参加城镇社保满5年、办理居住证满5年，并将新生代农民工、技术工人、在城镇就业居住5年以上人口列为落户重点人群。重庆市不设落户指标控制、不搞积分排队，外来人口达到一定就业年限（最长5年）即可直接办理落户。

（二）**探索大学生在特大城市和超大城市零门槛落户**。一些城市取消就业、参加城镇社保和居住年限的落户前置条件，允许大学毕业生持毕业证、户口本、身份证先落户后就业。陕西省西安市允许全国在校大学生仅凭学生证和身份证即可完成在线落户。四川省成都市、湖北省武汉市将大学生落户年龄限制从35周岁分别放宽到45周岁、40周岁。2017年湖北省武汉市新落户大学毕业生超过12万人，是2016年的6倍左右。2017年下半年，四川省成都市新落户本科及以上人才超过10万人，湖南省长沙市新落户大学毕业生超过2万人。

（三）**探索在特大城市和超大城市不同区域差异化落户**。一些城市探索在不同区域实行差异化落户，并构建区域间转户衔接通道，引导人口合理分布。山东省青岛市新区落户条件低于主城区、高于县城，在新区落户满5年的可落户主城区。重庆市主城区、郊区、新区落户条件分别为就业年限满5年、3年、2年。四川省成都市优化积分落户结构，在重点发展区的就业满1年加20分，在优化发展区的就业满1年加10分，在其他区域的不加分；将居住地从主城区转移到其他区域的满1年加5分，将就业地和居住地均转移到其他区域的满1年加10分。

（四）**允许租赁房屋的常住人口在城市公共户口落户**。广东省广州市、安徽省合肥市、四川省泸州市、云南省曲靖市、河北省石家庄市、福建省泉州市晋江市等城市设立城市公共集体户口，解决有落户意愿但无住所人群的落户问题。其中，四川省泸州市在外来人口居住地设立公共户口，已落户7万人；云南省曲靖市在所有社区居委会设立集体户口，已落户0.5万人。

（五）**深化“人钱挂钩、钱随人走”**。在安排省以下财政转移支付时综合考虑农业转移人口落户数量等因素，对落户较多地区实行财政资金奖励。山东省青岛市加大对吸纳农业转移人口较多且财力较差辖区的财政转移支付力度，并设立市民化奖励资金，对吸纳落户较多的辖区给予财政奖励。广东省惠州市建立基本公共服务专项统筹资金，市财政出资不少于1亿元，各辖区按上年度一般预算收入的3%参缴，对因落户数量大而承担较多基本公共服务支出的辖区，安排更多的财政转移支付。

（六）**深化“人地挂钩、以人定地”**。在制订各级土地利用计划和安排城镇新增建设用地规模时，进一步增加上年度农业转移人口落户数量指标的权重。重庆市以人定地编规划、地随人走调规划、人口落户下计划，根据各辖区户籍人口数量变化来调整建设用地规模，合理保障产业项目用地需求，推动人口向优势地区转移落户，城市发展新区累计获得“人地挂钩”建设用地指标超过75平方公里。安徽省滁州市依据各辖区土地利用计划和上年度落户人口净增数量，安排各类城镇新增建设用地。

（七）**改善农业转移人口随迁子女教育**。浙江省金华市义乌市实施居住证与入学挂钩的义务教育政策，2015—2017年，全市公办小学和初中累计招收2.6万名随迁子女，其中非本市户籍人数2.0万人。福建省泉州市晋江市、河南省郑州市新郑市对随迁子女实行普通高中教育免费。为补齐对随迁子女的教育服务供给缺口，广东省东莞市设立民办教育专项资金，通过每年安排超过1亿元资金、评等定级等支持民办中小学发展；湖北省仙桃市探索校企合作办学，吸引社会资本新建5所公办学校，对公办教育形成有益补充。

（八）**保障农业转移人口住房需求**。一些城市将符合条件的常住人口纳入公租房保障范围和住房公积金制度覆盖范围。重庆市自2011年建设公租房以来，累计配租30多万套。河南省许昌市、禹州市为农业转移人口提供3500套保障房，占全市保障房数量的80%。湖北省襄阳市、宜城市为326户农业转移人口及其他外来务工人员、新就业职工提供公租房。安徽省芜湖市允许2000多名农业转移人口缴存住房公积金，发放公积金贷款超过2亿元。山东省德州市向自愿退出宅基地的农业转移人口发放“房票”，允许其凭“房票”进城购房。

1	持续降低大城市、特大城市和超大城市落户门槛
2	探索大学生在特大城市和超大城市零门槛落户
3	探索在特大城市和超大城市不同区域差异化落户
4	允许租赁房屋的常住人口在城市公共户口落户
5	深化“人钱挂钩、钱随人走”
6	深化“人地挂钩、以人定地”
7	改善农业转移人口随迁子女教育问题
8	保障农业转移人口住房需求

图 10-1　加快农业转移人口市民化主要经验

二、加快推动城乡一体化发展

（一）**引导工商资本和市民下乡**。国家开发银行金融公司在成都、海口、南宁等地区开展以市民农庄为抓手的城乡融合发展试点，引导工商资本下乡与农民合作成立乡村开发运营公司，统筹布局农民社区、生态农业、休闲旅游、养老养生、创新创业等产业设施，吸引市民下乡投资创业、生活休闲，使农民的股东收益、工资收入、居住水平大幅提高，农用地实现专业化公司化经营，农村设施和环境得到整体改善。浙江省金华市、义乌市鼓励八大国企投资建设美丽乡村，引导村民入股并参与经营，打造出10条精品旅游线路。吉林省吉林市孤店子镇大荒地村依托东福公司流转土地13平方公里，利用500台套大型农业机械实行全程机械化耕种，建设31栋农民新居，吸纳全村95%的劳动力在企业就业。湖北省武汉市利用农村综合产权交易所网站发布11万户闲置农房，引导工商资本以租赁或合作等方式发展农家乐等休闲旅游农业，已签订闲置农房租赁协议1万户，年租金1.3亿元，吸引工商资本投资145亿元。

（二）**破除金融资本下乡障碍**。黑龙江省齐齐哈尔市推行土地承包经营权、农村集体资源使用权、预期收益权、大中型农机具和不动产产权“四权”抵押，贷款余额已达65亿元。福建省莆田市、仙游市探索“农地+农户+合作社+征信”的担保融资模式，土地承包经营权抵押贷款余额已达1.3亿元。湖南省长沙市、浏阳市将农民住房抵押贷款户均额度从5万元提高20万元以上，2016年以来发放贷款27亿元、惠及1.5万个农户。陕西省西安市高陵区设立0.5亿元的农村产权抵押担保基金、500万元的农村产权抵押风险补偿基金，已发放“两权”抵押贷款1.6亿元。宁夏回族自治区固原市利用邮储银行小额贷款进行金融扶贫，对各辖区扶贫部门与金融机构联合筛选的农户提供5万元以下扶贫信用贷款，并建立致富带头人、合作社和农户等多方利益联结和风险缓释机制。河南省兰考县为农户提供小额扶贫贴息贷款、产业发展信用贷和新型农业经营主体贷款，已发放3000笔4亿多元贷款，带动8700名贫困人口脱贫。

（三）**搭建科技人才下乡“绿色通道”**。上海市金山区枫泾镇联合江浙沪皖4省（市）农科院的农业专家，依托上海农村产权交易所平台打造长三角农创路演中心，2015年以来开展15次农创路演活动，使农业专家的科研成果转化为实践成果，促进农业技术集成化、劳动过程机械化、生产经营信息化。

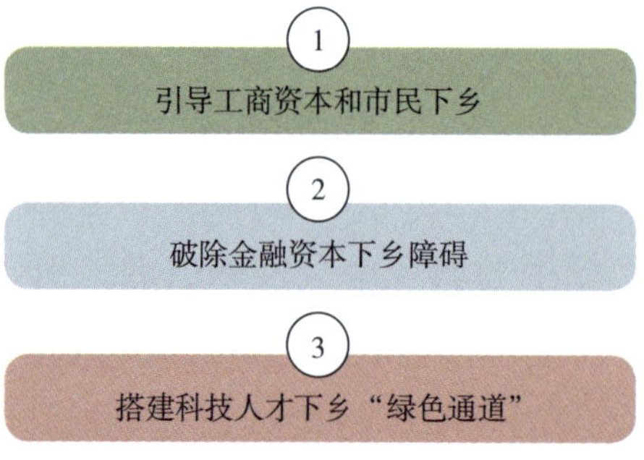

图 10-2　加快推动城乡一体化发展主要经验

三、深化城乡土地制度改革

（一）**明晰农村各类资产权属。**贵州省安顺市推进农村土地承包经营权、林权、集体土地所有权、集体建设用地使用权、房屋所有权、小型水利工程产权、农地集体财产权“七权”同确。安徽省滁州市、天长市全部完成151个村股份合作制改革，以户为单位发放集体资产股权证书11.3万份，42.6万名农民成为股东，实行股权“生不增死不减、进不增出不减”，并成立股份经济合作社，统一分配经营性收益。山东省德州市发放农村集体经济组织成员备案证，保障进城农民的宅基地使用权、土地承包经营权、集体收益分配权及“三权”的合法继承权。湖北省襄阳市、宜城市建立农村集体经济组织成员备案制度，允许进城农民保留集体经济组织成员身份，并继续享受农村“三权”。湖南省长沙市、浏阳市对全市32.1万户、34.1万宗宅基地进行摸底，已确权28.7万宗。湖北省襄阳市、宜城市将农房所有权和宅基地使用权合二为一，发放“房地一体”不动产证书1.7万本。

（二）**建立统一规范的农村产权流转市场。**辽宁省鞍山市海城市组建东北首家农村综合产权交易中心，承担产权流转交易、资产处置、抵押登记和融资对接等职能，并在重要经济节点地区建立分支机构，在397个行政村安排项目信息员，形成三级联动的服务体系。陕西省西安市高陵区在网络平台上交易土地承包经营权，实现信息发布、交易鉴证、价值评估等12个环节“一厅式”办理。重庆市建立健全地票制度，已交易地票24万亩、469亿元，其中贫困地区地票占比高达69%。浙江省金华市、义乌市建立集地券制度，鼓励农村和农户将闲置废弃低效建设用地复垦后形成建设用地指标，允许在市内交易和申请贷款。安徽省六安市金寨县探索宅基地复垦腾退建设用地指标在省内有偿使用，已交易指标4个批次、1.1万亩，平均每亩价格46万元。

（三）**用好用活农村集体经营性建设用地。**重庆市大足区推进6宗农村集体经营性建设用地就地入市（含2宗租赁），并完成10宗集中调整入市，16宗土地面积和成交价款分别达到282亩、1亿元左右，盘活了农村复垦区沉睡的集体资产，解决了发展用地需求。北京市通州区宋庄镇疃里村在农村集体建设用地上建设租赁住房，将收取的租金和物业管理费用来发展集体企业；台湖镇将29个村级工业大院土地统一还耕，将建设用地指标集中置换到条件较好区域，引导各村以建设用地使用权入股联合成立镇级土地联营公司，再由联营公司与投资方共同组建项目公司，作为开发建设运营主体和融资主体。

（四）**完善农民宅基地和农房政策**。四川省泸州市泸县允许村民在县域内跨区申请宅基地，并以竞价等方式有偿取得，已有550个农户跨区取得宅基地，跨区有偿使用费达到1300多万元。新疆维吾尔自治区伊犁州伊宁市初次分配宅基地实行成本价取得，成本由村集体依据占用农民承包地的补偿费用自行确定。安徽省六安市金寨县对超标准占用的宅基地按累进方式收取有偿使用费，对节约集约使用宅基地的农户给予奖励，低于宅基地面积标准（160平方米）的，每减少1平方米给予100元奖励，自愿放弃申请宅基地的，每户奖励2万元。湖北省襄阳市、宜城市按宅基地等级划分收费标准，对超出标准部分征收有偿使用费。

（五）**探索农民合法性权益自愿有偿退出**。重庆市巴南区探索农户自愿有偿退出宅基地使用权、林权和土地承包权、集体经济收益分配权等“四权”，天星寺镇芙蓉村7户农民户均获得补偿资金54万元。安徽省六安市金寨县引导贫困户、移民户和居住在土坯房、砖瓦房、砖木房的农户，自愿有偿退出宅基地并异地搬迁，已有超过2万户农民腾退宅基地3.5万亩，受益贫困户超过8000户、2.5万人。

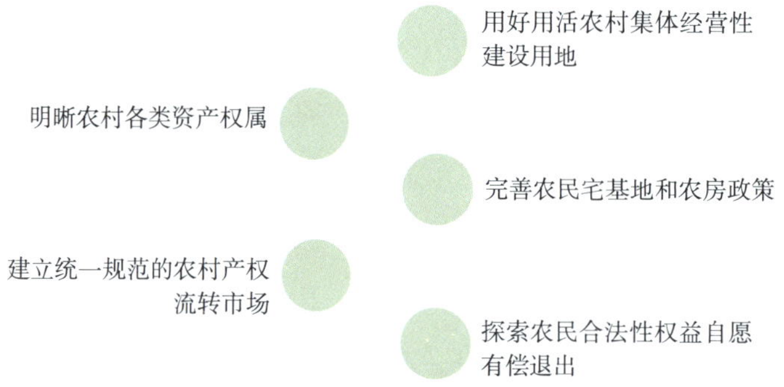

图 10-3 深化城乡土地制度改革主要经验

四、健全城镇化投融资机制

（一）**防范化解地方政府债务风险**。浙江省金华市、义乌市以政府债务清理甄别结果为基础，把存量一类债务全部置换为地方政府债券，并分一般公共预算和政府性基金预算纳入全口径预算管理。山东省青岛市建立规范化政府举债管理机制，新增政府债务全口径纳入预算管理，实现地方债自发自还。广西壮族自治区柳州市建立债务风险识别预警机制，严格实行债务限额管理。贵州省黔南州都匀市制定还债能力和可用财力增量相适应的政府举债规划，设立偿债准备金，通过核销、PPP化解、剥离等方式降低政府性债务余额。

（二）**推动地方国企更好服务于城镇化**。山东省青岛市整合优质资产组建AAA级综合性国有投资公司，提升政府融资平台实体化发展能力和国有资本运营能力。天津市蓟州区整合房地产管理局、水务局、交通局、市容园林委、各园区下属企业国有资产和行政事业单位优质资产，授予蓟州城投公司道路、供排水、污水、供热等基础设施特许经营权，为引入社会资本搭好平台。河南省郑州市新郑市以股权划转、资产注入等方式为国有投融资公司注入优质经营性资产，将10家平台公司打造成投融资集团，其中新区和政通两家投融资公司资产超过100亿元。

（三）**合理设立城镇化政府引导基金**。海南省政府与国家开发银行金融公司合作设立200亿元规模的特色产业小镇基金，其中省财政出资21亿元，国开金融牵头募集社会资本179亿元，政府不兜底、不增加隐性债务。贵州省黔南州都匀市成立基金管理公司，设立20亿元规模的城镇化发展基金。山东省青岛市设立总规模112亿元的青岛城市发展基金，其中募集社会资本98亿元，以低于基准利率的资金成本支持地铁等重大基础设施建设。广西壮族自治区柳州市财政出资4亿元设立政府投资引导基金，带动金融机构和社会资本超过50亿元。

（四）**促进实体经济与金融联动发展**。山东省德州市组建政策性融资担保平台，引导银行贷款、机构资金和社会资本向实体企业倾斜，企业获得资金已有几十亿元。湖南省长沙市、浏阳市为花炮产业量身打造融资产品，推出承兑汇票、出口退税账户托管、贸易融资、花炮产业基金等金融服务。贵州省黔南州都匀市引入上海股权交易中心，挂牌都匀市孵化基地，打通中小企业与资本市场的对接平台。河北省石家庄市与15家金融机构签订小微企业贷款风险补偿业务合作协议。

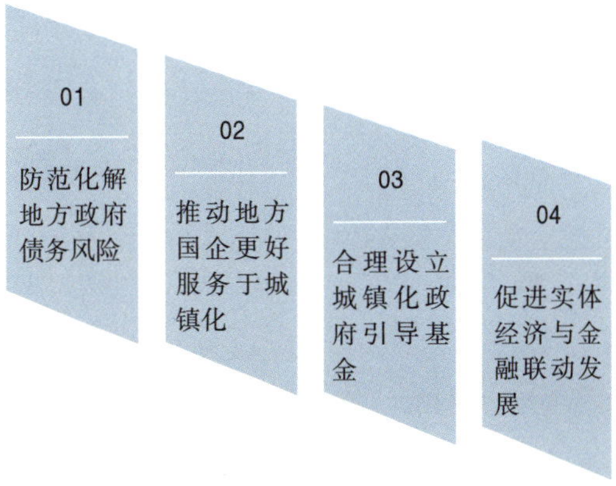

图 10–4 健全城镇化投融资机制主要经验

五、改革创新行政管理体制

（一）**推进市辖经济功能区和行政区合署办公。**湖北省武汉市推进武汉经济技术开发区和汉南区融合发展，将54个党政部门融合为22个，大幅减少了行政协调事项、提高了行政效能。吉林省长春市奢岭镇、卡伦镇、合隆镇建立“一套机构、两块牌子、镇区一体”的行政管理新模式。甘肃省金昌市河西堡镇与河西堡化工循环经济产业园区实行“区政合一”。

（二）**推动机构精简和职能相近部门合并。**浙江省温州市苍南县龙港镇打破条条对口，将12个内设机构、11个事业单位和县派驻部门重新组建为15个大部门。吉林省延边州安图县二道白河镇将分散在各部门的相同相似相近职能合并，机构和人员数量分别减少30%、10%。广东省深圳市光明新区将行政管理部门缩减为15个主要职能部门，推行“一部多责、一人多用”的行政管理新模式。江苏省打破行政机构与事业单位界限，将镇属行政机构与事业单位整合为10个职能机构。山东省青岛市将建制镇从77个减少到43个，将街道从101个增加到102个，新成立的34个镇街组织机构统一简化为5个党政工作机构和6个财政拨款事业机构。

（三）**优化经济发达镇行政管理体制。**吉林省延边州延吉市以授权或委托的方式，将50多项行政审批许可和处罚权下放朝阳川镇，并设立24个工作窗口承办。浙江省温州市苍南县将1575项县级管理权限下放龙港镇，刻制23个县级部门2号公章、9个县级部门审批专用章授权龙港镇使用，将18个县派驻部门的300多名行政事业人员成建制划转给龙港镇管理。浙江省宁波市设立镇级独立金库，明确辖区财政收入超基数部分市和辖区所得全额留存，土地出让金净收益除上交国家和省以外部分全额留存。湖北省仙桃市在彭场镇建立镇级独立财政体制，以2014年为基数的新增税收地方留成部分全额返还，比上年新增部分按50%进行奖补。湖南省株洲市开展乡镇区划调整，乡镇数量缩减28%，人员减少3000多人。

（四）**深化行政审批“最多跑一次”改革。**四川省泸州市设置综合政务服务窗口，通过流程再造实现去部门化，分类推行政务服务事项“一窗受理”，实现161项行政许可事项“一章办结”，其中158项“只跑一次”，企业名称预先核准等20项“一次都不用跑”。浙江省嘉兴市南湖区全面归并整合政务服务事项，在行政服务大厅设置20个综合受理窗口，对所有事项实行全业务无差别受理。在此基础上，浙江省各市全面优化办事流程，实现高频事项“就近能办、同城通办、异地可办”，让群众办事从“最多跑一次”升级为“就近跑一次”。

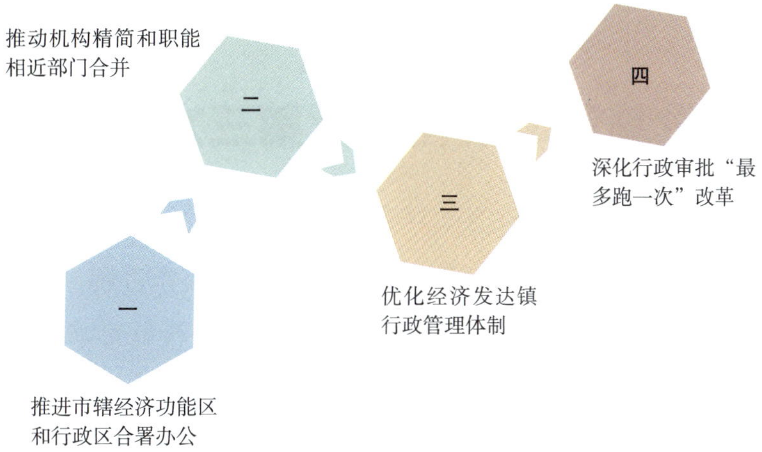

图 10-5　改革创新行政管理体制主要经验

第11章
第一批新型城镇化试点第三方评估报告

为全面了解评估第一批国家新型城镇化试点地区工作进展，国家发展改革委规划司委托浙江大学中国新型城镇化研究院、国家发展改革委城市和小城镇中心、清华大学中国新型城镇化研究院、国家发展改革委宏观院国土所4家机构分别对第一批新型城镇化试点地区进行了第三方评估，主要剖析不同地区第一批新型城镇化试点的总体进展，突出成功经验和有效做法，分析存在的主要问题及原因，为其他地区在新型城镇化重点难点领域探索改革创新提供借鉴。

浙江大学对浙江等7省份试点的评估报告

根据《国家发展改革委办公厅关于总结推广第一批国家新型城镇化综合试点阶段性成果的通知》（发改办规划〔2017〕1373号）的要求，浙江大学中国新型城镇化研究院负责对东部及东南部7省市的共17个试点地区进行第三方评估，具体为：上海市（金山区）、江苏省（省级试点）、浙江省（宁波市、嘉兴市、义乌市、苍南县龙港镇）、福建省（莆田市、晋江市）、山东省（青岛市、威海市、德州市、郓城县）、广东省（广州市、东莞市、深圳市光明新区、惠州市）、海南省（儋州市）。调研评估情况如下：

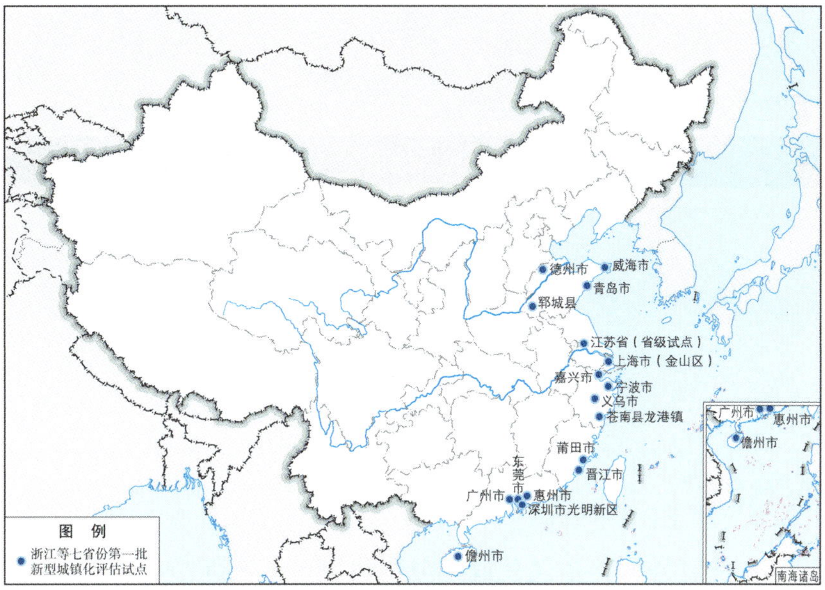

图 11-1 试点评估地点分布图

一、总体进展

17个试点地区既存在共性也存在差异性。共性体现在：地理区位均位于东部沿海地区（包括山东省、江苏省、浙江省、上海市、福建省、广东省、海南省），普遍具有区位条件优越、交通设施便捷、开放程度较高、产业和经济基础良好的特点，吸引众多外来人口聚集。差异性体现在：一是从行政层级看，评估地区涵盖了省级政府、副省级城市和计划单列市、地级市、县级市、特大镇5个等级，不同层级政府关注的新型城镇化发展的立足点存在差异，其所要面临的行政体制改革桎梏不尽相同。二是从经济发展看，既有广州这样的一线特大城市，和经济增长持续加速的大城市地区（如青岛市、宁波市），也有地区发展中心城市（如威海市、嘉兴市），以及小城市培育试点（如郓城县、龙港镇），不同的城镇化和产业发展阶段导致各地在转移人口市民化成本分担机制创新方面各有妙招。三是从地域文化看，各地区从传统儒家文化（山东），到江南文化和海派文化，再到闽南文化、客家文化（福建）和岭南文化（广东），拥有多元化的亚文化圈形态。

各个试点地区的共性和差异性共同推动各地因地制宜地开展试点工作，获取了丰富的工作成果和实践经验。通过本次评估对各地经验做法进行总结归纳，既反映了各地的特色工作，也展现了一些迫切需求。

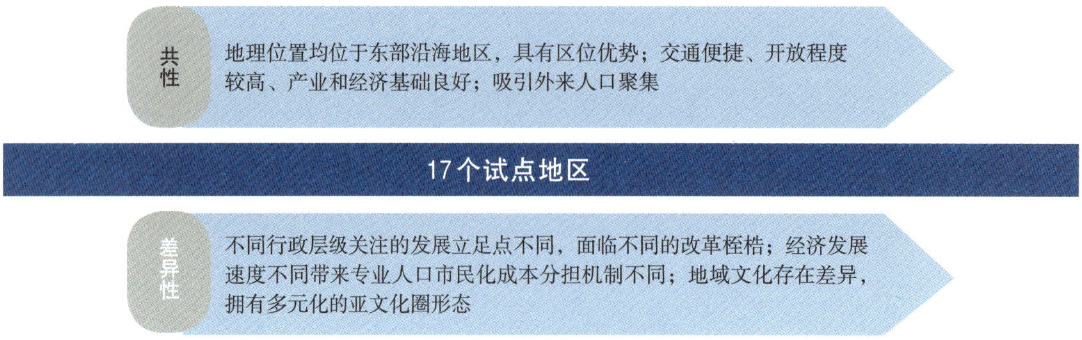

图 11-2　17 个试点地区的共性与差异

二、亮点经验

（一）建立农业转移人口市民化成本分担机制，解决新型城镇化“人从哪来”。

1. 外来人口落户限制全面放宽。各试点地区均不同程度地降低落户门槛、拓宽入户范围、调整户籍准入政策，解决外来人口落户问题。

2. 居住证暂行条例有序实施。多地已取消农业、非农业及其他户口性质划分，统一登记为居民户口（比如海南省儋州市、广东省广州市等）；通过积分落户制度，将居住存量有序转为户籍人口（比如深圳市光明新区、浙江省嘉兴市等）。同时通过加大投资、完善政策、优化环境等措施吸引高端人才和创新团队汇聚（比如广东省惠州市）。

3. 支持市民化相关政策基本落实。各地区对外来人口市民化成本进行测算，并制定政策保障成本分担。广州市制定了市、区两级政府支出责任划分清单，理顺两级政府财政分配关系；莆田市政府加大资金投入构建建设项目工伤保险团体参保机制，初步建立以政府为主、企业为辅的成本分担机制；东莞市建立起以基本公共服务为基准的财政转移支付体系，将原来由村（社区）负担多项基本公共服务逐步纳入市镇财政的补助范围等。

4. 城镇基本公共服务全覆盖基本实现。各试点地区在住房、教育、医疗、社会保障等方面构建基本公共服务体系，优化积分服务机制，推进城乡基本公共服务均等化。在有些地区新落户市民甚至享有部分“超市民待遇”（比如福建省晋江市）。

图 11-3 新型城镇化“人从哪里来”

（二）建立多元化可持续的城镇化投融资机制，解决新型城镇化“钱从哪里来”。

1. 政府与社会资本合作（PPP）模式推广动力不足，并未形成主流。主要原因一是PPP仅能解决政府短期资金压力，后续社会管理所需的经济和社会成本仍需政府负担；二是PPP多用于投资回报很难保持的基础设施建设项目，社会资本参与积极性不高。但同时也有一些试点地区进行了有益的尝试：义乌市加大PPP在财政支出中的比例，组建PPP中心和滚动项目库；青岛市首创PPP项目实施方案完整性和可行性评价技术指标体系；东莞市以顶层设计引领PPP模式；江苏省建立省级PPP项目储备库，成立PPP融资支持基金。

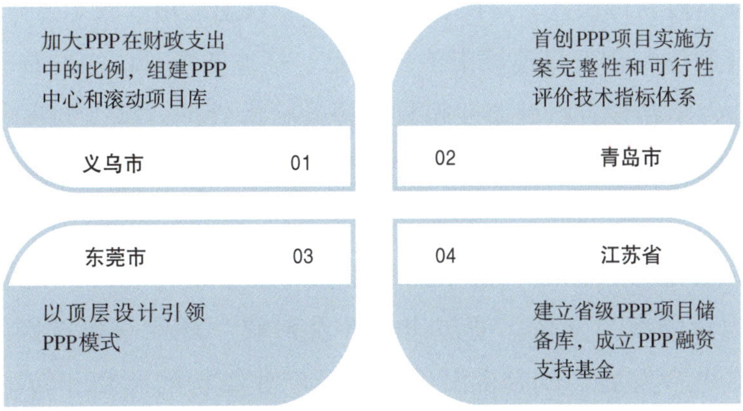

图 11-4 政府与社会资本合作（PPP）模式推广

2. 市场化融资渠道多元拓宽。各地政府积极争取国家政策性资金来源，鼓励市属投融资企业市场化转型，通过发行企业债、融资票据、开展融资租赁等增加资金筹措渠道。例如：义乌市着力于投融资平台、债券融资、产业基金、向上争取资金；惠州市发展政府投资基金；嘉兴市引入险资、国资、上市公司等各类资本以股权、债权方式共同参与。

3. **政府债务风险有效控制**。地方政府通过完善政府债务管理机制控制风险，例如：青岛市建立健全规范化的政府举债管理机制，新增政府债务全口径纳入预算管理；宁波市完善政府性债务管理机制，规范政府举债融资。

4. **城乡金融服务体系进一步完善**。多地展开因地制宜的尝试：嘉兴市推进小额贷款公司试点、民间融资管理试点、农村资金互助会试点工作；莆田市通过发放农村承包土地经营权抵押贷款缓解农民贷款担保难问题；义乌市创新美丽乡村建设众创众筹机制，鼓励村民入股公共参与村庄经营。

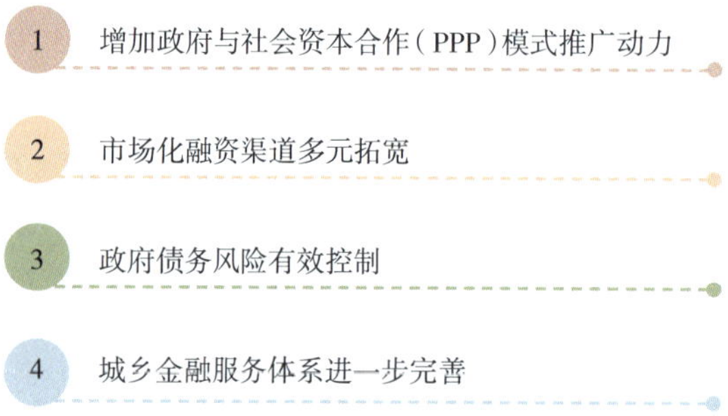

图 11-5　新型城镇化“钱从哪里来”

（三）创新行政管理模式，解决新型城镇化“权怎么用”。

1. **以大部制体制创新提速城市治理效能**。打破条条对口的设置原则，将职能相近部门合并，整合设置行政事业机构，提升行政管理效率。如深圳市光明新区将行政管理部门缩减为15个主要职能部门，推行“一部多责，一人多用”的新型行政管理机制。

2. **以政企共建共营提速特色小镇建设**。特色小镇建设得到各级政府的广泛认可和社会力量的有力支持。通过出台涉及财政、环保等多类别的政策措施，大力推动产城融合发展，以点带面促进地区产业结构的调整和转型。如宁波市构建了完善的“1+X”政策体系，融合PPP等融资模式，创建特色小镇梯度式发展格局。

3. **以扁平化管理提速强镇扩权改革**。在人员安排、财力投入方面向大镇、强镇倾斜，推动镇级政府具备部分县级行政权力。按照财权和事权相匹配的原则，对驻镇的直管单位实行双重管理体制（如威海市）。积极下放事权，做到镇内事务镇内解决，打造镇级综合服务平台（如东莞市、儋州市等），形成扁平化管理格局。

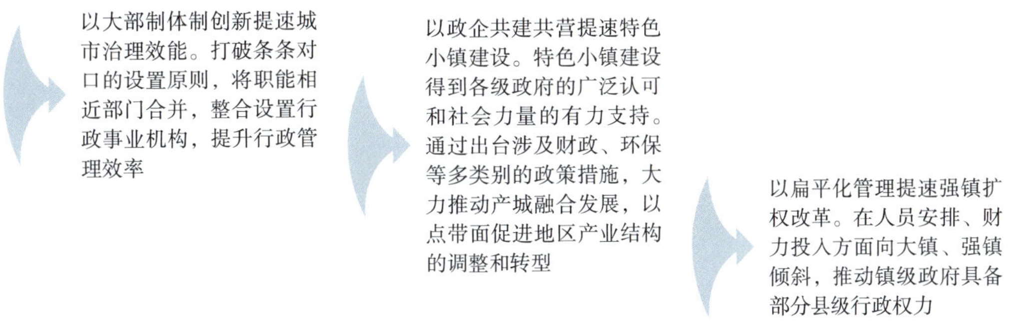

图 11-6　新型城镇化“权怎么用”

（四）建立进城落户农民“三权”维护和自愿有偿退出机制，助力城乡一体化发展，解决新型城镇化“地怎么活”。

1.以产权固化推进农村宅基地制度改革。稳步推动农村宅基地确权工作，积极开展房屋确权登记，制定差别化的有偿使用制度，加快探索宅基地有偿退出的补偿标准和收回程序，如江苏省制定分区域、全覆盖的规划管理办法，出台宅基地有偿使用收费指导标准，建立政府回购机制。

2.以产权交易平台化推进农村经营性建设用地入市。创新农村经营性建设用地入市政策设计，完善产权制度，明确入市范围和途径，搭建交易平台和交易规则，并配套监督服务体制。如上海市金山区、嘉兴市等地均设立要素交易平台，通过平台化、规范化管理促进用地入市改革。

3.以制度改革规范化推进土地征收机制创新。大力推动土地征收制度体系化建设，规范土地征收流程，平衡土地增值收益分配，如德州市积实行“一评估、二协商、三公告、四协议”的新型征地工作流程。完善被征地农民保障机制，建立多元化的保障措施，如义乌市将安置用房面积的2/5采用产业用房补偿，并通过后期政府整体运营、农户以房入股的形式保障进城农民每年享有稳定的财产性收益。

4.以资产要素市场化推进集体经营性资产股份合作制改革。对集体所有的各类资产进行全面清产核资，健全台账管理制度，将经营性资产以股份或份额形式量化到集体成员，有序推进经营性资产股份合作制改革，加快推动村社分离的基层治理模式。如宁波市合理量化股权，运用项目制、现金配股、土地入股等方式发展混合所有制经济保障农民利益。

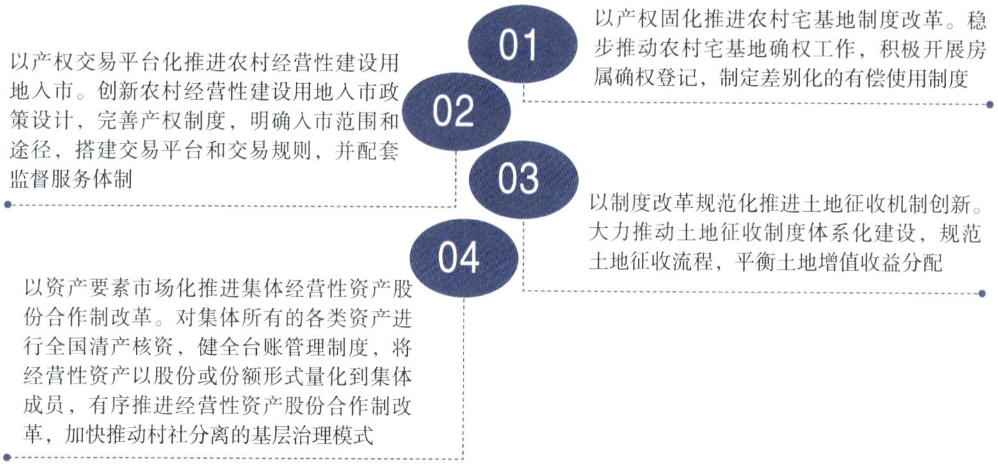

图 11-7　新型城镇化“地怎么活”

（五）改革城镇化相关体制机制，促进新型城镇化内涵式发展。

1. **以多规合一优化空间资源配置。**倡导从总规到控规、从线下到线上的全面融合，积极推进“多规融合”工作的实施保障，逐步搭建“多规融合”信息平台，形成规划融合、制度融合的管理体系。为保障部门信息的顺畅沟通与交互，部分地区将规划、国土部门进行合并。

2. **以智慧城市建设完善城市治理体系。**通过与科研机构和高新企业合作，搭建覆盖智慧政务、智慧交通、智慧产业等的城市信息平台，形成面向多方的综合性服务平台，提升行政管理效能和服务效率。如南京市、东莞市长安镇构建了基于大数据的信息服务部门，监察产业发展、交通运行等多方面内容，提升城市治理水平。

3. **以生态绿色城市建设提升城市生活品质。**树立绿色城市理念，推广新能源交通，打造绿色出行，对水环境、大气、土壤等开展综合治理（如郓城县）。因地制宜地探索海绵城市建设体系，通过科学设计生态化设施对雨水进行生态过滤、净化和有组织地收集利用（如光明新区），建造符合海绵城市原则的交通道路和公园绿地，合理利用自然水体，推动城市实现“海绵体”效果（如青岛市）。

4. **以城市有机更新促进城市活力。**通过退二进三、棚户区改造等“三旧”改造工程，全面推动城市更新，结合城市微改造、微治理（如广州市），带动设施品质、土地效益、产业层级、城市功能等系统的综合性提升，并腾挪出更多的城市空间（如义乌市），吸纳、承担新型城市职能，提升城市活力。

图 11-8 试点亮点经验

三、主要问题

（一）关于土地改革制度试点问题。在17个评估试点中，仅义乌市为全国土地制度改革的试点，全面开展制度创新，取得了很好的效果。其他试点受制于农村土地制度改革所涉及的大量法律法规、上位规划的限制，难以有较大突破。

（二）各地区城镇化认定标准不统一。各试点统计部门、编办、公安等部门对于城镇化相关统计口径不一致，有些以物理条件限制，有些则以编制部门数据执行等，从而使土地集约化效益降低，影响城镇化成果的判定，也对下一步的新型城镇化建设造成一定影响。

（三）不同行政单位的工作重点趋同。调研发现17个试点单位虽然行政级别跨越较大，但关于新型城镇化的工作重点却趋于一致。各地区根据新型城镇化的五项主要内容为依据，尽管都做出很多努力，取得了很大成效，但是却缺乏根据自身特点所做的工作侧重点。

（四）关于“特大镇”面临的问题。特大镇的常住人口体量大，行政主体模糊与行政权限全面下放之间产生尖锐矛盾，行政管理负担加重，也在行政执法方面存在隐患。例如，浙江省苍南县龙港镇，其常住人口40余万，长期以来行政人员编制严重不足但服务事项众多。

（五）经济圈中城市群协同发展较弱。此次评估集中于东南沿海一带，包括长三角、珠三角地区等城市群较为密集的地区，但不同地区之间的跨区域联动发展没有形成机制性和方向性的意见。例如，嘉兴市和上海市金山区分属长三角地区浙沪边界，相对处于发展的低洼地带，现在已有一些跨区域的合作，但从某种意义上还是各自独立发展，从长三角大经济圈角度还缺少协同发展机制。

（六）市民城镇化中外来人口“权随人走”政策待完善。各试点地区努力构建住房、教育、医疗、社会保障等方面的公共服务体系，但是实际操作中难度较大。突出的问题：一是教育编制严重欠缺，难以满足外来务工人员子女义务教育的需求；二是社会保障压力巨大，尤其对于外来人口聚集的城市；三是土地指标明显不足，难以保障新市民所需要的生产生活物质空间。

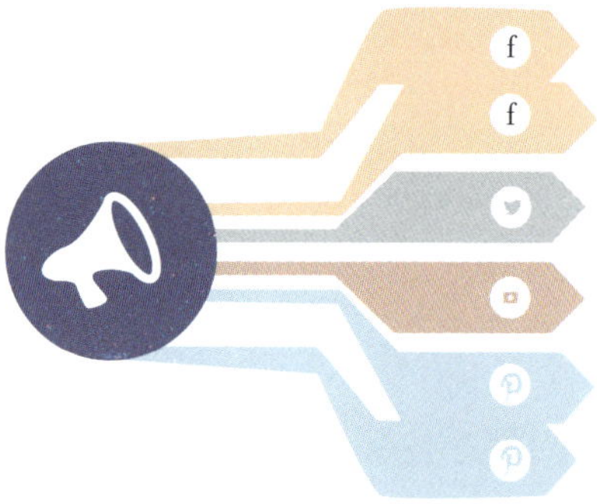

图 11-9　存在的主要问题

四、下一步工作建议

（一）**关于土地改革制度试点**。鉴于义乌市土地改革试点取得的较为显著的成效，建议延长义乌市土地改革试点期限，同时在各试点地区更大限度地放开土地制度改革试点政策，从实践中吸纳经验。

（二）**建立统一的农民城镇化认定标准**。由于不统一的城镇化认定标准和口径，影响相关城镇化成果的判定，建议国家能够结合各地的具体情况，从上位层面统筹制定城镇化率的统计口径，明确“城镇化”定义，为新型城镇化的推进提供指导。

（三）**区别对待行政体制改革中不同层级行政单位的工作侧重点**。不同层级的行政单位，应当制定不同层级的新型城镇化具体任务：在省级和地级市层面上，要发挥政策优势，在区域内进行平衡、协调，形成城市群的协同发展；县级市或特大镇层面，在已有架构下运作面临困难（如义乌市、龙港镇），建议应当根据具体情况进行行政级别升级或允许政策资源适当倾斜。

（四）**关于“镇级市”下一步发展的出路**。针对龙港镇这样的特大镇，建议一是将龙港镇改设为县级市，加快“镇改市”改革步伐，明确行政主体；二是在人员编制方面施行立体化改革，而非扁平化压缩；三是“镇改市”后进一步完善各类指标下放和政策制度，为中国特大镇管理体制机制改革提供重要的实践范本。

（五）**强调大经济圈的城镇统筹发展，打破区域边界**。此次评估中以嘉兴市和上海市金山区为例，两者处于浙沪交界地区，相对处于发展低谷，强烈建议打破行政边界，统筹讨论跨区域新型城镇化联动发展模式，形成资源聚焦效益，对于珠三角地区也可选择类似区域布局试点。

（六）市民城镇化中完善外来人口“权随人走”政策。针对各试点地区在落实构建住房、教育、医疗、社会保障等方面的公共服务体系中遇到的问题，建议深化“人地钱挂钩、社保随人走”的政策制度，对于激活中国大范围区域的活力将有很大作用。

中国城市和小城镇中心对湖北等8省份试点的评估报告

根据《国家发展改革委办公厅关于总结推广第一批国家新型城镇化综合试点阶段性成果的通知》（发改办规划〔2017〕1373号）的要求，中国城市和小城镇改革发展中心对安徽、河南、湖南、湖北、江西、山西、贵州、陕西8省共18个第一批综合试点地区进行调研，在全面了解试点地区新型城镇化综合试点五项任务完成情况的基础上，对试点地区采取的做法模式、取得的成果经验进行总结，对试点中遇到的矛盾困难进行分析，并提出下一步推进试点工作的建议。

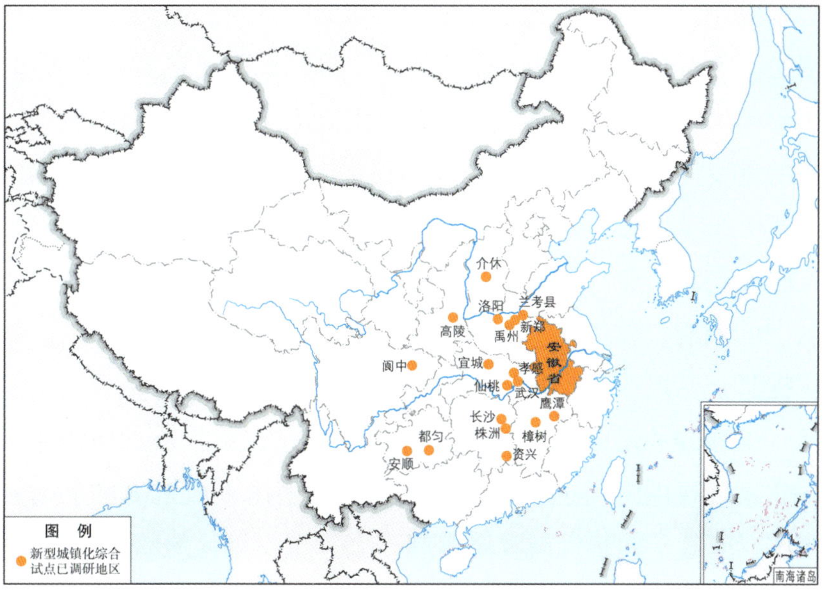

图 11-10　新型城镇化综合试点已调研地区

一、进展情况

在完成调研的18个试点中，中部地区有15个，西部地区有3个。其中包括1个省级试点，7个地级市试点，10个县级市、县和区试点。

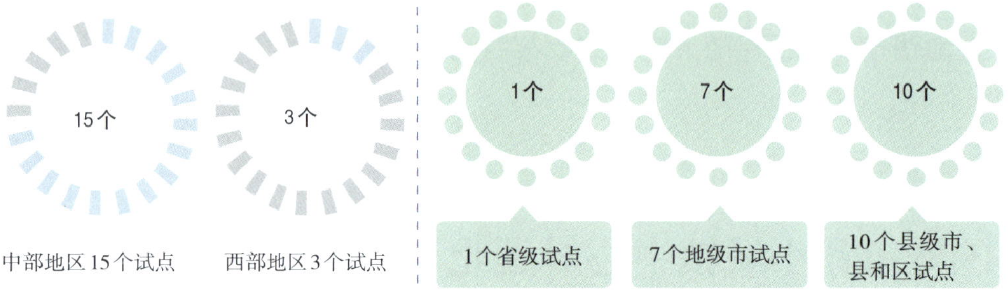

图 11-11 试点进展总体情况

从调研情况来看，国家新型城镇化第一批综合试点推进顺利，对5大试点任务的落实进一步细化、深化，一些试点地区在个别领域取得良好成效，基本完成了试点方案所定目标，但由于体制机制缺乏协同性、中央和地方责任分配不清晰、配套政策不到位以及对试点的认识存在误区等原因，造成新型城镇化试点在整体上没有取得实质性的改革突破。

5大试点任务取得了一些成效，也面临更艰巨的考验，总体进展如下：一是城镇化水平稳步提升，基本完成试点目标。截至2016年底，与各地区试点方案中所定的目标相比，绝大部分试点地区能达到预定目标。二是更多农业人口转移进城，市民化机制亟须健全。农业转移人口进城之后的生计和保障问题成为之后新型城镇化要解决的重要问题，也是刺激农业转移人口稳定下来、释放内需的前提。三是投融资方式更加多元化，体制创新有待加强。各试点地区除通过银行贷款之外，还积极拓宽融资渠道，推广应用PPP模式，但由于基础设施建设成本高、周期长和一些体制上的限制，政策预期不稳，社会资本参与的积极性不高。四是土地利用管理效率提高，制度改革探索有限。通过土地流转、抵押贷款、宅基地退出等方式，提高了土地的利用效率，给农民带来实实在在的收益，但由于土地管理法律的约束，农民三权的退出进程还比较滞后，减弱了农民进城的动力和能力。五是行政管理放权提效，体制机制改革进展不大。试点地区纷纷创新行政管理方式，推行简政放权，对实力强的镇街进行强镇扩权的改革，但特大镇设市还存在一些阻力，没有取得实质性进展。

二、主要做法、经验和成效

（一）细化落实户改政策，推动农业转移人口市民化。

1.两头发力让更多农民进城落户。一是大城市进一步降低落户门槛，吸引人口进城。合肥市进一步放宽农业转移人口落户城镇门槛，落户条件由2014年增加“城镇社会保险年限不得低于3年”，调整为“合法稳定工作2年、社保缴纳1年”条件的人员即可申请入户，吸引人口进城落户。二是中小城市分类施策，提高市民化的可操作性。都匀市针对不同人群的落户，制定出台相应的激励政策，增强人口转户积极性。截至2017年3月，都匀市农业转移人口转户21108人，返乡农民工落户6000余人（2014—2016年），外来人口落户13916人。三是清除制度障碍，畅通落户通道。禹州市出台6个配套政策，清理废止了195个制约农业人口转移和就业创业等方面的文件，全面破除农民进城的制度障碍。四是探索进城农民“三权”保留办法，让农民安心进城落户。宜城市制定农村集体经济组织成员备案制度，让农户在落户后能够继续以集体经济组织成员的身份享受农村“三权”，保障了农户的权益，使其能够放心进城落户。

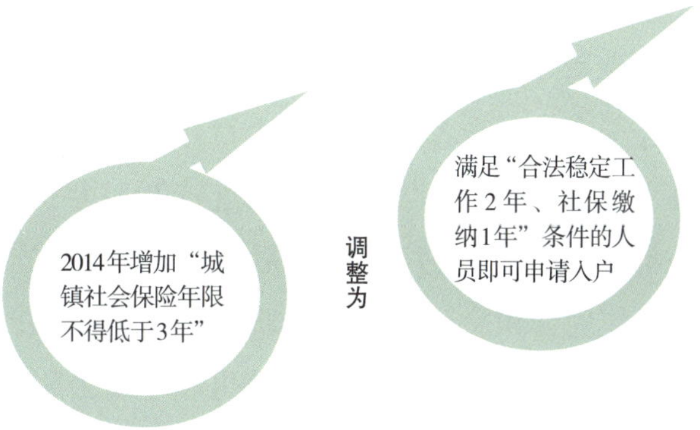

图 11-12 合肥放宽农业转移人口落户门槛

2.通过居住证保障“同城同待遇”。一是减少办理居住证的限制条件。宜城市创新居住证管理办法，放宽“六个月”居住期限的限制，截至目前共登记流动人口7983人，办理居住证7286人，均能享有居住证福利待遇。二是提高居住证的“含金量”。禹州市建立以常住人口为基础的公共服务保障体系，保障“同城同待遇”。目前，全市返乡农民工达4.2万人（约占外出务工人员的28%），约有8500人利用外出打工掌握的资金、信息、技术、人脉等进行创业，累计投资16亿元，带动10万人实现就业。

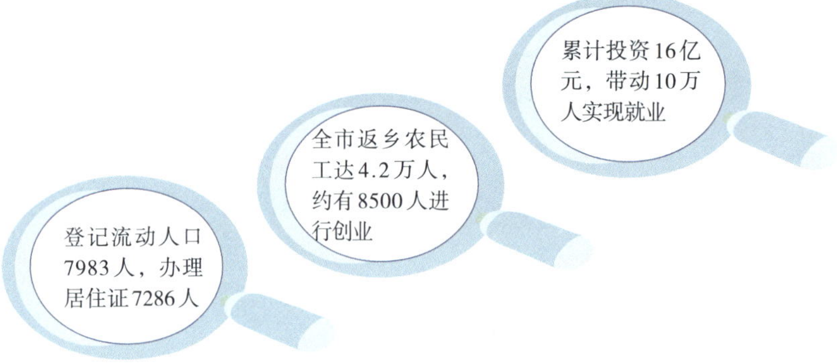

图 11-13　河南省禹州市常住人口公共服务保障体系

3.**提高市民化的公共服务水平**。一是摸清城乡户籍福利待遇的差别，供农民自由选择。禹州市澄清城镇常住人口底子和户籍福利待遇底子，对17项转移前后不一致的政策待遇，本着“就高不就低”的原则，由进城农民自由选择。二是以常住人口为依据，扩大基本公共服务覆盖范围。宜城市将城镇公共服务，从城镇户籍人口扩大到包括中心城区、中心集镇、中心社区以及重点工矿企业登记在内的常住人口，宜城市农民工随迁子女接受义务教育实现100%全覆盖、城镇常住人口基本养老保险覆盖率达到99.92%、城镇常住人口基本医疗保险覆盖率达到99%。三是抓住农民工随迁子女教育这个“牛鼻子”，增强试点地区对外来人口的吸引力。合肥市率先提出符合条件的农民工随迁子女义务教育阶段“五个百分之百”政策。2016年在合肥市参加中考的外来人口子女占全市中考学生数的比重较2014年提高了14%。四是创新多元化方式，增强农业转移人口的住房保障。芜湖市在全国率先成立住房金融公司，进城务工农民连续缴存住房公积金6个月以上即可在住房金融公司申请公积金贷款。宜城市在外来务工人员凭本人身份证和暂住证就可以申请公租房，目前，进城务工农民、外来务工人员、新就业职工已经有326户入住公租房小区。

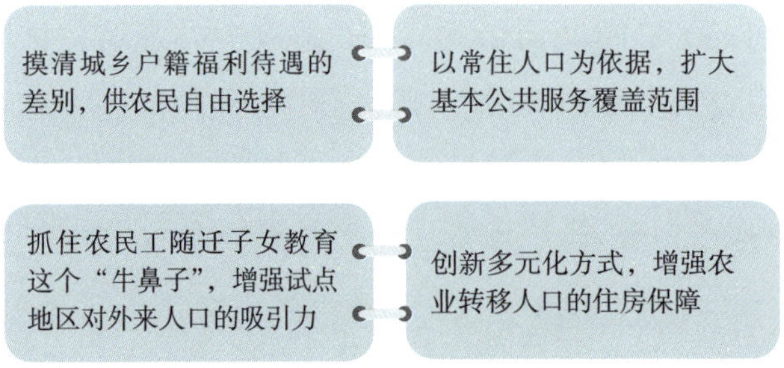

图 11-14　公共服务水平提高

4.细化市民化成本分担机制。一是建立人口市民化成本项目清单。孝感市进行了两次市民化人均成本测算，存量群体市民化人均成本42832元，政府公共成本占80%。增量群体人均成本138558元，政府公共成本占49.8%。并进一步确定了中央、省、市县三级政府之间的分担比例为7.21% ：2.16% ：90.63%，分年度提出了公共文化、卫生、保障房项目方案。二是细化义务教育成本分担机制。株洲市根据各县市区财力对义务教育成本进行了划分，其中，天元区中央、省、市、区的划分比例为60%、0、16%、24%，芦淞区为60%、4%、18%、18%，荷塘区为60%、12%、22%、6%，石峰区为60%、8%、20%、12%。

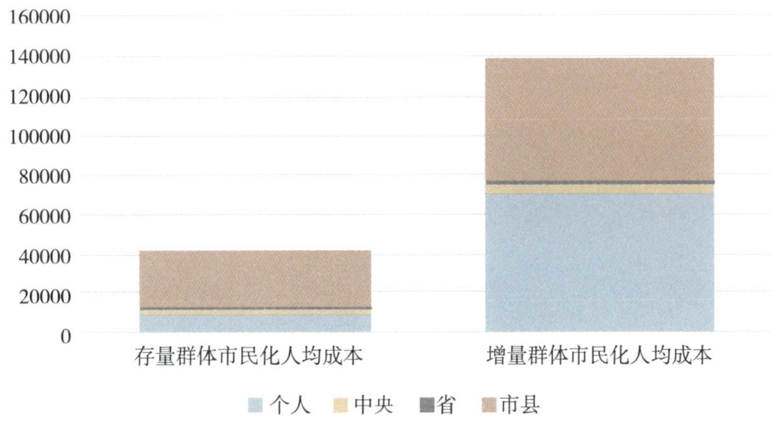

图 11-15 湖北省孝感市市民人均成本测量

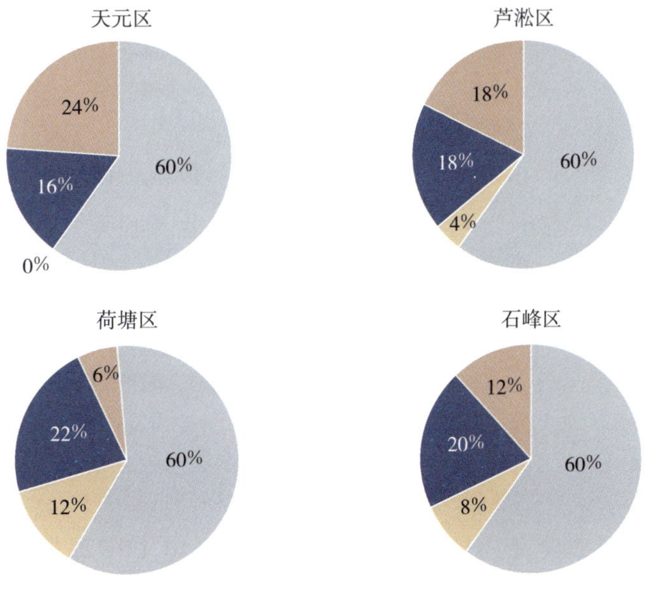

图 11-16 湖南省株洲市义务教育成本划分

（二）创新投融资模式，建立多元可持续的资金体系。

各试点地区在多元化投融资方面开展了一些探索，在投融资体制改革上成效明显，为试点推进提供可持续的资金保障。

1.灵活运用各类政府资金。孝感市积极争取政策性融资，降低融资成本，2015—2016年共申请国开行、农发行支持棚户区改造贷款融资82亿元。

2.创新金融产品。浏阳市为花炮产业量身打造融资产品，推出承兑汇票、出口退税账户托管、贸易融资等新产品，建立了花炮产业基金、花炮产业互助协会。

3.引入社会资本参与社会事业发展。如仙桃市在校企合作办学方面走出了新路径，引导社会资本投资共1.7亿元，新建5所公办学校，新增学位8000个，弥补了公办教育资源不足。樟树市将入学学生的生均义务教育经费（小学600元/学期、中学800元/学期）补助给广来民办学校，并在其他教育补助、校舍维修方面给予扶持，使得该学校不断发展壮大，现该学校已有小学生2000多人，初中生2000多人。

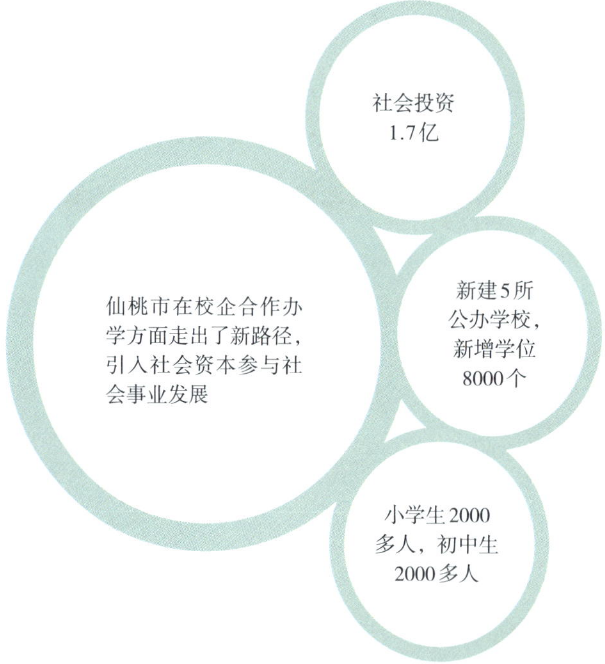

图 11-17　湖北省仙桃市引入社会资本参与社会事业发展

4.在城镇建设中推广PPP项目模式。孝感市建立PPP项目库，共计入库项目168个，总投资1410.6亿元，截至2017年8月底，已有8个项目签约落地。

图 11-18 孝感市 PPP 项目推进

5. **设立城镇化建设基金**。长沙市设立产业发展基金、棚改基金、城市发展基金、城中村改造基金等各类基金。孝感市与农业银行共同设立10亿元城镇化项目建设基金，用于东部新城新型城镇化建设。

6. **积极推进企业发债**。2015—2017年，孝感市共核准发行企业债券6期，募集资金56.8亿元，其中包括城市地下综合管廊专项债14.8亿元。

（三）推进宅基地制度改革，盘活农村土地资产。

1. **完善宅基地改革的体制机制**。一是设立专门的管理机构，宜城市成立不动产登记局，制定宅基地征收目录；金寨县成立农村宅基地试点领导小组，负责推进全县宅基地改革工作。二是出台配套的政策文件，宜城市出台宅基地管理、历史遗留问题处理、有偿使用、自愿有偿退出等9个配套文件；金寨县出台宅基地改革试点实施方案以及《金寨县农村宅基地有偿使用和流转制度》等文件，并不断规范工作流程。三是成立村民宅基地管理委员会，比如，浏阳市由理事会代表集体经济组织，对宅基地的审批、抵押、流转、退出以及收益的收取和使用进行管理，确保公开公平。

2. **推进宅基地的确权办证**。浏阳市出台了测量优惠政策，鼓励农民主动申请发证，全市宅基地共确权28.69万宗，确权率84.04%。宜城市对全市10.66万户11.24万宗宅基地进行了权属调查和测量，统一发放《不动产权登记证书》，累计发放“房地一体”不动产权证书1.68万本。

3. **开展宅基地抵押贷款**。宜城市政府对开展宅基地抵押贷款业务的金融机构进行奖励，同时适当突破国家规定的宅基地上市交易范围，调动了金融机构积极性。现累计发放“农房贷”69笔，贷款金额948万元。

4. **征收宅基地有偿使用费**。宜城市按宅基地等级划分收费标准，对超出宅基地面积使用标准的部分征收宅基地有偿使用费，启动8个村试点后，3个月时间内征收宅基地有偿使用费107万元，征收率达90%以上。金寨县改变以往按户确立宅基地为按户和人口综合确定，对超规定标准占用宅基地的，按阶梯累进办法收取有偿使用费。对于节约集约利用宅基地的，有相应的激励政策，低于宅基地面积标准（160平方米）的，每低1平方米给予100元奖励；符合宅基地申请条件但自愿放弃的，每户奖励2万元。如此一来，奖惩并举、两头发力，促进了土地的节约利用。

5.**鼓励农民自愿有偿退出宅基地**。宜城市农村宅基地有偿退出2500余户，复垦后可净增耕地7592亩。金寨县采取无偿、有偿相结合的方式引导宅基地退出，分类明确补偿和奖励补助标准，同时叠加项目补助、财政奖励、“房票”补贴、社保优惠、创业扶持、信贷支持等，户均补偿8万元，最高达到15万元。目前，金寨县自愿申请有偿退出宅基地20418户，已实施搬迁9426户、3.5万余人，已腾退宅基地3.5万亩，新增耕地3万亩。西安市高陵区鼓励农民自愿退出宅基地到城区购房居住，可以通过整体进城居住和单户农民进城居住两种形式，按照400元、500元、600元、700元、800元等标准，在1个城区安置点和5个新社区安置点自由选择置换住房。目前，全区已经有160户申报了宅基地置换住房，已有59户拿到钥匙。

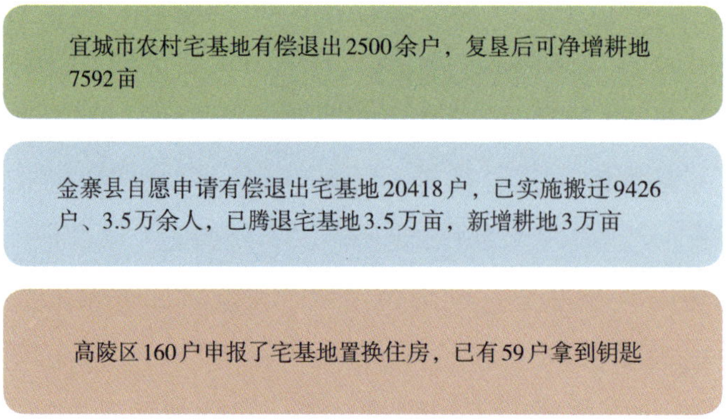

图 11-19　各地鼓励农民自愿有偿退出宅基地

6.**探索宅基地腾退结余建设用地指标在省内有偿调剂使用**。金寨县积极探索宅基地复垦腾退的建设用地指标在省域范围内有偿调剂使用。目前，已成功交易4个批次、10857亩宅基地腾退节余建设用地指标，每亩成交均价为45.6万元，缓解改革资金压力，在更大范围优化了土地资源配置。

（四）推动行政管理体制改革，促进中小城市发展。

1.**推进行政管理体制改革，精简部门和权限**。比如株洲市实行市县行政机构大部制改革和乡镇区划调整，减少市政府工作部门（含事业单位）内设机构43个，乡镇数量缩减28%，全市实有人员比控制数减少3000多人。先后7次对行政审批事项进行清理，市直部门行政许可事项精简60%。向各县市区下放行政许可事项54项、市级经济社会管理权限29项。

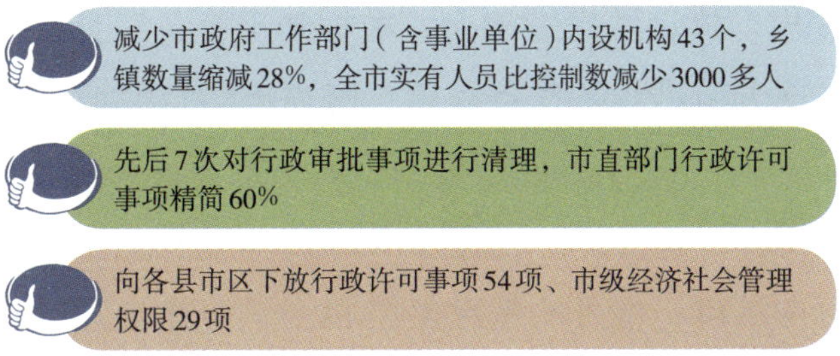

图 11-20 湖南省株洲市实行市县行政机构大部制改革和乡镇区划调整

2. **优化政务服务，提高办事效率**。例如，株洲市开展“互联网+政务服务”，荷塘区建立“一门式”综合信息平台，将276个事项纳入“一门式”综合窗口，45项服务办理时效提高50%，70%的事务当场办结。

3. **推进城市综合执法体制改革，实现精细化管理**。山西省介休市完成城建系统机构改革，成立规划和城市管理局，实现城市建管分离。建立城市综合行政执法局，将交警、巡警、城管日常执法形式有机融合，依托“数字城管”网格，建立了城市管理“三警合一”执法平台，实现了“1+1+1＞3”的城市管理效能。

图 11-21 山西省介休市完成城建系统机构改革

4. **实行强镇扩权，支持小城镇发展**。仙桃市对彭场镇进行强镇扩权：一是下放55项权限，增加部分执法权和审批权；二是调整内设机构，建立了彭场镇便民服务大厅；三是整合派驻机构，实行彭场镇和市主管部门共同管理；四是增加财力，建立独立的镇级财政体制。采取以2014年为基数，新增税收地方留成部分全额返还，比上年新增部分按50%奖补的激励政策。试点以来，仙桃市各级财政共给予彭场镇扶持资金1亿元，返还资金6000万元；五是加大用地扶持，对彭场镇重点项目用地差额部分予以优先调拨。

（五）智慧城市建设落地生根，推动生产生活方式革新。

1.**整合基础数据，建设应用云平台**。数据和平台是智慧城市建设的重要前提条件，试点地区在这方面进行了很多探索。鹰潭市的智慧城市建设起步较早，做了很多基础性工作，建设了5个基础数据库、14个应用系统开发，并以移动物联网为载体，打造窄带物联网公共平台。武汉市2013年被列为全国首批智慧城市时空信息云平台建设试点城市，也是从基础信息和云平台建设开始，由国土规划局牵头，投入3021万元建设“时空云”，整合城市人口、法人、房屋等基础信息，在国土规划管理、不动产统一登记、多规融合、社会综合治理、土地税源管理、智能交通、城市圈协同发展等30多个重大建设工程中进行深度应用。

2.**完善智能化基础设施建设**。智能化基础设施是智慧城市的物质载体，试点地区加大投入完善了相关基础设施建设。鹰潭市三大运营商共投资1.7亿元建成962个NB-IoT（窄带物联网）基站，实现城区、县城、乡镇网络全域覆盖，其中大型自然村覆盖率达100%。全市辖区NB-IoT的网络总体覆盖率超过95%，信号强度能满足地下管网监测、地下停车场等多业务多场景的应用。介休市投资建设了智能交通管理系统及天眼工程，建立了由1个市级管理中心、15个乡镇（街道）社会服务管理中心、265个村（社区）社会管理中心组成的社会化网格化中心，建成数字化城管平台，形成城市管理“大数据”中心，平台累计受理处置案件4.4万件，结案率94.93%。

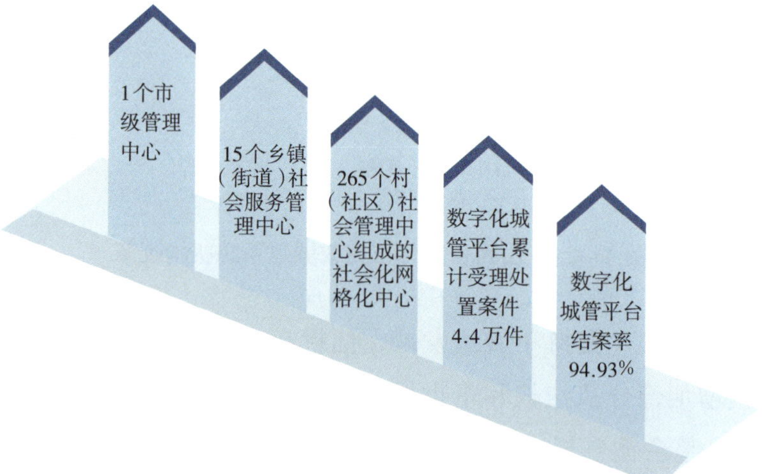

图 11-22　介休市智能交通管理系统及天眼工程

3. **推广智能化应用**。在城市管理中，信江新区应用576盏智能路灯，在路灯上预留窄带物联网的芯片接口，可以实现智能化控制，根据亮度、交通状况，调节路灯的开关和亮度，最大化达到节能效果。在行业应用中，余江县应用水稻原种场农业物联网项目，还建设了420个智能垃圾站，实现城乡生活垃圾一体化处理。在个人应用方面，生产出全球首款NB-IoT智能箱包，让出行更加安全、便利。还有智能穿戴、智能插座、智能照明、智能家电等智能家居产品，方便了人们的生活，节省了时间成本。

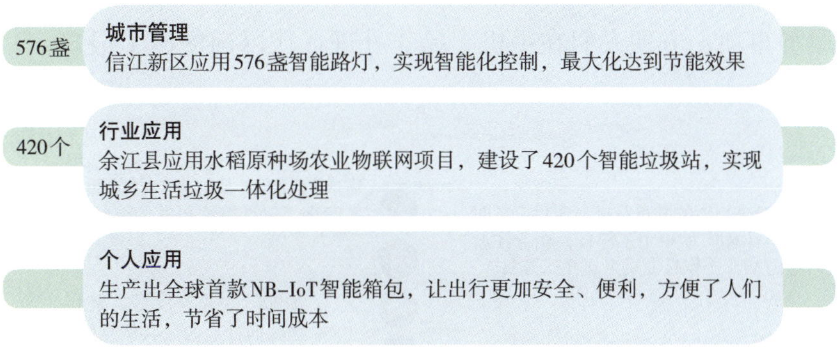

图 11-23 信江新区推广智能化应用

4. **扶持互联网创新创业**。鹰潭市大力发展移动物联网产业园，专门设立移动物联网创新创业孵化基地，智慧新城及移动物联网展示中心，以及多个开放独立的研发实验室。同时，给入驻的企业提供好的发展环境，提供不超过100平方米配套齐全的办公空间，免去前3年的租金和物业费。还配套了110多套公寓供高层次人才居住，根据引进的人才层次给予30万元、20万元的安家费不等。

5. **带动产业升级**。鹰潭市物联网本土生产企业已经有19家，研发物联网产品15款，形成百盈高新智能路灯、凯顺科技智能铜加工设备、三川智慧物联网水表、三川爱水科技智能净水器4个成熟的商业模式，可以对外输出推广，促进传统产业的智能化改造。

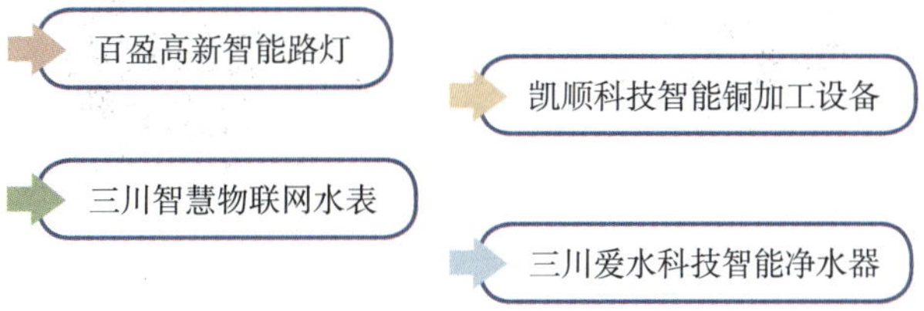

图 11-24 鹰潭市物联网 4 个成熟的商业模式

6. 推进“互联网+政务服务”。“互联网+政府服务”是智慧城市的重要方面，可以提高治理水平，服务群众和企业。鹰潭市将“互联网+政府服务”作为重要抓手，一方面建成了覆盖市、县、乡、村的四级互联互通的政务网络，审批系统和省一级对接实现并联审批。目前，实现9个大项105个小项的联审联批，项目审批时限由原来的143个工作日缩减为30个工作日，企业注册登记审批时限由原来35个工作日缩减为14个工作日，极大提高了效率，节约了成本。另一方面将各部门的业务数据汇聚到一起，搭建面向社会的公共信息服务平台，老百姓可以实时在线查询政务、管理、产业等相关领域的动态。同时，利用微信的平台优势，整合25项惠民服务事项，方便人们在手机上操作处理，比以前便捷了很多。

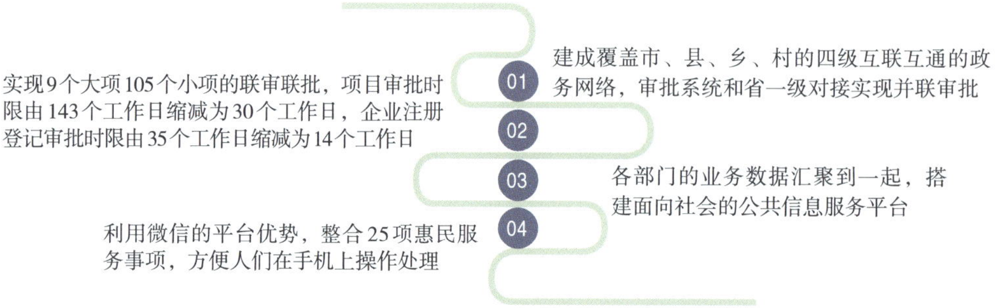

图 11-25　鹰潭市推进“互联网＋政务服务”

（六）其他。

1. 仙桃市：返乡创业成规模。仙桃市的毛嘴镇通过吸引农民工返乡创业就业，形成服装产业集聚，大量农民进镇区安家就业。仅2014—2016年3年仙桃市返乡创业就业农民人数就达到18000多人。

图 11-26　仙桃市毛嘴镇

2.兰考县：**建立金融扶贫新机制**。积极开展普惠金融，探索构建政府、银行、企业、保险“四位一体”的金融扶贫新机制，政府设立5000万的风险补偿基金，通过小额扶贫贴息贷款、产业发展信用贷、新型农业经营主体贷款等模式，为贷款的扶贫企业、合作社、致富带头人和创业贫困户等提供风险补偿。同时政府还设立1000万的还贷周转金，在企业或农户还贷、续贷期间因资金周转困难时，利用还贷周转金帮助其还旧借新。目前，金融扶贫贷款累计发放2904笔4.2亿元，其中为1018家小微企业、新型农业经营主体等组织贷款2.95亿元，直接或间接带动8700多贫困人口受益，为1886户贫困户担保贷款1.25亿元。

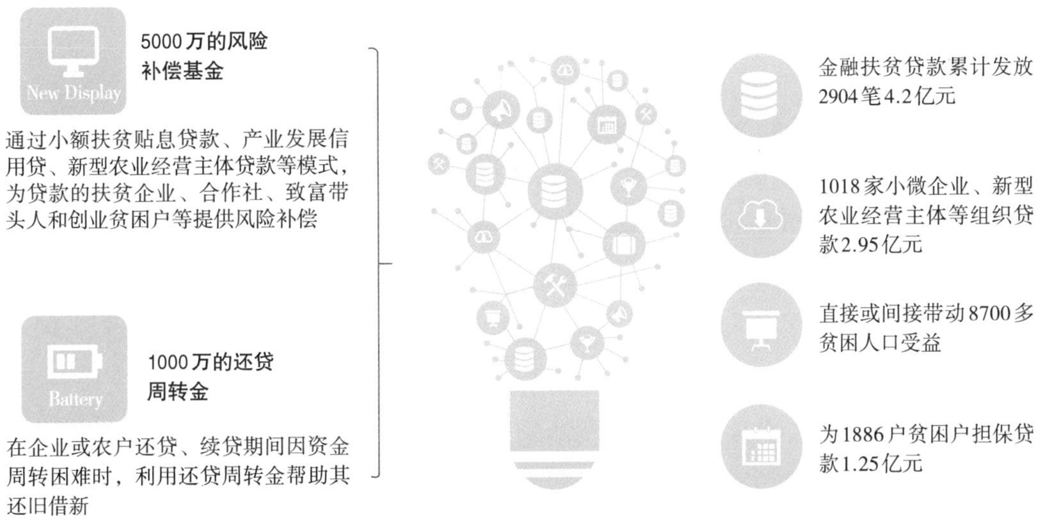

图 11-27　兰考市试点情况

3.金寨县：**扶贫与宅改政策捆绑叠加实现“万户脱贫”**。金寨县把宅基地改革、易地扶贫搬迁、水库移民解困、美丽乡村建设、农村危房改造等多项扶持政策捆绑在一起，引导“贫困户”“移民户”和居住在“土坯房、砖瓦房、砖木房”的农户自愿搬迁。部分贫困户不用掏钱就能住上新房，甚至结余部分补贴资金，用于脱贫产业发展。通过宅改支撑了脱贫攻坚任务的进展，全县建档立卡贫困人口由2015年底的8.43万人减少到2016年底的6.64万人。在自愿有偿退出宅基地的20961户中，在册贫困户7676户、25964人，占38%；水库移民户5920户、23093人（其中移民直补人口16027人），占29%，可以说实现了“一年宅改、万户脱贫”。

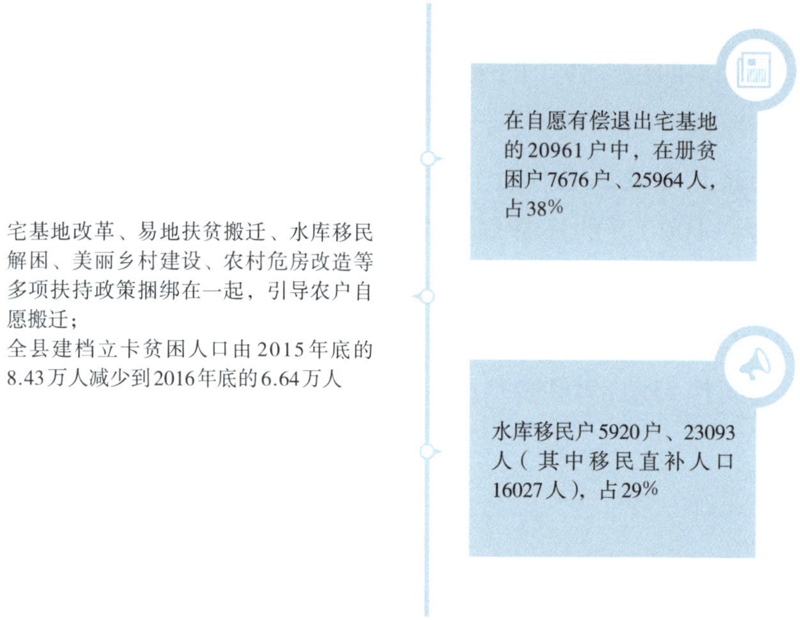

图 11-28　金寨市扶贫与宅改政策捆绑叠加实现“万户脱贫”

4. **安顺市：美丽乡村成为就近就地城镇化的载体。**结合山地特点，安顺市深入开展“四在农家·美丽乡村”创建，不断提升镇村之间路网通达性，将金融、网络、文化等公共服务向乡村延伸，创建国家级示范美丽乡村7个、省级30个、市级65个，完成51个符合城镇标准村居的城乡属性调整，占全市行政村总数的5.5%，促进10.2万人实现就近就地城镇化。

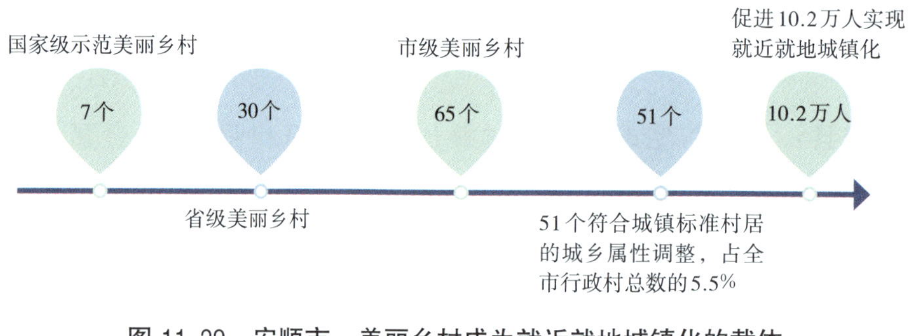

图 11-29　安顺市：美丽乡村成为就近就地城镇化的载体

三、存在的问题

1. **区县积极试点、成效显著，地市则进展较慢。**试点区县借着新型城镇化试点的契机，积极提高城市承载能力，着力解决农民进城急需的教育、医疗等问题，在推动就地就近城镇化上有良好进展。试点的地市在推进工作中比较热心于智慧等新型城市建设，热衷上马“高大上”项目，特别是对于农业转移人口市民化不太感兴趣，只注重城市建得漂亮，不注重留人。

2. 农民进城之后的公共服务水平跟不上。首先，有些公共服务还存在结构性差异，主要体现在目前城乡居民在最低生活保障、保障房、丧葬补偿、意外补偿等方面还存在二元结构差异。其次，虽然实行统一的城乡居民社会保障标准，但保障水平较低，农民工因为收入较低也无法承担更高的保费；和城镇职工的保障标准差距还是比较大。最后，在教育上虽然生均经费统一，但可携带进展缓慢，造成流入地压力较大，学校容量和教师配置都不均衡，教育质量难以保证。

3. 农民“进城不落户”的问题没有得到破解。农民进城不落户，这是全国普遍现象。比如，樟树市户改以来在城镇落户的本市农民和外来经商务工人员一直都是3000人左右，没有变化。从现实来看，一是因为农民不愿放弃农村的权益，预期未来还会升值，不能“放心”进城落户；二是进城之后的生活成本会增加，尤其是住房成本，这成为农民“进不了”城的顾虑；三是绝大部分农民工可以享受到与城镇居民同等的公共服务，办理落户手续的必要性已经不存在。

4. 政府投融资渠道受限。今年国家财政部50号和87号文件要求剥离政府融资平台智能，禁止利用基金等明权实债、政府购买服务工程违规举债，政府举债只能通过发行地方政府债券、PPP模式及去平台化融资平台公司市场化融资。这无疑会降低社会资本参与意愿，加大政府融资难度，导致部分城镇化项目进展缓慢。

5. 顶层设计缺乏协同性。一是跨区域的社会保障的转移接续仍未实现，影响了农民工的自由流动和保障水平。这并不是一地之力能够解决的，国家应在顶层制度设计上予以打通。二是“两挂钩一倾斜”政策国家层面仅有财政政策刚刚出台，未出台具体操作性意见，省级政府缺乏缓解市县政府资金和土地紧缺压力的举措，大多数市县对推动农业转移人口进城落户积极性不高。三是尽管国家已经明确出台政策规定对落户以后的农村三权予以保留，但没有明确的实施配套政策，农民资产变现的通道没有打通，对推动农业转移人口进城落户形成掣肘。

1 区县积极试点、成效显著，地市则进展较慢

2 农民进城之后的公共服务水平跟不上

3 农民“进城不落户”的问题没有得到破解

4 政府投融资渠道受限

5 顶层设计缺乏协同性

图 11-30 存在的主要问题

四、总体判断和建议

1. **要适应城镇化减速的趋势，不过度追求城镇化率，重点在提高公共服务水平方面下功夫。**城镇化减速是基本趋势，在试点中不宜过度追求两个城镇化率的指标完成，重点要加强对进城农业转移人口的公共服务和社会保障，促进他们安居乐业，释放内需潜力。

2. **制度改革要配套进行。**推进户籍管理制度改革的制约因素，主要在于土地管理制度和社会保障制度与户改协同性不够。只有农民的土地可以流转，可以把农村的土地和宅基地以及住房变现，农民才会真正转变成为城市市民。只有社会保障跟得上，对农民进城后的生活进行兜底保障，才能真正免除后顾之忧。因此，在推进城镇化体制变革中，如何实现户改和土改、社保改革的相互配套，尤为重要。

3. **要尊重人口流动的规律。**在中西部地区，省会城市等大城市和特大城市与其他地级城市相比，在基础设施、居民收入、公共服务等方面拥有较大优势，人口向这些城市集中的趋势明显，并且是长期趋势。因此，在选择试点和推进改革的各项任务中，要着重在百万人口以上城市进行探索。

4. **要通过设市等方式，释放中小城市发展的活力。**单纯通过放权进行管理体制改革效果有限，只有推进行政区划调整，才可以从根本上激发中小城市发展的活力。要看到特大镇设市对集聚经济和人口的作用，争取户籍、土地等改革在设市试点地区取得明显突破。

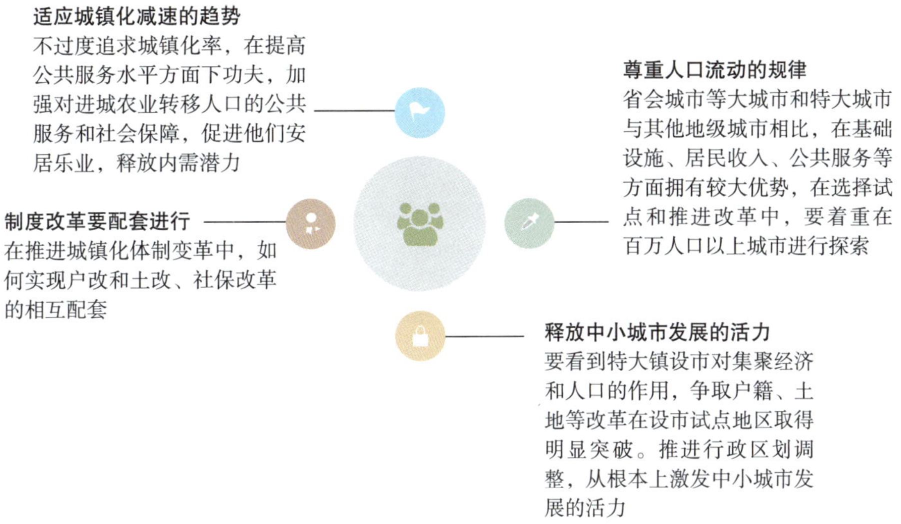

图 11-31　总体判断和建议

清华大学对四川等9省份试点的评估报告

按照国家发展改革委要求，2017年9—10月，清华大学中国新型城镇化研究院会同有关单位组成试点评估工作组，对我国西部9省区14个第一批国家新型城镇化综合试点开展了调研评估工作。

一、总体进展

经过调研评估发现，各试点地区围绕试点任务要求，在健全农业转移人口市民化保障机制、改革完善农村宅基地制度、建立多元可持续的城镇化投融资机制、探索建立行政管理创新和行政成本降低的新型管理模式等方面积极推进，取得了显著成效，形成了一大批值得推广的亮点经验。同时，结合西部地区特殊的自然地理环境、经济社会和城镇化发展条件，各试点地区在探索生态敏感地区统筹保护与发展的经验、贫困地区因地制宜脱贫致富发展经验、“以产兴城、以城促产”的产城融合经验、新疆维吾尔自治区特殊经验等领域也取得了显著成效，形成了一批在特定地区值得推广的特色亮点经验。此外，评估组总结了在调研中发现的问题，并提出了下一步工作的建议。

二、主要亮点和经验

（一）健全农业转移人口市民化保障机制。

各试点地区的亮点经验主要集中在户籍制度改革、就业创业、社会保障和住房保障4个领域：深化户籍制度改革，探索建立公共户口制度；加强对农业转移人口的就业帮扶培训，推行金融政策扶持创业；全面推进公共服务和社会保障农业转移人口全覆盖，实现同城同待遇；综合部署公租房建设，创新建设公租房和谐文化社区，推进城镇住房保障覆盖农业转移人口。

在户籍制度改革方面，四川省泸州市建立了有别于集体户口的公共户口制度，以居住地为依据设立公共户口，实行属地化户口管理，解决城镇中租住借住人口的落户难题。云南省曲靖市围绕“七个突破，五个完善”，全方位放开落户限制，尤其是突破城镇租赁房屋落户限制和突破回原籍农村落户限制，实现农业转移人口落户零门槛。以上经验适宜在条件成熟的大城市及中小城镇推广。

在就业创业培训方面，云南省曲靖市加大对农业转移人口的就业创业支持力度，开展特色化、订单式、定向式的就业技能和创业培训；对返乡创业的转移人口给予政策优惠、资金支持、延长贷款期限、政府贴息等帮扶措施，以金融优惠扶持创业；搭建创业服务平台，提供创业孵化培育服务。四川省阆中市针对性地对农业转移人口开展“点对点”“一对一”“个性化”的创业指导服务，通过创业担保贷款解决融资难题。以上经验适宜在全国范围推广。

图 11-32　曲靖市加大对农业转移人口的就业创业支持

在社会保障方面，四川省阆中市和云南省曲靖市建立城乡统一的社会保障体系，实现应保尽保，提升公共服务水平，保证农业转移人口及其子女在义务教育、卫生医疗、劳动就业、救助养老等方面享受同城同待遇。以上经验适宜在条件成熟的全国各地区推广。

在住房保障方面，重庆市在公租房规划、建设和管理服务方面取得了一定亮点经验，包括：综合部署公租房规划、建设和管理工作，构建完备的公租房建设管理体系；公租房项目与公共服务设施及配套同步规划、建设和使用，与商品房“无差别混建”；强化公租房质量监督检查，严控公租房质量；创新公租房“软环境”营造模式，建设服务型基层组织和互助平安社区，高品质创建城市新型活力社区。广西壮族自治区来宾市、四川省泸州市将农业转移人口纳入城镇住房保障体系。四川省阆中市对农业转移人口在城镇购房给予减税费、发补贴、贴息贷款等优惠。以上经验适宜在条件成熟的全国各地区推广。

图 11-33　重庆万寿公租房

（二）改革完善农村宅基地制度。

重庆市建立了“自愿复垦、公开交易、收益归农、价款直拨、依规使用”的地票制度体系，通过市场化的复垦激励机制，促进土地集约节约利用和多方收益共赢，有效地保护了耕地和保障了城市建设用地供应，扭转了城乡建设用地“双增长”的局面。地票制度建立了远距离、大范围的反哺通道，解决了偏远农村地区土地价值实现的难题。四川省泸州市泸县创新宅基地管理和奖惩制度，建立了宅基地取得、建设、流转、收益、退出等一揽子管理体系，打通了宅基地管理全链条路径。重庆市探索农村宅基地、林地、承包地、集体财产和收益分配权的“四权”退出机制，实现了农民彻底进城。以上经验适宜在国家新型城镇化综合试点地区先行推广。

（三）建立多元化可持续的城镇化投融资机制。

重庆市和广西壮族自治区柳州市通过设立产业发展基金、城市发展基金等各类政府投资引导基金，发挥财政资金的引导和放大效应。广西壮族自治区柳州市和四川省阆中市实施政策性融资，争取国家专项建设基金和政策性银行贷款。柳州市扩展债券发行市场，开展企业债、公司债、私募、中票等各类债券融资；规范化推进政府与社会资本合作，出台PPP配套政策文件，完善PPP操作流程，加强社会宣传推介；完善政府投资决策机制，规范政府性投资项目的项目范围、资金来源、决策主体、决策原则和决策程序。此外，柳州市还建立了债务风险识别和预警机制，制定中长期债务风险化解规划，严格落实债务限额管理，加强政府性债务管控。以上经验适宜在具备相应能力的大中城市先行推广。

（四）探索建立行政管理创新和行政成本降低的新型管理模式。

青海省格尔木市通过建立“综治办+综治信息化+组团式服务”的新综治工作模式，保障综治维稳工作各项措施落实。四川省泸州市持续简政放权，实施“镇管模式”，通过权力下沉提升行政效能和管理水平。宁夏回族自治区固原市创新精细化城乡管理模式，构建了“大城管”“大环卫”“大巡查”机制。云南省曲靖市依托“互联网+”创新社区管理技术，建设出租房屋二维码管理服务平台，实现了流动人口精细化管理。以上经验适宜在社会治理压力较大的城市重点推广。

图 11-34　青海省格尔木市加大对农业转移人口的就业创业支持

（五）生态敏感地区统筹保护和发展的经验。

云南省大理市以“多规合一”为统领、以生态保护和可持续发展为准则、以行政协调制度为核心、以信息化平台建设为基础、以网络化监管为保障，全方位完善城乡规划建设管理体制机制。大理市通过建立垃圾处理的城乡一体化系统和市场化运作模式，推行殡葬改革，以PPP项目撬动社会资本投入，多措并举推进城乡环境综合治理，保护苍山洱海自然景观。青海省格尔木市充分发挥自然和文化资源优势，大力发展清洁新能源产业和全域旅游，实现绿色可持续发展。以上经验适宜在我国生态敏感地区重点推广。

（六）探索贫困地区因地制宜脱贫致富发展经验。

宁夏回族自治区固原市取得了可推广的经验。第一，将全域旅游与精准扶贫有机融合，建设旅游环线，联通沿线地区，开辟旅游电商服务新业态，带动沿线地区脱贫致富。第二，推广“银行+合作社/致富能人+农户”的金融扶贫“蔡川模式”，引导发展特色产业实现脱贫致富。第三，建立农村土地承包经营权入股企业、合作社分红模式，带动农业地区规模化经营和农民脱贫致富。以上经验适宜在具备一定特色产业发展条件的贫困地区推广。

图 11-35　宁夏回族自治区金融扶贫“蔡川模式”

（七）探索“以产兴城、以城促产”的产城融合经验。

广西壮族自治区柳州市坚持产城融合原则，推进城市新区建设；实施“城园一体”的行政管理体制；实施产业就业、城市公共服务、环境保护三者同步推进，实现产业、城市、人之间的互促发展。四川省泸州市发展特色产业链，建立“投资公司+农业公司+专业合作社+农民”模式，促进产城融合。四川省阆中市立足自身深厚历史文化底蕴和优良自然生态环境，突出优势、彰显特色，走“以文化旅游驱动城镇化”的特色可持续发展道路。以上经验适宜在全国范围结合各地实际推广。

（八）新疆维吾尔自治区特殊经验。

新疆维吾尔自治区伊宁市立足自治区特殊实际，推动建立各民族“嵌入式”社区结构和社会环境，形成各族群众共居、共学、共事、共乐的良好格局，为社会稳定和长治久安奠定坚实基础。新疆维吾尔自治区阿拉尔市创新兵团党政军企合一体制机制和城市综合运行管理模式，建立了“师市合一”“团镇合一”“连社合一”的行政管理体制。以上经验适宜在新疆维吾尔自治区有序推广。

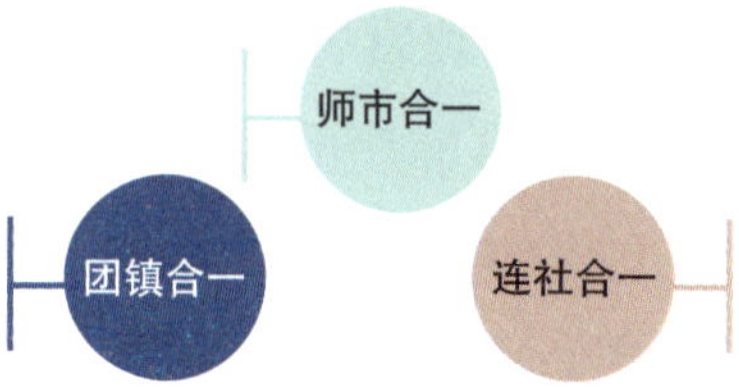

图 11-36 新疆维吾尔自治区阿拉尔市行政管理体制

三、主要问题

经调研评估，发现各试点地区主要存在以下问题：户籍人口城镇化率提升缓慢，农业转移人口落户意愿普遍不强；农业转移人口市民化成本分担机制中支出职责、测算标准等尚未明确；PPP项目推进缓慢，中小城镇的城镇化建设投融资能力普遍不足；农村土地制度改革和扩权强镇改革等面临法律法规障碍。

四、下一步工作建议

（一）建立国家新型城镇化指数和新型考评标准体系。

将户籍人口城镇化率作为城镇化发展目标和考评指标，难以适应当前阶段新型城镇化的实际情况和农业转移人口市民化的客观规律，需要重新审视和调整。建议采用更加综合、更加注重质量的考评方法，建立国家新型城镇化指数和新型考评标准体系。新的考评体系应回归城镇化本质，摆脱单一的数量规模考评标准，基于“更高质量、更有效率、更加公平、更可持续”的总体内涵和目标，建立对居民就业、居住条件、社会保障、公共服务供给、基础设施配置、生态文明建设等方面的全方位质量评价体系。

（二）推动基本公共服务和社会保障成本分担制度落地。

重点在国家、省两级层面推动“费依人定”“费随人走”的基本公共服务和社会保障成本分担制度落地。第一，按照权责对等原则，尽快明确国家、省、市三级政府的农业转移人口市民化成本分担职责。第二，借鉴教育生均经费“费随人走”思路，优先在社会保障、医疗卫生、住房安置等基本公共服务领域建立“费依人定”“费随人走”的成本分担机制和跨区域财政转移支付制度，并建立相关投入绩效核查及监督机制。第三，推进（跨）省域层面基本公共服务和社会保障体系的全方位统筹，开展省内或者跨省城乡社会保障的统一无缝异地转移接续试点探索。第四，省级层面加快出台财政转移支付、城乡建设用地等与农业转移人口市民化挂钩的相关配套政策和实施细则，推动“三挂钩”政策落地实施。

（三）推动土地制度改革，打通城乡要素双向流动渠道。

适时启动新一轮农村土地改革，联动户籍制度改革，打通城乡人口、资金等要素双向有序流动的渠道，推动乡村振兴。第一，深入推进农村土地规范有序流转，因地制宜地探索建立多元化的城乡土地使用权市场化转移制度，逐步实行城乡土地的同地同权。第二，统筹推进农村户籍制度与城乡一体化联动改革，探索建立农村集体经济组织成员资格认定机制，逐步推动集体财产权、收益分配权与农村户籍变动脱钩，盘活农村资产。在试点推进农村户籍与农村福利脱钩的同时，同步推进户籍制度和现行居住证制度合一，探索建立新型人口管理制度和城乡均等共享的公共服务保障体系。第三，研究修改完善农村土地制度法规体系，对农民土地用益物权、宅基地有偿使用费征收、宅基地退出和有序流转、集体经营性建设用地调整入市转用审批等方面做出相应规定，为深入开展土地改革提供法律依据。第四，逐步建立城镇人口、资金要素规范有序进入乡村的通道路径，鼓励返乡创业人才和新乡贤回归落户创业，推动乡村振兴。

（四）出台中小城镇投融资和行政体制改革精准化政策。

出台针对中小城镇的投融资和行政体制改革的精准化政策，进一步释放中小城镇发展活力。第一，进一步加大对中小城市投融资机制改革的支持力度，在财政转移支付、融资机制创新、投融资政策指导方面给予倾斜。第二，加强地方政府债务审计、风险评估和监管。防止各地以新型城镇化试点为名义，放大政府债务风险，不计偿债能力地去融资和举债。第三，因地制宜、分类推进，建立各类行政体制改革的适用分类标准，包括扩权强镇、赋予县级管理权限镇、镇改区、镇改市等，并进一步完善建立与事权相匹配的财政体制和人员编制规模。

（五）引导生态敏感地区走绿色城镇化发展道路。

建议生态敏感地区结合自身条件因地制宜推进绿色城镇化，走特色发展道路。深入贯彻落实生态文明建设理念，推进城乡规划、建设、管理系列改革，统筹解决生态敏感地区保护和发展的问题。第一，以“多规合一”为统领，以生态保护和可持续发展为准则，以行政协调制度为核心，以信息化平台建设为基础，以网络化监管为保障，建立生态敏感地区全域一体化的城乡规划、建设、管理模式。第二，创新绿色投融资方式，积极引导社会资本参与环境保护和生态治理。多渠道筹措资金来源，探索绿色金融模式，因地制宜推广成熟的PPP经验。第三，结合自然本底条件，因地制宜地走绿色城镇化道路。

（六）引导边境民族地区因地制宜走特色发展道路。

建议西藏自治区等边境民族地区统筹兼顾城镇化和守土安民任务，结合地域特征和民族特色走环境友好型发展道路。第一，边境民族地区应当因地制宜，实行中心城市—县城—镇村各层级城乡居民点均衡发展的城镇化模式，统筹兼顾城镇化发展与守土戍边任务。第二，结合地域特征和民族特色，坚持走有限容量、品质导向、特色优先和环境友好的发展道路。第三，持续加强对沿边贫困地区的教育扶持力度，推进完善社区公共服务体系，提高居民幸福感。第四，进一步加大对沿边贫困地区的智慧化管理平台的扶持力度。

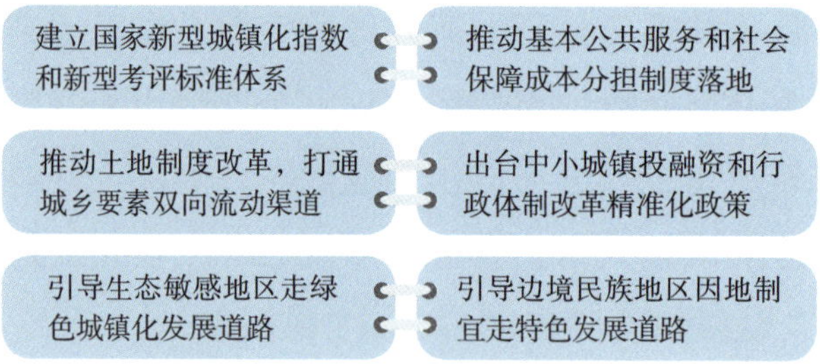

图 11-37　下一步工作建议

中国宏观经济研究院对辽宁等7省份试点的评估报告

根据《国家发展改革委办公厅关于总结推广第一批国家新型城镇化综合试点阶段性成果的通知》（发改办规划〔2017〕1373号）的要求，中国宏观经济研究院对京津冀、东北三省及内蒙古自治区的15个第一批试点开展了第三方评估。有关情况如下。

一、评估地区基本特征

评估地区涵盖了不同层级城镇。包括1个计划单列市（大连市）、3个省会城市（石家庄市、长春市、哈尔滨市）、5个地级市（区）、5个县级市（县）和1个建制镇等。

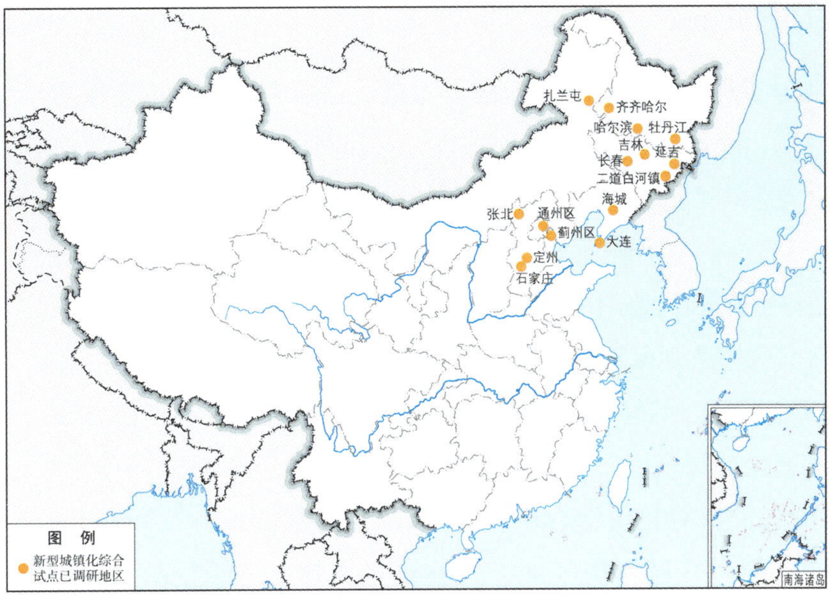

图 11-38　新型城镇化综合试点已调研地区

调研地区覆盖了处于经济发展不同阶段的区域。既包含了大连市、长春市等人均GDP远高于全国水平的相对发达地区，也包含了张北县、牡丹江市欠发达地区。总体上处于城镇化发展中高阶段。常住人口城镇化率均高于45%。其中，大连市、延吉市、海城市等试点的城镇化率接近或超过70%。既有人口净流入地区，也有人口净流出地区。其中，通州区、石家庄市、哈尔滨市、海城市、延吉市人口净流入占比达47.7%、9.6%、12.2%、17%和16%；张北县、定州市和二道白河镇人口净流出占比达20%、3%和7.5%。

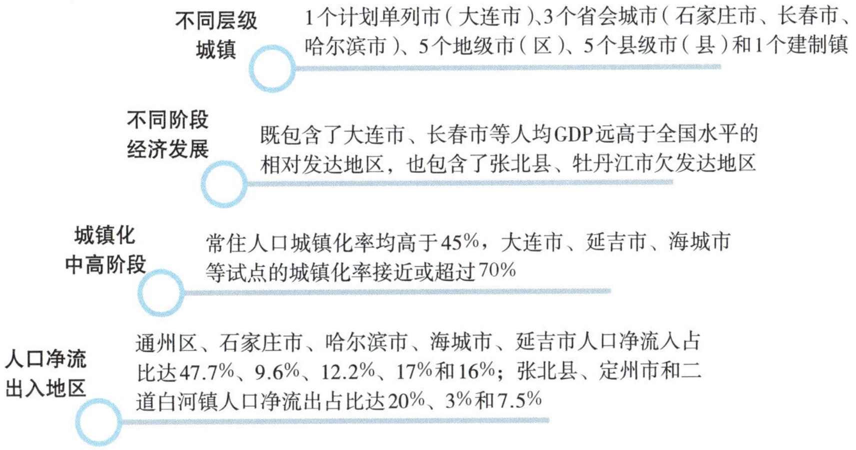

图 11-39　试点评估地区基本情况

二、取得的经验

（一）领导重视、部门统筹、形成合力是试点顺利推进的重要保障。

新型城镇化涉及面广，需要多个部门的共同推进，更需要领导层面的统筹协调。从各试点情况看，当地主要领导的重视十分关键，有助于减少各个部门的摩擦，有助于整合部门力量形成合力，从实际效果看，由主要领导亲自抓的试点，成效普遍较好。各部门在明确分工的基础上，健全沟通协作机制，形成工作合力，是试点顺利推进的重要保障。

（二）以点带面、示范引导、有序推进是试点推进的重要工作方法。

新型城镇化头绪众多，许多综合试点在工作推进中都选择在一些特定领域先做起来，如在特色小镇、行政审批制度改革、智慧城市等领域，率先形成一些具有代表性的小镇、社区、街区等。一些试点选择部分下辖区打造"试点中的试点"，如北京市通州区将潞城、台湖、宋庄三镇作为重点，吉林省长春市将九台、双阳两区作为重点。这种在点上率先突破、形成示范，进而以点带面发展，已经成为推进试点的重要工作方法。

（三）整合试点、政策集成、效应叠加是试点取得最大成效的关键举措。

一些仅为新型城镇化综合试点的地区，试点推进中经常会遇到有关部门专项法律法规限制，特别是在征地制度、集体产权、发行债券、融资平台信用等级等方面受到的制约较大。相反，在天津市蓟州市、河北省定州市、辽宁省海城市等，由于也是国土资源部33个农村土地改革试点，在集体经营性建设用地入市、承包经营权流转、宅基地抵押等可先行先试，各项改革已形成协同效应，探索领域广、程度深、成效多。这表明，对试点进行整合集成，形成叠加效应，是未来推进综合试点的一个主要方向。

（四）聚焦问题、久久为功、突破关键是试点改革取得突破的重要保证。

城镇化是一个缓慢、渐进的自然历史过程，有着超越国情的一般内在规律，而城镇化中面临的问题大多是长期形成的，既根深蒂固又盘根错节，不可能毕其功于一役。这就需要人员、机构、政策等相对稳定，培养一批真正懂城镇化、爱城镇化的专业队伍，发扬工匠精神，聚焦问题、持续发力，才可能取得突破。有的试点如辽宁省海城市，从20世纪80年代起就是全国农村改革先锋，此次成为国家新型城镇化综合试点后，又先后承担了农村土地、农村产权流转等14项国家改革试点，在城镇化的土地要素瓶颈上持续探索，才取得一定突破。

三、发现的亮点

（一）石家庄市、定州市、张北县等地通过设立社区公共户口解决有落户意愿但无法提供落户地址人员的落户问题。

2016年河北省在具有归属居委会的实体地址上，设立社区公共户口。允许外地迁入人员统一在社区公共户口落户，社区公共户口落户人口与其他城镇户籍人口享有同等权益。目前，石家庄市设立274个社区公共户口，累计解决落户4.6万多人；定州市设立25个社区公共户口，累计解决落户110人；张北县设立9个社区公共户口，累计解决落户707人。

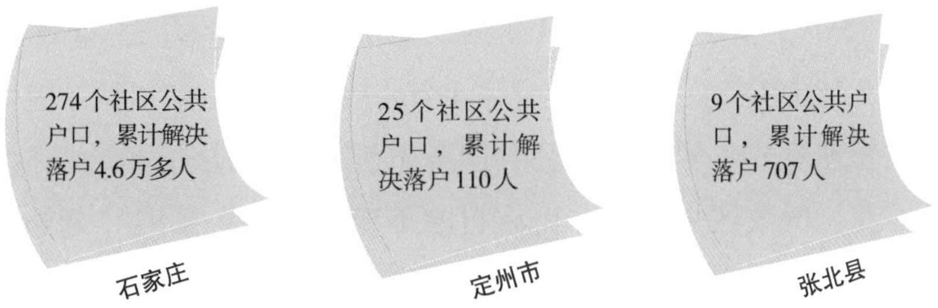

图 11-40 河北省设立社区公共户口

（二）北京市通州区台湖镇创新“自征自用”等方式用好用活集体建设用地。

北京市通州区台湖镇作为统筹利用集体产业用地试点乡镇，主要以集体产业用地统筹利用为突破口，在土地使用权入股联营试点模式、采取自征自用方式、农村居民住房制度改革等方面探索创新。一是统筹置换集体产业用地。拆除低效分散的工业大院用地用于还耕还绿，将产业用地集中置换到区位与基础设施条件较好区域进行统一开发。二是成立新型实施主体和创新融资模式。各村以集体产业用地使用权入股，成立镇级土地联营公司，与投资方共同成立项目公司，作为融资和实施主体。三是利用土地增减挂钩项目为政策集成平台。通过整体申报“土地增减挂钩试点”项目，实现区域用地平衡。

（三）海城建立农村综合产权交易中心激活农村沉睡资产。

海城试点组建了东北首家农村综合产权交易中心，主要承担产权流转交易、资产处置、抵押登记和融资对接等职能，一是制定政策规则和办法，二是规范农用地流转，三是整合现有登记、流转等工作平台。通过产权流转，农民可以获得土地流转收益、政策性补贴、股份分红和务工收入。目前，全市共成交标的688

个，交易总金额4.86亿元，其中通过平台流转土地23.17万亩，实现流转增值收入2413万元，村集体实现增收4369万元。

图 11-41　辽宁省海城市农村综合产权交易情况

（四）吉林省安图县二道白河镇探索行政管理体制改革创新设市模式。

一是推行“大部制”改革。二道白河镇（池北区）机关和事业单位已由原来的24个精简为15个，至今已运行了1年多，降低了行政成本。二是减少管理层级。将原4个街道15个社区进行整合，成立了4个大社区。建立了“区（镇）直管社区”的两级扁平化管理模式，实现政府公共服务下沉。三是推动设市。提出按照“现有利益格局不变、行政区划不变、民族自治不变”原则，采取“延边州辖、长白山管委会受省政府委托代管”的模式设市。

四、发现的问题

（一）户籍制度改革遭遇配套政策不到位、隐性门槛高影响。

尽管多数试点已经完全放开了落户限制，但在特大城市中心城区还尚未放开。一些地区户改的配套政策措施还未落实到位，挫伤了农业转移人口落户城镇的积极性。一些地区推进改革积极性不高，设置了落户的“隐性门槛”，如在积分落户时，以指标分值权重设置排斥中低层次劳动力；一些地区对“合法稳定住所”要求加码，自有住房或租赁住房还需提供“相关部门备案的房屋租赁合同及房主同意落户证明”。

（二）农村宅基地改革进展相对滞后。

多数试点仅推动了确权颁证、承包经营权流转等基础性工作；少数开展了城乡建设用地增减挂钩的尝试；只有极少数试点探索了集体经营性建设用地直接入市，但在交易宗数、规模、比重上还比较有限。原因在于土地改革涉及主体多、领域广，需要多部门协同配合，有的如集体土地的性质、权能等受现行法律制度限制，有的如建设用地指标、补充耕地范围等由上级部门规定，仅在本级政府层面很难取得根本性突破。

（三）指标受限、交易范围过小制约农村集体经营性建设用地入市改革的深入推进。

一些地区的建设用地指标有所剩余，但建设用地指标、补充耕地指标无法大范围流转。尽管全国人大常委会授权部分试点地区暂时调整相关法律，允许开展三类试点，且各地开展了直接入市、入股联营、自征自用等多种探索，但一方面，入市范围仍然限定在集体经营性建设用地和存量用地、且在土地利用规划确定的城镇建设用地范围外，市场竞争程度不够、成交价格偏低；另一方面，收益分配机制不健全，政府收益较少，且要占用新增城镇建设用地指标，因此地方政府动力不足。

（四）政策性金融门槛与地方城镇化需求脱节大。

尽管国家开发银行、农业发展银行等开发性、政策性金融对城镇化支持很大，但与地方需求还有脱节。一是国家开发银行等在省上设分行（部分副省级市也设分行），在地市及以下没有分支机构，但新型城镇化的主体工作是在县区级政府，沟通、合作的难度较大。二是国家开发银行的投资门槛较高，一般要求单个项目资金需求额在10亿元左右，县级政府的道路、市政等项目许多很难达到这个门槛，农发行的门槛虽然低一些，为1亿～2亿元，但对项目类型有严格要求，仅支持涉农的产业项目。

（五）在民族地区开展特大镇设市试点难度大。

由于二道白河镇属于延边朝鲜族自治州安图县，是典型的民族地区和边境地区，若将二道白河镇从安图县划出单独设市（池北区/市），将对我国的民族区域自治制度这一基本政治制度带来很大挑战，安图县以此为由不支持二道白河镇单独设市，国家民政部门也以此为由认为难以突破。下一步选择特大镇设市试点时，避开民族地区、边境地区，在东部地区和中部地区率先开展试点，各方面制约相对较少。

（六）城镇化事权不明晰致各级试点进展差距大。

一些县、县级市或直辖市的区试点工作总体推进力度大、成果较为丰富，而以地级市为主体的试点推进情况不甚理想。相比之下，县级单元一般由常务副县长或分管副县长牵头，由地级市级发改委给予指导，能充分动员有关部门，并且直接安排有关镇进行具体工作。而地级市试点多由发改委副主任牵头，在协调部门时力度尚可，但在给区县安排试点任务时，协调能力偏弱。因此，地级市的试点普遍不实，多为辖县各方面工作亮点的“大杂烩”，普遍缺少统一安排部署和针对性。

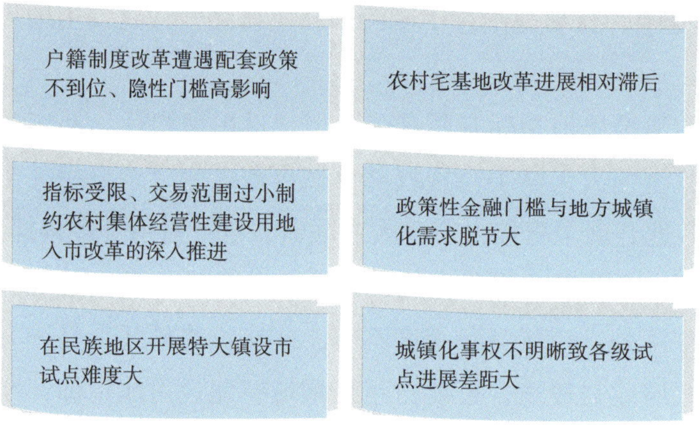

图 11-42　试点中存在的主要问题

五、思考与建议

实践表明，以试点牵引新型城镇化改革工作的方向是正确的，需要长期坚持。而面向未来，需要继续沿这一方向，通过“自下而上”和“自上而下”的不断转化，推动试点做实、做细，变“温室盆景”为“大田风景”。

（一）推广：已经取得的成熟经验要加快推广。

3年来，各地通过试点形成了一些成熟经验，像河北省石家庄市、定州市等社区公共户口、北京市通州区台湖镇的乡镇统筹集体建设用地“自征自用”模式、长春市推行的“镇区合一”发展模式、吉林市一二三产融合促进新型城镇化的模式、辽宁省海城市农村综合产权交易中心等都不同程度地得到了有关部门的肯定，可进一步完善制度、提炼经验，形成可复制的政策文件并推广。

（二）调整：根据实际情况对试点内容和名单进行调整。

当前我国经济社会背景与3年前有很大变化，当时作为试点重点的部分内容，如农民工市民化成本分担机制、行政成本降低的新型行政管理模式等，有的重要性需要重新评估，有的与新型城镇化工作相距较远，有必要进行调整。同时，鉴于各地试点积极程度有别，投入大小有别，有必要对不积极、不投入、成果少的试点摘帽，同时补充一批有态度、有基础的新试点。

（三）支持：对于“敢真试、能试成”的地区给予“真支持”。

考虑到综合试点数量众多，不加区分进行支持容易导致正常分散，下一步需要在评估的基础上，对试点进行分类，根据试点的进展、领域给予有针对性的政策，实施差别化、更聚焦的支持政策，对那些敢试真试、试出真经的试点，要优先给予含金量更高的政策支持。

（四）合并：加强部门间试点整合和工作联动。

目前城镇化领域试点种类多、内容交叉，一些综合试点由于不是其他领域或部门的试点，很多探索受到专业法律或部门规章限制无法推进，例如一些试点中安排了土地改革试点任务，但由于不是国土资源部的集体经营性建设用地入市、征地制度改革、农村承包土地经营权抵押、农民住房财产权抵押等试点，因此无法开展实质性探索。未来建议进一步发挥推进新型城镇化工作部际联席会议及其办公室成员会议作用，对领域接近、目的接近、进度接近的试点进行整合。引导各部门新增领域试点向既有试点地区倾斜，形成叠加效应。

（五）深入：瞄准关键环节将试点内容推向深入。

从总体上看，多数试点开展的探索还相对基础，各地做法也大同小异，如居住证制度、城乡统一的户口登记、市民化成本测算、PPP项目入库、小城镇赋权等。而突破性创新还不多，而对那些“深水区”“硬骨头”还少有触碰。下一阶段需要重点推进几个突破：落户制度方面，加快清理落户过程中的隐性门槛、推动社保异地流转接续、创新落户流程；农村土地方面，进一步支持农村土地三权分置、农民住房财产权抵押贷款等探索；投融资体制方面，加快建立财政资金引导的新型城镇化基金，研究支持适合县级政府特点的融资途径，增强县级政府融资能力。

第12章
第一批新型城镇化试点自评估报告

第一批国家新型城镇化试点地区围绕新型城镇化试点任务，开展了大量富有成效的创新探索，取得了良好的经验。根据有关要求，各省对第一批新型城镇化试点地区进行了自评估。现选择浙江、广东、重庆、广西4省份自评估报告，供有关方面交流借鉴。

浙江省第一批新型城镇化试点自评估报告

一、主要做法

自2014年浙江省宁波市、嘉兴市、义乌市和苍南县龙港镇列入第一批国家新型城镇化综合试点以来，浙江省委省政府高度重视，省发展改革委会同相关部门积极推进试点工作，坚持规划引领、试点先行、上下联动，各项试点任务基本完成。浙江省城乡收入之比约为2.07∶1，是我国城乡收入差距最小的省份。

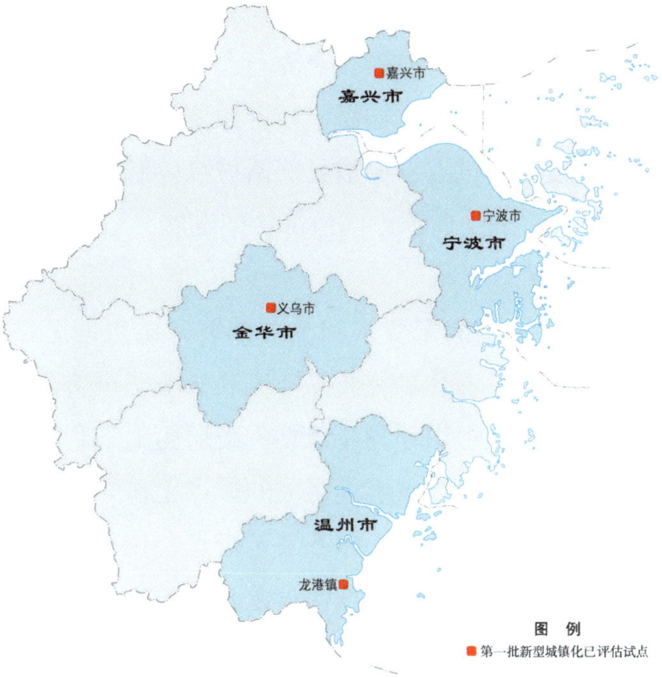

图 12-1 浙江省第一批新型城镇化试点地区

（一）坚持规划引领。

充分发挥规划作用，引领和指导新型城市化发展。一是认真实施《浙江省主体功能区规划》，对照主体功能区定位，确定浙江省城市化发展的基本格局。按照国家试点要求和省政府“一张蓝图绘到底”的要求，积极开展空间规划试点。二是编制实施《浙江省新型城市化发展“十三五”规划》，明确了全省“十三五”时期推进新型城市化的六大任务，即有序推进农业转移人口市民化，优化城市化空间布局，大力推进新型城市和美丽乡村建设，增强城市可持续发展能力，提高城市创新力和开放度以及完善城市化健康发展机制。三是编制都市区规划，研究编制杭州、宁波、温州、金—义四大都市区规划，促进区域统筹发展。

（二）坚持试点先行。

坚持把改革作为推进新型城市化的根本动力，积极推进城乡体制改革。一是深化户籍制度改革，主要是围绕农业转移人口市民化，推进公共服务制度改革。从宁波市等试点地区开始，逐步取消了依附于原有户籍基础上的各项差异政策，目前已在全省范围推开。二是深化农村产权制度改革，积极推进“三权到人（户）、权跟人（户）走”，即进一步明确土地承包经营权、宅基地用益物权和农村集体资产股权，使农民不完整的产权逐步成为能流转、能抵押乃至可继承、可有偿退出、可转让的完整产权，推进农村“三权”确权颁证和农村产权流转交易市场建设。三是深化县域改革试点，2014年以来，浙江省按照试点先行、以点带面的改革思路，先后开展了一批主题鲜明的县域改革试点，比如海宁市资源要素差别化配置改革试点、绍兴市柯桥农村土地使用制度创新试点、德清县德清城乡体制改革试点、平湖产业结构调整试点等，推动县域经济加快向都市区经济转型发展。

（三）坚持上下联动。

一是深化试点方案。按照国家要求和统一部署，试点地区结合实际，积极开展各项专题研究和调研，继续深化和完善试点工作方案，研究制定试点方案实施计划和年度工作要点。二是加强组织领导。建立省级层面上下联动机制，各试点地区建立由政府主要领导和各有关部门负责人组成的试点工作领导小组，明确相关责任分工，制定考核办法，统筹推进试点工作。三是搭建交流平台。嘉兴市承办国家新型城镇化发展论坛暨综合试点交流会，苍南县龙港镇成立国家新型城镇化综合改革研究中心，有关试点地区积极与国家和省知名高校、院所合作，组织召开专题研讨会和专家座谈会。四是抓好衔接落实。认真做好向国家发展改革委的汇报衔接，按照国家发展改革委要求，做好实地调研、年终总结，试点扩围等工作。加强与其他兄弟省市试点地区的联系交流，分享有关试点经验。

五是争取政策支持。自2015年设立新型城镇化专项建设基金以来，浙江省各试点地区累计争取专项基金4批，共36.84亿元，有力保障试点顺利开展。

二、取得的成果经验

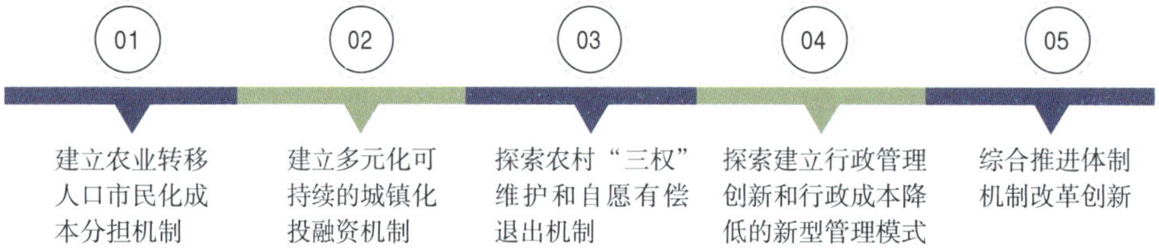

图 12-2　浙江第一批新型城镇化试点成果经验

（一）建立农业转移人口市民化成本分担机制。

一是深化户籍制度改革，取消农业户口和非农业户口的性质划分，实现省内城乡人口身份平等，并同步推进相关行政制度的城乡一体化配套改革，逐步实现省内公民社会管理城乡一体化、公共服务均等化。调整户口迁移政策，进一步放宽大中小城市和小城镇的落户条件，建立以合法稳定住所、合法稳定就业为基本条件，按居住地登记户口的迁移制度。通过试点推进改革，浙江省城乡分割的二元户口迁移制度被彻底打破，除杭州市区略有限制外，浙江省农业转移人口在当地落户的门槛基本消除，符合条件的也可以在大城市落户，人民群众的“获得感”不断得到提升。

二是居住证制度改革推进落实。推行流动人口居住登记制度改革，取消暂住证制度，开展以“全员登记、依规领证、凭证服务、积分量化”为主要内容的新型居住证制度，建立居住证持有人所享基本公共服务与居住年限、贡献大小等条件相挂钩的提供机制。浙江省推广具有多种功能的IC卡式居住证，为持证人参与社会事务、办理个人事务提供便利。

三是推动基本公共服务实现常住人口全覆盖。稳步推进社会保障参保扩面工作，由制度全覆盖加快迈向人群全覆盖，全面实施城乡居民社会养老保险制度。截至2017年6月底，全省户籍人员养老保险参保率达84.32%，基本医疗保险参保率达97.3%。保障随迁子女平等享有受教育权利。浙江省把解决农业转移人口子女入学问题与“教育强县”“教育现代化县”评选和对地方教育局教育科学和谐业绩考核挂钩，作为一项重要指标纳入考核体系，基本做到了符合条件的全部解决，不符合相关条件视容纳能力尽量帮助解决，其余的由社会力量举办的学校解决。义乌市在浙江省内首创教师雇员制改革，建立“优师优聘”专项基金，累计招收雇员制教师200多名，试点3年期间全市公办小学和初中累计招收25619名农业转移人口随迁子女，其中非本市户籍人数占77%。

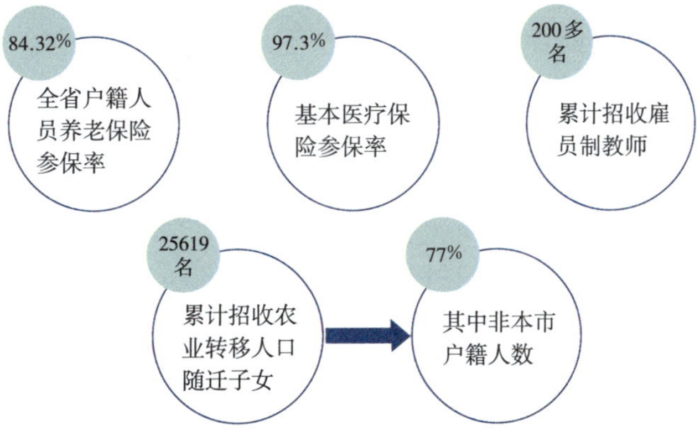

图12-3 截至2017年6月底浙江省基本公共服务概况

（二）建立多元化可持续的城镇化投融资机制。

一是推动建立政府和社会资本合作（PPP）机制，制定出台关于推广应用政府和社会资本合作模式的指导意见、实施办法，建立PPP项目库，引入一批大企业参与重大工程项目的投资运作。宁波市名列2017年度中国城市PPP发展环境指数百强榜第8位，世行厨余项目列入了国家发展改革委第二批PPP项目典型案例。义乌市成立由市长任组长的PPP工作领导小组，建立PPP工作联席会议和“6+X”（发改、财政、审计、国土、规划、建设+行业主管部门）的PPP项目联合审查机制，7个项目列入2016年浙江省发展改革委第一批PPP项目名单，垃圾焚烧发电提升改造项目列入财政部示范项目。嘉兴市依托嘉善县国家“重大市政工程领域PPP创新工作重点城市”建设，在嘉善县与海宁市组建了县域PPP服务中心，建立了PPP项目储备库、专家库、咨询服务机构库等“三大库”。通过竞争性选择引入社会资本，建立了按效付费的绩效考核机制，形成利益共享、风险共担、全程合作的共同体关系。

二是制定政府债务管理办法，建立全口径预算决算制定、审查和监督制度，实现部门预算和“三公经费”预算公开。宁波市出台《政府性债务管理暂行办法》及考核办法，规范政府举债融资机制，2016年5月顺利发行第一批置换债券17亿元。义乌市积极落实地方政府性债务限额管理，以政府债务清理甄别结果为基础，将地方政府债券（包括新增债券）分一般公共预算和政府性基金预算纳入全口径预算管理。目前，义乌市纳入地方债务管理系统的存量一类债务54.21亿元全部置换为地方政府债券，其中一般置换债券14.56亿元，专项置换债券39.65亿元，存量债务置换初显成效。

三是加强与开发性金融机构的战略合作。宁波市与国开行签署《开发性金融支持宁波“十三五”新型城镇化合作备忘录》，2016年共获得国开行宁波分行新型城镇化贷款370.2亿元，同比增长5.1%，今年上半年共获得161.4亿元，其中棚改贷款111.5亿元。

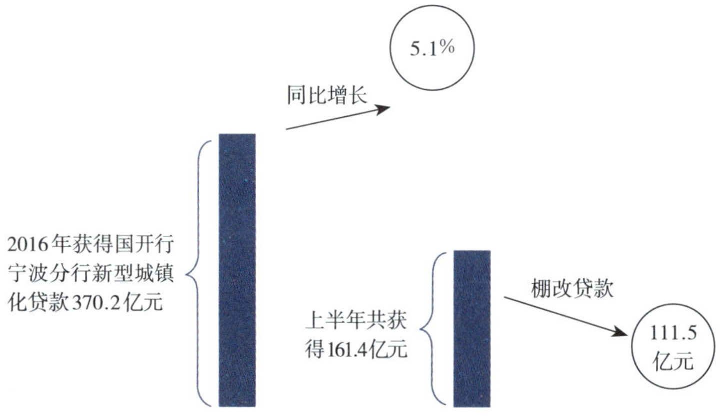

图 12–4　宁波市城镇化工作贷款概况

四是增强国资平台融资能力，深化国资国企改革，组建国有资本运营中心或转贷公司等，拓展融资渠道，降低融资成本加强国有资产整合重组，推动投资、管理、运行模式转变。义乌市优化整合投融资平台，形成了“1+8”的国有企业新布局，推进国有资本向公共服务领域延伸。建立新型公共项目建设运营模式，完成了由指挥部模式向国有资本投资公司专业化模式的平滑过渡。

（三）探索农村“三权”维护和自愿有偿退出机制。

一是全国农村宅基地制度改革试点任务有效推进。义乌市农村宅基地制度改革试点全面开展，建立“1+7+9”（一意见、七办法、九细则）的制度体系；完善宅基地取得方式，探索建立“宅基地分配资格相对固化、初次分配公平取得、新增集体经济组织成员市场配置”的宅基地取得制度，落实“一户一宅”；完善宅基地权益保障方式，在全省率先启动不动产登记改革，将农村住房纳入不动产统一登记体系。开展宅基地抵押贷款，发放全国农村宅基地抵押贷款第一单；探索宅基地自愿有偿退出机制，实行“集地券”制度，将宅基地使用权人自愿退出的宅基地等进行复垦，验收合格折算成建设用地指标，即“集地券”，建设项目需要时挂钩在市域范围内统筹使用。“集地券”可进行交易和质押贷款。大力实施城市有机更新，通过货币补偿、产权调换、货币化安置凭证（房票）三种补偿方式退出“城中村”宅基地；探索宅基地使用制度，允许宅基地有偿调剂，如自愿放弃落地权退出宅基地的，可由村集体经济组织统一回购，推进宅基地有偿选位，实现宅基地市场化配置，目前全市农村集体经济组织累计收取有偿选位费约112亿，大部分用于更新改造区的基础设施配套和经济困难户建房补助。

二是深入推进农村产权制度改革。试点开展以来，浙江省不断深化农村产权制度改革，城乡统筹发展水平显著提升。截至2017年6月，嘉兴市土地流转面积135.12万亩，流转率达57.7%，宅基地登记发证率达96.7%，农村集体经济组织股份制改造率达98.6%。宁波市统筹城乡综合评价得分超过90分，进入全面融合发展新阶段。截至2017年6月底，全市已开展农村土地承包经营权确权工作的村达2061个，占99.8%，完成承包地测绘面积163.8万亩，占比达84.9%；不动产登记工作全面推进，全市符合登记发证的宅基地发证率达96%以上。建立了区、镇（街道）、村三级农村产权交易市场，共计9个县级平台和95个镇级平台，截至2016年底累计交易870宗，交易额8.1亿元。农村股份合作制改革创新深化，全市累计完成2801个村社的股改工作，占全市总村社数的99.3%，推动有条件的村社探索开展公司化改造或有序退出。“三位一体”农合联体系建设加快推进，初步建立市、县、乡三级组织体系，为近6000家新型农业经营主体提供服务，其中农业合作社占比接近70%，家庭农场和种粮大户占比接近30%。

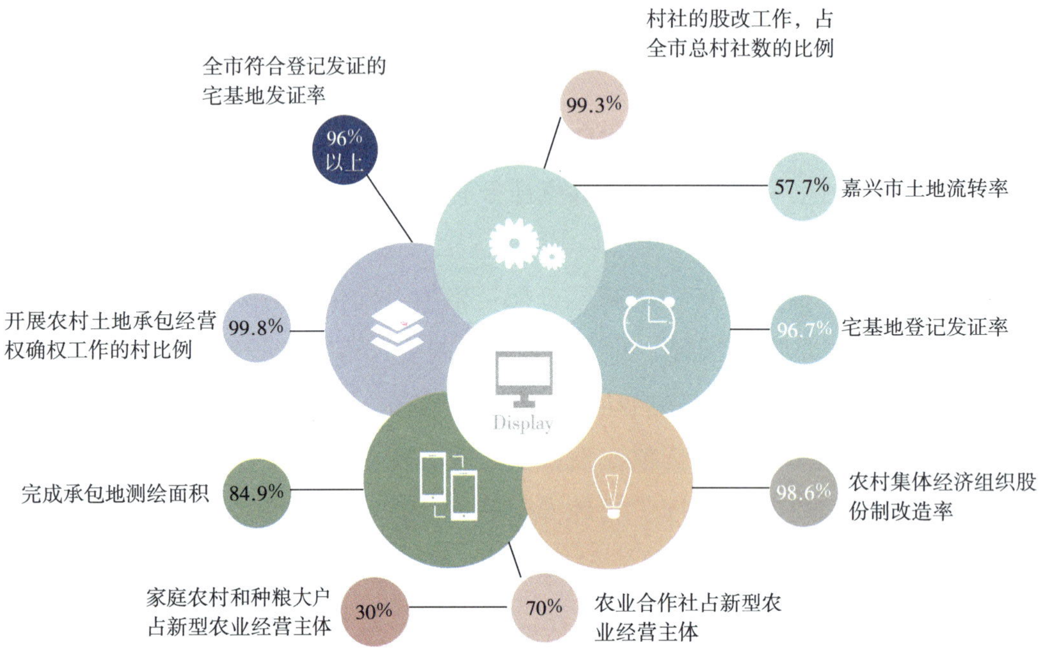

图 12-5 浙江省嘉兴市农村产权制度改革概况

（四）探索建立行政管理创新和行政成本降低的新型管理模式。

一是探索开展市与县政府行政审批一体化改革，探索相对集中审批权。嘉兴市在全省率先实施行政审批层级一体化改革，初步建立了市、县两级政府扁平化、一体化的新型审批制度。2015年以来继续清理精简行政审批事项，取消非行政许可审批事项；继续深化“三制联动”审批服务制度；探索优化行政审批服务，进行跨部门流程再造，进一步推动行政审批集成化服务。目前，全市共减少了46个市级部门100多个审批环节。创新行政审批体制机制，探索相对集中审批权，在南湖区建立行政审批局，并在浙江省率先实施综合行政执法试点，大幅提升了事中事后监管效率。

二是积极探索新型设市模式，推行大部门制改革。苍南县龙港镇从行政功能设置入手，通过推行横向的大部门制和建立纵向“市管社区”的扁平化管理体制，优化了职能分工，减少了管理层级，形成了精简、高效的行政管理架构。行政成本相对降低。在不增加人员编制的情况下，通过加强专业技能的学习、内部运行机制的完善和办事流程的简化优化等措施，有效承接了县第一批下放的1575

项限权事项，以“小政府”承接“大服务”，大大减低了行政成本。行政效率不断提高。将县派驻部门与镇内设机构职能相同或相近的部门进行整并，消除重复设置的岗位，实现综合性管理。通过职能的整合归并，消除岗位重复设置问题，解决部门因职能交叉出现的推诿扯皮现象，进一步提高了行政效率。群众办事更加方便。县级权限事项下放，增加了镇级部门的自主权，群众办事不需要频繁往来县城、龙港两地，带来极大便利。通过机构整合、流程精确再造，最大限度地精简办事程序，减少办事环节，缩短办理时限，从“群众来回跑”变为“部门协同办”，大大方便了企业和人民群众办事。同时，将政府行政审批和公共服务延伸至社区，提高社区的服务半径和服务能力，让群众在社区就能得到服务。

（五）综合推进体制机制改革创新。

一是研究探索新型城镇化标准体系建设，宁波市、嘉兴市被列入全国新型城镇化标准化体系建设10个试点地区。嘉兴市构建了涵盖基础设施标准化、就地城镇标准化、城乡一体标准化、特色小镇标准化、美丽乡村标准化、循环经济标准化、基层政务标准化、基层治理标准化8个方面，涉及国家、行业、地方标准共1043项的标准体系，完成制定了20项地方标准规范，创建推进了7个国家标准化试点项目。

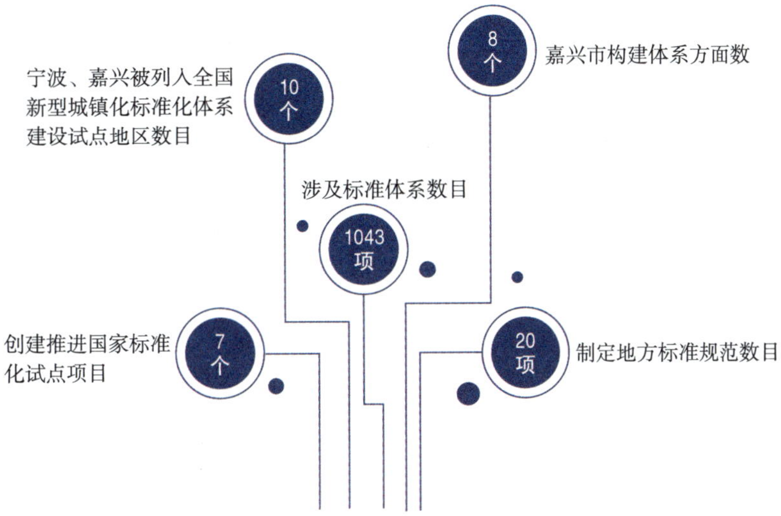

图 12–6 探索建设新型城镇化标准体系建设概况

二是稳步推进“多规合一”试点。宁波市积极推进从三规到多规、从市区到县（市）区、从总规到控规、从线下到线上的全面融合。融合范围逐步扩大，形成空间规划"一张图"，中心城区范围内城规、土规和环境功能区划融合度达95%；四大外围组团"三规"融合度达85%。搭建"多规融合"信息平台，拟测试完成后正式上线政务内网开展试运行，以推动融合成果的应用。嘉兴市出台了《"多规合一"试点方案》，以"市域统筹、城乡同步、水乡生态、资源整合"为特色，以"七个统一"为目标，即统一发展目标、统一规划体系、统一规划蓝图、统一基础数据、统一技术标准、统一信息平台和统一管理机制，探索出"通过市县一体，统筹发展和保护的关系，确保一张蓝图干到底；通过全域统筹，统筹生产、生活、生态三大空间，优化空间布局；通过六改联动，统筹规划、建设、管理三大环节，提升政府治理体系和治理能力现代化"的"市县一体+全域统筹+六改联动"的嘉兴"多规合一"工作模式。嘉兴市已完成了"一本规划与技术报告、一张蓝图、一套改革方案、一套技术标准和一个信息平台方案"的"五个一"试点工作相关技术成果。

三、面临问题和下一步工作建议

（一）农业转移人口市民化意愿总体不强。

部分农民担心政策变化、后代无法继续保留权益；部分农民虽愿进城落户，但农村产权体制改革滞后又制约了市民化步伐，种种原因导致农民进城落户意愿不强，部分地区甚至出现"非转农"倾向。如宁波市开展的民意调查结果显示，只有近57%的农民愿意落户城镇。因此，建议国家发展改革委统筹推进1亿人在城镇落户的同时，充分尊重农民意愿和自主定居权利，更多关注农村产权制度改革的深化推进，更多关注进城农民公共服务体系的健全完善，着力强化市民化体制障碍、维护农民基本权益等方面的深化研究和政策突破，以充分调动农业转移人口市民化的积极性，真正体现新型城镇化以人为本的理念。

（二）要素保障挂钩制度有待健全。

在"人钱挂钩"上，财政部下达的农业转移人口市民化奖励资金是按照农业转移人口实际进城落户人数进行测算，但对流动人口提供的基本公共服务成本未做考虑，对于人口流入地大省来讲，缺乏真正意义上"人钱挂钩、钱随人走"的制度设计。在"人地挂钩"上，去年国家虽出台了《关于建立城镇建设用地增加规模同吸纳农业转移人口落户数量挂钩机制的实施意见》，但缺乏实施细则和具体支持办法。PPP模式虽能有效纾解政府债务负担，但操作过程复杂，项目前期工作和招投标周期较长、审批程序和环节较多，其相应的财政补贴或运行补助受财政支出10%的限制，需要懂经济、法律、财务、合同管理和专业技术等各方面的综合人才。此外，市民化成本分担机制尚未建立，各级政府也未明确各自成本分担比例、补贴方式和支付机制。因此，建议国家发展改革委会同有关部委尽快细化完善“人地钱挂钩”制度，加强对城市化项目PPP模式的专业指导，明确市民化成本分担机制，提高政策可操作性，以充分调动地方政府的积极性。

（三）农村产权制度改革有待深化。

推进农业转移人口市民化关键要深化农村产权制度改革，使农民“三权”资产化、价值化，为市民化创造条件。2015年，全国在33个地区开展农村土地制度改革试点，给予试点地区暂时调整实施土地管理法、城市房地产管理法等相关规定的权利。第一批试点中义乌等地列入试点，并取得了积极进展。因此，恳请国家发展改革委会同有关部委在前期试点的基础上，尽快总结经验做法，推进土地管理法等相关法律法规的修改完善或适时扩大试点范围至全部新型城镇化综合试点，让城镇化试点地区能全面推进农村产权制度改革，破除市民化制度障碍。

（四）行政主体资格问题无法突破。

在苍南县龙港新型设市模式的探索过程中，行政主体资格问题在现行法律体系下无法突破。行政执法权的主体是县级政府，镇级政府不具备行政执法主体资格。苍南县第一批1575项下放权限事项中可能会引起行政复议或行政诉讼的有1400项。如果行政主体资格问题不解决，龙港大部门特别是行政审批和综合执法部门难以实质运转。目前龙港镇以县级部门2号公章和2号审批专业章的形式对外使用，但存在极大的法律责任隐患。建议进一步推动特大镇行政体制改革，从顶层设计出发赋予镇级政府更大权限。

广东省第一批新型城镇化试点自评估报告

2014年底，广东省广州市、惠州市、东莞市、深圳市光明新区成功列入第一批国家新型城镇化综合试点地区名单。近年来，广东省试点地区认真贯彻落实党中央、国务院和省委、省政府全面推进新型城镇化发展的部署要求，着力在拓宽农业转移人口市民化通道、建立农业转移人口市民化成本分担机制、建立多元化可持续城镇化投融资机制、建立进城落户农民农村“三权”维护和自愿有偿退出机制、建立行政管理创新和行政成本降低的新型管理模式、改革创新城镇化相关体制机制等方面扎实推进试点工作，各项工作进展顺利，取得了阶段性成效。

一、主要做法和成效

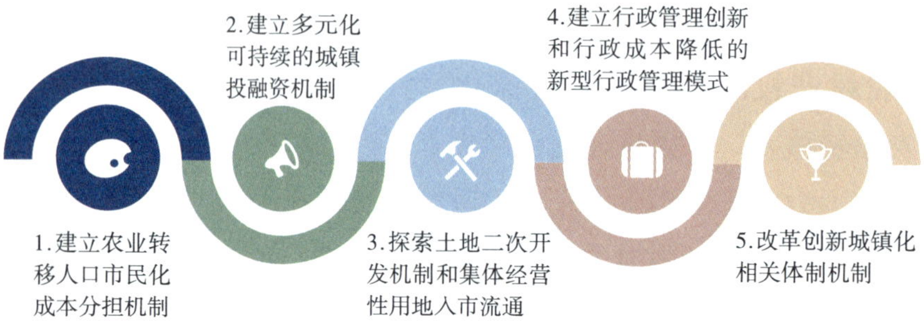

图 12-7　广东省第一批新型城镇化试点主要做法

（一）建立农业转移人口市民化成本分担机制。

1.积极拓宽农业转移人口落户城镇通道。试点地区深入贯彻落实国家关于推进户籍制度改革和加快农业转移人口落户城镇的系列部署，强化制度设计，进一步拓宽农业转移人口市民化实现通道。广州市制定了《广州市来穗流动人口居住登记和广东省居住证办理工作指引（试行）》，开展《广州市来穗人员积分制服务管理规定（试行）》及实施细则的起草工作。惠州市实施“人才双十行动”“人才双高计划”“优秀外来工扎根工程”等措施，积极引进高层次人才和外地务工人员落户惠州，2013—2016年共引进22万人落户城镇。东莞市建立全市统一的人才入户信息办理平台，实现入户资料审核信息化提高入户办理效率，条件准入实行“即来即办”模式，符合条件要求的，当场审核、当场发放人才入户卡，10个工作日内完成入户资料的审核工作。深圳市光明新区设立8个居住证受理点，受理第二代居住证超过14万张，31个社区建立了居住登记受理点，实现居住登记90.9万人。

2.健全政府、企业、个人共同参与的市民化成本分担机制。东莞市测算出农业转移人口市民化人均成本在12万元左右，剔除沉淀成本后，市民化人均成本约为9.46万元，其中义务教育支出是农业转移人口市民化过程中最主要的新增支出。该市建立起以基本公共服务为基准的财政转移支付体系，市财政在现行市镇税收分成的基础上，将镇街核定基本公共服务刚性支出超过一般公共预算收入部分按不同档次由市财政分类全额进行补助，并将多项基本公共服务逐步纳入市镇财政的补助范围。深圳市光明新区测算出外来人口市民化人均成本约为144.7万元，并提出了推进外来人口市民化若干措施建议。

3. 推进城镇基本公共服务覆盖未落户常住人口。广州市建立以居住证为载体、以积分制为办法，由各区公办学校和受政府委托的民办学校接收符合本区条件的来穗人员随迁子女接受义务教育，将符合条件的来穗务工人员纳入公共租赁住房保障范围。惠州市实现城镇居民医保、职工医保、新农合“三网合一”等；创新推出了积分制入学、“电子教育券”“文化惠民卡”和城乡医保市级统筹等措施，不断缩小基本公共服务在城乡、县（区）、不同群体间的差距，逐步实现公共服务常住人口全覆盖。深圳市光明新区推进基层文体设施向常住人口全面开放，累计开展文体惠民工程、公益电影、主题文艺专场等各类公共文化活动8400场，组织体育名教练进社区，提供青少年体育技能公益免费培训5000多课时，举办“春风行动”“民营企业招聘周”等异地务工人员公益性招聘活动，积极缓解就业需求。

（二）建立多元化可持续的城镇化投融资机制。

1. 推广政府与社会资本合作（PPP）模式。东莞市纳入市PPP项目储备库项目12个，涉及投资总额407.16亿元。其中，银瓶创新区基础设施项目、长安新河PPP项目和寮步镇香市科技产业园（市政基础设施）建设PPP项目已签约落地建设。深圳市光明新区依托海绵城市建设试点区域开展PPP模式实践，编制完成海绵城市建设PPP试点项目实施方案，采用“厂网一体PPP”项目将污水管网和治污设施打包11个子项目，建成后将提高污水搜集和处理效率。该区通过PPP项目公司政府出资49%，成交社会资本出资51%的股权结构设计，以资本运作模式做强做大区属国有企业，完善项目回报机制，提高项目运营吸引力，并积极探索TOT（存量水质净化厂）、O&M（存量或在建管网）、BTO（新建管网）、DBOT（新建水质净化厂）等新的运作模式。

2. 发挥财政资金撬动作用吸引社会资金投入重大基础设施建设。惠州市先后组建了市水务投资集团、交通投资集团、城市建设投资和港务投资集团等融资平台，通过融资租赁、利用信托产品、企业债券等方式进行有效融资，为城市基础设施建设提供资金支持。东莞市完成基础设施和公共服务政府投资基金的组建工作，政府出资50亿元，撬动金融资本150亿元，发挥了财政资金的放大效应；通过公开招标方式，增强金融机构的竞争，大幅降低基金的综合成本；与专业的基金管理公司合作，强化基金市场化、规范化运作。

3. 发挥开发性、政策性和商业性金融对城镇化重点领域的支持作用。广州市加强与金融机构在融资、规划、财务顾问等多方面的合作，逐步构建多元化的城镇建设投融资机制，强化金融支持新型移民社区建设，以社区金融服务站、农村金融服务站带动城乡公共服务水平，建成农村金融服务站83家。东莞市积极争取国家的政策性投资基金，累计取得国开基金8.32亿元，期限为15年、年化资金成本为1.2%，全部用于轨道交通项目资本金。该市还鼓励市属投融资企业市场化转型，立足自身实际，积极通过发行企业债、融资票据、开展融资租赁等方式进行融资，实现参与政府项目投资和促进自身发展的双重目标。

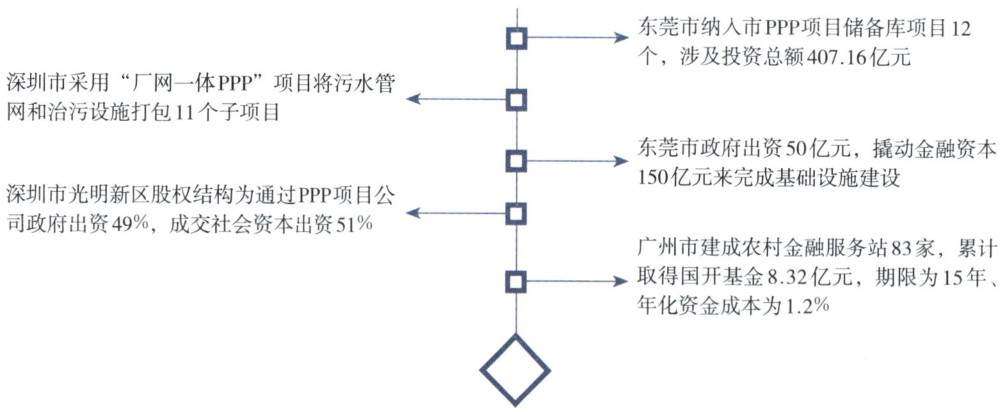

图 12-8　广东省城镇化试点城镇化投融资机制成果

（三）探索土地二次开发机制和集体经营性用地入市流通。

1. 探索创新土地二次开发机制。深圳市光明新区以破解历史遗留问题为出发点，探索“整村统筹”模式，在塘尾社区先试先行采用片区统筹土地整备模式，通过拨付土地整备资金、留用土地、收益分成、物业返还等方式，探索一揽子解决社区现存土地历史遗留问题新路径，既让土地得到节约集约利用，又通过利益共享的模式，促进原农村的社会经济转型，形成空间利用集聚、土地价值量化、利益分配优化的共赢局面。该区还探索整村搬迁和集体土地置换的新模式，将红坳村整体搬迁，将社区集体工业区整体外迁，在解决好大项目用地的同时彻底改变了原城中村面貌，促进新区城市品质的提升。

2. 集体经营性用地入市流通取得新突破。深圳市光明新区积极探索新区集体经营性用地入市流通有效路径，深入社区宣讲政策；完成石围社区“农地入市”项目的规划调整工作，制定了“农地入市”的出让方案。根竹园地块光明公益性农产品批发市场项目完成法定图则、土地利用总体规划、基本生态控制线调整以及集体土地征收工作，待项目建成后将由政府补贴社区进行物业回购，保障村民持续性收益。

（四）建立行政管理创新和行政成本降低的新型行政管理模式。

1.科学布局城市空间。广州市实施国务院批复的城市总体规划确定的城市发展战略，规划建设了机场、港口、铁路等一批重要枢纽型交通基础设施，珠江新城、天河智慧城、白云新城等重点功能区项目总体进展顺利，抓紧土地储备、地下空间开发、配套公建设施，完善产城融合功能。惠州市在城市发展总体布局中，坚持组团式发展理念，避免城市发展“摊大饼”“摊小饼”等问题。中心城区实施“南进北拓、东西伸延”的城市发展战略，形成了惠城组团、惠阳—大亚湾组团、仲恺组团“一城三组团”的空间主体架构，推动惠州由“临湖沿江城市”向“沿江临海城市”转变。

2.特色小镇和小城镇有序可持续发展。广州市积极挖掘北部山区特色小镇建设亮点，阶段性总结创建特色小镇的经验做法，促进创建工作取得实效。建立北部山区特色小镇建设考核评估体系，制定、出台相关考核办法。建立推进有效的协调工作机制，统筹使用财政资金，确保创建工作按时间节点和计划要求规范有序进行。

3.社区治理水平进一步提高。深圳市光明新区逐步推进社区股份公司改革，厘清社区党委、社区股份公司的工作职责，将原来由社区集体经济组织承担的部分社会治安、清扫保洁等公共事务支出统筹纳入区财政保障范畴。新区28个社区均成立居民议事会，并制定社区居民议事会议规则，保障居民议事会的高效运转。该区建成了集体资产交易平台，对社区集体经济的管理进一步规范化。

（五）改革创新城镇化相关体制机制。

1.积极推进“多规合一”。广州市增城区作为国家“多规合一”试点单位，目前已形成“多规合一”试点方案并获国家发展改革委认可，正在抓紧推进市县发展总体规划编制。积极探索各类规划协同，加快实现生态环保、科教文卫、交通市政等专项规划“多规融合”，逐步打破部门条块分割和局限，最终实现“一张蓝图干到底”。

2.创新智慧城市发展模式。广州市大力推进新一代信息基础设施建设，提高宽带网络普及水平。建设和完善统一身份认证体系，助力城市管理和服务智能化全覆盖，为应用系统提供统一的身份认证云服务。惠州市大力推进智慧交通、智慧旅游、智慧公共安全、智慧惠民应用等建设，探索推行标准先行模式，基本制定了智慧城市和试点领域建设标准，大大提升智慧城市建设质量。

二、存在的问题

在取得成绩的同时，广东省试点地区也遇到了一些困难和问题，主要有：

（一）外来人口多，农业转移人口市民化成本分担难有较大突破。

4个试点地区都存在户籍人口和常住人口倒挂的现象。作为人口接纳地区，需要承担大量外地农业转移人口流入后的公共服务成本。但目前国家和省级层面均没有提出对试点地区财政转移支付同农业转移人口市民化挂钩的倾斜政策，难以有效形成中央和省、市三级联动的农业转移人口市民化成本分担机制，只能在市域范围内进行优化调整，这将导致财权事权不相匹配，推进市民化财政成本压力较大。如广州市财政总收入中地方留存占比仅约28%，却承担了外来务工人员市民化的绝大部分成本，财权事权严重不匹配，推进市民化财政成本存在严重缺口，压力巨大。此外，虽然各地在公共服务均等化方面做了很多探索，但受体制机制等影响，要真正实现不同群体之间的公共服务均等化还有很长的路要走。

（二）试点地区自身财力不足，新型城镇化投融资能力偏弱。

新型城镇化建设需要大量的资金投入，而且大多数项目又是收益不足以弥补成本的公益类公共服务，如城市道路、养老设施、市政管网、公园绿地等。近年来试点地区虽然组建了一批融资平台，但大多数融资平台均存在净资产不够大、融资能力偏弱等问题。PPP投融资模式还面临着经验不足、对社会资本吸引力不强等问题。

（三）土地现状复杂，涉及土地方面改革推进难度大。

试点地区在农村集体土地房屋确权颁证方面率先做了一些探索，取得了一定成效，但在实际工作中由于面临税费、流转等问题（按现行的法律法规，集体土地房屋无法在本集体外办理产权交易转移登记和抵押登记手续，不能进入市场，流动性差，既不能盘活农村资产，解决农民贷款、融资问题，又不能为农民带来创收），影响了村民办理房屋登记的积极性。有的试点地区土地历史遗留问题和矛盾交织，既存在农民土地征转、国有农场土地统转等历史遗留问题，也存在土地整备、城市更新等方面的新问题，这些问题在地块和权属方面相互交织，大大提高工作推进的难度。

三、下一步工作建议

下一步，广东省试点地区将按照国家的统一部署，坚持问题导向和目标导向相结合，结合实施《广东省新型城镇化规划（2016—2020年）》，统筹推进新型城镇化的各项工作。同时，对国家推进试点工作提出如下建议：

（一）加快建立农业转移人口市民化分担机制。

党的十八届三中全会提出“建立事权与支出责任相适应的制度”“建立财政转移支付同农业转移人口市民化挂钩机制”，之后国家又提出“建立财政建设资金对城市基础设施补贴数额与城市吸纳农业转移人口落户数量挂钩制度”。党的十八届五中全会和中央“十三五”规划《纲要》进一步强调了以上决策部署。我们认为，在合理界定中央与地方在基础设施建设和基本公共服务供给事权和支出责任的基础上，完善以常住人口为导向并与农业转移人口市民化相挂钩的转移支付制度，是构建合理的市民化成本分担机制的关键。

1. 适当增加国家在公共服务提供上的事权和支出责任。考虑到农业转移人口跨区域流动的特征明显，由国家提供农业转移人口基本公共服务资金更加合理和更具效率。同时，据相关测算，农业转移人口市民化需要庞大的财政支出，地方财力难以承担。特别是广东这种农业转移人口大量集聚的地区，地方财政面临更大挑战。建议进一步强化国家在基本公共服务提供上的事权和支出责任，加大国家对基本公共服务的资金投入力度，并更多地承担农业转移人口的基本公共服务支出。

2. 建立农业转移人口的基本公共服务资金流动机制。目前国家已在社会保障方面建立起合理的流动机制，参保人员个人账户和统筹账户资金可全额或按比例向参保人员就业地进行移转，国家可以参考社保的方法，设立家庭或个人的教育、医疗、就业等基本公共服务专用账户。比如教育方面，建议探索设立家庭或个人教育补助的专用账户，采取“户随人走”的模式，使上级补助资金落实到承担其基本公用服务的地区和主体。

（二）探索给予部分特大镇县级管理权限。

近年来，广东省积极推进“富县强镇”改革，镇级等基层行政效能不断提升。但在一些经济发达镇（比如东莞市的虎门镇和长安镇等），现有的镇级行政架构和管理权限，仍与庞大的人口规模、繁重的社会管理任务、较高的经济发展水平等很不相称，存在典型的“小马拉大车”现象，行政效率不高，迫切需要改革现有的行政体制，提升行政层级和管理权限。

1. 探索推行机构设置和人员编制的改革。目前在广东省一些特大镇，机构设置和人员编制数与经济社会管理任务重不匹配的问题非常突出。以东莞市虎门镇、长安镇为例，在机构设置和事权配置方面仍然按照镇级政府或者户籍人口的标准进行设置。虎门镇、长安镇常住人口分别为64.3万人和66.8万人，机关行政编制人员分别为96名和119名，平均每万名常住人口仅约有1.5名和1.8名，远远低于全国平均每万人约有52名公务员的水平。面对人编制缺口大，目前多数特大镇街均采取"体制内不足，体制外来补"的办法，聘请大量的政府雇员和协管人员。例如，东莞市虎门镇的公安、交警部门编制民警532人，聘请了治安文职人员、协管员、辅警等共3000多人参与协助社会管理，但这些协管员没有执法权，极大地影响了工作效率。建议国家要积极探索改革依据户籍人口和行政级别设置机构和人员编制的办法，把常住人口作为机构设置和人员编制的重要依据，逐步完善特大镇的行政管理效能。

2. **赋予经济发达镇县级社会管理权限。**根据事权与财权相匹配的原则，强化特大镇财权，同时按照县级管理权限的标准，将部分公共服务、社会管理等事权下放特大镇。

（三）**探索建立新型城镇化试点赋权清单。**

目前，各地开展新型城镇化试点，主要依靠地方自行摸索。受国家既有的法律和相关规定制约，地方可以探索的空间相对较小，一些探索面临无法可依的困境。建议国家加强统一指导，并逐步探索建立赋权清单制度。在对新型城镇化发展的各个领域进行全面梳理的基础上，每年选取一两个重点，借鉴国家推进农村宅基地改革试点的有关做法，采用提请全国人大授权试点地区暂时调整实施相关法律条款的形式，授予地方试点探索的权限。

重庆市第一批新型城镇化试点自评估报告

按照《国家发展改革委办公厅关于总结推广第一批国家新型城镇化综合试点阶段性成果的通知》（发改办规划〔2017〕1373号）要求，现将重庆市主城九区开展国家新型城镇化综合试点有关情况报告如下：

一、工作开展情况

重庆市主城渝中、大渡口、江北、沙坪坝、九龙坡、南岸、北碚、渝北、巴南等九区，面积5473平方公里，2016年常住人口851.8万人，户籍人口663.12万人，通过畅通农业转移人口进城落户通道、改革创新城镇化投融资机制、建立城乡一体化发展机制、健全城市生态环境保护制度、推动新型城市建设等方面试点，为全国特大型城区推进新型城镇化积累经验。

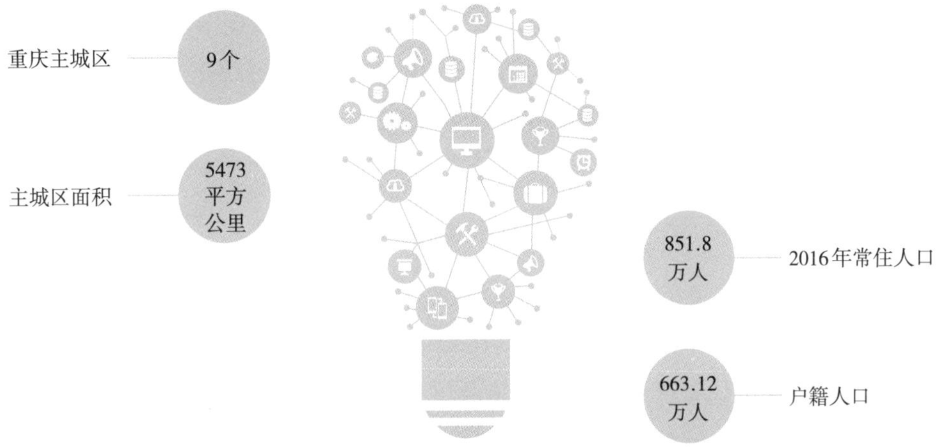

图 12-9 重庆市主城区概况

重庆市主城九区试点工作主要从3个方面展开：

一是加强组织领导。建立重庆市新型城镇化工作联席会议制度，统筹部署推进试点工作，研究试点重大问题，协调重大政策、指导各区试点实践。联席会议制度由市政府分管副市长任召集人，市政府副秘书长、市发展改革委、市城乡建委、市国土房管局主要领导为副召集人，市发展改革委、市城乡建委等19个市级相关部门为成员单位，联席会议下设办公室在市发展改革委。同时，试点各区也分别成立了推进工作机构，明确了责任领导、责任部门和工作职责，切实推进试点各项工作。

二是明确工作任务。以“1+9”工作方案明确主城九区试点工作任务。“1”，即1个总体方案，新型城镇化工作联席会议审议通过的《重庆市主城九区国家新型城镇化综合试点工作总体方案》，以市政府办公厅名义印发实施，按照国家批复重庆市进行综合试点的工作要点，对有序推进农业转移人口市民化、改革创新城镇化投融资机制、健全城乡一体化发展机制、健全城市生态环境保护制度和推动新型城市建设5方面23条重点任务进行了细化，归纳提出了开展10项专项试点、建立完善7项制度和推进70项具体措施等三张任务清单，分别由市发展改革委、市财政局、市城乡建委、市国土房管局等20个单位负责实施。“9”，即主城九区各自形成所在行政区的试点工作方案，市级有关部门加强指导，经联席会议审议通过实施。这些任务，专项有报告，半年有检查，年底有总结。

三是市区联动、协调推进有关工作。形成横向联动、纵向互动的工作态势。市级有关部门注重沟通衔接，共同争取国家相关部委对重庆市推进新型城镇化综合试点工作的政策支持；统筹考虑试点区县工作开展，分别制定支持试点工作的具体举措，同时，加强对试点各区的方向性指导，协调解决好试点过程中遇到的困难和问题。试点各区充分发挥试点载体和平台作用，注重结合本地实际，探索创新，狠抓试点工作推进。

二、主要成效

总体来看，主城九区国家新型城镇化综合试点工作进展顺利，国家发展改革委等11部委印发的《国家新型城镇化综合试点方案》确定的主要指标达到目标进度，2014年以来，作为城镇化重点区域的主城九区累计落户近40万人；2016年主城区户籍人口和常住人口城镇化率分别为81%和89%。主要任务基本完成，并取得了一些经验。

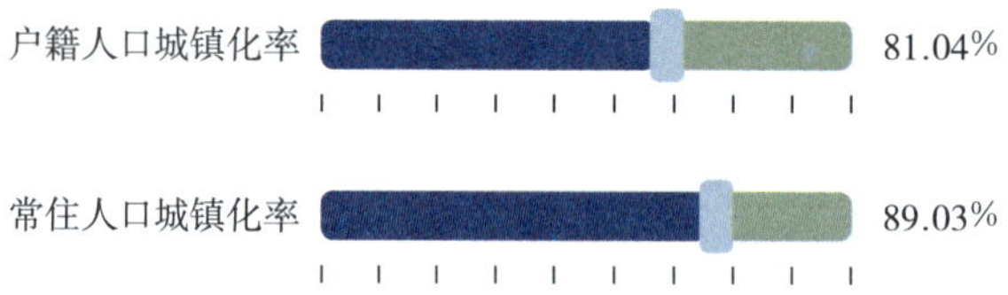

图 12-10　2016 年重庆市主城区人口城镇化率

（一）农业转移人口市民化成效明显。

近年来，重庆市通过引导人口合理布局，维护好农业转移人口进城保障，完善户籍、土地、财政等方面体制机制，着力解决好“人往哪里去、人进城后权益保障、创新人口转移制度”三大问题，取得了较好的效果。

1. 人口分布符合预期。明确发展条件较好、资源环境承载能力较强的主城区和渝西片区作为农业转移人口和其他常住人口集聚的主要地区，以生态保护为主要任务的渝东北片区和渝东南片区实施人口有序减载。出台《重庆市户口迁移登记实施办法》（渝府办发〔2016〕135号）等相关政策，放宽渝东北片区和渝东南片区人口到主城区落户的条件。近几年，每年在城镇化重点地区落户的人口占落户总人口的比重接近80%。

2. 农业转移人口利益得到有效维护。一方面，坚持城镇基本公共服务一步到位。以居住证为载体，推动常住人口基本公共服务全覆盖。出台《重庆市居住证实施办法》，赋予流动人口教育、社保、民政、卫计等38项权利待遇，并扩大对居住证持有人的公共服务范围并提高服务标准。将农民工等常住人口纳入住房保障体系，进城落户居民和农民工公租房配租比达50%以上。截至2017年7月，公租房累计配租33.3万套。坚持“两为主”（以输入地政府管理为主，以公办全日制中小学为主）、“两纳入”（纳入区域教育发展规划，纳入教育经费保障范围）原则，保障随迁子女平等接受各阶段教育。将进城落户居民纳入城镇就业服务体系，分类开展就业培训，予以创业扶持。严格按城镇职工标准，由用工单位依法足额缴纳社会保险费用。

另一方面，维护好农业转移人口在农村的原有权益。坚持落户居民自主处置农村权益。进城落户居民在退出农村土地前，可继续保留与农民身份相关的35项待遇。坚持依法、自愿、有偿原则，允许进城落户居民依法处置宅基地和承包地。对进城落户农民工退出的宅基地，可通过“地票”制度实现财产收益。截至2017年上半年，累计成交地票21.49万亩、425.05亿元。巴南区探索农村宅基地、林地、承包地、集体财产和收益分配权“四权”退出机制，积极推进农村产权抵押融资等试点，增加进城落户居民财产性收益。

3. 农业转移人口市民化的相关体制机制进一步完善。一是深化户籍制度改革。制定实施《关于进一步推进户籍制度改革的实施意见》（渝府发〔2015〕54号）以及《重庆市户口迁移登记实施办法》（渝府办发〔2016〕135号）、《关于推动非户籍人口在城市落户的通知》（渝府办发〔2016〕273号），统筹市内外政策，制定差别化落户条件，引导农业转移人口等非户籍常住人口有序落户。进一步放宽外来人口落户限制，不设落户指标控制、不搞积分排队，市内外转移务工人员落户同权、租购房屋落户同权，只要达到一定就业年限就可直接办理落户（最高5年，最低不设年限，且没有缴纳城镇职工保险限制），具有大专学历和初级以上技术职称的可直接申请落户。

二是建立财政转移支付与农业转移人口市民化挂钩机制。出台《关于改革和完善市对区县转移支付制度的意见》（渝府发〔2016〕10号），将城镇化率变动情况作为激励因素纳入转移支付测算，激励区县推进人口梯度转移。建立农业转移人口市民化奖励机制，加大对农业转移人口市民化财政支持力度并建立动态调整机制，建立对吸纳农业转移人口较多区县基础设施投资补助机制。

三是建立城镇建设用地增加规模同吸纳农业转移人口落户数量挂钩机制。出台“人地挂钩”土地规划计划管理办法，印发《关于建立建设用地增加规模同吸纳农业转移人口落户数量挂钩机制的通知》（渝国土房管〔2017〕414号），创新采取“以人定地编规划、地随人走调规划、人口落户下计划”的工作路径，为主城区等城镇化主要地区增配用地空间指标21平方公里。发挥好“人地挂钩”和“地票”两种调剂功能，对“人地挂钩”增加城镇建设用地规模后，仍然不能满足用地需求的区县和城乡规模突破规划目标的区县，通过使用“地票”解决发展空间需要。

（二）城镇化投融资体制机制进一步完善。

针对新型城镇化进程中产业发展、公共服务等多方面的资金需求，主要从三个渠道建立多元化的投融资体制。

1.深入推进PPP改革试点。率先推动PPP投融资改革，出台《重庆市PPP投融资模式改革实施方案》，以及涵盖交通、市政、社会事业、土地整治等多领域的指导意见或试点方案，形成“1+X”制度体系。坚持“风险共担、收益共享、交易公平、诚信守约、防止暴利”的基本原则，积极引导和鼓励社会资本参与交通基础设施、公共服务等6大领域相关项目建设。截至目前，分三批推出PPP项目73个，总投资3900亿元，这些项目大部分布局在主城九区。龙洲湾隧道、东水门南立交P+R换乘中心停车场项目等一大批PPP项目进展顺利，有效支撑了新型城镇化建设。

2.设立股权引导投资基金。积极改革财政资金投入方式，充分发挥其引导和放大效应，按照“资金同步、收益共享、风险共担”的原则，研究设立运作各类基金。在工业、农业、现代服务业、科技、文化和旅游等六大产业领域，财政连续5年每年筹集25亿元，按1∶3的比例撬动社会资本投入，目前已设立24支专项基金、总规模已达239.49亿元。在战略性新兴产业领域，由产业引导股权投资基金和市属国有企业共同出资设立，并引入社会资本共同参与，截至目前，累计投放项目12个，总投资105亿元，带动社会投资980亿元。在物流产业领域，组建100亿元现代物流产业发展基金，重点投向沙坪坝区西部物流园基础设施及产业发展等项目。成立中新互联互通投资基金，完成投资56亿元。

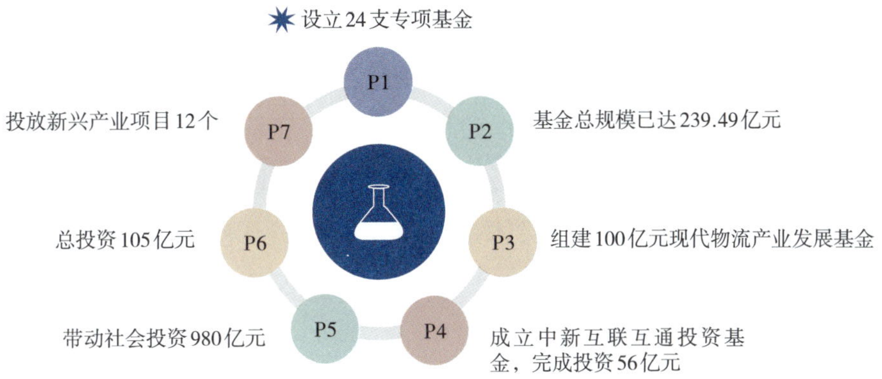

图 12-11 财政资金投入方式的改革概况

3.实施政府债券和政策性融资。适度扩大政府债券发行规模，除置换到期政府债务外，主要用于铁路等重大公益性项目建设。积极争取国家发展改革委专项建设基金，主城九区共获得与城镇化相关的国家专项建设基金近290亿元，主要用于铁路、轨道、水利等基础设施建设，有效促进了主城九区城市建设。争取国家开发银行棚户区改造贷款，主要用于主城区安置房以及重点项目拆迁。同时，与国家开发银行总行、中国进出口银行、农业发展银行开展合作，积极探索银证保合作、PPP模式与开发性金融相结合的创新投融资体制、银团贷款等银政合作新模式。此外，还积极通过国外贷款、企业债券、基础设施收费权和收益权质押、特许经营权招标等多渠道筹集城镇化建设资金。

（三）城乡一体化发展全面推进。

构建城乡一体化规划建设格局，推动产城融合发展，促进城乡基本公共服务均等化，农村办学、医疗卫生条件全面改善，农民精神文化生活不断丰富。

城乡一体规划建设扎实推进。加大统筹城乡发展力度，促进城乡规划、基础设施一体化。统筹协调城市建成区规划和非建成区规划，合理安排城镇建设、产业集聚、乡村聚落、农业发展、生态涵养等空间布局。科学配置资金、建设用地等资源要素，同步完善配套公共服务设施，促进两江新区健康发展，推动高新区、经济技术开发区等向城市功能区转型，新建一批大型聚居区，促进以产兴城、产城互动。统筹城乡基础设施建设，推动水电路气等基础设施城乡联网、共建共享。实施农村饮水安全工程，加快农村电网改造，重点解决人口集中的撤并村不通公路问题，通达率达到100%。加快公共交通、垃圾污水处理等市政服务等向农村延伸，实施行政村环境连片整治，实现农村客运通达“双百”目标，农村居住环境大为改善。

城乡基本公务服务均等化成效明显。促进教育均衡发展，主城各区编制校点布局规划，对城乡学校动态进行调整，确保教育设施对居住人口的全覆盖。切实缩小城乡居民就医差异，提升基层医疗服务水平，启动社区卫生服务能力提升工程，实施乡镇卫生院等级评审和分级管理。促进城市医疗资源下乡，以托管等形式建立医疗联合体。不断完善社保体系，建立统筹城乡社会保障机制，实现城乡居民养老保险和合作医疗保险一体化、农民工养老保险和城镇职工养老保险待遇统一，跨区域、跨险种的有效衔接。

区域帮扶机制进一步优化。探索实施区域横向转移支付和异地投资利益分享，扩展合作领域。渝中区和巫溪县围绕资源优势互补化、互惠共赢常态化、运作机制市场化思路，在精准扶贫协作、共建产业基地、协调招商引资、人力资源协作、土地利用协作等方面展开全方位、深层次帮扶协作，推进了对口帮扶从单纯输血到造血、单向帮扶到双向合作、政府单元到市场多元“三转变”。

（四）健全生态环境保护制度。

出台《关于加快推进生态文明建设的意见》（渝委发〔2014〕19号），为全市生态文明建设提供制度保障。修订、出台《重庆市环境保护条例（修订草案）》《重庆市大气污染防治条例（草案）》《重庆市大气污染物综合排放标准》等20多个地方环保标准，环保地方性法规及标准体系日益完善。制定《重庆市环境保护督察办法（试行）》《重庆市环境保护工作责任规定（试行）》《重庆市党政领导干部生态环境损害责任追究实施细则（试行）》等相关文件，进一步健全“党政同责、一岗双责、终身追责”制度体系。水、能源、土地等资源节约集约使用制度不断完善。环保投融资体制改革取得重要进展，成立了重庆资源与环境交易所、重庆环保投资有限公司和重庆环保产业股权投资基金三大功能性平台。环境污染第三方治理、绿色信贷、环境污染责任保险以及水权、碳排放权、排污权等市场机制建设取得突破。在全国率先实行环境影响评价豁免管理。全面执行矿山环境治理恢复保证金制度。

（五）推动新型城市建设。

城市基础设施进一步完善。着力构建“内畅外联”的交通体系，将主城九区打造成国家中心城市的核心载体。外向大通道框架初步成形。形成“一枢纽八干线”铁路网，铁路总里程达2231公里，成渝、渝万高铁建成通车。高速公路形成“两环十一射”格局，总里程2818公里，“4小时重庆”全面实现。加快形成“一大四小多通用”机场格局，江北机场年旅客吞吐能力超过4500万人次、货邮吞吐能力达到110万吨，成为我国中西部首个拥有3条跑道和最大航站楼面积的机场。长江上游航运中心初具雏形，一批大型化、专业化、规模化港口建成投用，港口货物吞吐量达1.74亿吨，集装箱吞吐量115万标箱。畅通城市内部交通，构建“内畅外达、均衡高效”的市政道路系统。优先发展轨道交通，2016年底，轨道交通通车里程达213公里。推进重大桥隧项目建设，打通跨江穿山交通瓶颈。双碑大桥、寸滩长江大桥主桥等竣工通车，中梁山隧道扩容、歇马隧道等掘进贯通。一批城市“断头路”顺利打通。

新型城市建设全面加快。推进绿色城市、智慧城市、人文城市建设。积极推动悦来新城建设“海绵城市”。提升空气质量，实施“蓝天行动”，2016年，主城区空气质量优良天数301天，PM2.5浓度同比下降8.9%。进一步完善信息基础设施，网间互联带宽能力达1030G，实现省际互联城市27个。全面建成“全光网”城市，所有行政村实现光纤全覆盖。湖广会馆、洪崖洞等历史文化街区保护性开发成为城市新景，历史文化名城、美丽山水城市和现代大都市风貌充分展现。

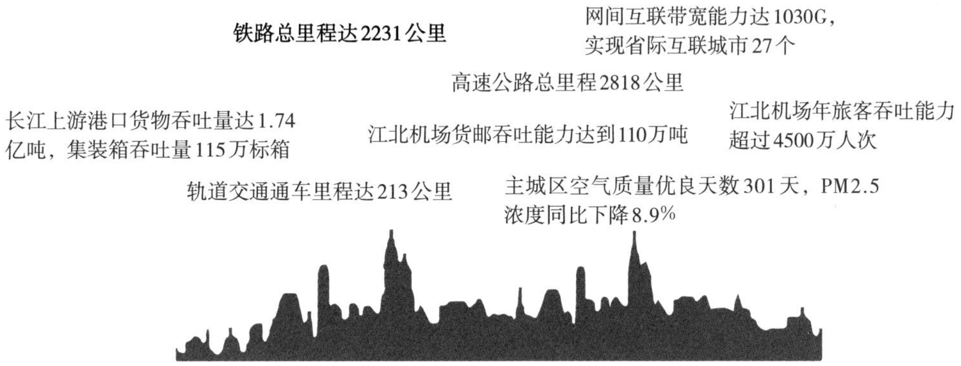

图 12-12 2016 年重庆市新型城市建设概况

三、有关建议

重庆市推进新型城镇化综合试点工作面临一些困难和问题。一是农民落户积极性不高问题。随着农村户籍价值上升，部分农业人口对农村权益价值预期较高，担心进城落户后失去相关农村权益；同时城市基本公共服务覆盖范围已经逐步扩大到所有常住人口，农业转移人口转移落户意愿整体呈减退趋势。二是体制机制突破难度大。在新型城镇化推进过程中，城镇建设进展较快，城乡面貌较大改善，但体制机制方面的突破还不多。比如“人地挂钩”“人钱挂钩”的相关政策虽已出台，但政策效应尚未充分显现；有关农民土地权利的立法进程仍显滞后，农村土地使用权还不具有完整的用益物权性质，农村土地承包关系“长久不变”的实现形式还在探索中。三是城乡资源利用效率有待提高。农民转户进城后，仍然保留农村宅基地、耕地等权益自主处置权，如何推升农业规模化、集约化经营水平还有待创新突破，对撂荒承包地的处置也有待进一步破解。大量农民进城落户后，直接导致农村生产生活人口减少，但在推进城乡基本公共均等化过程中，由于规划的前瞻性不够，部分地区教育、医疗等服务设施存在不同程度的闲置现象。特提出以下建议：

一是给予试点地区更多的权限和空间。国家新型城镇化综合试点是一项改革探索，需要突破束缚，走出新路。建议国家给予试点地区更多的权限和空间，鼓励试点地区大胆改革创新，尽快取得可复制、可推广的经验。

二是进一步突出“以人为核心”。新型城镇化的推进不能仅仅追求城镇化率的提升，应更加注重城镇化的质量和效率，建议国家相关部委加强顶层设计，细化配套政策，引导各省区市更加注重保障农业转移人口平等享受城镇居民基本公共服务，打破“身份”限制，享受“市民”权益。

三是支持西部地区加快新型城镇化进程。相对于东部发达地区，西部地区仍处于城镇化快速发展阶段，是供给侧结构性改革补“短板”的重要区域，还有大量的基础设施和公共服务设施需要建设。建议国家相关部委加强对西部地区新型城镇化的指导和支持，在重大项目建设方面给予倾斜。

广西壮族自治区第一批新型城镇化试点自评估报告

2014年12月，国家发展改革委等11部委印发了《国家新型城镇化综合试点方案》，广西壮族自治区柳州市和来宾市分别承担“建立多元化可持续的城镇化投融资机制”和“建立农业转移人口市民化成本分担机制”试点任务。近年来，自治区充分发挥推进新型城镇化工作厅际联席会议统筹抓总作用，相继出台了30多项涉及新型城镇化建设的户籍、财政、土地、教育、医疗卫生、社会保障等方面政策文件，政策框架基本形成；每年制定年度重点工作方案，明确综合试点工作任务和责任分工，强化工作指导。柳州、来宾两市也成立了由党政主要领导任组长的试点工作领导小组，制定了总体实施方案和年度重点工作方案。全区上下从组织领导、政策支持等多方面形成合力，层层抓落实，较好地完成了试点任务，形成了具有广西特色的“柳州模式”和“来宾样板”。

一、目标任务完成情况

第一，柳州市围绕提升城市功能和宜居水平，积极开展金融创新，建立多元融资平台，推动政府和社会资本合作，多元可持续的城镇化投融资机制基本建立。2016年常住人口城镇化率63.01%，户籍人口城镇化率49.32%，均位列广西第一位，是我区唯一常住人口超过户籍人口的城市，较好完成了试点目标任务。

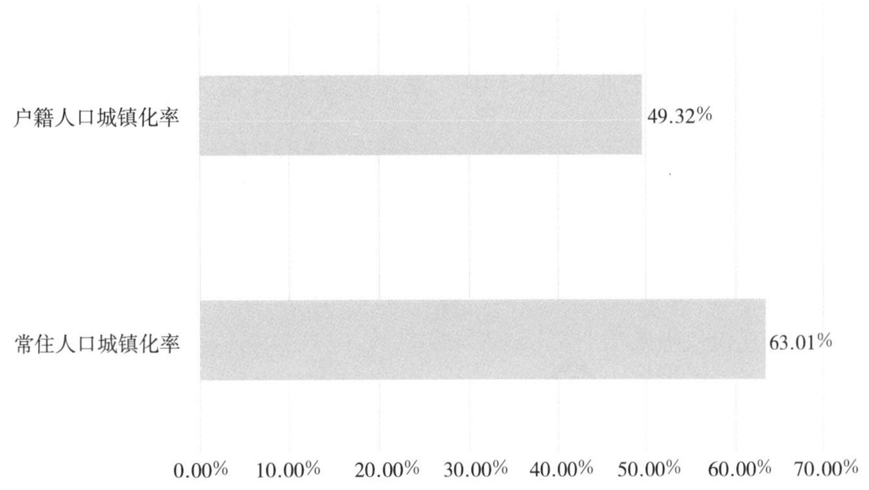

图 12-13 2016年柳州市常住人口城镇化率、户籍人口城镇化率

1. **政府与社会资本合作（PPP）模式成效明显。**出台了《柳州市本级政府和社会资本合作模式（PPP）项目基本操作流程》等政策，建立工作协调机制，在项目提出、准备、采购、执行的不同阶段，由市发展改革委、财政局牵头，组织相关行业主管部门协同推进，推动项目快速落地。在市政、交通基础设施、公共服务、生态环保等领域推进项目28个，总投资约397亿元，落实社会资本项目10个，资金127亿元，目前已有两个项目完工投用。

2. **差别化融资模式和偿债机制逐步建立。**一是助推企业上市融资。柳州市成立推进企业上市工作领导小组，为申请上市企业提供帮助。截至2016年底，全市上市企业共18家，其中主板上市企业5家，新三板上市企业13家。二是发行企业债券。抓住获得企业债券发行“直通车”激励政策的机遇，组织有条件的企业申报企业债券、公司债券、非公开定向债等各类债券，2016年投控公司19亿元企业债券成功发行，创造了我区企业债券发行“最高、最低、最快”等3项纪录；2016年获批5支企业债券共59.3亿元，占全区2016年已批复企业债券总量的54.6%。三是建立偿债机制。科学合理制定政府举债的中长期规划，持续优化未来的债务期限和结构，确保债务资金的使用效果和偿还。

3. **财政性资金引导作用不断强化**。一是政府出资设立基金。设立了柳州市政府投资引导基金母基金，首期由市政府出资2亿元，力争到2020年增加到10亿元；参与设立了广西汽车产业供给侧子基金100亿元，首期规模20亿元；同时，拟设立柳州市政府创新创业引导基金，资本金6亿元，分3年投入。二是鼓励支持非公有制经济发展。市财政每年投入不少于2亿元支持工业、服务业、农业领域非公企业发展，安排2000万元中小企业贷款风险补偿及奖励资金，鼓励金融机构将更多资金投入中小企业。2014年以来，各金融机构共为中小企业发放贷款33.06亿元。

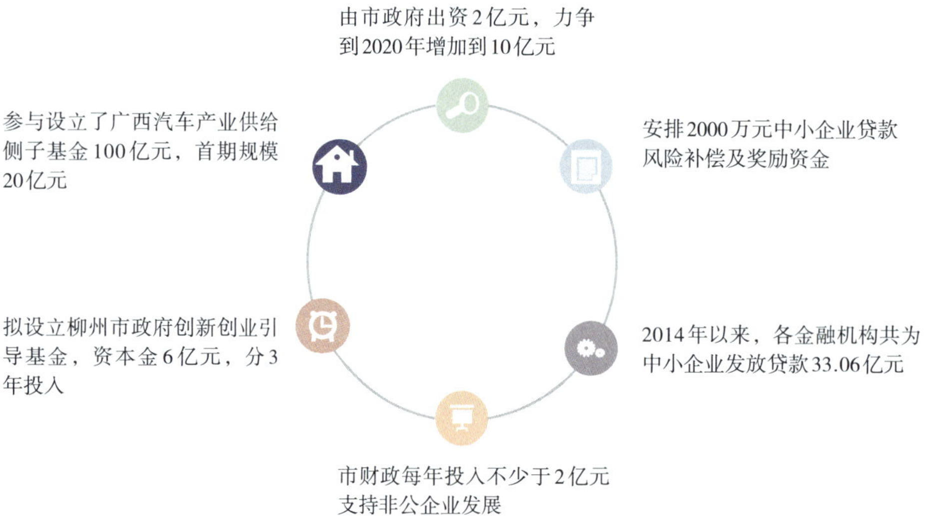

图 12-14　柳州市财政性资金投入概况

4. **地方政府债务风险得到有效防控**。出台《柳州市地方政府一般债务预算管理办法》等政策，建立债务风险识别和预警机制，健全应急处置工作机制。统筹安排其他政府可利用资源，合理利用政府存量债务置换政策。2016—2017年8月，共置换债务303.9亿元；2016年末市（不含县）存量债务（一类债务）余额490.74亿元，债务限额使用比例为98.9%，全市债务率为89.89%，不良贷款率为1.83%，债务余额总数及分项数据均在自治区下达债务限额内，风险可控。

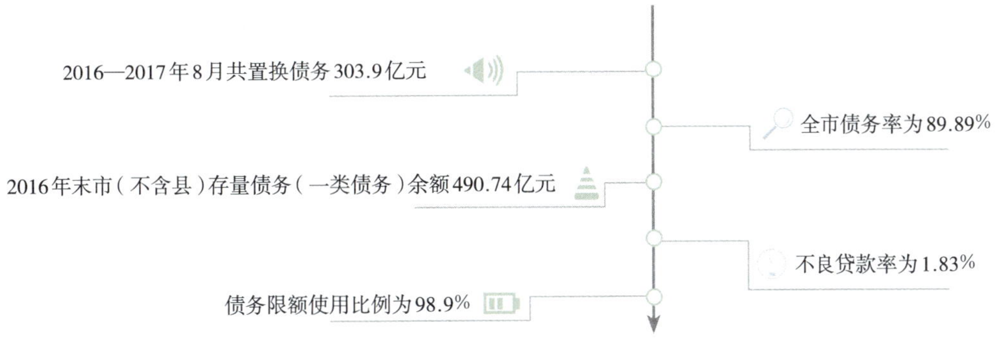

图 12-15 柳州市债务置换政策

5. 开发性、政策性金融对城镇化重点领域支持力度不断加大。与国开行、农发行开展紧密合作，农发行批准了柳北片区新型城镇化项目贷款99亿元，首期投放20亿元，是农发行全国地市级最大一笔单一项目贷款。2017年1—7月，国开行、农发行等政策性银行融资到位10.87亿元；累计争取国家专项建设基金项目54个共38.91亿元，资金总量居全区第二，项目数居全区第一。

第二，来宾市以促进农业转移人口市民化为目标，开展了成本测算，探索出了“学城融合”、保障性住房“以购代建”等推进新型城镇化的方法，城镇基本公共服务保障能力逐步增强。同时，PPP等模式参与城镇公用设施投资运营取得成效，基本完成试点目标任务。

1. 全面放开落户限制。来宾市取消了对申请迁入投靠直系亲属的条件限制，大中专院校学生实行迁移自愿，下放户口审批权限，简化审批手续，推行网上审批，设置“农民工户口迁入城镇绿色通道”，设立登记“社区集体户”，在全区首先推行流动人口居住证明工作。2015年以来，全市新增城镇户籍人口30.17万人，办理居住证和居住证明8.39万张。2016年户籍人口城镇化率为23.11%，比2014年提高8.8个百分点，增幅高于全区4.28个百分点，增长率排全区第3位。

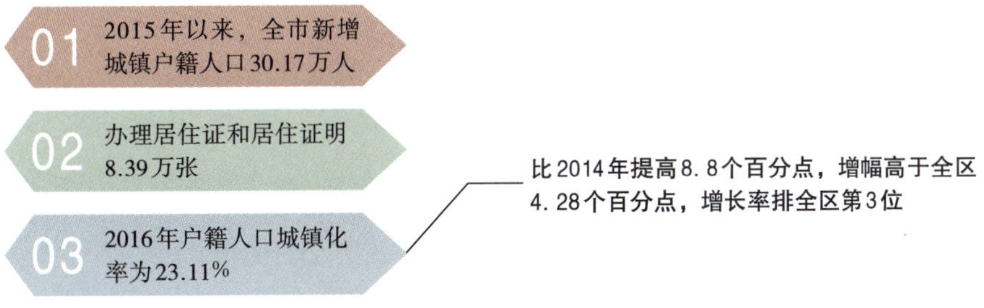

图 12-16 来宾市落户做法成效

2.农业转移人口市民化成本测算顺利完成。完成了《来宾市农业转移人口市民化成本分担机制研究报告》，从住房、教育、就业与培训、社会保障、市政建设、社会救助、社会管理、农村产权等方面进行成本测算，市民化年人均成本为14万元。并对成本分担机制的建立开展了探索，5年转移30万农业人口总成本为420亿元，政府、企业、个人分担比例为57∶7∶36。

3.推进农业转移人口市民化财政、土地政策有效落实。积极落实农业转移人口市民化财政政策，及时分配下达奖励资金；筹措44.26亿元投入中小学校建设。全面推开农村土地确权，全市建成土地流转服务中心24个，农村土地流转总面积达56.1万亩，占承包地面积约20.6%，实现可颁证率95.96%。象州县发放了广西第一本新版《农村土地承包经营权证书》，促进了农村土地规范有序流转。

4.基本公共服务覆盖常住人口取得实效。来宾市农民工随迁子女就读城镇公办义务教育学校比例已达90%，比全区平均水平高10个百分点。全市面向农民工共举办招聘会203场，入场企业共计2661家次，提供就业岗位13.06万余个。实施“万才返乡　共建小康”工作，返乡农民工创办企业2876个，提供约1.13万个就业岗位。创新保障性住房“以购代建”模式，目前已有近8万棚改居民受益，城镇住房保障覆盖面达22.13%。城乡居民社会养老保险参保率达97%。仅兴宾区一个城区近年来外出务工人员就减少了10万人。

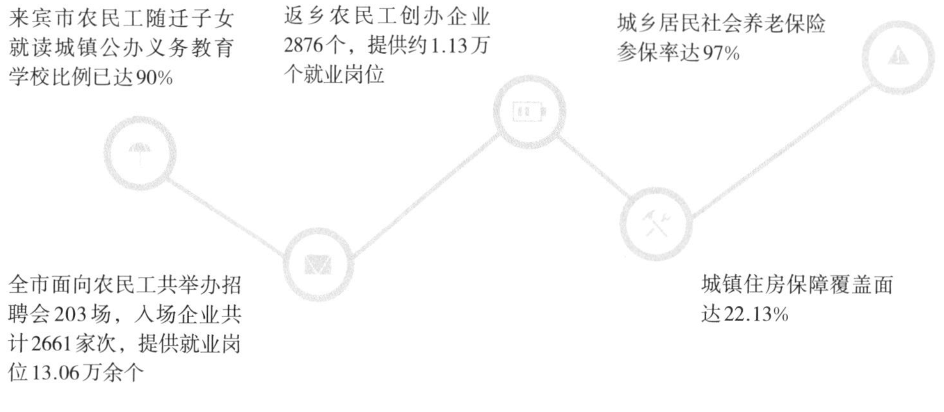

图 12-17　来宾市基本公共服务覆盖常住人口取得实效

5.PPP等模式参与城镇公用设施投资运营成效初显。采用城市建设发展基金、融资租赁、政府购买服务及发行债券等融资模式，2014年以来，市本级共融资506.81亿元，投入城镇基本公共服务建设和产业发展。来宾市组建了PPP中心，鼓励社会资本通过PPP等模式参与城镇公用设施投资运营，重点推进17个项目，总投资124.5亿元；设立了21亿元的政府与社会资本合作项目财政投资基金，目前，中国农业银行已认购本金16.59亿元。

二、工作亮点经验

（一）柳州模式。

柳州市是我区工业基础、产业发展相对较好的城市，围绕提升城市综合承载能力，大力推广政府和社会资本合作模式，拓宽融资渠道，成效明显。

经验1：创新工作推动机制，全面推进政府与社会资本合作。市政府成立了以主要领导为组长的PPP工作推进领导小组，明确了由市发改委、财政局共同牵头，相关部门参与的PPP组织管理体系和分阶段协调机制。发改部门具体负责项目库管理，财政部门主要负责物有所值评价及财政承受能力论证，建立了与审计、法制、住建、国土、规划及相关行业主管部门分工协作、各司其职的工作机制，形成了全市各部门密切配合、协调推广PPP模式的良好格局。

经验2：设立各类基金，多渠道融资。加大与银行等金融机构的密切合作，通过与各银行机构共同设立城市发展基金、创新创业基金、政府投资引导基金母基金等方式，撬动社会资本投入，带动金融机构和社会资本投资基金超过50亿元。拓宽企业融资渠道，抓住获得企业债券发行“直通车”激励政策机遇，组织有条件的企业申报企业债券、公司债券、非公开定向债等各类债券；2017年1—8月政府各集团公司开展的企业债、公司债、私募、中票等各类债券融资到位52亿元；争取到地方政府债券189亿元。有效缓解了城镇化建设及产业发展资金不足难题。

经验3：推进产业集聚，推动产城融合发展。作为“国家产城融合示范城市”，柳州以产业高端化促进城市功能完善，以新型城镇化提升产业转型发展，通过大力实施“创新驱动、转型升级，工业再上新台阶”三年计划，深入实施“十大工业结构调整工程”推进“产城融合”发展。如柳东新区出台了“135”城建计划，统筹推动示范区“一年小变化，三年中变化，五年大变化”，实施重大建设项目151项，加快教育、医疗、金融、文化、旅游等配套基础设施建设，新区功能不断完善。2016年柳东新区工业总产业值在全区城市新区中率先跨越1000亿元大关，成为我区“产城融合”典范。

经验4：严格控制政府债务风险。一是加强领导。成立由市长任组长的政府债务风险化解管理工作领导小组，统筹债务管理和应急风险管控。二是完善制度。出台《柳州市地方政府一般债务预算管理办法》等政策，建立债务风险识别和预警机制，健全应急处置工作机制，不断提高财政金融风险防控能力。三是规范管理。在切实加强政府财政资金管理的同时，统筹安排其他政府可利用资源，合理利用政府存量债务置换政策，积极利用政府新增债券，努力降低债务成本和负担。

经验5：加大公共服务投入，着力解决与人口息息相关的民生问题。一是均衡发展义务教育，基本实现了转移人口子女就地接受义务教育。实施义务教育3年攻坚计划，投入超过20亿元新建、改建学校31所，新增学位7.12万个。大力推进义务教育集团化办学，全市已形成30个义务教育办学集团，不断缩小义务教育区域、城乡和校际差距，保障农民工随迁子女接受义务教育率达100%，就读公办学校比例达88%。二是积极开展医疗卫生体制配套改革，极大缓解了转移人口“看病难”问题。实行公立医院药品零差率销售，通过调整医疗技术服务价格、增加政府投入以及节约运行成本等多方共担方式，建立科学补偿机制；推行分级诊疗制度，成立了市人民医院、工人医院等多个医联体，初步实现了老百姓共享优质医疗服务。三是创新推动住房建设，出台了《柳州市公共租赁住房管理办法》，将廉租房、公租房并轨管理，统一管理模式、租金标准、退出机制。不断扩大住房保障覆盖范围，城镇居民住房保障覆盖面达21%。柳州经验在2016年全国农业转移人口市民化工作会议上作为典型推广。

（二）来宾样板。

来宾市作为我区2002年新成立的地级市，经济发展、产业基础等较薄弱，通过优化教育资源布局促进人口集聚，效果明显，创新“以购代建”模式保障农业转移人口住有所居。

经验1：学城融合。根据来宾城区、县城距离大部分乡镇不远的实际，顺应大量农村学生进城求学的趋势，强化城区、县城、重点镇学校建设，通过“学城结合”促进人口集聚。统筹规划全市城镇中小学校布局，无偿划拨公办学校教育用地，推进民办教育和集团办学，以“龙头学校+新建学校（薄弱学校）”模式扩大优质教育资源覆盖面，带动新学校、薄弱学校优质发展。推进城区32所学校改扩建工程，开展6个县45所学校义务教育标准化建设，完成新建学校（幼儿园）52所，投入学校基础设施建设资金44.26亿元，成立了12个教育集团，有效改善了城镇学校大班额问题，提高了中小学教育质量，全市农民工随迁子女就读城镇公办义务教育学校比例达90%。

经验2：创新保障性住房“以购代建”模式。围绕解决大批中低收入农业转移人口住房安置问题，率先在全国采取“以购代建”模式，打通棚户区改造和商品房转换通道，加大住房保障货币化安置，根据城区房价不高的情况，将符合条件的商品房作为棚户区改造安置房，整体购买在建房地产项目用于棚户区改造安置，不仅减少了项目征地、招标等环节，也解决了安置周期长、安置成本高、商品房去库存等问题。

经验 3：培育新型职业农民。一是推进农村土地确权颁证改革，促进农民自由流动。全面铺开农村土地确权工作，规范促进农村土地流转，加速农村劳动力自由流动。二是打造现代特色农业核心示范区。创建92个示范区，涵盖全市各县及各乡镇，典型示范引领效应凸显，新型农民逐步成型。三是开展劳动就业培训，实施新型职业农民培训、青年农场主培训、农民合作社带头人培训等，提升新型农民技能。居住在城镇的农民可在城里工作、创业，也可继续从事农业生产，大部分农民实现了既能享受到城镇基本公共服务，又可以“离村不离地”。

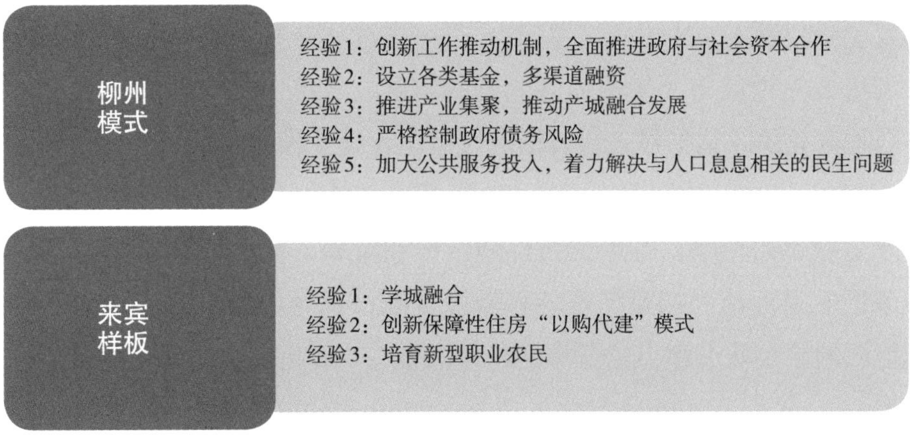

图 12-18　柳州市、来宾市城镇化工作亮点经验

三、存在的问题和困难

（一）现行政策存在不协调。

如国家政策层面要求无收益项目通过发行地方政府债券解决资金问题，但地方通过发行政府债券筹集项目建设资金的模式远不能满足项目资金需求，尤其是区县镇级财政实力弱小，投融资能力不强，城镇化资金缺口较大；又如，对进城落户农民的土地权益，一方面明确不得以退出农村“三权”作为落户城镇的前提，另一方面又要求异地扶贫搬迁户在一定时间内退出宅基地，影响了农业转移人口落户城镇的积极性。

（二）农业转移人口市民化成本分担机制未建立。

一是自上而下的成本分担机制未形成，国家层面尚未明确农业转移人口市民化成本分担比例，相关的分担制度仍未建立。二是成本测算难以做到精确。农业转移人口市民化成本分担测算涉及各行业、部门多，数据量大，部分指标动态性强，难以准确测算各方面成本。

四、工作建议

（一）推进相关政策衔接。

建议加强顶层设计，在国家层面消除个别政策衔接不够、不协调现象。统筹考虑城镇常住人口、农民工返乡、农村权益等各方面因素，剥离户籍的社会分配功能，通过完善全国统一的社会保障制度，实现城乡基本公共服务均等化。

（二）差异化政策指导。

建议国家层面在城镇化要素保障、市民化成本分担、基本公共服务提供等方面充分考虑发达地区与欠发达地区差别的实际，农民工流出与流入省份之间的协调，出台差异化的政策指导，统筹推进城镇化建设工作。

（三）鼓励引导产业向西部欠发达地区转移。

产业是城镇的根基，考虑到西部地区产业集聚不高、财政实力较弱等实际情况，建议国家层面建立产业梯度转移激励机制，引导鼓励东部产业向广西等西部欠发达地区的中小城市和小城镇梯度转移，通过产业化支撑城镇化的发展。